Bagdad en llamas

Divulgación
Testimonio

Riverbend

Bagdad en llamas
El blog de una joven de Iraq

Prólogo por Ahdaf Soueif
Introducción por James Ridgeway

Planeta

Título original: *Baghdad Burning*
Traducción al castellano: Verónica d'Ornellas, cedida por Laertes S. A. de Ediciones

© Riverbend, 2005
© del prólogo, Ahdaf Soueif, 2005
© de la introducción, James Ridgeway, 2005
© Editorial Planeta, S. A., 2007
   Avinguda Diagonal, 662, 6.ª planta. 08034 Barcelona (España)

Diseño e ilustración de la cubierta: Gabi Beneyto
Primera edición en Colección Booket: abril de 2007

Depósito legal: B. 11.474-2007
ISBN: 978-84-08-07212-6
Composición: Pacmer, S. A.
Impresión y encuadernación: Litografía Rosés, S. A.
Printed in Spain - Impreso en España

Riverbend es el seudónimo de una joven programadora informática iraquí que vive con su familia en Bagdad. *Bagdad en llamas* fue finalista del prestigioso Premio Lettre Ulysses del Arte del Reportaje del año 2005. Asimismo, este libro ha sido preseleccionado para la cuarta edición del Premio Samuel Johnson de No Ficción de la BBC-4. El blog de Riverbend ha ganado el galardón –Bloggie– al Mejor blog africano o del Oriente Medio de 2006, fallado por votación popular.

Ahdaf Soueif es escritora. Su novela *The Map of Love* fue seleccionada por el Booker Prize de 1999. Sus ensayos aparecen en publicaciones norteamericanas y británicas.

James Ridgeway es el corresponsal en Washington del *Village Voice* y autor de numerosos libros dedicados a temas políticos de actualidad.

Prólogo

«Ojalá —dice Riverbend hacia el final de su blog— cada una de las personas que me envían correos electrónicos apoyando la guerra, sintiéndose a salvo detrás de su ordenador, seguras en su mente estrecha y sus puntos de vista fijos, pudiera venir aquí y experimentar la guerra en vivo.» Bagdad en llamas *nos acerca todo lo posible a la guerra de Iraq. Y estar «cerca» no quiere decir simplemente enterarnos de los cortes de electricidad y de las restricciones de agua, de las batallas en las calles y las batidas en las casas; «cerca» quiere decir directamente en el corazón y la mente de una joven bagdadí mientras ella vive la guerra.*

Con su carrera interrumpida, su vida social destruida, Riverbend *decide comunicarse con el exterior escribiendo un blog con su relato de la guerra en internet. «Busqué un blog para despotricar —dice Riverbend—, y esto es lo mejor que Google me ofreció.» Pero* Bagdad en llamas, *lejos de despotricar, es una narración clara, sensible, a menudo ocurrente, y siempre valiente sobre la experiencia de ser una iraquí que vive en Iraq hoy.*

Se trata de una narración auténtica para estar firmemente introducidos en la vida cotidiana de su familia y sus amigos. Aunque mantiene a sus padres en la penumbra, el querido hermano de Riverbend, «E», está ahí con ella, compartiendo sus labores y sus pensamientos. Y puesto que Riverbend se interesa por las preguntas y los comen-

tarios que recibe en su blog, de tanto en tanto nos regala una breve introducción a ciertos temas: Los lazos familiares árabes, las mujeres y el islam, la hijab, *las costumbres del ramadán, los ahorros e inversiones, las relaciones entre musulmanes y cristianos, las relaciones entre sunitas y chiítas, la educación universitaria en Bagdad y muchos otros. Aquí se responde a una gran cantidad de las preguntas sobre los árabes que tanto han preocupado al público occidental en los últimos años. Para mí, que también soy una mujer árabe, sus relatos son invariablemente veraces. El que más, quizá, es la aguda réplica a la insidiosa y recurrente acusación de «antiamericanismo»: «Cuando oigo hablar de "antiamericanismo" —escribe Riverbend—, me pongo furiosa. ¿Por qué se identifica a Estados Unidos con su ejército y su gobierno? ¿Por qué ser anti-Bush y anti-ocupación tiene que significar que una persona es antiamericana? Nosotros vemos películas norteamericanas, escuchamos todo tipo de música, desde Britney Spears hasta Nirvana, y llamamos "Pepsi" a todas las bebidas marrones con gas.»*

De hecho, lejos de ser «anti» algo, este libro está firmemente del lado de la humanidad y del lado de la vida. En un momento dado, incluso las tropas invasoras fueron vistas como merecedoras de compasión humana: el 7 de mayo de 2004, catorce meses después de la invasión, Riverbend escribe: «Hubo un tiempo en el que la gente aquí sentía lástima de las tropas. Sin importar la actitud que uno tuviera frente a la ocupación, había momentos de compasión por los soldados, independientemente de su nacionalidad. Los veíamos sufrir bajo el sol iraquí, obviamente deseando estar en algún otro lugar y, de alguna manera, esa vulnerabilidad los hacía menos monstruosos y más humanos. Ese tiempo ya ha pasado.» Lo que cambió las co-

sas fueron las ahora famosas fotografías de las torturas de Abu Ghraib. Desde entonces ha habido otras cosas que han agrandado la brecha, de las cuales, la destrucción de Faluya es la más evidente.

Naturalmente, en este libro hay una dosis razonable de política. Pero nunca es abstracta ni está motivada por ideologías, sino que surge de lo que está ocurriendo sobre el terreno. Desde la invasión misma («La primera línea son nuestras casas... los "daños colaterales" son nuestros amigos y nuestras familias») hasta el nombramiento del gobierno iraquí y la economía («En venta: un país fértil y rico con una población de alrededor de veinticinco millones de habitantes... además de aproximadamente 150.000 soldados extranjeros y un puñado de títeres»), pasando por los esfuerzos de reconstrucción, la (in)conveniencia de desplegar tropas turcas en Iraq, la elección como blanco de intelectuales y académicos iraquíes, y los planes de elecciones, el relato de Riverbend es siempre inteligente y perceptivo. Aquí, después de un comentario sobre su corbata chillona, tenemos la opinión de Riverbend sobre un aspecto de Ahmad Chalabi: «Cuando da sus discursos en televisión me lo quedo mirando y me encojo ante la idea de que alguien pudiera haber pensado realmente que él representa a alguna parte de la sociedad iraquí. Me cuesta creer que se suponía que él debía ser el encargado de dirigirse a los intelectuales y laicistas iraquíes. Él es la broma de mal gusto de Bush y compañía, enviado junto con los soldados...» Ésta es una descripción precisa del sentir de la gran mayoría de los árabes respecto a los «líderes» escogidos para ellos por los poderes occidentales.

Este libro debería hacer que todas aquellas personas que tienen una persistente inclinación imperialista, que ven a los iraquíes (o árabes, o musulmanes, o «tercermun-

9

distas») de algún modo como inferiores o, en el mejor de los casos, «en desarrollo», sientan vergüenza. Porque en su observación inteligente, su agudo análisis y su interpretación realista de lo que está ocurriendo en Iraq, *Bagdad en llamas no puede ser superado.*

Una acusación que se le podría hacer a este libro es que carece de una perspectiva geopolítica. Rara vez se aventura fuera de Iraq y no ofrece una teoría acerca de por qué la administración Bush consideró necesario invadir el país. Creo que es justo decir que los medios de comunicación del mundo, los que siguen la corriente principal y los alternativos, no carecen de este tipo de análisis y teorías. Lo que sí les falta es la voz de un iraquí «corriente», residente en Iraq, que nos cuente qué se siente al ser invadido. Ésa es la función que *Bagdad en llamas* cumple de una manera única, con poder y elegancia.

La lectura de *Bagdad en llamas* es dolorosa. También es una lectura agradable, e incluso divertida. Ciertamente, es una lectura necesaria. Éste es un libro sabio y desilusionado, nunca ingenuo, nunca estrecho de miras, y, sin embargo, no es cínico, pues insiste en identificar y celebrar lo que es bueno y lo que es esperanzador.

Los lectores de lengua inglesa tienen la suerte de que esta joven iraquí haya escrito su narración en inglés, para que ellos pudieran escucharla y relacionarse con ella directamente sin la mediación de un traductor. Ciertamente, no tenía por qué escribir este libro, en absoluto. Pero ahora que lo ha hecho, y de una manera tan brillante, espero que los angloparlantes de todas partes lleven a Riverbend y *Bagdad en llamas en sus corazones.*

AHDAF SOUEIF
Londres, diciembre de 2004

Introducción

Este libro está escrito por una muchacha a la que sólo conocemos por el nombre de «Riverbend», que pone el nombre de *Baghdad Burning* («Bagdad en llamas») a su blog y lo describe simplemente como «El blog de una joven de Iraq». Durante más de un año, este blog anónimo de «una joven» ha hecho que la guerra y la ocupación sean algo real en unos términos que ningún periodista profesional podría esperar conseguir.

No sabemos mucho acerca de Riverbend. Tiene veintitantos años y vive con su madre, su padre y su hermano en lo que parece ser una zona de clase media de Bagdad. Antes de la guerra tenía un empleo relacionado con la informática.

Escribe en un inglés excelente con una ligera inflexión estadounidense. Las nuevas anotaciones en su blog a veces aparecen a diario, y en ocasiones en intervalos de días o incluso semanas. Para muchos lectores estas anotaciones se han convertido, quizá, en la fuente más importante de noticias sobre Iraq.

Las noticias de Riverbend no tienen nada que ver con los movimientos de tropas, las cifras de bajas o lo último sobre la Zona Verde, los temas de los informativos de la corriente principal. Para Riverbend, la guerra es algo que se vive todos los días y todas las noches. Ella y su hermano, «E», se sientan en la azotea de su casa para contemplar su Bagdad en llamas y han aprendido a identificar los diferentes tipos de armas automáticas por el sonido de las descargas. La ocupación es una forma de vida. Significa reunir a los suficientes hombres armados amables para poder llevar a los niños a la tienda a comprar lápices de colores. Significa intentar enterrar a una tía anciana en una ciudad en la que hay un exceso de contratación de funerales en las mezquitas y los cementerios están llenos. Significa levantarte de un salto en medio de la noche, cuando la electricidad regresa brevemente, para poner una lavadora, o trabajar en tu blog.

Cuando entras en Riverbend, su guerra se convierte en tu guerra. Empiezas a ver las cosas a través de sus ojos y los de su familia. Lees en las noticias que ha habido un ataque en una zona de Bagdad e inmediatamente quieres ver su blog, con la esperanza de que su casa no estuviera en esa manzana. Oyes hablar de un ataque aéreo y te preguntas con inquietud si su madre habrá conseguido sacar a E de la azotea a tiempo. Siempre que Riverbend y su familia viajan fuera de su barrio con motivo de una reunión familiar, tú viajas con ella mientras va describiendo cada giro que da el coche, la tensión al volver una esquina, esperando que no haya un tanque estadounidense en esa calle. Si no escribe durante varios días, quizá durante una semana o más, temes lo peor: un bombardeo, una incursión con tanques, un encarcelamiento. Entonces reaparece, explicando que han estado sin electricidad, o a veces que la situación era tan deprimente que simplemente no tenía el ánimo para escribir.

Riverbend tiene una gran cantidad de opiniones ácidas, informadas, sobre los disparates de la administración Bush. Ella se burla de los «títeres» de los norteamericanos en el gobierno interino iraquí y aporta a los lectores una percepción fresca de las facciones dentro de la población de Iraq. Desprecia a los grupos de religiosos fundamentalistas que imposibilitan que las mujeres trabajen o caminen solas por las calles. Devuelve el golpe a sus detractores en la red enviando una respuesta ácida a sus pullas. Todo es oscuramente agudo, y vale la pena leerlo. Pero lo que queda son sus relatos de la guerra como una experiencia vivida día a día. Es algo cotidiano y, al mismo tiempo, absolutamente fascinante, y una vez que empieces a leer a Riverbend, probablemente no podrás parar.

EL TRASFONDO

La cultura de Riverbend está arraigada en una de las civilizaciones más antiguas y más ricas del mundo. Su nación fue creada por el colonialismo occidental, impulsado por el deseo de controlar su recurso natural más valioso.

Las actuales fronteras políticas en las regiones productoras de petróleo de Oriente Medio se remontan a los primeros años del siglo XX. Incluso entonces, urdiendo su estrategia contra los alemanes a la espera de la primera guerra mundial, la armada británica decidió cambiar el combustible para sus acorazados de carbón a petróleo, y Gran Bretaña expandió agresivamente sus propiedades petroleras exploratorias en Oriente Medio. Su temprano interés en la región —y su victoria en la guerra— dejó a los británicos bien posicionados en el reparto de poder que llegó con la ruptura del Imperio otomano tras la guerra. En 1920, la Sociedad de las Naciones otorgó a los británicos el mandato de gobernar ciertas áreas de Oriente Medio, incluido lo que ahora es Iraq.

Al poco tiempo los británicos tenían suficiente petróleo de Oriente Medio e intentaron expandir su mercado en Estados Unidos. Hasta ese momento, el negocio petrolero en EE. UU. había estado en manos de la Standard Oil Company de Rockefeller. Como reacción a la irrupción británica en su mercado, la industria petrolera estadounidense ideó su propio plan agresivo. El gobierno y la industria lanzaron advertencias al público de la inminente escasez de petróleo, preparando el camino para subir los precios y respaldar una mayor exploración y un mayor desarrollo por parte de EE. UU. Entonces los norteamericanos se introdujeron también en Oriente Medio, compitiendo fuertemente con los británicos. Finalmente, las empresas competidoras llegaron a un acuerdo de cooperación para repartirse el petróleo a través de una entidad llamada Iraq Petroleum Company.

Este acuerdo general sobrevivió al final del mandato británico, a años de golpes y contragolpes de estado en Iraq, y a la aparición del partido Baath, hasta el desarrollo de la OPEP (Organización de Países Exportadores de Petróleo) a principios de los setenta. Luego experimentó una serie de transformaciones, con la OPEP, compuestas de compañías estatales, obteniendo un mayor control de los recursos básicos de petróleo y gas, mientras las empresas occidentales continuaban dominando el refinado y el transporte de los combustibles.

La influencia británica y francesa en la región fue disminuyendo gradualmente a medida que sus imperios coloniales se fueron marchitando, mientras que la implicación de EE. UU. aumentó. En el centro del nuevo orden se encontraba ARAMCO, la gigantesca asociación de intereses estadounidenses y saudíes que ha dominado la vida en Arabia Saudita durante décadas. Arabia Saudita ha sido durante mucho tiempo la depositaria de las mayores reservas de petróleo del mundo. Creció en importancia durante la segunda guerra mundial como fuente de combustible para los ejércitos aliados en la guerra contra los nazis. Además, se convirtió en una primera avanzada y una hucha de recursos para EE. UU. en la guerra fría y en su lucha contra el nacionalismo emergente en Oriente Medio, el cual amenazaba el control estadounidense del petróleo. Los saudíes tuvieron su papel en el alejamiento de Egipto de la órbita soviética. Estados Unidos convenció a los saudíes de que ayudaran a financiar acciones secretas contra varios enemigos, especialmente los rusos, que habían entrado en Afganistán. Y en Irán, EE. UU. fomentó el golpe de estado de 1953 que derrocó a un gobierno democrático, nacionalista; restableció al sha, y preparó el camino para la revolución iraní de 1979.

Estados Unidos rápidamente recurrió a Iraq —y a su nuevo presidente, Saddam Hussein— como contrapeso de Irán. Las exportaciones agrícolas estadounidenses a Iraq aumentaron, junto con diversas formas de ayuda. Esto incluyó una ayuda militar sustancial a Saddam durante la guerra entre Irán e Iraq de los años ochenta. Además, es posible que hubiera incluido también la exportación de componentes para las armas químicas que Saddam utilizó tanto contra los iraníes como contra la minoría kurda de Iraq.

Todo cambió en un instante en las relaciones EE. UU.-Iraq (y en el bienestar de los iraquíes) cuando Saddam invadió Kuwait en 1990 y los norteamericanos respondieron con una guerra breve, pero mortal.

El Iraq en el que creció Riverbend era un Iraq formado por la guerra del Golfo Pérsico de 1991. (Ella debía de estar entrando en la adolescencia cuando la guerra tuvo lugar.) El efecto total de esta guerra y del período de doce años de sanciones económicas sobre los veintiséis millones de personas que viven en Iraq es difícil de estimar. Y pocos medios de comunicación gubernamentales o de la corriente principal de pensamiento han intentado siquiera hacerlo.

Sabemos que en la primera guerra del Golfo murieron 293 militares estadounidenses. (Sus aliados perdieron otros cincuenta.) Beth Osborne Daponte, una respetada demógrafa que actualmente trabaja en la Universidad de Yale, calculó en 1993 que 56.000 soldados y 3.500 civiles iraquíes habían perdido la vida durante la contienda. Daponte estimó que los conflictos adicionales en el período de posguerra que vino inmediatamente después, los cuales incluyeron un levantamiento chiíta en el sur de Iraq, mataron a 5.000 soldados y 30.000 civiles más. (Las cifras proporcionadas por Daponte, que en aquella época estaba trabajando para la Oficina de Censos de EE. UU., fueron controvertidas, en parte porque ponían en entredicho al entonces jefe del Pentágono, Dick Cheney. Al final de la guerra, él había declarado: «No tenemos modo alguno de saber exactamente cuántas bajas ha habido... y es posible que nunca lo sepamos».)

Los efectos «indirectos» de la guerra causaron un número de bajas mucho mayor. Según Daponte, a finales de 1991 —diez meses después del alto al fuego de febrero— los problemas de salud provocados por la guerra produjeron 111.000 muertes más, de las cuales 70.000 fueron de niños menores de quince años.

En realidad, el daño no había hecho más que empezar. La guerra del Golfo de 1991 mantuvo a Saddam Hussein en el poder y castigó a los iraquíes por ello al mantener también las sanciones de las Naciones Unidas que habían sido impuestas en 1990, cuando Saddam invadió Kuwait. Richard Garfield, un profesor de enfermería de la Universidad de Columbia cuyo trabajo está muy bien considerado, calcula en un informe completado en 2003 que hubo entre 345.000 y 530.000 muertes adicionales de niños menores de cinco años entre 1990 y 2002. Esto viene a ser aproximadamente cien niños muriendo cada día debido a la guerra del Golfo y las subsiguientes sanciones. Las cifras de Garfield no incluyen la segunda guerra, o la del año 2003.

Desde 1990 hasta 1996, las sanciones significaron que Iraq no podía vender petróleo para generar ingresos. En 2004, un estudio del Departamento de Comercio señaló que, históricamente, el petróleo representaba tres cuartos del producto nacional bruto y más del noventa por ciento de sus ingresos en divisas. Las sanciones extendieron y exacerbaron la crisis humanitaria generada por la destrucción de las infraestructuras de Iraq durante la guerra del Golfo.

La guerra de 1991 debilitó el sistema de energía eléctrica, reduciendo su capacidad generadora de aproximadamente 5 gigavatios a 1,8 gigavatios, según un informe del Middle East Economic Survey. Esto no sólo afectó a la vida civil en las ciudades grandes y pequeñas de Iraq, sino también a su producción agrícola, cuyos sistemas de riego dependían de la energía eléctrica. Las provisiones de alimentos se redujeron y, hacia mediados de la década de los noventa, un tercio de los niños del país menores de cinco años sufría malnutrición. Las provisiones de agua potable se redujeron inicialmente a la mitad cuando el sistema iraquí de estaciones de bombeo se vino abajo.

La actividad del sistema sanitario público también se redujo a la mitad debido a la guerra y continuó estando afectada durante las sanciones. El número de casos de diarrea entre los niños menores de cinco años se cuadriplicó entre 1991 y 1996. Garfield afirma que «los cálculos informales sugieren que el 70 por ciento de las muertes infantiles a mediados de los noventa se debió a diarreas o enfermedades respiratorias que podían haberse prevenido». Antes de la primera guerra del Golfo, prácticamente todos los niños (incluidas las niñas) asistían a la escuela primaria. Después de la guerra, la asistencia cayó y el índice de analfabetismo aumentó rápidamente.

El programa «Petróleo por alimentos» de las Naciones Unidas, que se inició en 1996, permitió algunas exportaciones. Este programa generó 27.000 millones de dólares para propósitos humanitarios, proporcionando el equivalente económico de cincuenta centavos al día por cada iraquí. Los ingresos podrían haber sido mucho mayores, pero EE. UU. extrajo compensaciones por la guerra de 1991. El programa ayudó a alimentar a la gente de Iraq y a reconstruir parte de su infraestructura, pero el nivel de vida básico del país jamás llegó a alcanzar los niveles anteriores a la guerra del Golfo. A finales de 2004, recién se empezaban a conocer ampliamente los detalles de la presunta corrupción que rodeó al programa «Petróleo por alimentos». Las acusaciones de corrupción de los investigadores lanzadas por el Congreso de Estados Unidos, entre otros, culminaron en la petición por parte de la derecha republicana de la renuncia de Kofi Annan y la exigencia de que, en adelante, EE. UU. bloqueara los pagos a la organización internacional. En pocas palabras, la derecha, que siempre ha detestado a las Naciones Unidas y lleva años intentando deshacerse de ella, hizo inmediatamente un uso político de la presunta corrupción.

LA GUERRA DE 2003

Por lo visto, la administración Bush había decidido mucho antes del 11 de septiembre que la guerra contra Saddam era el principal objetivo de su política internacional. Las acusaciones de inspecciones defectuosas de la ONU, de la existencia de armas de destrucción masiva y de una débil conexión con el 11 de septiembre fueron las razones alegadas públicamente para el ataque: ha quedado demostrado que todo ello era claramente falso.

La guerra, tal como fue definida por la administración —el 2 de mayo de 2003 declararon que la «misión» había sido «cumplida»—, fue destructiva, pero breve. Ahora ha quedado eclipsada por la ocupación, un escenario de continuos enfrentamientos, continuas bajas, tanto entre las fuerzas de «coalición» como entre los civiles iraquíes y extranjeros, y una destrucción constante de la infraestructura y la sociedad civil de Iraq. Éste es el escenario que Riverbend describe tan vívidamente en su blog.

Desde el comienzo, la ocupación ha sido, en el mejor de los casos, torpe y, en el peor, una locura de proporciones casi criminales. Estados Unidos nunca tuvo el control suficiente para restaurar algún tipo de orden. Y, ciertamente, la entusiasta bienvenida —y el continuo apoyo y cooperación— que se esperaba de los iraquíes jamás se materializó. Los ocupantes norteamericanos permitieron que grandes existencias de unos potentes explosivos se les escaparan de las manos misteriosamente. Dijeron que crearían unas fuerzas policiales iraquíes capaces de ejercer el control suficiente para permitir la retirada de las tropas estadounidenses, pero fueron incapaces de reclutar al número adecuado de esas nuevas fuerzas de seguridad o de equiparlas con suficientes vehículos, armas, chalecos antibalas y radios.

«Días después de que Iraq recuperó la "soberanía", la Casa Blanca reveló algunos detalles asombrosos sobre la reconstrucción: sólo se había gastado el dos por ciento de los 18,4 mil millones de dólares destinados a la reconstrucción urgente de Iraq. No se había gastado ni un penique en salud o agua y saneamiento, que son dos de las necesidades más urgentes para los iraquíes», escribió Pratap Chaterjee en su libro *Iraq, Inc.* La mayor parte del dinero que salía de los bolsillos de los contribuyentes estadounidenses se utilizó para las operaciones militares, no para la reconstrucción. Y, a menudo, la reconstrucción significaba que los soldados entregaban fajos de billetes de cien dólares en las calles para reparaciones. Como un funcionario de la administración le contó al *New York Times*, «Uno quiere contratar a todo el mundo en la calle, poner dinero en sus bolsillos y conseguir gustarles». Pero a medida que el tiempo fue pasando, los principales contratos de reconstrucción fueron concedidos predominantemente a empresas norteamericanas, mientras que, como señala Riverbend, los expertos ingenieros de Iraq fueron excluidos del trabajo.

En cuanto a las víctimas humanas, *The Lancet*, la respetada publicación médica británica, envió investigadores a todo el país para que calibraran el efecto de la guerra en la población civil. Los sobrecogedores descubrimientos están resumidos en un artículo que publicó la revista en octubre de 2004:

Durante el mes de septiembre de 2004 se realizó un estudio de muestra sobre grupos de personas de todas partes de Iraq. 33 grupos de 30 hogares fueron entrevistados por separado y se les preguntó por la composición de las personas que vivían en la casa y por los nacimientos y las muertes desde enero de 2002. En aquellos hogares que informaron de fallecimientos se registró la fecha, la causa y las circunstancias de las muertes violentas. Valoramos el riesgo relativo de muerte asociado a la invasión de 2003 y a la ocupación comparando la mortalidad en los 17,8 meses posteriores a la invasión con los 14,6 meses anteriores a ella.

Se estimó que el riesgo de muerte era 2,5 veces mayor... superior después de la invasión cuando se comparaba con el período anterior a ella. Se nos informó que dos tercios de todas las muertes violentas habían tenido lugar en la ciudad de Faluya. Si excluimos los datos de Faluya, el riesgo de muerte es 1,5 veces mayor después de la invasión... Las principales causas de muerte antes de la invasión eran los infartos de miocardio, los accidentes cerebrovasculares y otras enfermedades crónicas, mientras que después de ella la violencia era la principal causa de fallecimiento. Las muertes violentas se extendieron, habían tenido lugar en 15 de los 33 grupos, y eran atribuidas principalmente a las fuerzas de coalición. La mayoría de las personas que, según se informó, habían sido asesinadas por las fuerzas de coalición eran mujeres y niños. El riesgo de muerte por la violencia en el período posterior a la invasión era 58 veces superior que en el período anterior a la guerra.

Si llegamos a conclusiones conservadoras, creemos que desde la invasión de Iraq en 2003 ha habido aproximadamente cien mil muertes adicionales, o más. La violencia era la responsable de la mayor parte del exceso de muertes, y los ataques aéreos de las fuerzas de coalición eran los responsables de las más violentas.

Las cifras citadas por *The Lancet* eran considerablemente superiores a cualquiera de las citadas por los informes anteriores. A finales de octubre de 2004, el proyecto *Iraqbodycount.net*, dirigido por un colectivo de académicos de EE. UU. y Gran Bretaña, estimó que el máximo número de muertes civiles era de 17.000.

Desde el punto de vista de Beth Osborne, «Todavía no disponemos de datos de alta calidad de la segunda guerra de EE. UU. en Iraq. Lo que hace que esta tarea sea especialmente difícil —dice— es el hecho de que la situación es demasiado volátil. No creo que los estadounidenses tengan una idea completa del impacto de la guerra sobre la población iraquí.» Se desconoce el número de civiles —y de niños— que ya han muerto o morirán debido a la invasión y la ocupación estadounidense. La disponibilidad de electricidad será clave para determinar lo que ocurra. «Todo depende de ello», dijo en mayo de 2003 Colin Rowat, profesor de Economía de la Universidad de Birmingham en Gran Bretaña y experto en Iraq. «Los alimentos y las medicinas no pueden conservarse adecuadamente sin electricidad.»

De hecho, más de un año y medio después de la invasión, las infraestructuras de Iraq —que nunca se habían recuperado del todo de la guerra del Golfo y de las sanciones— seguían estando en muy mal estado. Una vez más, la producción de petróleo, la base de la economía iraquí, cayó en picado. Las exportaciones de crudo de mayo de 2004 fueron de un promedio de 1,6 millones de barriles diarios. El «Destacamento Especial de Inversión y Reconstrucción de Iraq» del Departamento de Comercio de Estados Unidos informó de que no preveía que Iraq llegara a alcanzar su capacidad de producción potencial de seis millones de barriles diarios en muchos años (hasta algún momento «después de 2010»), y enfatizaba la necesidad de una inversión «considerable» sólo para conseguir que los campos petrolíferos funcionen adecuadamente; una ventaja para compañías norteamericanas como Halliburton, pero una situación lamentable para millones de iraquíes, los cuales a finales de 2004 todavía no habían visto ningún beneficio de estas inversiones.

Históricamente, la agricultura representaba poco más de un cuarto del producto nacional bruto de Iraq y proporcionaba un 20 por ciento del total de empleos. En 1990, la industria empezó a decaer y la escasez de alimentos se convirtió en una preocupación seria para, quizá, la mitad de la población del país. (El programa «Petróleo por alimentos» de la ONU ayudó poco en esta área, ya que aumentó la dependencia de productos alimenticios importados.) La agricultura en Iraq sufrió por la falta de suministro de agua para el riego. Mientras en 2004 miembros del gobierno de EE. UU. se entusiasmaban hablando del «potencial para el futuro» del sector en el período postinvasión, las cifras contaban una historia muy distinta: el Banco Mundial había calculado que los costes de la recuperación, por sí solos, serían de 3,6 mil millones de dólares, superando en más de mil millones los fondos destinados para la agricultura en el presupuesto iraquí.

Antes de la guerra del Golfo, Iraq producía electricidad más que suficiente para cubrir las necesidades del país. A través de reparaciones de parche, prácticamente había reconstruido su red eléctrica, pero la invasión de

23

2003 redujo la capacidad a la mitad. Sólo tras 18 meses de reconstrucción, la producción ha empezado a acercarse a los niveles anteriores a la invasión. E incluso con esos niveles, no hay suficiente electricidad para satisfacer las demandas actuales y las previstas para el futuro. El agua potable todavía escasea en muchas partes del país. El sistema de tratamiento de aguas residuales iraquí, que nunca se llegó a reconstruir del todo después de la guerra del Golfo, sufrió daños adicionales, y en el verano de 2004 las aguas negras desembocaban en el río Tigris en Bagdad.

Según los informes de agosto de 2004, algunas de las mil escuelas iraquíes necesitaban ser reconstruidas como resultado de los daños causados y los saqueos; casi un veinte por ciento de los 18.000 edificios de escuelas del país necesitaba una reparación total o parcial.

La BBC informó a finales de 2003 de que la mayor parte del presupuesto iraquí para la educación tendría que gastarse únicamente en sueldos, y que quedaba muy poco para la inversión en infraestructuras físicas. Incluso ahí donde hay escuelas, algunos padres tienen miedo de dejar que sus hijos asistan a clases, pues no quieren exponerlos a los peligros de las balas perdidas o de los tan extendidos secuestros. Entretanto, según diversas estimaciones, el nivel de desempleo entre los adultos se mantiene entre el 25 y el 50 por ciento.

El sistema sanitario iraquí está padeciendo todo tipo de penurias. Según la Organización Mundial de la Salud, una de las causas del problema es la falta de seguridad en las calles que pone en peligro la movilidad de los trabajadores sanitarios y el transporte de provisiones. Los médicos de los principales hospitales continúan quejándose de la escasez de fármacos para la cirugía y las operaciones de urgencia, de medicamentos antiinflamatorios y contra el cáncer, y de antibióticos sumamente importantes.

Los cortes de electricidad y la falta de agua limpia complican todavía más los problemas a los que se enfrentan los hospitales: cuando los generadores dejan de funcionar, los pacientes pueden morir en la mesa de operaciones, mientras que las condiciones insalubres provocan infecciones mortales. La falta de equipamientos también es muy grave, pues los médicos intentan realizar su trabajo sin contar con suficientes máquinas de rayos X y monitores cardíacos, y que además funcionen. Se dice que el propio Paul Bremer, administrador civil estadounidense, dijo en febrero de 2004 que lo que se gastaba en la reconstrucción distaba «mucho de ser suficiente para cubrir las necesidades en el campo de la sanidad». Aunque se han «dedicado» millones de dólares al sector de la sanidad en el presupuesto de Iraq, un informe semanal del Departamento de Estado de septiembre de 2004 reveló que no se estaba «desembolsando» prácticamente nada.

UN ESPECTÁCULO DE TÍTERES

El blog de Riverbend regresa repetidamente a la saga en curso de los esfuerzos de Estados Unidos por establecer lo que ella llama un «títere» proestadounidense. Aunque el gobernador civil más visible de la ocupación fue L. Paul Bremer, enviado presidencial y administrador de la APC (Autoridad Provisional de la Coalición), la administración no ocultó su esperanza de que la nación pronto pasara a manos de Ahmed Chalabi, del exiliado Congreso Nacional Iraquí y sus partidarios proestadounidenses.

Chalabi es, cómo mínimo, una figura extraña. Es un ex banquero que fue condenado in absentia por un tribunal jordano y sentenciado a veintidós años de prisión por su papel en el hundimiento de un banco. Se marchó de Iraq siendo niño y no ha vivido ahí desde 1956.

En 1996, la CIA financió a Chalabi en una infructuosa tentativa de derrocar a Saddam con guerreros kurdos del norte. A esas alturas, ya se había convertido en el niño mimado de la resistencia iraquí en el exilio, promovida por EE. UU., y había conseguido que nombraran al Congreso Nacional Iraquí beneficiario de los fondos del contribuyente bajo el Acta de Liberación de Iraq de 1998. La derecha estadounidense, en su fascinación por Chalabi, fue tan lejos que lo describió como una especie de liberador y propuso unos planes en los que pedía que el propio Chalabi, acompañado de fuerzas especiales, invadiera Iraq desde el sur y que al llegar esperara el prometido levantamiento.

El grupo de Chalabi en el exilio nunca dio la impresión de ser gran cosa, pero él se introdujo con éxito entre los consejeros de política exterior neoconservadores en el Departamento de Defensa y en otras partes. Fue Chalabi quien convenció a Bush de la idea de la existencia de una falsa inteligencia que supuestamente mostraba el arsenal de Saddam y las fábricas de armas de destrucción masiva. La existencia de armas de destrucción masiva se convirtió en la razón fundamental de Bush para ir a la guerra tras el 11 de septiembre pero, dado que ahora los relatos de sus antiguos colaboradores muestran que él ya había decidido invadir Iraq anteriormente en su administración, no queda claro quién manipuló a quién.

Después de la invasión, EE. UU. convirtió a Chalabi en miembro del CGI (Consejo de Gobierno Iraquí), que inicialmente gobernó el país para los estadounidenses. Pero cuando el CGI transfirió el poder al gobierno interino promovido por la ONU en junio de 2004 para preparar el camino para las elecciones, Chalabi no fue incluido. Sus subordinados se habían ido introduciendo en la maquinaria del CGI, y su sobrino Salem Chalabi era el hombre encargado de organizar el juicio de Saddam. Pero en esa época Salem fue acusado de asesinato y el grupo de Chalabi dejó de tener apoyo.

Chalabi era un inútil. Jamás tuvo ninguna base de poder en Iraq y su prometida multitud de partidarios jamás se materializó. En lugar de eso, se convirtió en una vergüenza para la administración, acusado en 2004 de espiar al gobierno de Irán informando a los iraníes de que EE. UU. tenía sus códigos. En respuesta a las acusaciones, Chalabi dijo que ahora la CIA quería desprestigiarlo y comenzó a jugar a la política del lado de la coalición política chiíta.

Con el declive del prestigio de Chalabi, el gobierno de Bush comenzó a apoyar al primer ministro interino, Ayad Allawi, la cabeza de una coalición de seis partidos formada por líderes sunitas y chiítas laicos. La gente que rodea a Allawi proviene principalmente de su Acuerdo Nacional Iraquí, un grupo respaldado por la CIA que fue creado cuando Allawi estaba en el exilio en Londres. Los líderes eran antiguos baazistas que se habían separado de Saddam.

IRAQ LIBERADO

Como señala Riverbend, entre las características más inquietantes del Iraq «liberado» está el aumento del fundamentalismo religioso en una sociedad considerada como una de las más laicas del mundo árabe. Ahí donde las mujeres solían disfrutar de algo que se acercaba a la igualdad de derechos, ahora están siendo excluidas de los pocos empleos que hay. Siendo una mujer joven con una educación, que solía trabajar como informática «tecnófila» y se movía libremente por su ciudad, Riverbend es particularmente conmovedora cuando cuenta lo que ha ocurrido desde la guerra: la pérdida de su propio empleo, el temor que ella y otras mujeres sienten actualmente al caminar por las calles sin hombres, los riesgos de salir con la cabeza descubierta.

El Iraq de la posguerra ha visto la formación de bandas inspiradas en el fundamentalismo islámico que han adquirido el hábito de secuestrar mujeres que, a su modo de ver, han faltado a la ley islámica con su vestimenta y su comportamiento. Al poco tiempo comenzaron a capturar hombres y a pedir un rescate por ellos, y el secuestro se convirtió en algo cotidiano. Los grupos que dicen estar asociados a Al-Qaeda retenían a los extranjeros para pedir un rescate y para exigir otros objetivos políticos; en muchos casos, las víctimas eran ejecutadas.

El supuesto plan de la administración Bush de establecer una democracia al estilo occidental en Iraq parece estar tan condenado al fracaso como su ocupación sangrienta y su inepta «reconstrucción». Riverbend muestra una comprensión mucho más sofisticada que la de los estadounidenses referente a las diversas facciones religiosas y étnicas que componen Iraq, un país cuyo futuro deben planificar colectivamente, pues de lo contrario lo llevarán a la guerra civil.

Saddam es un musulmán sunita, y su aparato político estaba dirigido principalmente por sunitas de clase media con educación, la mayoría de los cuales vivían en una zona en los alrededores de Bagdad llamada el «Triángulo Sunita». Pero los musulmanes sunitas son una minoría en Iraq, representando únicamente un 20 por ciento de la población. En el norte están los kurdos, que viven en una especie de tierra de nadie semiautónoma. Durante años fueron atacados ferozmente por Saddam, especialmente con los famosos ataques con gas químico de los ochenta. Los musulmanes chiítas componen el 60 por ciento de la población del país y, como tales, representan el factor mayoritario en cualquier gobierno electo democráticamente. Tras la guerra del Golfo, mientras Bush padre permanecía de brazos cruzados, Saddam sofocó brutalmente y castigó el levantamiento chiíta inspirado por la guerra. Tanto los kurdos como los chiítas están concentrados alrededor de los centros gemelos de la industria petrolera de la nación, Kirkuk en el norte y Basora en el sur.

Desde la revolución iraní de 1979, EE. UU. ha visto a los chiítas como aliados del ayatolá Jomeini y como parte de un grupo de extremistas en expansión, decidido a convertir toda la región en una especie de teocracia medieval incalificable. Pero los chiítas no son monolíticos, en absoluto. Como explica Riverbend, los chiítas se casan con sunitas y, como en cualquier parte del mundo, las grandes familias iraquíes son conglomeraciones de distintos grupos étnicos y religiosos. Dentro de los chiítas, hay quienes creen que el Estado debería estar gobernado por clérigos según las leyes religiosas y hay quienes desean una separación de la religión y el Estado. Sus líderes religiosos cubren el espectro de ideas políticas, desde el alejamiento de Al-Sistani de la política hasta el feroz radicalismo de Moqtada Al-Sadr. Es más probable que los chiítas sean árabes, pero los kurdos, los turcomanos y otros también se identifican con esta rama del islam. Las divisiones étnicas, así como las de otro tipo (religión, clase), tienen un papel importante en la política chiíta.

Con todo, al final de 2004, la invasión y la ocupación de Iraq por parte de EE. UU. parece haber llevado al país al borde de una especie de guerra civil, con una fuerte insurgencia sunita que hace que la seguridad resulte imposible en las zonas clave del país. Al mismo tiempo, los líderes chiítas, supuestamente con ayuda de Irán, han unido con éxito a la mayoría de los chiítas en una coalición política. Dada la incapacidad de los norteamericanos de mantener la seguridad frente a la continua insurgencia, el país ha ido tambaleándose hacia la guerra civil y, posiblemente, a largo plazo, hacia la desintegración.

JAMES RIDGEWAY
Washington, D. C.
Diciembre de 2004

Nota del editor

El contenido de este libro reproduce el primer año de escritos de Riverbend tal como aparecen en su blog, sin haber sido resumidos. Las palabras que están escritas mediante el uso de una mezcla de números y letras como, por ejemplo, «burgu3» (burka) son intencionadas y transcriben términos árabes usando pulsaciones normales de las teclas del ordenador. Aquí se incluye material seleccionado de los *hyperlinks* del blog para ilustrar los comentarios de Riverbend, y aparece resaltado en cajas.

Las continuas aportaciones nuevas de Riverbend a su blog pueden leerse en la red en http://riverbendblog. blogspot.com/.

De agosto a diciembre de 2003

Tres meses después de que el presidente Bush declaró la victoria el 2 de mayo de 2003 y anunció que las principales hostilidades habían «terminado», los combates continúan. La prensa menciona los ataques terroristas, pero, gradualmente, los reporteros empiezan a hablar de una «insurgencia». Nadie parece estar muy seguro de quién está en la insurgencia, pero todo el mundo comprende lo que ocurre: los iraquíes se están uniendo para expulsar a los norteamericanos. Las cifras de bajas comienzan a aumentar. Las bajas estadounidenses en combate y fuera de combate se acercan a 300 en agosto. Unos suicidas atacan con bombas la embajada de Jordania en Bagdad y matan a once personas. Resistiendo a la presión de EE. UU., que hasta este momento los había ignorado, los diplomáticos de la ONU intentan evitar otorgarle al nuevo gobierno de Iraq nombrado por los norteamericanos cualquier tipo de reconocimiento formal. En lugar de eso, el Consejo de Seguridad de las Naciones Unidas pasa una resolución dando la «bienvenida» al nuevo Consejo de Gobierno Iraquí. Cinco días más tarde, la sede de la ONU en Bagdad es bombardeada. Hay veintidós muertos, cien heridos. Entre las víctimas mortales se encuentra el enviado especial de la ONU, Sergio Vieira de Mello, un talentoso diplomático, muy respetado en todas partes y generalmente considerado como uno de los hombres capaces de unificar la compleja política de una nación desgarrada por la guerra. El bombardeo de la ONU provoca que la organización internacional abandone su sede y se marche del país.

Los ataques aumentan. A finales de agosto, un coche bomba hace explosión en la ciudad santa de Nayaf y mata a 95 personas. Entres los muertos se encuentra uno de los clérigos chiítas más importantes de Iraq, el ayatolá Mohammed Baqir Al-Hakim, que se oponía a la ocupación pero veía la posibilidad de establecer alguna forma de democracia. En una gira por Iraq, el secretario de Defensa Donald Rumsfeld intenta enfatizar los aspectos positivos de la ocupación de la posguerra, comparando Bagdad con Chicago.

En septiembre, el inspector jefe de Armamento de la ONU, Hans Blix, dice en la radio australiana que duda que la coalición encuentre armas de destrucción masiva. El 25 de septiembre, la doctora Aqila al-Hashimi, una de las tres mujeres del Consejo de Gobierno Iraquí (CGI), muere días después de que le hayan disparado.

En octubre, la ONU reconoce formalmente al CGI, pero también ve la necesidad de transferir el control absoluto a los iraquíes lo antes posible. Desde el punto de vista de EE. UU., éste es un paso hacia adelante, ya que el reconocimiento del CGI significa un estatus institucional para el hombre que ellos quieren que tenga un papel clave en la formación de un nuevo gobierno democrático. Se trata de Ahmed Chalabi, un ex banquero iraquí, que no ha estado en Iraq desde que tenía doce años y que en la última década ha trabajado en Londres y EE. UU. para su Congreso Nacional Iraquí. Se lo considera el más importante cabildero para la invasión y un hombre que saldrá ganando con el derrocamiento de

Saddam. Ahora Bush dice que necesita más dinero para reforzar la seguridad e iniciar la reconstrucción de Iraq. David Kay, el principal inspector de armas de la ONU en Iraq, considerado el más fácil de convencer por la insistencia de Bush de la existencia de armas de destrucción masiva, presenta un informe interino en el que dice que no ha logrado encontrar ninguna.

EE. UU. se topa con la resistencia a sus peticiones de ayuda económica por parte de la comunidad internacional. Ochenta naciones se reúnen en Madrid para recabar un paquete de ayuda para Iraq, pero sólo prometen 15 mil millones de dólares para añadir a los 19 mil millones que ya ha prometido EE. UU. Estas cantidades distaban mucho del objetivo de 55 mil millones de dólares establecido por el Banco Mundial, el Fondo Monetario Internacional, la Autoridad Provisional de la Coalición y la ONU. En unos bombardeos cuyo blanco son el Comité Internacional de la Cruz Roja y varias comisarías mueren 35 personas y 224 resultan heridas. Las bombas de los suicidas ahora son un suceso habitual.

Noviembre resulta ser el mes más mortífero del período de posguerra hasta la fecha para las tropas norteamericanas, ya que los rebeldes derriban un helicóptero de EE. UU., matan a dieciséis soldados y hieren al menos a otros ochenta. Durante ese mismo mes, mueren ochenta soldados estadounidenses. El Congreso de Estados Unidos aprueba 87,5 mil millones de dólares para Iraq, y Bush hace una visita sorpresa para hacerse unas fotos durante la cena de Acción de Gracias con las tropas en Bagdad. Los insurgentes incrementan sus ataques, matando a cuatro soldados estadounidenses, y comienzan a tener como objetivo a los miembros de la coalición de EE. UU. Una bomba hace explosión en una base de policía militar italiana, donde mata a catorce italianos y ocho iraquíes. Hacia finales de mes, Bush cambia de táctica y acepta traspasar el poder a un gobierno interino iraquí a principios de 2004. Existe la sensación de que las cosas están cada vez más fuera de control y, con la cercanía de las elecciones, Bush necesita algún tipo de resolución.

La situación económica empeora. Paul Wolfowitz, subsecretario de Defensa, causa un alboroto en diciembre al prohibir a Francia, Alemania, Rusia y otros países que no apoyaron la guerra presentarse a la licitación para la reconstrucción de Iraq.

El 13 de diciembre EE. UU. captura a Saddam Hussein, quien se encuentra oculto cerca de su tierra natal de Tikrit. El arresto, mostrado en detalle por las televisiones del mundo entero, parece tener poco efecto. La insurgencia continúa.

JAMES RIDGEWAY

Domingo, 17 de agosto de 2003

EL COMIENZO...

Así que éste es el comienzo para mí, supongo. Nunca pensé que comenzaría mi propio weblog... Cada vez que quería empezar uno, lo único se me ocurría era «¿pero quién lo va a leer?». Supongo que no tengo nada que perder... pero os advierto: esperad que me queje y despotrique mucho. Busqué un blog para «despotricar», pero esto es lo mejor que me ofreció Google.

Algo sobre mí: soy mujer, iraquí, y tengo veinticuatro años. Sobreviví a la guerra. Eso es lo único que necesitáis saber. En todo caso, es lo único que importa en estos días.

Riverbend   *posted by river @ 7:36 PM*

DESPERTAR

En estos días, despertar en cualquier parte en Iraq es una prueba. Puede ocurrir de dos maneras: lentamente o con una sacudida. El proceso lento funciona de la siguiente manera: estás en algún lugar en la frontera de la conciencia, agarrándote mentalmente a los fragmentos de un sueño que se van desvaneciendo... algo te envuelve, te cubre completamente, como una niebla. Una niebla cálida y pesada. Es el calor... 48 °C en las noches más frescas. Tus ojos se abren parpadeando y buscan en la oscuridad consternados; han cortado la electricidad. El ventilador del techo se mueve cada vez más despacio y tú ya estás completamente despierta. Intentar dormir con ese calor sofocante es casi tan productivo como intentar mover el ventilador del techo con la mente. Imposible.

La otra manera de despertar es entrar en la realidad de un sobresalto con el ruido de un disparo, una explosión o unos gritos. Te incorporas, horrorizada y presa del pánico, y cualquier sueño o pesadilla se hace añicos, cayendo en el olvido. ¿Qué será? ¿Un ladrón? ¿Una pandilla de saqueadores? ¿Un ataque? ¿Una bomba? ¿O quizá es sólo un bombardeo de medianoche de los norteamericanos? *posted by river @ 8:02 PM*

Lunes, 18 de agosto de 2003

OTRO DÍA...

Hoy es un día normal. Nos levantamos temprano por la mañana, hicimos las cosas habituales «de la casa»: ya sabéis, comprobar que el tanque de agua esté lleno, intentar determinar cuándo cortarán la electricidad, comprobar si hay suficiente gas para cocinar...

¿Sabéis lo que realmente me molesta de escribir en internet, en *chats* o en *message boards*? La primera reacción (normalmente de los norteamericanos) es: «Estás mintiendo; no eres iraquí.» ¿Por qué no soy iraquí? Bueno, porque, *a*) Tengo acceso a internet (los iraquíes no tienen internet); *b*) Sé cómo usar internet (los iraquíes no saben lo que es un ordenador), y *c*) Los iraquíes no saben hablar inglés (debo de ser Liberal). Todo esto no debería molestarme, pero me molesta. Veo a las tropas en las calles y pienso: «Entonces eso es lo que pensaban de nosotros antes de ocuparnos... Es posible que eso sea lo que piensan de nosotros ahora.» ¿Cómo puede ser que nos vean como otro Afganistán?

Lo mejor de los últimos dos días ha sido ver la tele ayer: las últimas noticias de nuestro consejo presidencial rotatorio: ¡Jordania está intentando conseguir que Washington entregue a Ahmad Al-Chalabi a las autoridades en Ammán! Fue genial ver eso... ¿Sabéis qué? Él es mi favorito de todo el gobierno interino cuidadosamente escogido por Bremer. Si Bremer hubiese aprendido algo sobre el pueblo iraquí al que ha estado intentando gobernar durante estos últimos meses, entregaría a Chalabi a las autoridades jordanas con un lazo rojo alrededor del cuello (como señal de buena voluntad). No conozco a nadie a quien le guste esa rata (y su amigote Qambar es aún peor).

Para aquellos que no lo sepan, el consejo de gobierno interino elegido por Bremer para «representar» al pueblo iraquí no fue capaz de decidir cuál de esos tipos raros hambrientos de poder debía gobernar Iraq, así queeeee... Bremer decidió que gobernarían tres personas (como presidentes temporales) hasta que los estadounidenses pudieran organizar las elecciones. Esas tres personas eran Al-Hakim (como representante del Consejo Supremo para la Revolución Islámica), Bahr Al-

Uloom (otro clérigo chiíta) y Adnan Al-Pachichi. Naturalmente, los otros miembros del consejo de gobierno objetaron... ¿Por qué Iraq debe tener tres presidentes? Y el número se convirtió en nueve. Cada uno de los nueve (incluidos Adnan Al-Pachichi, Ahmad Al-Chalabi, Al-Hakim y varios otros) podrá «gobernar» durante un mes. Ya sabéis, Iraq sólo necesita un poco más de inestabilidad; lo único que necesitamos es un nuevo presidente cada mes... En cualquier caso, nuestro actual «Invitado del Mes» es Ibraheim Al-Jaffari, que es el líder del infame Partido Al-Daawa (responsable de varias bombas en Iraq antes y durante la era Saddam). Volveré a hablar sobre él más adelante...

Lo gracioso es que los nueve gobernarán Iraq por orden alfabético (según el alfabeto arábigo). El único motivo de esto parece ser que Bremer encontró que todos eran igual de zalameros, deshonestos e incompetentes, así que se vio muy presionado para tomar una decisión. La manera en que esto funcionará será que cada uno tendrá su oportunidad de gobernar Iraq y, al final del período de nueve meses, Bremer decidirá cuál de ellos representa mejor los intereses norteamericanos en la región y ése será «El Elegido». Montarán unas elecciones falsas y «El Elegido» será mágicamente recompensado con... Iraq. Sólo espero que Adnan Al-Pachichi tarde bastante en tener su oportunidad de ocupar el trono (parece estar a punto de caerse en cualquier momento).

Escríbeme: riverbend@popmail.com   *posted by river @ 9:12 PM*

CANSADA

¿Cómo es posible que me despierte cansada? He estado forcejeando mientras dormía... forcejeando con las pesadillas, forcejeando con los miedos... esforzándome por oír los disparos o los tanques. Hoy estoy tan cansada. No es el tipo de «cansada» en el que lo que quiero es dormir; es el tipo de cansada en el que simplemente quiero estar completamente parada... ponerme en reserva, por así decirlo. Creo que todo el mundo se siente así últimamente.

Hoy mataron a un niño en Anbar, una gobernaduría en el noroeste de Bagdad. Su nombre era Omar Jassim y no tenía más de diez años, quizá once. ¿Alguien se entera de eso? ¿Es que ya no importa? ¿Lo muestran en las noticias de la Fox o de CNN? Lo mataron durante una batida estadounidense: nadie sabe por qué. Su familia está destrozada; no se llevaron nada de la casa porque no encontraron nada ahí. Era sólo una de esas batidas. La gente tiene terror a las batidas. Nunca sabes cuándo van a ocurrir, a quién le pueden disparar, quién podría reaccionar mal, cuál podría ser exactamente la mala reacción... También están robando cosas: oro, relojes, dinero (dólares)... No estoy diciendo que TODAS las tropas roben, eso sería injusto. Es como decir que todo Iraq participó en los saqueos. Pero realmente es difícil tener que preocuparse por los saqueadores, los asesinos, las pandillas, las milicias y ahora las tropas estadounidenses. Ya sé, ya sé, alguien estará diciendo: «¡Qué ingratos sois los iraquíes! ¡Ellos están haciendo esto por VOSOTROS!» Pero la verdad es que las batidas sólo consiguen una cosa: actúan como un constante recordatorio de que estamos bajo una ocupación, que no somos independientes, que no somos libres, que no estamos liberados. Ya no estamos seguros en nuestras propias casas; ahora todo le pertenece a alguna otra persona.

No puedo ver el futuro en estos momentos, o quizá elijo no verlo. Quizá simplemente lo estamos bloqueando como si fuera un mal recuerdo o una premonición. Pero, tarde o temprano, se acercará sigilosamente. En estos momentos, estamos viviendo el futuro que temíamos contemplar hace seis meses. Es como intentar encontrar el camino de salida de una pesadilla. Ojalá se llevaran el petróleo y se fueran...

Escríbeme: riverbend@popmail.com   *posted by river @ 3:50 PM*

INCREÍBLE...

La explosión del edificio de la ONU es horrible... aterradora y entristecedora. Nadie puede creer que haya ocurrido; nadie entiende por qué lo eligieron. Por Dios, se supone que esas personas estaban ahí para ayudar.

Estoy tan enfadada y frustrada. Nada avanza; no hay NINGÚN progreso, y éste es sólo un ejemplo. Los medios de comunicación están diciendo que fue Al-Qaeda. Maldita sea, jamás TUVIMOS a Al-Qaeda antes de esta ocupación... los fundamentalistas no levantaban cabeza. Ahora están POR TODAS PARTES; ellos «representan» al pueblo iraquí en el consejo de títeres de Bremer...

¿Sabéis qué? Algo así jamás le ocurriría al Ministerio de Petróleo. El Ministerio de Petróleo está vigilado 24/7 por tanques y tropas. Ha estado vigilado desde la caída de Bagdad y continuará estando bajo la atenta mirada de Bremer hasta que se haya acabado la última gota de petróleo. ¿Por qué no mandaron poner un tanque delante del edificio de la ONU? ¿Por qué? ¿Por qué? ¿Por qué? Sabemos que la planificación del pentágono ha sido pésima hasta ahora, pero a uno se le ocurre que eso lo podrían haber visto venir desde una milla de distancia...

posted by river @ 9:14 PM

Miércoles, 20 de agosto de 2003

ATURDIDA

La muerte de Sergio de Mello es catastrófica. Todos estamos un poco aturdidos. Por lo visto, él ha sido lo mejor que le ha ocurrido a Iraq en los últimos meses. A pesar del hecho de que la ONU fue infructuosa en detener la guerra, ver a alguien como De Mello hacía que la gente tuviera al menos una débil esperanza. Te daba la sensación de que no, los norteamericanos no podían desbocarse violentamente en Bagdad sin la mirada vigilante de la comunidad internacional.

Bremer está intentando vincular esto a la «resistencia» y a Al-Qaeda... éste es un nuevo tipo de ataque. *Esto* es terrorismo, señor Bush... no el ataque a las fuerzas de ocupación: eso es resistencia. Atacar a organizaciones humanitarias que usted no ha podido, o no ha querido, proteger. Un tipo de terrorismo que los iraquíes no habíamos visto hasta esta ocupación: nunca tuvimos gente que colocara bombas en la ONU o en las embajadas, por muy difíciles que se pusieran las cosas. Definitivamente, la Comisión Especial de la ONU no era querida aquí, pero estaba protegida. Estados Unidos, como poder ocupante, es responsable de la seguridad de lo que queda de este país. Ellos son responsables de la seguridad de cualquier organización humanitaria internacional que esté dentro del país para ayudar a la gente. Han estado eludiendo sus deberes horriblemente... pero una querría pensar que alguien como Sergio de Mello podría haber mejorado.

De alguna manera, estoy aterrada. Si alguien como De Mello no podía ser protegido, o simplemente no fue protegido, ¿qué va a pasar con los millones de personas que necesitan protección en Iraq? ¿Cómo han podido permitir que esto ocurra?

Un canal de noticias estaba diciendo hace un rato que cuando Bremer recibió la noticia, se vino abajo y lloró... No sé por qué. Ciertamente, la pérdida no era suya... era de Iraq.   *posted by river @ 1:32 PM*

Jueves, 21 de agosto de 2003

E-MAILS

Caramba. Docenas de e-mails son el resultado de estar en el blog de Salam.[1] Me quedé pasmada. Supongo que nun-

---

1. Salam Pax, conocido *blogger* iraquí. http:dear_raed.blogs pot.com.

ca pensé que tantas personas acabarían leyendo el blog. Esto ha hecho que me sienta agradecida y nerviosa al mismo tiempo.

La mayoría de los e-mails me han hecho sentir... gratitud. Gracias por comprender... no, gracias por, al menos, *intentar* comprender. Por otro lado, había otros e-mails llenos de críticas, cinismo y rabia. En realidad, no tenéis que leer mi blog si no queréis, y ciertamente no tenéis que enviarme e-mails diciendo cuánto lo odiáis. Es maravilloso recibir preguntas y diferentes opiniones, pero, por favor, sed inteligentes y, sobre todo, creativos: si quiero saber lo que las noticias de la Fox tienen que decir, las miraré.

Y tened presente una cosa: los tanques y las armas de fuego pueden romperme los huesos, pero los e-mails se pueden borrar.   *posted by river @ 3:13 PM*

MI NUEVO TALENTO

Anoche, al sufrir un ataque de insomnio, me encontré delante del televisor, haciendo zapping. Buscaba lo habitual: una entrevista interesante con alguien del consejo, alguna noticia nueva, un milagro... Inmediatamente, se fue la electricidad y fui arrojada al infierno negro más conocido como «una noche de agosto sin electricidad en Iraq». Así que me quedé ahí sentada, en la oscuridad, intentando recordar dónde había dejado la vela y las cerillas. Después de cinco minutos de mortificada meditación decidí que subiría a tientas por la escalera hasta la azotea. Paso a paso vacilante, entré dando traspiés al pasillo y subí por la escalera, dándome con el dedo del pie contra algo en el último escalón (que no tenía que estar ahí).

45

(Para aquellos de vosotros que no lo sepáis, en las zonas más seguras la gente duerme en la azotea porque cuando se va la electricidad las casas se calientan tanto que es como si te cocinaran suavemente dentro de un horno. El techo no es mucho mejor, pero al menos hay una apariencia de viento.)

Fuera, en la azotea, el calor salía palpitando de todas las cosas, en oleadas. Lo curioso es que, si te colocas de pie en el centro, puedes sentir cómo emana de las paredes y del suelo y viene hacia ti desde todas las direcciones. Me quedé ahí intentando determinar si era sólo nuestra zona la que se había sumergido en la oscuridad o toda la ciudad.

Unos minutos más tarde, mi hermano menor (lo llamaremos E) se unió a mí, despeinado, malhumorado y medio dormido. Nos quedamos apoyados en el muro bajito que rodea la azotea, observando la calle. Pude ver la punta del cigarrillo de Abu Maan brillando en el patio de la casa de al lado. Lo señalé diciendo: «Abu Maan tampoco puede dormir...» «Seguramente es Maan», dijo E, gruñendo. Me quedé mirándolo como si estuviera medio loco, o quizá hablando en sueños. Maan sólo tiene trece años... ¿cómo es que está fumando? ¿Cómo puede estar fumando?

«Sólo tiene trece años», afirmé.

«¿Acaso queda alguien que sólo tenga trece años?», preguntó él.

Reflexioné sobre la realidad de ese comentario. No, ya nadie tiene trece años. Ya nadie tiene veinticuatro años... todo el mundo tiene ochenta y cinco, y creo que yo podría tener ciento cinco. Estaba demasiado cansada para hablar y sospeché que E, a pesar de tener los ojos abiertos, estaba dormido. Unos minutos más tarde, el ruido de unas balas en la distancia rompió el silencio. Era lo bastante fuerte como para llamar la atención, pero demasiado lejano como para ser fuente de verdadera ansiedad. Intenté determinar de dónde venía...

E: ¿A qué distancia crees que están?
Yo: No sé... ¿como un kilómetro?
E: Sí, más o menos.
Yo: No son balas norteamericanas.
E: No, probablemente son de un...
Yo: Kalashnikov (*Kalishnikov*).
E (impresionado): Esto se te está empezando a dar bien.

No, se me está dando estupendamente. Te puedo decir si son «ellos» o «nosotros». Te puedo decir lo lejos que están. Te puedo decir si se trata de una pistola o una ametralladora, un tanque o un vehículo armado, Apache o Chinook... Puedo determinar la distancia y quizá incluso el objetivo. Ése es mi nuevo talento. Es algo que se me da tan bien que me da miedo. Lo peor es que casi todo el mundo parece haber adquirido este nuevo talento... jóvenes y viejos. No es algo que alguien apreciaría en un currículum vitae...

Me pregunto continuamente... ¿Algún día volverá a sonar como antes un avión?   *posted by river @ 3:15 PM*

AL-CHALABI... ¡SIN HILOS ADHERIDOS!

Acabo de ver a Al-Chalabi en la tele. Fue entrevistado por un importante periodista de Al-Arabiya. Me lo perdí anoche y esta mañana. Pero mi prima, que tiene un generador, tuvo la amabilidad de grabármelo (ella sabe que Al-Chalabi es uno de los pocos «políticos» capaces de hacerme reír).

¿Qué puedo decir? Él es increíble en las entrevistas, casi tan bueno como Bush (cómicamente enfurecedor). Ya veo por qué el Pentágono lo adoptó: debía de ser divertido de entrenar, como una especie de mono mascota...

En cualquier caso, la entrevista empezó de una forma más o menos razonable (Al-Chalabi estaba todo brillante; hubiera jurado que llevaba brillo de labios). En realidad, no sabe hablar. Creo que Bremer le debería prohibir conceder entrevistas desde este momento hasta las elecciones, y si deciden hacerlo presidente, alguien podría escribirle los discursos. Pero ahora mismo, verdaderamente, es una vergüenza para la CIA.

Lo más divertido de la entrevista fue cuando le mostraron a uno de sus antiguos guardaespaldas (al que negó conocer con una rotundidad digna de un Oscar). El ex guardaespaldas se estaba quejando de que, cuando el CNI (Congreso Nacional Iraquí) llegó por primera vez a Bagdad y empezó a reclutar gente, le parecieron bastante razonables. Pero súbitamente ocuparon el Sayd Club, un club recreativo (no privativo del antiguo régimen) y convirtieron el CNI en una milicia.

Estuvieron secuestrando coches en medio de Bagdad durante el mes de abril, mayo y junio, afirmando que los automóviles que ellos «confiscaban» a punta de pistola habían sido «saqueados» (por ende, ¿propiedad de Al-Chalabi?). Guardaban los coches en su «cuartel general», los sacaban de Iraq mediante contrabando y los introducían en territorio kurdo. Los más bonitos se repartían entre los «miembros» del CNI. Alguien que no estaba recibiendo su parte de esta acción se quejó a la APC (Autoridad Provisional de la Coalición) y Chalabi y compañía fueron reprendidos colectivamente y se les dijo que no lo volvieran a hacer.

Después de que salió este tema, Ahmad Al-Chalabi estuvo sencillamente encantador: inmediatamente hizo un gesto burla y desprecio, y le dijo al periodista que todo eran ¡MENTIRAS! ¡MENTIRAS! ¡MENTIRAS! ¿¡Y cuánto le habían pagado a ese testigo!? Luego empezó a insultar al periodista, diciéndole que habían caído aún mas bajo (la especialidad de Al-Chalabi) o in7i6a6 (¡en arabish!).[2] El periodista le preguntó por las acusaciones jordanas y el hecho de que el parlamento jordano quiera que se presente ante la justicia... Él dijo que todo eso eran ¡MENTIRAS! Y que el parlamento jordano era una desgracia para la gente, etc. Él no era un criminal, él no era un ladrón, él no era un títere. Los iraquíes y los jordanos estaban colectivamente desquiciados y eran unos ridículos...

En mi opinión, el periodista le estaba haciendo las preguntas equivocadas. Debería haberle preguntado cómo se había gastado los fondos para el CNI que le entregó la CIA (ciertamente, no en su guardarropa).

Toda la entrevista me trajo a la mente el informe de Associated Press del 11 de agosto (de Mark Fritz). Especialmente la primera frase:

> Iraq está nadando en petróleo, pero cualquiera que piense que esa riqueza natural se traduce en una clase media gorda y feliz tendrá un crudo despertar.

...bueno, naturalmente —primero tendremos que pagar a los deudores de Ahmad Al-Chalabi— no pode-

---

2. Mezcla de árabe e inglés.

mos esperar que quede nada para el pueblo, ¿verdad?
posted by river @ 4:58 PM

Viernes, 22 de agosto de 2003

DEJANDO LAS COSAS CLARAS

Voy a dejar las cosas claras de una vez por todas.

Contrariamente a lo que muchas personas parecen pensar, yo no odio a los estadounidenses. No porque me encanten los estadounidenses, sino simplemente porque no los odio, de la misma manera que no odio a los franceses, ni a los canadienses, ni a los británicos, ni a los sauditas, ni a los jordanos, ni a los micronesios, etc. Fui educada, como millones de iraquíes, para sentirme orgullosa de mi propia cultura y nacionalidad. Al mismo tiempo, como millones de iraquíes, también me educaron para respetar a las otras culturas, naciones y religiones. El pueblo iraquí es curioso por naturaleza, y acepta valores diferentes, siempre y cuando no intentes imponerle esos valores y creencias.

Aunque odio la presencia militar estadounidense en Iraq en su forma actual, ni siquiera odio a las tropas estadounidenses... bueno, un momento, a veces sí:

—Las odié durante los bombardeos. Cada día y cada noche teníamos que sentarnos esperando con terror la siguiente bomba, el siguiente avión, la siguiente explosión. Las odié cuando vi la expresión de terror en las caras de mi familia y de mis amigos mientras permanecíamos en la oscuridad, rezando por nuestras vidas, por las

...das de nuestros seres queridos y por la supervivencia
[d]e Iraq.

—Las odié el 11 de abril, un día fresco, gris: el día en
[q]ue una amiga de la familia perdió a su marido, a su hijo
[y] a su hijita de un año cuando un tanque disparó contra
[el] coche de su familia mientras intentaban evacuar su
[ca]sa en el distrito de Al-A'adhamiya, una zona en la que
[hu]bo intensos combates.

—Las odié el 3 de junio, cuando nuestro coche fue
[ob]ligado a detenerse por alguna extraña razón en medio
[de] Bagdad y nos hicieron bajar y colocarnos en fila (éra-
[m]os tres mujeres, un hombre y un niño) mientras unos
[so]ldados furiosos y enérgicos hurgaban en nuestros bol-
[sillo]s, cacheaban a los hombres y revisaban el coche a fon-
[do]. Creo que nunca podré poner en palabras la humilla-
[ci]ón que se siente al ser registrado.

—Las odié durante dos horas el 13 de julio. Mientras
[ab]andonábamos Bagdad, fuimos detenidos con docenas
[de] otros coches en un punto de control en medio de un
[cal]or sofocante, mareante.

—Las odié la noche en que mi primo fue víctima de
una batida, un hombre con esposa y dos niñas. Lo sacaron de la casa a empujones, con las manos detrás de la
cabeza, mientras obligaban a su esposa y sus hijas, que
no paraban de gritar, a esperar en la cocina mientras unos
veinte soldados registraban sistemáticamente la vivienda, vaciando armarios, hurgando en los cajones de la ropa
interior y vaciando las cajas de juguetes.

—Las odié el 28 de abril cuando dispararon y mataron a más de una docena de niños y adolescentes en
Faluya, un lugar al oeste de Bagdad. Las tropas estadounidenses habían tomado una escuela local (una de
las únicas escuelas), y los niños y sus padres se coloca-

ron delante de ella como una forma de protesta pacífica. Algunos niños empezaron a tirar piedras a las tropas y éstas abrieron fuego contra la gente. Aquel incidente fue el principio de un derramamiento de sangre en Faluya.

Por otro lado...

—Me siento fatal al ver a los soldados de pie bajo este sol de justicia, llevando ropa gruesa... mirando anhelantes al interior de nuestros coches con aire acondicionado. Después de todo, al final esto es Bagdad, nosotros somos iraquíes, ya conocemos este calor.

—Me siento mal cuando los veo ahí de pie, bebiendo lo que sólo puede ser agua tibia después de estar horas bajo el sol, demasiado atemorizados para aceptar el agua fría que les ofrecen los «extraños iraquíes».

—Siento lástima al observar sus expresiones confundidas y asustadas cuando algún padre de familia indignado, sin trabajo, les grita en un idioma que no comprenden en absoluto.

—Pierdo la esperanza cuando los veo apuntando a todo el mundo con sus armas y sus tanques porque, a sus ojos, cualquiera podría ser un «terrorista» y prácticamente cualquiera es un iraquí enfadado y frustrado.

—Siento compasión cuando los veo sentados, aburridos y apáticos, en la parte superior de sus tanques y en sus coches, deseando estar en alguna otra parte.

Así que ahora ya lo sabes. Sentimientos encontrados en un mundo echado a perder.

Hablo de las «tropas estadounidenses» porque son las únicas con las que he entrado en contacto; ningún soldado británico, ni italiano, ni español... No lo sé, quizá tengan los mismos sentimientos hacia los británicos en el sur.

Alguien escribió que yo era cándida y probablemente una niña mimada, etc., y que «ni un solo soldado estadounidense merece morir por ti». Estoy completamente de acuerdo. Nadie merece morir por mí, ni por ninguna otra persona.

Esta guerra empezó siendo una guerra contra las ADM (armas de destrucción masiva). Cuando no encontraron dichas armas, y en el mejor de los casos las pruebas eran poco sólidas, repentinamente se convirtió en una «guerra contra el terrorismo». Cuando no se pudo establecer ningún vínculo con Al-Qaeda o con Osama Bin Laden (excepto en la Fox y en la cabeza de Bush), se convirtió en una «Liberación». Llámala como quieras: para mí es una ocupación.

¿Mi sugerencia? Que traigan a las fuerzas de paz de la ONU y saquen a las tropas estadounidenses. Que dejen que la gente decida quién quiere que la represente. Que permitan que el consejo de gobierno esté compuesto de iraquíes que sufrieron el bloqueo y las guerras *dentro* de Iraq. La gente está enfadada y frustrada, y las tropas estadounidenses son las que van a tener que soportar lo peor de esa ira, simplemente porque la administración estadounidense está dirigiendo la función y cometiendo los errores.

Siempre me entristece ver que la mayoría de ellos son tan jóvenes. Del mismo modo que no es justo que yo tenga que pasar mi veinticuatro aniversario sufriendo toda esta situación, tampoco me parece justo que ellos tengan que pasar su diecinueve, veinte, etc., sufriéndola. Al final, tenemos algo en común: todos somos víctimas de las decisiones tomadas por la administración Bush.

Por otro lado... ellos regresarán a casa, a salvo, dentro de un mes, o dos, o tres, o seis... y nosotros estaremos aquí teniendo que enfrentarnos al desastre de país que tenemos ahora.   *posted by river @ 7:51 PM*

Sábado, 23 de agosto de 2003

ESTO ES SÓLO EL COMIENZO...

Las mujeres ya no pueden salir de sus casas solas. Cada vez que salgo, E y mi padre, o algún tío o primo me tienen que acompañar. Siento como si hubiéramos retrocedido cincuenta años desde que empezó la ocupación. Una mujer, una chica, que sale sola se arriesga a que le pase cualquier cosa, desde ser insultada hasta ser raptada. Una salida debe ser planificada al menos con una hora de antelación. Yo declaro que debo comprar algo o visitar a alguien. En este estado de absoluta anarquía, hay que conseguir dos hombres (preferentemente grandes) y hacer los «preparativos de seguridad». Y siempre surge la pregunta: «Pero ¿tienes que ir tú a comprarlo? ¿No puedo comprarlo yo por ti?» No, no puedes, porque el kilo de berenjenas que definitivamente yo tengo que elegir con mis propias manos es sólo una excusa para ver la luz del día y caminar por una calle. Esta situación es increíblemente frustrante para las mujeres que trabajan o van a la universidad.

Antes de la guerra, alrededor del 50 por ciento de los estudiantes universitarios eran mujeres, y más del 50 por ciento de la población activa estaba compuesto de mujeres. Ya no es así. Estamos viendo un aumento del fundamentalismo en Iraq que es aterrador. Por ejemplo, an-

54

tes de la guerra, yo calcularía que (aproximadamente) el 55 por ciento de las mujeres llevaba *hijab* o pañuelo en la cabeza. Los *hijabs* no son una señal de fundamentalismo. Está muy lejos de ser ése el caso, aunque yo, personalmente, no lo llevo, tengo familiares y amigas que sí lo hacen. Lo que quiero decir es que, antes, no tenía verdadera importancia. Era asunto *mío* si yo lo llevaba o no, y no de algún fundamentalista en la calle.

Para aquellos que no lo sepan (y he descubierto que son muchos más de lo que yo creía), un *hijab* sólo cubre el pelo y el cuello. Toda la cara queda expuesta y algunas mujeres incluso lo llevan al estilo Grace Kelly, dejando fuera algunos mechones de pelo en la parte delantera. Por otro lado, un «burka», como los que se llevan en Afganistán, cubre toda la cabeza: el pelo, la cara y todo.

Soy mujer y musulmana. Antes de la ocupación, me vestía más o menos como yo quería. Vivía con tejanos y pantalones de algodón y camisas cómodas. Ahora no me atrevo a salir de casa con pantalones. Una falda larga y una camisa suelta (preferentemente de manga larga) se ha convertido en algo necesario. Una chica que lleve tejanos se arriesga a ser atacada, raptada o insultada por los fundamentalistas que han sido... ¡liberados!

Los padres y madres mantienen a sus hijas ocultas en casa para que estén seguras. Es por ese motivo que se ven tan pocas mujeres en las calles (especialmente después de las 4 de la tarde). Otros están haciendo que sus hijas, esposas y hermanas lleven un *hijab*. No para oprimirlas, sino para protegerlas.

Yo perdí mi empleo por un motivo similar. Explicaré todo ese asunto deprimente en otro momento. Se está obligando a las chicas a dejar la universidad y la escuela. Mi prima de catorce años (una alumna con notables) tendrá que repetir curso porque sus padres decidieron mantenerla en casa desde la ocupación. ¿Por qué? Porque el Consejo Supremo para la Revolución Islámica en Iraq tomó una oficina cercana a su escuela y abrió una «agencia» especial.

Hombres con turbantes negros (M.I.B.T. en lugar de M.I.B.)[3] y unas figuras sospechosas, tenebrosas, vestidas de negro de la cabeza a los pies, permanecen cerca de las puertas de la agencia, en grupos, examinando con la mirada a las chicas y a las profesoras que entran en la escuela secundaria. Las figuras oscuras, amenazadoras, están ahí comiéndose con los ojos, mirando impúdicamente y a veces mofándose de las que no llevan un *hijab* o cuyas faldas no son lo bastante largas. En algunas zonas, las chicas se arriesgan a ser atacadas con ácido si su vestimenta no es «decente».

El Consejo Supremo para la Revolución Islámica en Iraq (CSRII) fue establecido en 1982 en Teherán. Su principal objetivo es importar el concepto de «Revolución Islámica» de Irán a Iraq. En otras palabras, ellos creen que Iraq debería ser una teocracia dirigida por los mulás chiítas. Abdul Asís Al-Hakim, el vicepresidente del CSRII, forma parte de la presidencia rotatoria de nueve miembros y pronto tendrá la oportunidad de gobernar Iraq.

Al CSRII le gustaría dar la impresión de que ellos tienen el pleno apoyo de todos los musulmanes chiítas en Iraq. La verdad es que muchos musulmanes chiítas tienen terror de ellos y de las consecuencias de tenerlos como un poder gobernante. Al-Hakim fue responsable de torturar y ejecutar a los prisioneros de guerra iraquíes

3. Juego de palabras en inglés: Men in black turbans - Men in black.

en Irán durante la guerra Irán-Iraq y después de ella. Si el CSRII gobernara Iraq, me imagino que el primer paso sería abrir las fronteras con Irán y unir los dos países. Entonces Bush podrá dejar de referirse a los dos países como parte de su infame «Eje del Mal» y podrá empezar a llamarnos «El Gran Bulto del Mal y la Malvada Corea del Norte» (lo cual parece estar más de acuerdo con sus limitadas habilidades lingüísticas).

Desde que entró en Iraq, Al-Hakim ha estado chantajeando a la APC en Bagdad con su «mayoría de partidarios chiítas». Entró en Iraq escoltado por «Jaysh Badir» o el «Ejército de Badir». Este «ejército» está compuesto de miles de extremistas iraquíes dirigidos por extremistas iraníes y entrenados en Irán. A lo largo de la guerra, estuvieron al acecho en la frontera, esperando la oportunidad de entrar sigilosamente. En Bagdad, en el sur, han sido una fuente de terror y ansiedad para los sunitas, los chiítas y los cristianos por igual. Ellos, y algunos de sus partidarios, fueron responsables de una gran parte de los saqueos y los incendios (uno creería que iban a conseguir contratos para la reconstrucción...). También fueron responsables de cientos de secuestros y asesinatos religiosos y políticos.

Toda la situación es alarmante, más allá de cualquier descripción que yo pueda dar. Los cristianos también se han convertido en las víctimas del extremismo. Algunos de ellos están siendo amenazados, otros están siendo atacados. Unos pocos mulás con ansias de protagonismo sacaron una *fatwa* o decreto, en junio, que declaraba que todas las mujeres debían llevar el *hijab* y que si no lo hacían serían sometidas a un «castigo». Otro grupo que decía ser parte de «Hawza Al Ilmia» decretó que ni una sola chica mayor de catorce años podía continuar siendo soltera, incluso si ello significaba que algunos miembros de Hawza tenían que tener dos, tres o cuatro esposas. Este decreto incluía a las mujeres de otras religiones. En el sur, las mujeres colaboradoras de la ONU y la Cruz Roja fueron amenazadas de muerte si no llevaban el *hijab*. Esto no se hace en nombre de Dios; se hace en nombre del poder. Le dice a la gente, al mundo: «Mirad; tenemos poder, tenemos influencia.»

Las tiendas de bebidas alcohólicas están siendo atacadas y les ponen bombas. El propietario suele recibir una «amenaza» en forma de una *fatwa* que declara que, si no cierra la tienda permanentemente, habrá consecuencias. Las consecuencias normalmente son un incendio o una bomba. Los peluqueros han recibido amenazas similares en algunas zonas de Bagdad. Es aterrador y horroroso, pero es verdad.

No culpéis al islam. Todas las religiones tienen sus extremistas. En tiempos de caos y desorden, los extremistas florecen. Iraq está lleno de musulmanes moderados que simplemente creen en «vive y deja vivir». Nos llevamos bien, sunitas y chiítas, musulmanes y cristianos, judíos y sabi'a. Nos casamos unos con otros, nos mezclamos, vivimos. Construimos nuestras iglesias y mezquitas en las mismas zonas, nuestros niños van a las mismas escuelas... eso nunca fue un problema.

Alguien me preguntó si, a través de las elecciones, el pueblo iraquí podría votar a favor de un estado islámico. Hace seis meses, yo hubiera dicho firmemente «No». Ahora no estoy tan segura. Se ha producido un abrumador retorno al fundamentalismo. La gente está recurriendo a la religión por diversos motivos.

El primero y más destacado de ellos es el miedo. Miedo a la guerra, miedo a la muerte y miedo a un destino peor que la muerte (y sí, hay destinos peores que la muerte). Si yo no hubiese tenido algo en que creer durante esta última guerra, sé que me habría vuelto loca. Si no hubiera tenido un Dios al que rezarle, al que hacerle promesas, con el que regatear, al que dar las gracias, no hubiera resistido.

La invasión de valores y creencias occidentales también ha tenido un papel destacado, al empujar a los iraquíes a adherirse al islam. Del mismo modo que en el mundo occidental hay personas ignorantes (y hay muchísimas: tengo e-mails que lo demuestran... no me hagáis avergonzaros), también hay gente ignorante en Oriente Medio. En los musulmanes y los árabes, los occidentales ven suicidas, terroristas, ignorancia y camellos. En los norteamericanos, los británicos, etc., algunos iraquíes ven depravación, prostitución, ignorancia, dominación, drogadicción y crueldad. La mejor manera que la gente puede encontrar para protegerse y proteger a sus seres queridos de esta presunta amenaza es recurriendo a la religión.

Por último, hay motivos más directos. El 65 por ciento de todos los iraquíes está actualmente desempleado por una u otra razón. Hay personas que tienen familias que alimentar. Cuando digo «familias» no me refiero a una esposa y dos niños... quiero decir unas 16 o 17 personas. Actualmente, partidos islámicos apoyados por Irán, como Al-Daawa y CSRII, están reclutando partidarios ofreciendo «sueldos» a los hombres desempleados (un ex soldado del ejército, por ejemplo) a cambio de «apoyo». Este apoyo podría significar cualquier cosa: votar cuando lleguen las elecciones, poner una bomba en una tienda específica, «confiscar», raptar, secuestrar coches (sólo si trabajas para Al-Chalabi...).

Así que, en lo referente al terror y el fundamentalismo, me gustaría citar a los Carpenters (¿preocupados?): «*We've only just begun... we've only just begun...*» *posted by river @ 6:20 PM*

Domingo, 24 de agosto de 2003

ACERCA DE RIVERBEND

Muchos de vosotros me habéis estado preguntando por mi pasado y el motivo de que mi inglés sea tan bueno. Soy iraquí, nacida en Iraq de padres iraquíes, pero fui educada en el extranjero durante varios años cuando era niña. Regresé al principio de la adolescencia y continué estudiando en inglés en Bagdad, leyendo cualquier libro que llegara a mis manos. La mayoría de mis amigos son de distintas etnias, religiones y nacionalidades. Soy bilingüe. Hay miles de iraquíes como yo: hijos de diplomáticos, estudiantes, expatriados, etc.

En cuanto a mi vínculo con la cultura occidental... no os creeríais cuántos jóvenes iraquíes saben muchísimo sobre la cultura pop norteamericana/británica/francesa.

Lo saben todo sobre Arnold Schwarzenegger, Brad Pitt, Whitney Houston, los McDonalds y *M.I.B.* Los canales de televisión iraquíes mostraban continuamente malas copias de las últimas películas de Hollywood. (Si sirve de consuelo, los Marines estaban a la altura del Rambo/Terminator que los precedieron.)

Pero no importa lo que pase: yo me mantendré en el anonimato. De lo contrario, no me sentiría libre para escribir. Creo que Salam y Gee son increíblemente valientes... Quién sabe, quizá algún día yo también lo sea. Me conocéis como Riverbend y compartís una parte muy pequeña de mi realidad cotidiana; espero que eso sea suficiente. *posted by river @ 11:33 PM*

TRABAJARÉ A CAMBIO DE COMIDA...

Más del 65 por ciento de la población iraquí está desempleada. El motivo es que Bremer ha tomado unas pésimas decisiones. La primera decisión importante ha sido disolver el ejército iraquí. Eso puede tener sentido en Washington, pero aquí nos dejó sin habla. Ahora hay 400.000 hombres entrenados, armados, con familias que necesitan ser alimentadas. ¿Adónde se supone que tienen que ir? ¿Qué se supone que deben hacer para ganarse la vida? No lo sé. Ciertamente, ellos tampoco lo saben.

Recorren las calles buscando trabajo, buscando una respuesta. Se puede ver la perplejidad y la rabia en su postura, en su forma de caminar, en toda su conducta. Sus miradas van de un rostro a otro, buscando una pista. ¿Quién tiene la respuesta a este desastre? ¿Quién creéis que la tiene?

Bremer también disolvió el Ministerio de Información y el Ministerio de Defensa. No importa cuáles fueran las excusas, esos ministerios estaban llenos de personas normales con empleos normales: contables, conserjes, secretarias, ingenieros, periodistas, técnicos, operadoras... Esas personas ahora están sin trabajo.

Se ha pedido a las empresas que «reduzcan» su personal. Esto ya no tiene nada que ver con la política. La APC le pidió a la empresa en la que mi tío trabaja como ingeniero que se deshicieran de 680 de los más de 1.500 empleados; ingenieros, diseñadores, contratistas, mecánicos, técnicos y administrativos, todos se vieron afectados.

Otras compañías, firmas, oficinas, fábricas y tiendas cerraron como consecuencia de los saqueos y los daños causados por el caos de la posguerra: miles de trabajadores perdieron sus empleos. ¿Adónde ir? ¿Qué hacer?

No es más fácil para la gente con empleo... los 50 dólares que pagan los diversos ministerios y hospitales no alcanzan para mantener a una sola persona, y mucho menos a una familia. Pero al menos es trabajo. Al menos es un motivo para levantarse cada mañana y hacer algo.

Alguien preguntó por qué los miles de hombres iraquíes que vagan por las calles no salen a buscar trabajo. Después de la ocupación, durante semanas, miles de hombres hacían cola a diario fuera del Aliwayah Club, llenando papeles, rogando que les dieran un trabajo. Pero no hay trabajo. Los hombres se negaban a presentarse a las fuerzas policiales iraquíes, ¡porque no les daban armas! Se esperaba que la policía iraquí recorriera y vigilara las infernales ciudades sin armas... que detuviera a los saqueadores, a los secuestradores y a los asesinos con la mera fuerza de la aplicación de su deformado sentido de la moralidad.

La historia de cómo perdí mi trabajo no es única. De hecho, se ha vuelto muy corriente; tristemente, deprimentemente, insoportablemente corriente. Esto es lo que ocurrió...

Tengo el título de informática. Antes de la guerra, trabajaba como programadora/administradora de red (sí, sí... una «tecnófila») en una empresa iraquí de software/base de datos ubicada en Bagdad. Cada día, subía tres pisos de escaleras, entraba en la pequeña oficina que compartía con una colega y dos hombres, encendía mi PC y me pasaba horas mirando pequeños números y letras que rodaban por la pantalla. Era tedioso, te destrozaba la espalda, era de tecnófilos y era... maravilloso.

Cuando necesitaba un descanso, visitaba mis sitios favoritos en internet, molestaba a mis compañeros de trabajo, o despotricaba sobre los «jefes imposibles» y los «plazos improbables».

Me encantaba mi trabajo; era *buena* en mi trabajo. Iba y volvía del trabajo sola. A las 8 de la mañana entraba cargando una mochila llena, con los CD, disquetes, cuadernos, bolis mordidos, clips y sacapuntas suficientes para hacer que Bill Gates se sintiera orgulloso. Ganaba tanto dinero como mis dos colegas hombres y recibía el mismo respeto del jefe que ellos (eso era porque él estaba perdido cuando se trataba de hacer cualquier tipo de programación y cualquiera que pudiera hacerlo era digno de respeto... aunque fuese una chica, ya te puedes hacer una idea).

Lo que estoy intentando decir es que no importa lo que hayas oído, las mujeres en Iraq estaban mucho mejor que las mujeres en otras partes del mundo árabe (y en algunas partes del mundo occidental: ¡teníamos sueldos equitativos!). Formábamos más del 50 por ciento de la fuerza laboral. Éramos médicos, abogadas, enfermeras, profesoras, decanas, arquitectas, programadoras y más. Salíamos y entrábamos cuando queríamos. Vestíamos como queríamos (dentro de los límites de las restricciones sociales de una sociedad conservadora).

Durante la primera semana de junio, me enteré de que mi empresa volvía a funcionar. Fueron necesarias varias horas y lo que me parecieron miles de reuniones familiares, pero finalmente convencí a todo el mundo de que, para mi salud mental, era necesario que volviera a trabajar. Ellos estuvieron de acuerdo en que visitara mi empresa (con mis dos guardaespaldas masculinos) y les preguntara si había algún trabajo que yo pudiera llevarme a casa y entregar más tarde, o enviar por internet.

Un buen día, a mediados de junio, llené mi gran bolsa de maravillas tecnófilas, me puse mi falda larga y mi camisa, me recogí el pelo y salí de casa con una mezcla de esperanza y aprensión.

Tuvimos que aparcar el coche a unos cien metros de la puerta de la empresa porque la calle principal que hay delante estaba agrietada y rota por el peso de los tanques norteamericanos cuando entraron en Bagdad. Fui medio corriendo, medio arrastrándome, hasta la puerta de la empresa, con el corazón latiendo por la ilusión de ver a los amigos, a los colegas, a las secretarias... simplemente volver a ver algo familiar en general, en medio de esa extraña nueva pesadilla que estábamos viviendo.

En cuanto entré por la puerta, lo noté. Por alguna razón, todo tenía un aspecto más pobre, más triste. La alfombra marrón de los pasillos estaba deslucida, desgastada, y hablaba de la carga de miles de pies apresurados. Las ventanas en las que habíamos puesto cinta adhesiva con tanto esmero antes de la guerra estaban agrietadas en algunas partes y rotas en otras... y sucias por todas partes. Las luces estaban destrozadas, las mesas volcadas, las puertas rotas a patadas y los relojes arrancados de las paredes.

Me quedé un momento de pie en la puerta, vacilante. Había caras nuevas, extrañas, menos gente que antes. Todos estaban de pie, mirándose unos a otros. Sus rostros estaban tristes, letárgicos y exhaustos. Y yo era una de las únicas mujeres. Me abrí paso entre ese extraño desorden y subí la escalera, deteniéndome un momento en el segundo piso, donde se encontraba la dirección, para escuchar unas voces masculinas que iban subiendo de tono. El director había muerto de una apoplejía durante la segunda semana de la guerra y, de repente, teníamos nuestro propio pequeño «vacío de poder». Al menos veinte hombres distintos creían estar cualificados para ser el jefe. Unos creían que estaban cualificados por su experiencia, otros por posición, y algunos porque estaban respaldados por diferentes partidos políticos (CSRII, Al-Daawa, CNI).

Continué subiendo por la escalera, helada hasta los huesos, a pesar del calor bochornoso del edificio, que no había visto la electricidad al menos en dos meses. Mi pequeña oficina no estaba mucho mejor que el resto del edificio. Las mesas habían desaparecido, los papeles estaban por todas partes... ¡pero A estaba ahí! No me lo podía creer: una cara conocida, acogedora. Él me miró durante un momento, sin verme realmente, y entonces sus ojos se abrieron de par en par y la incredulidad sustituyó a la vaga expresión inicial. Me felicitó por estar viva, me preguntó por mi familia y me dijo que, después de ese día, ya no regresaría. Las cosas habían cambiado. Me dijo que debería irme a casa y mantenerme a salvo. Él se iba: encontraría algún trabajo en el extranjero. Ahí ya no había nada que hacer. Le hablé de mi plan de trabajar en casa y enviar los proyectos... él negó con la cabeza, con tristeza.

Me quedé unos minutos más contemplando el desastre, intentando solucionarlo en mi cabeza, mientras mi corazón se hacía pedazos. Mi primo y E estaban abajo esperándome; ya no me quedaba nada por hacer, excepto preguntar si podía ayudar de alguna manera. A y yo salimos de la habitación y empezamos a bajar por la escalera. Hicimos una pausa en el segundo piso y nos detuvimos para hablar con uno de los antiguos directores de sección. Le pregunté cuándo creía que las cosas estarían funcionando, pero él no me miró. Su mirada se quedó fija en el rostro de A mientras le decía que ahora las mujeres ya no eran bienvenidas, especialmente las mujeres que «no podían ser protegidas». Finalmente se volvió hacia mí y me dijo, en muchísimas palabras, que me fuera a casa porque «ellos» se negaban a hacerse responsables de lo que me pudiera ocurrir.

OK. Muy bien. Ustedes salen perdiendo. Di media vuelta, bajé la escalera y fui a encontrarme con E y mi primo. De repente, las caras ya no me parecían extrañas; mayormente, eran las caras de antes, pero había una hostilidad que no me podía creer. ¿Qué estaba haciendo yo ahí? E y mi primo estaban ceñudos, yo debía tener aspecto de estar destrozada, porque me sacaron a toda prisa del primer lugar en el que he trabajado y me llevaron al coche. Lloré amargamente durante todo el camino a casa: lloré por mi trabajo, lloré por mi futuro y lloré por las calles destrozadas, los edificios dañados y las personas que se desmoronaban.

Yo soy una de las personas con suerte... No soy importante. No soy imprescindible. Hace más de un mes, una destacada ingeniera electrónica (una de las mujeres más inteligentes del país) llamada Henna Aziz fue asesinada delante de su familia (sus dos hijas y su marido). Unos fundamentalistas del Ejército de Badir la habían amenazado y le habían dicho que se quedase en casa porque era una mujer y no debía tener un cargo. Ella se negó: el país necesitaba su experiencia para poner las cosas en funcionamiento (era brillante). Ella no quería y no podía quedarse en casa. Ellos fueron a su casa un día al atardecer: unos hombres con ametralladoras entraron a la fuerza y abrieron fuego. Ella perdió la vida: no fue la primera y no será la última. *posted by river @ 11:36 PM*

Martes, 26 de agosto de 2003

JUGUEMOS A LAS SILLAS MUSICALES...

La presidencia rotatoria de nueve miembros es un fracaso a primera vista. También es un fracaso a segunda, tercera, cuarta... y novena vista. Los miembros de la presidencia rotatoria, compuesta por cuatro musulmanes chiítas, dos musulmanes sunitas y dos kurdos, fueron seleccionados en base a la etnia y a la religión.

Ésta es una manera de dividir todavía más a la población iraquí. Es añadir confusión al caos y al desorden. La mera idea de un consejo elegido étnica y religiosamente es repulsiva. ¿Se supone que la gente debe tomar partido según su etnia o religión? ¿Cómo van a elegir un presidente en nueve meses... o es que vamos a tener siempre nueve presidentes para gobernar el país? ¿Cada facción de la población iraquí necesita tener su propio representante? Si es así, entonces ¿por qué no han estado representados los cristianos? ¿Por qué no han estado representados los turcomanos? ¿Es que agregar dos miembros más a los nueve habría supuesto tanta diferencia?

Los nueve títeres danzantes —perdónenme, presidentes rotatorios— fueron exclusivamente seleccionados desde el «Consejo de Gobierno», un consejo interi-

67

no elegido por la APC. Lo primero que hizo el Consejo de Gobierno de 25 miembros para alejarse de la gente fue tomar la fatal decisión de hacer que el 9 de abril sea el nuevo Día Nacional Iraquí. La gente no se lo podía creer cuando Bahr Ul Iloom (uno de los nueve títeres) leyó el anuncio.

El 9 de abril de 2003 fue una pesadilla imposible de describir. Aquel día, Bagdad estuvo cubierta de humo: explosiones por todas partes, tropas estadounidenses avanzando a rastras por toda la cuidad, incendios, saqueos, combates y asesinatos. Los civiles eran evacuados de una zona a otra, los tanques disparaban contra las casas, los helicópteros Apache quemaban automóviles... El 9 de abril Bagdad estuvo llena de muerte y destrucción. Ver tanques en tu ciudad, bajo cualquier circunstancia, es inquietante. Ver tanques extranjeros en tu capital es devastador.

Pero, volviendo a los presidentes rotatorios... Las personas enteradas dicen que los nueve miembros del consejo se odian unos a otros. Las reuniones a veces acaban con gritos, improperios e insultos. Lo único en lo que están de acuerdo es en que Bremer es Dios. Sus palabras son las Escrituras.

Se decidió que cada uno de ellos tendría la oportunidad de gobernar durante un mes a la población iraquí que tanto los adora. Después de varias discusiones y, me imagino, amenazas, ultimátums y rabietas, se decidió que cada uno de los miembros tendría su turno por orden alfabético (del alfabeto arábigo).

De modo que éste es el reparto del espectáculo de títeres más estudiado que Iraq ha visto jamás (por orden de aparición).

El títere: Ibraheim Al-Jaffari

El líder del Partido Islámico Daawa, de cincuenta y seis años, que vivía en Irán y Londres. El Partido Islámico Al-Daawa debutó en 1958 como el movimiento político chiíta más destacado. Los «activistas» de Al-Daawa aprendieron sus técnicas de un grupo extremista iraní conocido como «Fida'y-een El Islam» y se distinguían por su uso de explosivos para hacer declaraciones políticas. A menudo, universidades, colegios y centros recreativos eran su objetivo.

Ibraheim Al-Jaffari me incomoda. No es ni muy directo ni coherente. Habla con un tono de voz sospechosamente bajo y tiene una mirada astuta que nunca parece quedarse fija en la cámara.

El títere: Ahmad Al-Chalabi

Este tipo es una verdadera monada. Es la cabeza del Congreso Nacional Iraquí y está muy respaldado por el Pentágono. Era un banquero que desfalcó millones del Petra Bank de Jordania. Mi parte favorita de la historia de su vida es cómo escapó de Jordania en el maletero de un coche... una Cleopatra moderna, por así decirlo. Cuando le preguntaron si pensaba que la guerra en Iraq estaba justificada, incluso a pesar de que no encontraran armas de destrucción masiva, inmediatamente (y un tanto ofendido) respondió: «Por supuesto: de no haber sido por la guerra, *Yo* no estaría en Iraq...» Como si él fuera un regalo de Dios a la humanidad. En realidad, es el regalo de EE. UU. al pueblo iraquí, la gloria suprema de la guerra, el caos y la ocupación: el saqueador de todos los saqueadores.

El títere: Iyad Allawi

Un ex oficial de la inteligencia iraquí y ex miembro de Baaz que fue enviado a Londres con una beca del antiguo gobierno baazista. Dicen los rumores que cuando se acabó la beca él censuró su pertenencia a Baaz y formó el Acuerdo Nacional Iraquí (ANI). Ha estado viviendo en Londres desde 1971.

El títere: Jalal Talabani

Líder de la Unión Patriótica del Kurdistán (UPK). La UPK controla el sureste de la zona kurda autónoma en el norte. Rumor ingenioso en las calles: antes de convertirse en «líder», tenía una discoteca en Turquía donde dirigía un servicio ilegal .... eeehh... llamémoslo «de compañía». La verdad es que es el rival de Massoud Berazani, el otro líder de la región autónoma kurda, y a menudo su rivalidad acababa en un derramamiento de sangre entre sus partidarios. Su famosa frase: «La política es una puta.»

El títere: Abdul Aziz Al-Hakim

Vicepresidente del CSRII (Consejo Supremo de la Revolución Islámica en Iraq). Ha estado en Irán durante décadas y es el comandante del «Ejército de Badir», o lo que también se conoce como la Brigada Badir, responsable de gran parte del caos de la posguerra. Lo que asusta es que hay rumores de negociaciones entre el CSRII y la CPA para permitir que la Brigada esté a cargo de la «seguridad» en algunas regiones.

El títere: Adnan Al-Pachichi

Un árabe sunita —prepárate— de ochenta y un años de edad (algunos dicen que son ochenta y cuatro). Fue ministro de Relaciones Exteriores durante dos años en los sesenta. Mi abuelo lo recuerda *vagamente*. Lo siento, pero simplemente parece demasiado agotado como para gobernar Iraq. Sería increíble que llegara a las elecciones. Ha estado fuera del país desde finales de los sesenta y parece saber tan poco del Iraq moderno como los iraquíes de él.

El títere: Mohsen Abdul Hamid

El secretario del Partido Islámico, un grupo fundamentalista musulmán sunita (una rama de la Hermandad Islámica). Otro grupo fundamentalista más, pero éste fue elegido para mantener callados a los fundamentalistas sunitas.

El títere: Mohammed Bahr Ul Iloom

También conocido como «Muhammed Bahr Ul-¿quién?». Muy poca gente parece haber oído hablar de él. Es un clérigo musulmán chiíta que huyó de Iraq en 1991. Estuvo exiliado en Londres. También tiene ochenta y pico años y su única virtud política parece ser el hecho de que huyó y se consideraba a sí mismo un exiliado. Rápidamente acabó con cualquier posibilidad de obtener popularidad al ser la persona elegida para declarar el 9 de abril como el Día Nacional Iraquí.

El títere: Massoud Berzani

Líder del Partido Democrático del Kurdistán y rival de Jalal Talabani. Estuvo respaldado por EE. UU. en el norte de Iraq. Sus conflictos con Talabani han tenido como resultado las muertes de miles de kurdos en sangrientas batallas y asesinatos y el exilio de otros. Al verlos sentados a la misma mesa, mirando con adoración a «Papá Bremer», uno podría pensar que siempre han sido los mejores amigos (es una fascinante lección de política). Se plantea una pregunta: si no pudieron controlar unas pocas provincias en el norte, ¿cómo esperan poder gobernar todo Iraq?

Los dos líderes kurdos también controlan una milicia armada conocida como «Bayshmarga». Los Bayshmarga tienen múltiples talentos. Actúan como guardaespaldas y contrabandistas. Los han cogido haciendo contrabando de automóviles, de dinero y de artefactos. Estos últimos dos días ha habido choques entre ellos y los turcomanos en Kirkuk.

Lo más indignante es oír a Bremer hablar de que los miembros de la presidencia rotatoria representan al pueblo iraquí. En realidad, representan la APC y a Bremer. Son los títeres de EE. UU. (y algunos de ellos de Irán). No gobiernan ni a Iraq ni a los iraquíes en modo alguno; son meramente unos traductores muy bien pagados: Bremer les da las órdenes y ellos las traducen para un público incrédulo. La mayoría de ellos fueron entrenados usando dólares de los impuestos estadounidenses, y ahora están siendo «mantenidos» por la APC usando dinero del petróleo iraquí.

Es un mal comienzo para la democracia, estar bajo una ocupación y que tu gobierno y tus potenciales líderes sean elegidos por los poderes ocupantes... Por otro lado, ¿acaso se podría esperar más de un país cuyo presidente fue «nombrado» por la Corte Suprema? *posted by river @ 9:33 PM*

EL DÍA NACIONAL

Para mí, el 9 de abril es una imagen borrosa de rostros distorsionados por el miedo, el horror y las lágrimas. En todo Bagdad se podían oír bombardeos, explosiones, estruendos, aviones de combate, los temidos Apache y los horribles tanques avanzando por las calles y las carreteras. Tanto si amabas a Saddam como si lo odiabas, Bagdad se estaba haciendo añicos. Bagdad estaba ardiendo. Bagdad estaba explosionando... Bagdad estaba cayendo. El 9 de abril es el Día de la Ocupación Estadounidense. Puedo entender que Bush lo celebre, pero no puedo entender que cualquiera que valore la independencia quiera celebrarlo.

El 9 de abril desperté con el ruido de una enorme explosión alrededor de las 6 de la mañana, sólo dos horas después de haber caído en un sueño irregular. Incluso antes de abrir los ojos, ya estaba sentada en la cama, rígida. La habitación estaba caliente, pero me quedé sentada en la cama, todavía con los tejanos de la noche anterior puestos, con los dientes castañeando, agarrándome a las mantas, buscando la cordura en mi conciencia.

Las últimas noches habíamos estado durmiendo con la ropa puesta, con los bolsillos llenos de documentos de identidad y dinero porque estábamos esperando a que la casa se derrumbara a nuestro alrededor... queríamos poder salir por la puerta tan pronto como fuera necesario.

73

Escuché el ruido que se había vuelto tan normal como el de los grillos en verano: el continuo zumbido de los helicópteros y los aviones de combate... explosiones y bombardeos.

Pasamos las primeras horas de aquella mañana mirándonos unos a otros en silencio y con solemnidad; la única voz humana entre nosotros provenía de la radio, crujiendo y desvaneciéndose. Nos decía lo que ya sabíamos, lo que habíamos estado temiendo durante lo que nos pareció una eternidad: los tanques estadounidenses estaban en Bagdad. Había habido una cierta resistencia, pero los tanques estaban por toda Bagdad.

Y ése fue el principio del «Día Nacional»...

El 9 de abril fue un día de vecinos hostilizados llamando a la puerta, caras tan deformadas por la ansiedad que eran casi irreconocibles. «¿Nos vamos? ¡¿Evacuamos?! Parecen estar tan cerca...»

Fue un día de parientes conmocionados, horrorizados, con las pupilas dilatadas y los labios temblorosos, arrastrando bolsas de lona, esposas y niños aterrados que necesitaban cobijo. Todos nosotros necesitábamos un consuelo que nadie nos podía dar.

Fue el día en que permanecimos en casa, con las bolsas llenas, completamente vestidos, intentando oír los tanques o los misiles que nos enviarían volando fuera de la casa, a la calle. Permanecimos sentados, calculando los riesgos de viajar de un extremo a otro de Bagdad, o quedarnos en nuestra área y esperar lo inevitable.

Fue el día en que tuve «la conversación» con mi madre. El día en que me sentó delante de ella y empezó a darme «instrucciones», por si acaso.

«¿Por si acaso qué, mamá?»

«Por si nos pasa algo...»

«¿Como qué?, ¿como si nos separan?»

«Bueno, está bien. Sí, por ejemplo, si nos separan... sabes dónde está el dinero... sabes dónde están los papeles...»

«Sí, lo sé. Pero eso no importará si algo te ocurre a ti, o a papá o a E.»

Fue un día de perros callejeros aullando en las calles con miedo, bandadas de pájaros volando caóticamente en el cielo, intentando escapar de los horribles ruidos y del humo.

Fue un día de cuerpos carbonizados en vehículos ennegrecidos.

Fue un día gris amarillento, que arde rojo en mi memoria... un día que fácilmente sube a la superficie cuando contemplo los días más horribles de mi vida.

Ése fue el «Día Nacional» para mí. Según muchos relatos, fue lo mismo para millones de otras personas.

Quizá cuando llegue el 9 de abril de 2004 Bremer y el Consejo de Gobierno podrán reunirse con Bush en la Casa Blanca para celebrar la caída de Bagdad... porque ciertamente nosotros no la estaremos celebrando aquí.

posted by river @ 9:41 PM

LA DIRECCIÓN CONTRARIA

El escenario: el salón de la familia.

El estado de ánimo: pesimista.

Estábamos ahí sentados: dos familias... la nuestra y la de mi tío. Los adultos estaban sentados elegantemente en los sofás y nosotros, los «chicos», tumbados sobre las *kashi* (baldosas) frescas del suelo, mirando la tele. Todos nos sentíamos deprimidos porque acabábamos de ver a Nada Domani (directora de la Cruz Roja en Iraq) diciéndole al mundo que habían decidido retirar parte de su personal y enviarlo a Jordania porque se esperaban ataques.

Estoy rezando para que quienquiera que les haya avisado esté muy equivocado. ¿Quién querría atacar a la Cruz Roja? Todo el mundo necesita a la Cruz Roja... La Cruz Roja no sólo está administrando ayuda en forma de medicamentos o alimentos, sino que también está actuando como mediadora entre los prisioneros de guerra y los detenidos y la APC. Antes de que la Cruz Roja se implicara, las familias de los detenidos no sabían nada sobre ellos. Durante las batidas o en los puntos de control, detenían a las personas (principalmente hombres y chicos) y simplemente desaparecían. Los familiares de los detenidos esperaban horas de pie delante de los hoteles en los que estaban las autoridades de seguridad norteamericanas rogando que les dieran alguna información —alguna pista— acerca de dónde podían encontrar a un padre, un tío, un hijo...

¿Qué haremos sin la Cruz Roja?

Así que estábamos ahí sentados, intentando entender lo que estaba ocurriendo, qué estaba pasando con toda la situación, cuando, de repente, quité el sonido de la televisión: oí a alguien que llamaba a E desde el exterior. E se puso de pie inmediatamente, cogió la pistola cargada y se la introdujo en sus tejanos, a la espalda. Fuimos a la cocina a ver qué/quién era. E abrió la puerta corredera y salió fuera mientras yo pegaba la cara contra el cristal, intentando ver en la oscuridad.

Era nuestro vecino R. Lo único que pude ver fue su cabeza, mirándonos por encima del muro que separa nuestros jardines. «¿¿¿Estás viendo Al-Jazeera??? ¡Deberías verlo!» Y su cabeza desapareció una vez más detrás del muro. ¿Ya está? ¿Eso es todo? Uno no llama a otra persona durante la noche, en el Iraq de la posguerra, para decirle que mire Al-Jazeera... alguien me recordó que levantara el muro.

En Al-Jazeera estaban poniendo el programa «Al-Itijah Al-Mu3akis» o «La dirección contraria». Para los que no sean árabes, éste es un programa que comenta temas políticos y sociales importantes para Oriente Medio y tiene dos invitados que atacan los asuntos desde posiciones opuestas. Los espectadores pueden hacer comentarios por teléfono y por correo electrónico, y también uno puede votar al invitado que cree que lo está haciendo mejor.

La sorpresa no fue el tema, que era nosotros, Iraq, una vez más. La sorpresa fue uno de los invitados: Intifadh Qambar, ¡segundo de Ahmad Al-Chalabi y portavoz del CNI! En cuanto el rostro duro, taimado de Qambar apareció en la pantalla, el triste salón se iluminó con risotadas, gritos, aplausos y silbidos. Él provoca risas en muchos iraquíes.

Solamente un árabe puede apreciar plenamente a Qambar. Me imagino que, al ser portavoz, se supone que tiene que ser el «diplomático» del CNI. Estaba ahí para representar a los presidentes rotatorios y al Consejo de Gobierno. Él fue su perdición: Ahmad Al-Chalabi debería suicidarse.

Estaba rígido, con un traje de un tono marrón similar al de la mostaza seca, endurecida. Vestía una camisa blanca, corbata negra con rayas amarillas y un pañuelo de color amarillo chillón con unos encantadores lunares negros. Llevaba el pelo engominado hacia atrás con alguna cosa para dejar ver una frente amplia, surcada, sobre unos ojos diminutos, de mirada dura. No parecía alguien que está en un programa de entrevistas políticas: parecía alguien que está siendo acosado.

Se sentó durante más de una hora, recibiendo una paliza verbal de prácticamente todas las personas que llamaron (incluyendo iraquíes): lo llamaron ladrón, traidor, gángster americanizado, asesino y algunos otros términos casi tan coloridos como su corbata. Su «defensa» del consejo fue peor que las acusaciones que le estaban lanzando. Más o menos, dijo que toda la guerra estaba justificada, que las sanciones estaban justificadas, que EE. UU. estaba justificada, ¿y qué importaba cuánta gente había muerto durante las sanciones? ¿Qué importaba cuánta gente estaba muriendo ahora? Saddam se había marchado —el consejo estaba ahí—, eso era lo único que importaba. Y todo esto con una voz chillona, desagradable. Cuando terminaba de decir algo que él creía que era particularmente inteligente, adoptaba una actitud suficiente y arrogante.

El otro invitado (director del periódico *Al-Quds Al-Arabi*) estaba pasmado, como mínimo. Simplemente lo miraba como si no pudiera creer que ese tipo hubiera sido enviado para representar al nuevo gobierno. Si ése era el «más suave» del grupo, teníamos un serio problema.

Qambar no tiene escrúpulos políticos, ni culturales. Cuando no es capaz de encontrar un argumento legítimo, cae en la vulgaridad. Durante un debate en Abu Dhabi TV, estaba discutiendo con otro político llamado Wamidh Nadhmi. Ahora bien, Wamidh Nadhmi es un hombre respetado que no es ni baazista ni lealista. De hecho, él solía hablar contra Saddam y contra todo el gobierno mucho antes de la guerra. Estaba en contra de la guerra como manera de cambiar el régimen y contra la ocupación; ése era todo el argumento. Así que, tras estar una hora argumentando en vano que los estadounidenses tenían razón y todos los demás estaban equivocados, Qambar empezó a ser insultado. Wamidh mantuvo la calma, pero le dijo a Qambar que Ahmad Al-Chalabi era un estafador y que cualquier grupo que fuera dirigido por alguien tan infame estaba condenado al fracaso... De repente, Qambar se puso de pie de un salto ¡y *atacó* a Wamidh en televisión! Lo digo en serio: lo atacó. El pobre presentador, Jassim Al-Azzawi, se encontró en medio de una pelea que se estaba librando encima de su cabeza y, mientras intentaba separarlos, gritaba: «¿Qué es esto? Señores... ¡¿qué es esto?!» Así que podéis ver por qué nos divertimos con Qambar (casi tanto como con Al-Chalabi).

Entonces, ¿cuáles son las opciones? La alternativa a ese tipo de gente son los iraquíes que vivían con el pueblo, dentro de Iraq. Los iraquíes que *no* estaban afiliados a Saddam, pero que tampoco estaban afiliados a la CIA. Bush se equivocó cuando dijo «Estáis con nosotros o contra nosotros». El mundo no es blanco o negro:

hay muchas personas que estaban contra la guerra, pero también contra Saddam. Y no les están dando una oportunidad. Sus voces no están siendo oídas porque ellos no estaban en Washington o en Londres o en Teherán (Tehran).

Hay personas inteligentes, cultas: profesores, historiadores, lingüistas, abogados, médicos e ingenieros en Iraq que podrían contribuir a gobernar el país. Ellos entienden la mentalidad iraquí después de más de una década de sanciones y tres guerras distintas, saben lo que la gente quiere oír y lo que se tiene que hacer... son competentes. No son aceptables para la APC porque ésta no puede estar segura de su «lealtad» a EE. UU. El Consejo de Títeres es perfecto porque ellos fueron traídos en tanques estadounidenses, fueron instalados usando la fuerza estadounidense, y pueden sacarlos si es necesario, o cuando sea necesario...

Hay un famoso dicho árabe: *«Al ba3*lu bayn al 7ameer raka9»*, que, básicamente, quiere decir: «Un camello en medio de burros es un veloz corredor.» Se dice para describir a alguien que se considera «el mejor entre los malos». Si Qambar y Chalabi son los camellos del CNI (y quizá de todo el consejo), me pregunto cómo serán los burros... *posted by river @ 1:48 AM*

LA PROMESA Y LA AMENAZA

El mito: los iraquíes, antes de la ocupación, vivían en pequeñas tiendas de color beige colocadas a los lados de sucias callejuelas por todo Bagdad. Los hombres y los niños iban a la escuela montados en sus camellos, burros y cabras. Esas escuelas eran versiones más grandes de las viviendas y por cada cien estudiantes había un maestro con turbante que les enseñaba unas matemáticas rudimentarias (para contar el rebaño) y a leer. Las niñas y las mujeres se quedaban en casa, vistiendo burkas negros, preparando pan y cuidando de entre diez y doce niños.

La verdad: los iraquíes vivían en casa con agua corriente y electricidad. Miles de ellos tienen ordenadores. Millones de ellos tienen equipos de vídeo y de CD. Iraq tiene puentes sofisticados, centros recreativos, clubes, restaurantes, tiendas, universidades, escuelas, etc. A los iraquíes les encantan los coches rápidos (especialmente los coches alemanes), y el Tigris está lleno de pequeñas lanchas motoras que se usan para todo, desde pescar hasta hacer esquí acuático.

Supongo que lo que estoy intentando decir es que la mayoría de la gente elige ignorar el prefijo «re» en las palabras «reconstruir» y «reedificar». Para vuestra información, «re» proviene del latín y generalmente significa «otra vez» o «de nuevo».

En otras palabras: había algo ahí en primer lugar. Tenemos cientos de puentes. Tenemos una de las redes de autopistas más sofisticadas de la región: se puede ir de Bursrah, en el sur, hasta Mosul, en el norte, sin tener que pasar ni una sola vez por una de esas pequeñas carreteras polvorientas y sucias que muestran en los noticiarios de la Fox. Teníamos un sistema de comunicaciones tan avanzado que la Coalición de los Dispuestos necesitó tres bombardeos, en tres noches separadas para dañar la torre de comunicaciones de Ma'moun y silenciar nuestros teléfonos.

Ayer leí que harían falta 90.000 millones de dólares para reconstruir Iraq. Bremer estaba lanzando cifras acerca de cuánto iba a costar reconstruir los edificios, los puentes, la electricidad, etc.

Escuchad esta pequeña anécdota. Uno de mis primos trabaja en una importante empresa de ingeniería en Bagdad: la llamaremos H. Esta empresa es famosa por diseñar y construir puentes por todo Iraq. Mi primo, un ingeniero estructural, es un fanático de los puentes. Se pasa horas hablando de pilares y entramados y estructuras de acero a cualquiera que esté dispuesto a escuchar.

Puesto que se acercaba el mes de mayo, su director le dijo que alguien de la APC quería que la empresa calculara los costes de reconstrucción del nuevo Puente de Diyala en el extremo sureste de Bagdad. Él reunió a su equipo, salieron, evaluaron los daños y decidieron que no sería demasiado extenso, pero que sería costoso. Realizaron las pruebas y los análisis necesarios (conversaciones sobre la composición del suelo y la profundidad del agua, las juntas de dilatación y las vigas), y llegaron a una cifra que presentaron tentativamente: 300.000 dólares. Esto incluía planos y diseños, materiales (bastante baratos en Iraq), mano de obra, contratistas, gastos de viajes, etc.

Supongamos que mi primo es un tarado. Supongamos que no ha trabajado en puentes en los últimos diecisiete años. Supongamos que no ha trabajado reconstruyendo al menos 20 de los 133 puentes dañados durante la primera guerra del Golfo. Supongamos que está equivocado y que el coste de la reconstrucción de este puente es cuatro veces superior a la cifra que ellos calcularon. Supongamos que el verdadero coste será de 1.200.000 dólares. Simplemente, usemos la imaginación.

Una semana más tarde, le dieron el contrato del nuevo Puente de Diyala a una empresa estadounidense. Esta empresa en particular calculó que el coste de la reconstrucción del puente sería de, aproximadamente —agárrate—, ¡50.000.000 de dólares!

Hay algo que deberías saber sobre Iraq: tenemos más de 130.000 ingenieros. Más de la mitad de esos ingenieros son ingenieros estructurales y arquitectos. Miles de ellos fueron formados fuera de Iraq, en Alemania, Japón, EE. UU., Gran Bretaña y otros países. Otros miles trabajaron con algunas de las compañías extranjeras que construyeron varios puentes, edificios y autopistas en Iraq. La mayoría de ellos son más que expertos; algunos de ellos son brillantes.

Los ingenieros iraquíes tuvieron que reconstruir Iraq después de la primera guerra del Golfo en 1991, cuando la «Coalición de los Dispuestos» estuvo compuesta de más de treinta países que participaron activamente bombardeando Iraq hasta dejarla irreconocible. Tuvieron que encargarse de reconstruir puentes y edificios que originalmente habían sido construidos por empresas extranjeras, tuvieron que arreglárselas ante la falta del material que solíamos importar del extranjero, tuvieron que trabajar con un malvado bloqueo diseñado para dañar cualquier infraestructura que quedara tras la guerra... verdaderamente, tuvieron que reconstruir Iraq. Y se tuvo que hacer todo muy resistente, porque, bueno, siempre estamos bajo la amenaza de guerra. Más de cien de los 133 puentes fueron reconstruidos, cientos de edificios y fábricas fueron reemplazados, se reconstruyeron torres de comunicación, se añadieron nuevos puentes, se reemplazaron las redes de energía eléctrica... y las cosas estaban funcionando. No todo era perfecto, pero estábamos trabajando en ello.

Y los iraquíes no son fáciles de complacer. Los edificios no pueden ser únicamente funcionales. Han de tener toques artísticos: una columna tallada, una cúpula con un diseño complejo, algo único... no necesariamente elegante o sutil, pero diferente. Esto se puede ver por toda Bagdad: casas modernas con ventanas de vidrio cilindrado junto a los antiguos edificios clásicos «bagdadíes», restaurantes llamativos junto a pequeños cafés elegantes... mezquitas con cúpulas tan coloridas y detalladas que parecen glamurosos huevos Fabergé... todo hecho por los iraquíes.

Mi proyecto de reconstrucción favorito fue el Puente Mu'alaq, sobre el Tigris. Es un puente suspendido que fue diseñado y construido por una empresa británica. En 1991, fue bombardeado y, simplemente, todo el mundo renunció a poder volver a atravesarlo. En 1994 ya lo habían levantado otra vez, exactamente igual que antes, sin compañías británicas, con conocimientos técnicos iraquíes. Una de las escuelas de arte decidió que, aunque no era el puente más sofisticado del mundo, sería el más glamuroso. El día que lo abrieron al público, estaba cubierto de cientos de flores pintadas de los colores más atrevidos, cubriendo los pilares, el propio puente y las pasarelas a los lados del puente. Venía gente de toda Bagdad sólo para estar ahí y contemplar el Tigris.

De modo que, en lugar de traer miles de empresas extranjeras que van a pedir miles de millones de dólares, ¿por qué no se está aprovechando a los ingenieros, electricistas y trabajadores iraquíes? A los miles de personas que no tienen trabajo les encantaría poder reconstruir Iraq... pero no se le está dando una oportunidad a nadie.

La reconstrucción de Iraq se mantiene sobre nuestras cabezas como una promesa y una amenaza. La gente pone los ojos en blanco ante la reconstrucción, porque sabe (los iraquíes son astutos) que esos dudosos proyectos de reconstrucción van a arrojar al país a una deuda nacional sólo comparable con la de EE. UU. Unos pocos contratistas que ya son ricos van a hacerse más ricos, a los trabajadores iraquíes se les va a dar una miseria y los desempleados pueden quedarse a un lado y ver cómo las empresas extranjeras construyen los glamurosos edificios.

Yo siempre digo que esta guerra es por el petróleo. Pero también tiene que ver con las enormes corporaciones que van a ganar miles de millones reconstruyendo lo que se ha dañado durante la guerra. ¿Digamos Haliburton? (la cual, dicho sea de paso, consiguió los primeros contratos para reemplazar las infraestructuras petroleras dañadas y apagar los «incendios de petróleo» en abril).

Bueno, claro que van a ser necesarios innumerables miles de millones para reconstruir Iraq, señor Bremer, ¡si les dan todos los contratos a empresas extranjeras! O quizá las cifras son aterradoras porque Ahmad Al-Chalabi está llevando la contabilidad; después de todo, él *es* el experto en matemáticas.   *posted by river @ 6:46 PM*

Viernes, 29 de agosto de 2003

CAOS

«[Iraq] no es un país sumido en el caos y Bagdad no es una ciudad sumida en el caos», Paul Bremer («Iraq 'Needs Tens of Billions'», BBC News, 27 de agosto de 2003, http://news.bbc.co.uk/1/hi/world/middle_east/ 3183979. stm).

¿Dónde vive ese tipo? ¿¿¿Está en la misma zona horaria??? Estoy incrédula... quizá es de algún universo alternativo en el que los tiroteos, los saqueos, los tanques, los secuestros y los asesinatos no se consideran un caos, pero eso es caos en *mi* mundo.

Desde la ocupación, 400 mujeres han sido secuestradas sólo en Bagdad y ésa es la cifra de los raptos registrados. La mayoría de las familias no van a informar a los norteamericanos de un rapto porque saben que no sirve de nada. Los miembros masculinos de la familia se encargan personalmente de la búsqueda de las mujeres raptadas y se vengan si encuentran a los raptores. ¿Qué otra cosa se puede hacer? Sé que si me secuestraran preferiría que mi familia se organizara y me buscara personalmente, en lugar de acudir a la APC.

Según la BBC, todos los días se secuestran 70 automóviles, sólo en Bagdad...

Y ahora acabamos de recibir una noticia chocante: ¡Mohammed Baqir Al-Hakim ha sido asesinado en la ciudad santa de Nayaf! Mohammed Baqir Al-Hakim era el líder del CSRII (Consejo Supremo de la Revolución Islámica en Iraq). No se sabe quién está detrás de esto, pero muchos creen que es una de las otras facciones religiosas chiítas. Ha habido una cierta tensión entre los partidarios de Al-Sadir y los partidarios de Al-Hakim. Otro clérigo, Al-Sistani, también tenía algunas cosas interesentes que decir contra Al-Hakim...

Lo que la mayoría de la gente prefiere olvidar es el hecho de que los chiítas del sur perdieron cientos de miles de vidas en la guerra contra Irán —luchando contra el mismo régimen que ahora está apoyando al CSRII, la Revolución Islámica en Teherán. Es cierto, muy cierto, que Al-Hakim tiene un fuerte respaldo de muchos fundamentalistas chiítas simpatizantes de Irán, pero también hay gente que lo odia (y odia a la Brigada de Badir) con creces.

Yo odiaba a ese tipo por lo que representaba: un títere y un seguidor de un gobierno islámico fundamentalista, pero ésta no era la manera de acabar con ello. Esto va a tener como consecuencia un mayor derramamiento de sangre y más combates. Es el segundo clérigo chiíta que es asesinado en Nayaf: el primero fue Al-Kho'i, que también vino de Teherán (en abril). *posted by river @ 6:40 PM*

Sábado, 30 de agosto de 2003

PUESTO DISPONIBLE

Todo el mundo sigue comentando la muerte de Al-Hakim. Al-Hakim no es particularmente popular entre los chiítas moderados. Uno de mis primos y su esposa son chiítas, y cuando oyeron la noticia él se limitó a encogerse de hombros y dijo que de todos modos no le gustaba mucho (supongo que los clérigos —de cualquier religión— hambrientos de poder ponen nerviosa a la gente). Nadie que yo conozca personalmente parece estar traumatizado por su muerte, pero todo el mundo está horrorizado con el número de víctimas mortales. 126 muertos y más de 300 heridos, algunos de ellos agonizando.

En las noticias dicen que han capturado a los asesinos que pusieron la bomba, supuestamente alguna rama de Al-Qaeda que actualmente está operando en Iraq (ellos también fueron «liberados»).

Un analista político en Iraq dice que es posible que algunos de los partidarios de Al-Hakim estuvieran implicados en el atentado. Eso *explicaría* cómo llegaron los 700 kilos de explosivos hasta su ejército literal (la Brigada de Badir) y cerca de su vehículo deportivo utilitario. Los analistas dicen que había miembros destacados de CSRII que se habían vuelto contra Al-Hakim desde su regreso de Irán. Parece ser que al volver «a casa» decidió cambiar los planes de juego, y a algunos partidarios no les gustó el nuevo programa: principalmente, que su hermano estuviera en el consejo. Por otro lado, resulta difícil de creer que cualquier grupo islamista diseñara un ataque tan violento en uno de los lugares religiosos más sagrados de Iraq, el mausoleo del imán Alí.

Un desarrollo interesante en el tan debilitado consejo de títeres; Bahr Ul Iloom ha suspendido su pertenencia al consejo. El anciano clérigo declaró en una entrevista que EE. UU. estaba cumpliendo tan mal con su tarea de mantener la seguridad del pueblo iraquí que él no quería seguir formando parte del consejo. Me pregunto si regresará a Londres. Esto hace que ahora el consejo sólo tenga ocho miembros... necesitamos un nuevo candidato, de lo contrario, tendremos cuatro meses del año sin liderazgo. Es posible que si Bush no es reelegido, Bremer le dé el puesto a él. Nos encantaría tenerlo en Bagdad...   *posted by river @ 11:43 PM*

VIAJE POR CARRETERA

Mi hermano E salió esta mañana a las 8 para conseguir gasolina para el coche. Regresó a casa a las 12 del mediodía, de un humor particularmente malo. Había hecho cola con unos iraquíes enfadados, hostiles, durante tres horas. Las colas por la gasolina sacan a la gente de sus casillas, porque antes de la guerra el precio de la gasolina era ridículamente bajo. Un litro de gasolina (sin plomo) costaba unos 20 dinares iraquíes, cuando un dólar estadounidense equivalía a 2.000 dinares iraquíes. En otras palabras, ¡un litro de gasolina costaba un centavo! Un litro de agua embotellada costaba más que la gasolina. Ahora no sólo cuesta más, sino que además no es fácil de conseguir. Creo que están importando gasolina de Arabia Saudita y Turquía.

Nosotros (un primo, su mujer, mi madre y yo) arrastramos a E fuera de casa a las 12.30 para ir a visitar a mi tía en el otro extremo de la ciudad. Oímos las instrucciones habituales antes de partir: deteneos en los puntos de control, regresad antes de que anochezca y si alguien quiere el coche, entregadle las llaves, no discutáis, no peleéis.

En cuanto tuve un pie fuera de casa, el calor casi me obligó a volver a entrar. Nuestro sol, al mediodía, no es un cuerpo celeste; es un ataque físico. Juraría que al mediodía, en Iraq, el sol excluye al resto del mundo de su gloria y concentra sus energías en nosotros. Parece como si todo viajara en oleadas de calor, incluso las palmeras datileras parecen desfallecidas con el agotamiento de la supervivencia.

Nos subimos a un viejo y maltrecho Volkswagen blanco del 84 (la gente evita usar coches «bonitos» que puedan tentar a los secuestradores: «bonito» es cualquier cosa fabricada después de 1990). Debatí mentalmente si debía ponerme gafas de sol, pero decidí no hacerlo; no hay necesidad de atraer excesivamente la atención. Dije una pequeña oración para que estuviéramos a salvo, mientras hurgaba en mi bolso en busca de mi «arma». No puedo soportar llevar una pistola, así que llevo un gran cuchillo rojo de caza: no te conviene meterte con Riverbend...

Estar fuera en la calle es como estar atrapado en un tornado. Tienes que estar alerta y preparado para cualquier cosa en todo momento. Me senté en el asiento de atrás, entornando los ojos bajo el sol, intentando esclarecer si un determinado rostro era el de un saqueador, un raptor, o sólo otro compatriota enfadado. Estiré el cuello para mirar un SUV azul, intentando recordar si había estado detrás de nosotros durante el último kilómetro o durante más tiempo. Contuve la respiración nerviosamente cada vez que mi primo reducía la velocidad debido al tráfico, deseando que los coches que estaban delante de nosotros se movieran.

Vi a dos hombres peleándose. Una multitud se estaba empezando a reunir en torno a ellos y algunas personas se quedaron atrapadas en el medio, intentando separarlos. Mi primo cloqueó coléricamente y empezó a decir entre dientes que la gente era ignorante y que, encima de la ocupación, lo único que nos faltaba era la hostilidad. E nos dijo que no nos quedásemos mirando y nerviosamente empezó a buscar a tientas la pistola bajo su asiento.

El viaje, que en el Iraq de antes de la guerra duraba veinte minutos, hoy ha durado cuarenta y cinco. Había carreteras principales completamente cortadas por los tanques. Unos soldados enojados estaban cortando el acceso a las carreteras alrededor de los palacios (antes eran los palacios de Saddam, pero ahora son los palacios de EE. UU.). Mi primo y E debatían sobre rutas alternativas en cada punto de control o bloqueo de carretera.

Yo me quedé en silencio porque ya ni siquiera conozco la ciudad. Ahora, las áreas se identifican como «la que tiene el cráter donde explotó el misil» o «la calle con las casas destruidas» o «la casita que está junto a la casa donde mataron a aquella familia».

Los saqueos y los asesinatos de hoy son distintos de los saqueos y los asesinatos de abril. En abril, fueron sin orden ni concierto. Los criminales trabajaban solos. Ahora están más organizados que la APC (Autoridad Provisional de la Coalición) y las tropas juntas. Ya nadie trabaja solo: han creado bandas y milicias armadas. Se detienen frente a las casas en furgonetas y en vehículos deportivos utilitarios, armados con ametralladoras y a veces con granadas. Irrumpen en la vivienda y exigen dinero y oro. Si no encuentran suficiente, secuestran a un niño o a una mujer y piden un rescate. A veces matan a toda la familia; otras veces sólo matan a los hombres de la familia.

Durante un tiempo, los hombres en ciertas zonas empezaron a organizar brigadas de «vigilancia». Reunían a seis o siete tipos en una calle, armados con Kalashnikovs, y vigilaban toda esa área. Detenían a los coches extraños y les preguntaban a qué familia iban a visitar. Cientos de saqueadores fueron detenidos de esa forma; realmente nos sentimos seguros durante un breve período de tiempo. Entonces los vehículos armados estadounidenses empezaron a patrullar en las zonas residenciales más seguras, ordenando a los hombres que se retiraran de las calles, diciéndoles que, si los veían llevando una arma, serían tratados como delincuentes.

La mayoría de las bandas, al menos en Bagdad, surgen de los barrios pobres en las afueras de la cuidad. Al-Sadir City es una barriada enorme, muy conocida, con una población de alrededor de 1,5 millones de personas. Todo el lugar es aterrador. Si pierdes un coche o a una persona, lo más probable es que la encuentres ahí. Cada callejuela está controlada por una banda distinta y las armas se venden en las calles... si pagas lo suficiente; incluso prueban esa ametralladora a la que le has echado el ojo. Los norteamericanos no se molestan en hacer batidas en casas como ésas... las batidas son exclusivamente para las personas decentes que no pueden responder con un disparo o atacar. Las batidas son para la pobre gente en Ramadi, Baquba y Mosul.

Cuando llegamos a casa de mi tía me dolían todos los músculos del cuerpo. Los ojos me ardían por el calor y la tensión. La frente de E estaba arrugada por las escenas que habíamos dejado atrás en la calle y las manos de mi primo temblaban de una forma casi imperceptible, los nudillos todavía blancos por la tensión. Mi madre rezó una oración de agradecimiento porque habíamos llegado sanos y salvos y la esposa de mi primo, T, juró que no saldría de casa de mi tía en tres días y que si planeábamos volver a casa hoy, que podíamos hacerlo sin ella, porque Dios tenía que cuidar de otras personas, no sólo de nosotros...   *posted by river @ 11:45 PM*

Domingo, 31 de agosto de 2003

ME HIZO REÍR

Uno de los lectores del blog (tú ya sabes quién eres) me dijo que visitara esta página y me he estado riendo durante los últimos cinco minutos: ¡te estaré eternamente agradecida! Para acceder a la página, escribe «Weapons of mass destruction» en búsqueda en google.com y haz clic en la barra «Voy a tener suerte». ¡Lee DETENIDAMENTE la página de error, que tiene el aspecto habitual!

 No se pueden mostrar estas Armas de Destrucción Masiva

Las armas solicitadas no están disponibles en este momento. Puede que el país tenga problemas técnicos o que necesite ajustar su mandato de inspectores de armas.

Pruebe lo siguiente:

- Haga clic en el botón ⊡ Cambio de Régimen o vuelva a intentarlo más tarde.
- Si es usted George Bush y escribió el nombre del país en la barra de direcciones, compruebe que esté escrito correctamente (IRAQ).
- Para comprobar la configuración de sus inspectores de armas, haga clic en el menú **ONU** y después en **Opciones de Inspectores de Armas**. Haga clic en **Consenso** en la ficha **Consejo de Seguridad**. La configuración debe ser igual que la proporcionada por su gobierno o por la OTAN.
- Si el Consejo de Seguridad lo permite, puede establecer que Estados Unidos de América examine su país y detecte automáticamente las Armas de Destrucción Masiva. Si quiere utilizar la CIA para intentar detectarlas, haga clic en ⬤ **Detectar Armas.**
- Algunos países requieren 128.000 soldados para ser liberados. Haga clic en el menú **Pánico** y luego en **Acerca de la Política Exterior de EE. UU.** para determinar qué régimen instalarán.
- Si es usted de un Viejo País Europeo que está intentando proteger sus intereses, asegúrese de que sus opciones sigan siendo muy amplias durante el mayor tiempo posible. Haga clic en el

menú **Herramientas** y después en **Sociedad de las Naciones**. En la ficha Opciones Avanzadas, desplácese a la sección Esconder Cabeza en la Arena y compruebe la configuración de sus exportaciones a Iraq.

- Haga clic en el botón 💣 **Bomba** si es usted Donald Rumsfeld.

No se pudo encontrar armas o error de la CIA.
Iraquí Explorer.
Bush fue a Iraq en busca de Armas de Destrucción Masiva y lo único que encontró fue esta camiseta horrenda.

posted by river @ 12:01 AM

Lunes, 1 de septiembre de 2003

PELEAS DE BLOG

Siento decepcionarte, Salam, pero ésta no va a ser una gran pelea de blog porque estoy de acuerdo con la mayor parte de lo que dices, aunque no con todo.

Salam Pax, http://dear_raed.blogspot.com/August 31, 2003

....

Hoy tendremos un estreno mundial. Una pelea de blog iraquí. Remángate, Riverbend, vamos a hablar de la muerte de Al-Hakim.

Mira, independientemente de lo que él representaba y del hecho de que él y su partido eran muy buenos amigos de Irán, la trascendencia y la gravedad de lo que ha ocurrido no deben pasarse por alto. Estoy de acuerdo contigo, si el CSRII se saliera con la suya acabaríamos siendo un clon de Irán. Pero él es un líder religioso, es un «Marji' I» y, al menos de momento, están jugando según las reglas. Están adoptando una línea menos severa, hablan de una constitución...

El asesinato de Al-Hakim es muy trascendente, tienes razón. Será utilizado como excusa para venganzas, combates entre facciones y más violencia entre chiítas y entre sunitas y chiítas. Sus partidarios ya están jurando que vengarán su muerte y me estremezco al pensar en el próximo grupo de víctimas. Es sumamente aterrador pensar cuáles serán las consecuencias de esto.

La gente culpa a EE. UU. porque: *a*) EE. UU. es responsable de la seguridad de este país: cuando disuelves un ejército y debilitas a las fuerzas policiales, *tú* te haces responsable, y *b*) Hay una sensación de que la APC está agrandando aún más la brecha entre los iraquíes al alentar y poner énfasis en las diferencias religiosas, de facciones y étnicas. Sé más sobre las distintas facciones después de esta guerra que lo que había sabido jamás y lo mismo les ocurre a todos los demás. Esta percepción intensificada es el resultado de poner etiquetas a la gente, ya sea de «árabe sunita», o de «chiíta turcomano» o de «cristiano asirio»... Ahora uno *tiene* que pertenecer a algún lugar; uno no puede ser simplemente kurdo o cristiano o musulmán, o simplemente un *iraquí*.

La gente cree que se está empleando el antiguo lema de «divide y vencerás». En lugar de tener a los iraquíes, chiítas, sunitas y cristianos unidos en una lucha (pacífica o no) contra la ocupación, es más fácil hacer que los iraquíes se peleen entre sí. El sentimiento resultante será que las fuerzas de ocupación no sólo son deseables, sino que son indispensables para «mantener la paz». No estoy culpando a los norteamericanos específicamente; ése es un truco de libro. Los británicos lo intentaron antes que ellos (diferencias de facciones) y los otomanos lo practicaron durante cientos de años (diferencias étnicas).

Y no, no os molestéis en escribirme un e-mail diciéndome que «deje de culpar a EE. UU.» y que por qué «...vosotros, musulmanes raros, no os organizáis y dejáis de mataros unos a otros...». Toda sociedad tiene sus extremistas y toda nación tiene un potencial para la guerra civil. Cuando no hay ni ley ni orden, la gente hace cosas extrañas y horribles.

No sabéis cuánto rezo para que nosotros, como pueblo, estemos por encima de las diferencias religiosas. Espero seriamente que esto lo haga Al-Qaeda, como dice que lo hará, u otra fuerza externa, porque sería horriblemente decepcionante ver que después de cientos de años dejando de lado las diferencias religiosas, varios grupos de desalmados y fanáticos pueden recoger los frutos de un mayor caos y más muertes.

posted by river @ 11:37 PM

EL TÍTERE DEL MES

Hoy, 1 de septiembre de 2003, es un día importante. Finalmente, Ahmad Al-Chalabi ha conseguido el epítome de sus aspiraciones políticas. Todos los años de malversaciones, confabulaciones y planificaciones han dado resultado: él es el actual presidente rotatorio. Ha comenzado oficialmente su «mandato presidencial».

Para ser sincera, he estado esperando este momento. Veo sus entrevistas y leo cualquier artículo que pueda conseguir en un intento de comprender qué encantos ocultos, o astucias escondidas, hicieron que el Pentágono decidiera presentarlo diligentemente como un potencial líder. Si no estuviera enterada, diría que él es una especie de chiste complejo, privado, de Washington: «Nosotros estamos fastidiados con Bush; vosotros no os merecéis nada mejor.»

Así que me quedé esperando una entrevista en Al-Jazeera. Dijeron que sería a las 6.05 hora de Bagdad; empecé a ver la tele a las 6.00. Tuve que esperar impacientemente veinte minutos completos antes de que él hiciera su aparición, pero valió la pena. Estaba sentado y llevaba un traje negro, una camisa de rayas y una corbata negra. Estaba seguro de sí mismo y con actitud de suficiencia.

La entrevista, como la mayoría de ellas, empezó bien. Al-Chalabi mostró una solemnidad apropiada cuando le preguntaron por sus puntos de vista sobre el asesinato de Al-Hakim. La apariencia suficiente se desvaneció de su rostro momentáneamente. Cuando el periodista le preguntó quién creía que estaba detrás del asesinato, lo redujo astutamente a: extremistas, lealistas, terroristas, baazistas y gente de países vecinos.

El Consejo de Gobierno, sin embargo, fue un tema delicado. Cuando se le preguntó cuánto poder tenía en realidad el Consejo de Gobierno, inmediatamente comenzó a echar espuma y a balbucear, afirmando que todos ellos tenían el poder de gobernar Iraq. Entonces el astuto periodista le preguntó sobre la presencia estadounidense en Iraq: ¿cuánto tiempo tardarían en marcharse? Instantáneamente, Al-Chalabi declaró que la presencia estadounidense en Iraq estaba completamente en manos de los iraquíes, como él mismo, y que Bremer le había dicho que, si querían que ellos se fueran, ¡se irían mañana mismo! Cuando se le preguntó si se presentaría como candidato a «presidente» cuando llegaran las elecciones, negó tener ambición política alguna y declaró que estaba ahí «para ayudar al pueblo iraquí» (¡¿como ayudó al pueblo jordano?!).

Culpó a los países vecinos de cualquier terrorismo que estuviera teniendo lugar en Iraq. Dijo que se deberían «cerrar todas las fronteras» porque actualmente el ejército iraquí no puede vigilar sus propias fronteras (por lo visto, alguien olvidó enviarle el memorándum sobre la disolución del ejército). Ojalá el periodista le hubiese formulado la siguiente pregunta: señor Chalabi, si los países vecinos cierran sus fronteras, ¿cómo llevará usted a cabo su impresionante huida histórica en el maletero de un coche cuando sea necesario?

Todo ello me resultó un poco decepcionante. Durante toda la semana pasada estuve esperando algo como... no sé, ¿una estudiada ceremonia de inauguración? No, en realidad no... quizá una mayor celebración, digna de una ocasión tan solemne, que señalara su ascenso al poder. Una gala circense, quizá, en la que Bremer pudiera ser el domador y Chalabi pudiera saltar a través de unos aros rojos, blancos y azules para señalar este día histórico. Qambar podría servir las bebidas...

posted by river @ 11:40 PM

¿LO HABÉIS OLVIDADO?

El 11 de septiembre fue una tragedia. No porque murieran 3.000 norteamericanos... sino porque murieron 3.000 seres humanos. Estuve leyendo sobre las conversaciones telefónicas de las víctimas y sus familias el 11 de septiembre. Me pareció... terrible, y perfectamente programado. Justo cuando la gente está empezando a cuestionar los resultados y los incentivos detrás de esta ocupación, ellos están siendo bombardeados inmediatamente con recuerdos del 11 de septiembre. Da igual que Iraq no tuviera nada que ver con ello.

Continuamente recibo e-mails recordándome la tragedia del 11 de septiembre y diciéndome que los «árabes» se han buscado todo esto. Da igual que primero culparan a Afganistán (para vuestra información, ellos no son árabes).

Me recuerdan continuamente a los 3.000 norteamericanos que murieron aquel día... y me piden que ponga en un segundo plano a los 8.000, que no valen nada, que perdimos por los misiles, los tanques y las armas de fuego.

La gente se asombra de que no salgamos a las calles a engalanar los monstruosos tanques caqui con rosas y jazmines. Se preguntan por qué no ponemos coronas de laurel en los duros y feos cascos de los soldados. Cuestionan por qué lloramos a nuestros muertos en lugar de ofrecerlos agradecidamente como sacrificios a los Dioses de la Democracia y la Libertad. Se preguntan por qué estamos resentidos.

Pero yo *no* lo he olvidado.

Recuerdo el 13 de febrero de 1991. Recuerdo los misiles que lanzaron sobre el refugio de Al-Amriya, un refugio civil contra las bombas en una zona poblada, residencial, de Bagdad. Las bombas eran tan sofisticadas que la primera se abrió paso perforando la tierra hasta llegar al corazón del refugio y la segunda hizo explosión dentro de él. El refugio estaba lleno de mujeres y niños (no se permitía la entrada de chicos mayores de quince años). Recuerdo haber visto las imágenes de la gente horrorizada aferrándose a la valla que circundaba el refugio, llorando, gritando, rogando que le dijeran lo que le había ocurrido a una hija, una madre, un hijo, una familia que había buscado protección dentro del refugio.

Recuerdo haber visto cómo sacaban unos cuerpos tan carbonizados que no podías reconocer como cuerpos humanos. Recuerdo a la gente frenética, corriendo de un cuerpo a otro, intentando identificar a un ser querido... Recuerdo haber visto desmayarse a los servicios de asistencia iraquíes que limpiaban el refugio al ver las escenas insoportables que había dentro. Recuerdo que, después de semanas y semanas, toda la zona seguía apestando por el olor a carne quemada.

Recuerdo haber visitado el refugio, años más tarde, para presentar mis respetos a las más de cuatrocientas personas que tuvieron una muerte horrible durante las primeras horas de la mañana, y recuerdo haber visto siluetas fantasmales de seres humanos marcadas en las paredes y en los techos.

Recuerdo a un amigo de mi familia que perdió a su mujer, su hija de cinco años, su hijo de dos, y la cabeza el 13 de febrero.

Recuerdo el día en que el Pentágono, después de dar varias excusas, declaró que había sido un «error».

Recuerdo trece años de sanciones, respaldadas firmemente por EE. UU. y el Reino Unido, a causa de unas armas de destrucción masiva que nadie encontró jamás. Recuerdo que sustancias químicas como el cloro, necesario para la purificación del agua, eran examinadas y demoradas a expensas de millones de personas.

Recuerdo haber tenido que pedir a los cooperantes y a unos activistas visitantes que, por favor, trajeran un libro porque las editoriales se negaban a vender libros científicos y diarios a Iraq. Recuerdo haber tenido que «compartir» libros con otros estudiantes en la universidad en un intento de sacar el mayor partido a los recursos limitados.

Recuerdo unos cuerpecitos debilitados en unas camas enormes de hospital, muriendo de hambre y de enfermedades; enfermedades que podían haberse tratado fácilmente con medicinas que estaban «prohibidas». Recuerdo a unos padres con rostros ojerosos mirando ansiosamente a los ojos de los médicos, buscando un milagro.

Recuerdo el uranio empobrecido. ¿Cuántos han oído hablar del uranio empobrecido? Ésas son palabras conocidísimas para el pueblo iraquí. Las armas de uranio empobrecido utilizadas en 1991 (y posiblemente también esta vez) han tenido como consecuencia un medioambiente dañado y una alza astronómica de los índices de cáncer en Iraq. Recuerdo a una madre, que vivía en los alrededores de Mosul, que perdió a su marido y a sus cinco niños cuando un avión estadounidense bombardeó al padre y a los cinco hijos en medio de un campo en el que pastaban unas tranquilas ovejas.

Y nos tenemos que creer que todo esto se hace por el bien de la gente.

*¿Habéis olvidado lo que sentisteis aquel día
al ver que vuestra patria era atacada
y su gente asesinada?*

No... no lo hemos olvidado: los tanques todavía están aquí para hacernos recordar.

Un amigo de E, que vive en Amiriya, nos estuvo contando de un soldado norteamericano con el que había estado hablando en esa zona. El amigo de E señaló en dirección al refugio y le explicó la atrocidad que se había cometido en 1991. El soldado se volvió diciéndole: «No me culpes a mí: ¡yo sólo tenía nueve años!» Y yo sólo tenía once.

La memoria a largo plazo norteamericana es exclusiva para los traumas de los norteamericanos. El resto del mundo simplemente debería «dejar atrás el pasado», «avanzar», «ser pragmático» y «superarlo».

Alguien me preguntó si era cierto que «los iraquíes estaban bailando en las calles de Iraq» cuando cayó el World Trade Center. Por supuesto que eso no es verdad. Yo estaba mirando la pantalla de la tele incrédula, viendo las reacciones de la gente horrorizada. No estaba bailando porque las caras aterrorizadas de la pantalla podrían haber sido las mismas caras que estaban delante del refugio de Amiriya el 13 de febrero... Es extraño cómo el horror borra las diferencias étnicas; todos los rostros parecen iguales cuando están contemplando la muerte de unos seres queridos.   *posted by river @ 6:08 PM*

EL NUEVO GABINETE

Hace dos días, el Consejo de Gobierno declaró que el nuevo gabinete iraquí había sido escogido. La composición de este gabinete es idéntica a la del Consejo de Gobierno: trece musulmanes chiítas, cinco musulmanes sunitas, cinco kurdos, un cristiano y un turcomano.

Después del largo y tedioso discurso que dio esta mañana Ibraheim Al-Jaffari, los ministros «prestaron juramento». Corregidme si me equivoco, ¿pero no se supone que debe haber una constitución que los ministros deben jurar que van a defender? Parece ser que no.

Sólo 16 de los ministros prestaron juramento hoy, porque 9 de ellos no pudieron asistir por «motivos técnicos» (es decir: todavía están fuera del país). No sé cómo van a funcionar los ministerios si la mayoría de los «ministros» han vivido en el extranjero la mayor parte de sus vidas. Habrá un «consejero» estadounidense para cada uno de los ministerios, lo cual se supone que va a ayudar. Espero que los consejeros norteamericanos sean mejores que esos con los que Bush ha llenado la Casa Blanca...

Algunos comentarios de interés...

—Ahmad Al-Chalabi, Jalal Talabani y Ibraheim Al-Jaffari tomaron juramento a los ministros.

—Hay una mujer ministra: Nisreen Mustafá Bawari. Después de prestar juramento, comenzó a dar la mano a Al-Chalabi, a Talabani y a Al-Jaffari, al igual que sus homólogos masculinos. Al-Jaffari se negó a darle la mano porque Al-Da'awa considera que tocar a una mujer que no es un familiar directo es un «pecado».

—Mohammed Jassim Khudhair (ministro de Expatriados y de Inmigración) no llevaba corbata. Muchos fundamentalistas musulmanes (como los de Irán) no usan corbata porque creen que, junto con la cabeza y los brazos, es un simbolismo de una «cruz», y la cruz simboliza el cristianismo y... bueno, ya me entendéis.

—El ministro de Petróleo es... Ibraheim Mohammed Bahr Ul-Iloom, el hijo de Mohammed Bahr Ul-Iloom, del Consejo de Gobierno (el que renunció a su pertenencia a la presidencia rotatoria de 9 miembros). ¿Alguien puede hablar de nepotismo? La brillantez debe de venir de familia... *posted by river @ 6:30 PM*

Sábado, 6 de septiembre de 2003

UN MAL, MAL, MAL DÍA...

Mal # 1: Tiroteo en una mezquita.
Mal # 2: No hay agua.
Mal # 3: Rumsfeld.

Hoy, en la zona de Al-Sha'ab, una área sumamente poblada de Bagdad, unos hombres armados detuvieron su vehículo delante de una mezquita durante la oración matutina y abrieron fuego contra la gente. Fue horrible y estremecedor. Alguien dijo que murieron tres personas, pero otro dijo que fueron más... nadie sabe quiénes eran, ni de dónde son, pero dicen que usaron ametralladoras semiautomáticas (por lo que yo sé, no forman parte del arsenal del ejército). Y éstas eran personas corrientes. Es incomprensible, como una pesadilla... si uno ya no está a salvo en un mausoleo o en una mezquita, ¿*dónde* está a salvo?

Hoy no ha habido agua corriente en todo el día. Horrible. Normalmente, al menos hay unas pocas horas en las que tenemos agua, pero hoy no hay nada. E salió a preguntar si, por casualidad, no se había roto alguna tubería. Los vecinos no tienen ni idea. Todo el mundo está muy disgustado.

Un consejo: jamás dejes de valorar el agua. Cada vez que te laves las manos en una agua fría, limpia y cristalina, reza una oración de agradecimiento a cualquier deidad a la que veneres. Cada vez que bebas agua fresca, inodora, reza la misma oración. Jamás tires el agua limpia que queda en tu vaso: riega una planta, dásela al gato, lánzala al jardín... lo que sea. Jamás dejes de valorarla.

Afortunadamente, ayer llené todas las botellas de agua. Tenemos docenas de botellas de agua, tanto de vidrio como de plástico. Cada vez que hay algo siquiera semejante al agua corriente, ponemos algo bajo el grifo para recoger las preciadas gotas. Llenamos botellas, ollas, termos, cubos, cualquier cosa que pueda contener agua. Algunos días son mejores que otros.

El problema es el siguiente: cuando cortan la electricidad, las bombas de agua municipales no funcionan, y la presión es tan baja que el agua no llega hasta el grifo. Luego *hay* electricidad, todo el mundo enciende sus propias bombas de agua personales para llenar los tanques que están en la azotea y la presión vuelve a bajar.

Lavar la ropa es una pesadez. Las lavadoras automáticas están obsoletas, inservibles. Las mejores lavadoras son las pequeñas lavadoras National. Parecen pequeños cubos de basura. Los llenas con agua y detergente y metes la ropa dentro. La ropa gira y se agita durante unos diez minutos (tiene que haber electricidad). La sacamos, la enjuagamos con agua limpia y escurrimos el exceso de agua. El exceso de agua vuelve a caer en la lavadora. Cuando acabamos de lavar, el jabón sucio se usa para lavar las baldosas de la entrada de coches.

Lavar los platos es otro problema. Intentamos limitar el uso de platos a lo absolutamente necesario. La mayor parte del agua que almacenamos en cubos y en tinas se utiliza para que las personas se laven. Nos lavamos a la manera antigua: una pequeña tina llena de agua, un cazo, una esponja de lufa, jabón y champú. El problema es que, debido al calor, todos quieren lavarse al menos dos veces al día. La mejor hora para hacerlo es justo antes de acostarte, porque durante unos minutos celestiales después de haberte lavado, te sientes suficientemente fresco como para dormirte. Ya he olvidado las delicias de una ducha...

Antes de la guerra mucha gente cavaba pozos en sus jardines. Estos pozos no tienen el aspecto de vuestro pozo tradicional: un muro de piedra circular con un cubo que cuelga por el medio. Aquí son meramente pequeños agujeros en el suelo, nada pretenciosos, a los que se agrega una bomba mecánica. Proporcionan un suministro de agua más o menos decente. El agua debe ser hervida o tratada con cloro para que se pueda beber.

Para empeorar las cosas, Rumsfeld está en Iraq. Es horrible verlo pavoneándose por todas partes. Odio esa mirada dura, suficiente, que parece estar fijada a su cara... alguna gente simplemente tiene rasgos crueles. La reacción al verlo en la tele difiere de la reacción al ver a Bremer o a uno de los títeres. Estos últimos son recibidos con abucheos y burlas. Ver a Rumsfeld es otra cosa; hay resentimiento y asco. Es como si estuviera aquí para añadir un insulto a los daños... ya sabéis, por si a alguien se le ha olvidado que estamos en un país ocupado.

Y ahora va a regresar a EE. UU. y a dar un discurso diciendo que no sabe de qué está hablando la gente cuando dice que hay «caos» (*él* estaba a salvo en medio de todos sus guardaespaldas)... que la electricidad y el agua están funcionando (después de todo, su aire acondicionado funcionó *estupendamente*)... que la gente está gloriosamente feliz y que el tráfico se detiene frecuentemente porque la gente está bailando en las calles... que las «fuerzas armadas» están alegres y «agradecidas» de participar en esta misión heroica e histórica... que los niños lo saludan con la mano, que las tropas lo aplauden, que los perros mueven la cola como señal de bienvenida y que las palomas vuelan sobre su cabeza...

Que se vaya al infierno.

Y, no. No me estoy quejando: estoy despotricando. No me podéis ver ahora mismo, pero estoy agitando el puño ante la pantalla del ordenador, agitando el puño ante el televisor y lanzando insultos coloridos, bilingües, a la cabeza de Rumsfeld (espero que las palomas se caguen en él)... Estoy furiosa.   *posted by river @ 12:07 AM*

Domingo, 7 de septiembre de 2003

ESTO ACABA DE...

¡Acabo de oír una noticia interesante! Por lo visto, mientras el avión de Rumsfeld estaba abandonando el aeropuerto de Bagdad para llevarlo a Kuwait, ¡unos misiles dispararon contra su avión y fallaron! Espero oír más sobre este asunto, pero tenía que contároslo.

El director de títeres se reunió con Bremer y con los títeres, pero la imagen no estaba completa: Bush no estaba ahí.

Me *encanta* el último comentario de Donald Rumsfeld sobre Iraq... «... es como Chicago».

Caramba. Este tipo es gracioso.

¿Sabéis qué? Estoy de acuerdo con él, pero no terminó la frase adecuadamente. Lo que debería haber dicho es: «Es como Chicago... en los años veinte, cuando Al Capone la gobernaba: bandas, milicias, combates, saqueos, *vendettas*, negocios turbios y figuras sospechosas en rincones oscuros.»

Excepto que, en lugar de Al Capone, tenemos a Al-Jaffari, a Al-Chalabi, a Al-Hakim y a L. Paul Bremer.

Hoy ha habido varios ataques a las fuerzas estadounidenses. Los más importantes fueron los de Baquba y Mosul, y hace un par de horas hubo dos en Bagdad. No hemos visto los de Bagdad en la tele, pero oímos una explosión sorda y uno de los vecinos le dijo a E que habían quemado un vehículo blindado.

Otro comentario: de las docenas de e-mails que he recibido que simpatizan con mis sentimientos hacia Rumsfeld, el *único* que he recibido que lo defiende tenía unas pocas frases selectas que he pensado que me gustaría compartir...

Básicamente, me dice que Rumsfeld es un hombre heroico y muy compasivo, y luego dice que nosotros, iraquíes ingratos, deberíamos avergonzarnos de nosotros mismos, etc. Además, afirma que yo debo de ser baazista porque, por supuesto, ¡nadie *excepto* una baazista podría estar en contra de esta guerra noble! (Un *viejo* argumento triste, triste.)

Otra frase divertida:

Deberías dar gracias por tu buena suerte de que Rumsfeld, y no Saddam, estuviera en el Pentágono cuando los gilipollas de vuestros amigos estrellaron su avión contra él. De lo contrario, en estos momentos tú y toda tu familia seríais polvo radiactivo.

Por lo visto debería dar gracias porque el Pequeño Pastoso, que es como me gusta llamarlo, tampoco estuviera en el Pentágono, porque acaba su compasivo e-mail con la siguiente frase:

> Si de mí dependiera, te habría vaporizado diez minutos después de los ataques al Trade Center.

Todo este asunto me animó porque simplemente confirmó mis sospechas acerca de Rumsfeld y sus partidarios. Sus e-mails, comparados con los e-mails más inteligentes, sirven para hacerme recordar la diversidad de los lectores del blog. Me honra que gente como el Pequeño Pastoso deje de ver las noticias de la Fox para leer mi blog. Gracias, Pequeño Pastoso, ¡*tú* me has alegrado el día!

Por otro lado, podría haber sido Rumsfeld personalmente enviándome un e-mail... de cualquier modo, me siento halagada; ¡sigue leyendo mi blog!   *posted by river @ 3:33 AM*

Lunes, 8 de septiembre de 2003

BAJO LAS HOJAS DE PALMERA

Hoy fueron cortando el agua intermitentemente. Llenamos todas las botellas y los recipientes. La presión del agua era realmente baja y, evidentemente, nuestro grifo ultrabajo del jardín es uno de los pocos que gotea a intervalos. Todos los vecinos nos han enviado cubos, ollas y mensajes de amor y agradecimiento... Quizá he encontrado un trabajo.

El sol apenas estaba empezando a ponerse y el cielo era una combinación de azul, naranja y gris. Yo estaba de pie sobre la hierba cálida y seca, esperando que una olla se llenara de agua, cuando oí que alguien llamaba a la puerta del jardín. Era Ihsan, nuestro vecino de diez años que vive al otro lado de la calle. Tenía un *khubz* recién hecho en sus manos (algo parecido al pan pita de harina integral) y estaba mirando de soslayo la casa de su vecino de al lado.

Ihsan: Han encontrado a Abu Ra'ad...
Yo: ¡¿Qué?! ¿En serio? ¿Está...?
Ihsan: Está muerto. Ra'ad y sus hermanas están en mi casa.

Miré hacia la casa del otro lado de la calle y vi que había tres coches alineados delante de ella, como en una procesión funeraria. Ihsan siguió mi mirada y negó con la cabeza, con solemnidad: «No lo han traído a casa; lo enterrarán mañana al amanecer.» Me entregó el pan y dio media vuelta para correr hacia su casa. Mientras cruzaba la calle a toda velocidad, perdió una chancla. Chilló cuando su pie golpeó contra el asfalto caliente, y empezó a saltar sobre una pierna como una extraña cigüeña.

Continué observando la casa beige de estuco del fallecido Abu Ra'aad con tristeza y alivio. La enredadera de los lados, que solía ser verde, ahora era amarilla y se estaba marchitando. Las cortinas estaban cerradas sobre unas ventanas polvorientas y toda la casa parecía casi abandonada. Las únicas señales de vida eran las relucientes baldosas de la entrada, que los bienintencionados vecinos limpiaban a diario.

Finalmente, habían encontrado a Abu Ra'ad.

Abu Ra'ad (que significa «el padre de Ra'ad) era un abogado con su propio bufete privado... si se le puede llamar así. Era una oficina en una zona comercial, muy concurrida, de Bagdad, lo bastante grande como para tener tres mesas: una secretaria y un socio.

El 10 de abril, en medio del caos, Abu Ra'ad salió de su casa, dejando ahí a su mujer y a sus tres hijos, para ir a ver a sus padres, con los que había perdido contacto una semana antes. A las 10 de la mañana entró en su viejo Toyota, rezó una oración y partió a buscar a su familia. Nunca regresó.

Durante tres días, Umm Ra'ad («madre de Ra'ad») creyó que se había quedado en casa de sus padres por algún motivo. Quizá su marido había encontrado a su familia herida. Quizá había encontrado a alguno de sus padres muerto; después de todo, su padre estaba muy enfermo y viejo... Quizá los combates eran tan intensos en esa zona que no podía salir de ahí. Las posibilidades eran infinitas. Finalmente, uno de los otros vecinos le entregó una nota al hermano de Umm Ra'ad en la que le pedía que, por favor, visitara a la familia de Abu Ra'ad y averiguara si él estaba bien. Después de un largo día, el hermano de Umm Ra'ad la fue a ver, ceñudo: Abu Ra'ad no estaba en casa de sus padres. Nunca había llegado ahí y nadie sabía dónde estaba.

Durante siete días, todo el mundo creyó que lo habían detenido los norteamericanos. Oímos decir que cientos de civiles habían sido tomados prisioneros simplemente por estar en el lugar equivocado en el momento equivocado. El hermano menor de Abu Ra'ad y su cuñado visitaban a las autoridades todos los días. Fueron a varios hoteles, recorrieron los dos o tres hospitales que quedaban y revisaron interminables listas de detenidos y prisioneros de guerra buscando a Abu Ra'ad.

A finales de abril, su familia se resignó a la muerte de Abu Ra'ad. Su mujer, de treinta y cinco años, vestía de negro a la espera de la noticia que ella sabía que recibiría tarde o temprano.

Recuerdo haber visitado su casa por primera vez a principios de mayo. Fue una visita extraña, porque queríamos darle esperanzas, pero sabíamos que no podíamos darle ninguna. Ella estaba sentada, muy pequeña y oscura, en un sofá en la sala de estar, rompiendo pañuelos de papel lánguidamente y escuchando vagamente unas palabras de conmiseración y compasión que, obviamente, le proporcionaban poco o ningún consuelo. Sus tres hijos, de uno, cuatro y diez años, estaban sentados cerca de ella, insoportablemente callados y tranquilos. Ellos captaban la situación por la expresión de su madre. Ella sabía que él estaba muerto, pero no conseguía llorar.

Y sin embargo, no abandonaron la búsqueda. Rastrearon la ruta desde su casa hasta el barrio de Al-Jami'a, donde vivían sus padres, deteniéndose en cada vehículo quemado para examinarlo y preguntar a las personas de los alrededores si habían visto un Toyota blanco del 85 conducido por un hombre de cuarenta años. ¿Quizá le había disparado un tanque? ¿Quizá había sido blanco de un Apache? La gente fue comprensiva, pero no pudo ayudar. Ningún Toyota blanco: un Kia azul con seis pasajeros, un Volkswagen rojo con una madre, un padre y tres niños... pero ningún Toyota blanco. Cada vez eran remitidos a las tumbas improvisadas a lo largo de las carreteras y autopistas principales. Durante varias semanas, las tumbas temporales se alineaban a lo largo de las principales carreteras de Bagdad.

Cuando los tanques y los Apaches invadieron la ciudad, dispararon a diestro y siniestro a cualquier vehículo que se encontrara en su camino. Las zonas que se llevaron la peor parte fueron Al-Dawra y Al-A'adhamiya. La gente de las zonas residenciales no sabía qué hacer con los cuerpos que había en los vehículos quemados provenientes de otras partes de la ciudad. Eran los cadáveres de personas y familias que estaban intentando huir de los intensos combates en sus propios barrios, algunos de ellos evacuados oficialmente.

Los cuerpos se descomponían en el calor, imposibles de identificar. Algunas personas intentaron pedir a las tropas que los ayudaran a hacerse cargo de ellos, pero la reacción era mayormente: «Ése no es mi trabajo.» Claro que no, qué tontería... tu trabajo es quemar coches, el nuestro enterrar los cuerpos.

Finalmente, la gente empezó a enterrar los cuerpos en los lados de las carreteras, cerca de los vehículos incendiados, para que los miembros de la familia que estuvieran buscando el coche pudieran encontrar a sus seres queridos no muy lejos de ahí.

Durante varias semanas, uno podía ver montones de tierra por todo Bagdad, y a lo largo de las autopistas que salían de la ciudad, marcados con ladrillos, o piedras, o señales, y siempre con hojas de palmera. Las hojas de palmera casi secas, marchitas, eran enterradas verticalmente para marcar las tumbas. Algunas de las tumbas tenían pequeños letreros de cartón clavados cuidadosamente bajo una pila de piedras para ayudar a los miembros de la familia: hombre adulto, mujer adulta, dos niños en un Mercedes negro. Hombre adulto, niño pequeño en una camioneta blanca.

A veces, las tumbas eran marcadas con la placa de matrícula del coche en el que viajaban las víctimas. Pero la mayoría eran marcadas con hojas de palmera.

Durante varias semanas, hubo gente que se inclinaba, a lo largo del camino, intentando decidir si conocía o reconocía a alguno de los muertos. Eso fue lo que hizo la familia de Abu Ra'ad durante todo mayo, junio, julio y agosto.

Finalmente, hace tres días, un viejo del barrio de los padres de Abu Ra'ad les dijo que las carreteras que conducían a su zona habían sido bloqueadas durante un par de días, y que la gente que venía del otro extremo de la ciudad había tenido que desviarse. Había varios coches quemados en una zona de los suburbios, en su propio cementerio improvisado. Debían buscar ahí; quizá ahí encontrarían a su hijo.

Finalmente lo encontraron, esa misma mañana, en una zona fuera de su ruta prevista. Uno de los diversos coches quemados, arrastrado hasta un campo polvoriento, eran un Toyota blanco del 85 con el esqueleto de un asiento de coche en la parte posterior. No muy lejos estaban las tumbas. Localizaron al «hombre adulto en un Toyota blanco» y, con la ayuda de algunos hombres compasivos del barrio, desenterraron a Abu Ra'ad para identificarlo.

Fuimos a dar el pésame a Umm Ra'ad. Los niños estaban en casa de Ihsan y ella estaba rodeada de parientes y miembros de la familia, llorando la pérdida. Había lámparas de queroseno y velas en la sala de estar oscurecida; arrojaban luz sobre todas las caras desfiguradas, apesadumbradas. Finalmente, ella estaba llorando.

Mañana, al amanecer, él será exhumado por su familia y enterrado oficialmente en el camposanto superpoblado de la familia, bajo una de las docenas de hojas de palmera, en el lugar reservado para su padre.

posted by river @ 1:54 AM

Martes, 9 de septiembre de 2003

AMIGOS, NORTEAMERICANOS, COMPATRIOTAS...

Ayer escuché/leí el discurso de Bush. No puedo verlo durante más de un minuto seguido, de tanto que lo odio. Me pone enferma. Está ahí de pie, entornando los ojos y apretando los labios, contando una y otra vez esas mentiras descaradas. Y simplemente parece estúpido.

Lo escuché durante todo el tiempo que pude soportar su cara de tonto y su voz áspera, después apagué la televisión. Luego la volví a encender. Luego cambié de canal. Luego regresé al mismo. Luego casi lanzo un cojín contra la pantalla. Luego lo pensé mejor y decidí que no valía la pena. ¿Es posible que alguien así esté prácticamente gobernando el mundo? ¿Es posible que pueda tener otro mandato en la Casa Blanca? Dios no lo quiera...

Todo su discurso fue simplemente una repetición estúpida de lo que ha estado diciendo desde Afganistán: «Denme más dinero, denme más poder; estoy haciendo esto por ustedes. Bechtel y Halliburton no tienen nada que ver con esto.» ¿No se cansa de repetir las mismas palabras? ¿La gente no se cansa de oírlo?

Una cosa con la que estuve de acuerdo fue ésta: hay terroristas en Iraq. Es verdad. Desde la ocupación, han estado aquí en centenares y millares. Se están colando desde los países vecinos a través de las fronteras que la «Coalición de los Dispuestos» no pudo proteger y no permitió que el ejército iraquí protegiera. Algunos de ellos ahora incluso forman parte del Consejo de Gobierno. El partido Al-Da'awa es responsable de algunos de los más terribles atentados en Iraq y en otros países de la región.

Sí. Culpo a EE. UU. por ello. Jamás tuvimos a Al-Qaeda, ni siquiera vínculos con Al-Qaeda. Se supone que Ansar Al-Islam está vinculado a Al-Qaeda, pero estaban funcionando en el territorio del norte con el conocimiento y la bendición de los dos líderes kurdos.

Luego hay esto:

Los ataques sobre los que han oído y leído en las últimas semanas han tenido lugar predominantemente en la región central de Iraq, entre Bagdad y Tikrit, el antiguo baluarte de Saddam. El norte de Iraq está, en términos generales, estable y avanza con la reconstrucción y el autogobierno. Las mismas tendencias son evidentes en el sur, a pesar de los recientes ataques de grupos terroristas.

¿Habla en serio? Ayer mismo un vehículo armado estadounidense fue quemado delante de la Universidad de Mosul, en el norte. Ha habido un creciente número de ataques a tropas británicas en el sur; oímos hablar de ellos todos los días.

En cuanto a Bagdad... se ha vuelto algo frecuente. El aeropuerto de Bagdad recibe constantemente ataques de misiles y oímos hablar de ataques similares por toda la ciudad... Quizá la persona que le proporcionó ese pequeño dato es la misma que le dijo dónde encontraría las armas de destrucción masiva...

> Desde el final de las principales operaciones de combate, hemos realizado varias batidas en las que hemos incautado armas enemigas y grandes cantidades de munición, y hemos capturado o matado a cientos de lealistas de Saddam y de terroristas.

Sí, lo sabemos todo acerca de las «batidas». Ojalá tuviera estadísticas sobre las batidas. Los «lealistas» y los «terroristas» incluyen a Mohammed Al-Kubeisi, del barrio de Jihad, en Bagdad, que tenía once años. Salió al balcón del segundo piso de su casa para ver qué era todo ese revuelo en su jardín. El revuelo era una batida estadounidense. Dispararon contra Mohammed ahí mismo. Recuerdo a otro pequeño terrorista que fue asesinado hace cuatro días en Baquba, una provincia al noreste de Bagdad. Este terrorista tenía diez años... Nadie sabe por qué ni cómo le dispararon las tropas mientras realizaban una batida en casa de su familia. No encontraron ninguna arma, no encontraron a ningún baazista, no encontraron armas de destrucción masiva. Espero que EE. UU. se sienta más seguro ahora.

Encima de todo esto, han encargado a la Brigada de Badir la vigilancia de las fronteras entre Iraq e Irán. Increíble. Yo creía que las fronteras necesitaban ser vigiladas para evitar que milicias armadas como la Brigada de Badir entrasen en el país. Tenemos un proverbio en arábigo: *«Emin il bezooneh lahmeh»*, que significa «Confíale la carne a tu gato». Sí, entregad las fronteras iraníes a la Brigada de Badir. Así me gusta.

Hace sólo un par de días, dos directoras de escuela fueron «ejecutadas» por la Brigada de Badir en la zona de Al-Belidiyat en Bagdad. Les habían advertido que debían renunciar a sus puestos para que un director «compasivo» los pudiera ocupar. Ellas ignoraron las amenazas y ellos les dispararon. Hoy en día es así de simple. Claro que eso no es terrorismo, porque su blanco es el pueblo iraquí. Terrorismo es cuando el blanco es la Coalición de los Dispuestos.

Todo el mundo está preguntando: «¿Qué se debería hacer?» Que las tropas estadounidenses se retiren. Que se vayan a casa. Traer tropas de paz de la ONU bajo el control del Consejo de Seguridad, no dirigidas por EE. UU.

Dejad que los auténticos iraquíes participen en el gobierno de Iraq. Dejad que los iraquíes que realmente tienen *familias* viviendo en Iraq participen en el gobierno de su país. Dejad que los iraquíes que tienen algo que perder gobiernen el país. No se les está dando una oportunidad. Mientras un iraquí no esté afiliado a alguno de los grupos políticos que están en el Consejo de Gobierno, nadie se tomará la molestia de escucharlo.

Tenemos miles de personas competentes, inteligentes, innovadoras, que están deseosas de avanzar, pero en estas circunstancias es imposible. No hay seguridad, no hay trabajo y no hay incentivos. Y NO HAY NADIE QUE QUIERA ESCUCHAR. Si no formas parte de la APC o eres uno de los matones de Ahmad Al-Chalabi, entonces no vales nada. No se puede confiar en ti.

Leo el discurso de Bush... como he escuchado/leído lo que me parecen miles de diferentes discursos en los últimos meses. Palabras vacías, frases sin sentido.

La versión resumida del discurso...

«Amigos, norteamericanos, compatriotas, prestadme oídos... prestadme a vuestros hijos y a vuestras hijas, prestadme vuestros dólares de los impuestos... para que po-

118

damos hacer la guerra en nombre de la seguridad nacional estadounidense (hay gente en el mundo entero dispuesta a morir por ella)... para que yo pueda ocultar mi incompetencia al ser incapaz de protegeros... para que pueda llenar las arcas de las familias Bush y Cheney a expensas de vosotros y a expensas del pueblo iraquí. No sé lo que estoy haciendo, pero si gastáis suficiente dinero, querréis creer que lo hago.»   *posted by river @ 10:43 PM*

Viernes, 12 de septiembre de 2003

TURNING TABLES...

He estado siguiendo Turning Tables desde que alguien me lo indicó hace dos semanas. De alguna manera, «Moja» les pone un rostro humano a las tropas en Iraq. Leo sus blogs y observo a las tropas y me pregunto, ¿será él? Es extraño leer historias del «otro lado»...

Me alegro de que pueda volver a casa sano y salvo.

Turning Tables, 12 de septiembre de 2003, www.turningta bles.blogspot.com

....

... estoy seguro de que a muchos les parecerá que no soy capaz de ver el «macro» bien que está intentando llegar con esta guerra... la imagen completa... pero sí soy capaz... sé que saddam era un tirano horrendo... capaz de cualquier cosa... que tenía a su país a punta de navaja... matando... secuestrando... aterrorizando... este país no era libre... y se

119

estaban aprovechando de él... estaban sacando beneficio de él... y parece que sólo unos pocos veían la recompensa... los que estaban a favor del tipo grande... a estados unidos le gustaba... con el viejo dicho de «el enemigo de mi enemigo»... pero ese dicho no es el mejor que se puede decir... y crea problemas... igual que en afganistán... creamos problemas... tenemos que enfrentarnos a ellos... eso no es justo... pero así son las cosas... ahora veo iraq... y sé que no estaban en un agujero negro... tenían unas vidas bastante normales comparadas con las nuestras... EE. UU. ... no tenían algunas libertades muy básicas que nosotros damos por sentadas... leí un artículo escrito por salam... realmente temía por su vida mientras escribía su diario... temía por su familia... y estaba poniendo en riesgo sus vidas al mostrar sus sentimientos ahí... unos sentimientos que todos nosotros podríamos comprender... unos sentimientos que decían... «no somos tan distintos ... vosotros y nosotros»...

realmente creo que un día iraq estará mejor... creo que este país disfrutará de unas libertades básicas... y espero que puedan sacar provecho de ellas... sin intervención de ninguna fuerza externa... se lo merecen... porque no todos son terroristas/luchadores por la libertad/militantes/lo que sea.. son personas... y sufren... y se preocupan... y sudan... y trabajan... y se ganan la vida lo mejor que pueden... eso es lo que todos hacemos... todos nosotros..

y quizá es por ese motivo por lo que los «micro» problemas me duelen tanto... porque ahora veo... como no había visto nunca antes... me he quitado la venda... los ojos están bien abiertos... mi corazón está abierto... las entrañas se retuercen... y es horrible... el problema que nosotros causamos... al que debemos poner fin... y me pregunto... a qué precio... cuántos más morirán... cuántos más combatirán... cuántos más sentirán la inextinguible incredulidad ante esta nueva situación... esta situación que no está saliendo exactamente como habíamos imaginado... oigo los disparos de las pequeñas armas... siento las explosiones... lo «micro» me ha dado una bofetada en la cara todos los días que he despertado aquí... me ha afectado... y seguirá afectándome durante el resto de mi vida... sé demasiado bien que hay gente... iraquíes... norteamericanos... que están muriendo todos los días... y veo el humo de los coches bomba... y siento el dolor en mi corazón...

están muriendo aquí... estas personas... humanos... nosotros...

(Nota: El soldado estadounidense que escribía este blog regresó a casa en septiembre de 2003.)

posted by river @ 6:05 PM

ÚLTIMAMENTE...

No he estado escribiendo en estos últimos días porque sencillamente no me he sentido inspirada. Están ocurriendo tantas cosas a escala nacional y tan pocas a nivel personal. Todo parece caótico. Ver en la televisión lo que se supone que estamos viviendo difiere drásticamente de vivirlo realmente. En cuanto oyes que algo terrible está ocurriendo en algún lugar, dejas que penetre, y luego «meditas» sobre ello e intentas pensar a quiénes tienes viviendo ahí y cómo puedes ponerte en contacto con ellos.

Hace tres días hubo una gran explosión en Arbil (una de las zonas kurdas del norte). Dicen que un suicida hizo estallar un coche bomba delante del cuartel general de la inteligencia estadounidense. El número de vícti-

121

mas mortales variaba en las noticias de las distintas cadenas, pero una cosa es segura: murió un niño en una casa que está frente al cuartel general. Horrible. También hubo un ataque al hotel Mosul, en el centro de Mosul, donde se están alojando las tropas norteamericanas. Eso fue ayer y nadie está dando el número de bajas.

Ayer hubo ataques a las tropas en Ramadi y Faluya. De hecho, en Khaldiah (una zona entre Ramadi y Faluya) dicen que el combate y el tiroteo duraron una hora y media.

En Faluya, esta mañana las tropas estadounidenses dispararon contra la policía. No estoy segura de cuántos murieron, pero todo el «accidente» fue atroz. Dicen que mataron hasta siete policías iraquíes por algún «error» cometido por los soldados. Esto va a ser horrible para Faluya: ya hay mucho resentimiento contra los norteamericanos por los incidentes de los disparos de abril y mayo.

Todavía hay algunos combates en Kirkuk (la zona dominada por los turcomanos). El motivo es que han asignado esa zona a los Bayshmarga (la milicia kurda). Siempre ha habido una cierta hostilidad entre los turcomanos y los kurdos, y hacer que los Bayshmarga tengan el control no está mejorando las cosas. Turquía quiere enviar tropas «de paz» para ayudar a proteger Kirkuk, pero los kurdos se niegan rotundamente.

Y luego está Bagdad. ¿Qué se puede decir sobre Bagdad? Bagdad es un desastre. En Zayunah, una zona elegante en Bagdad este, ayer hubo un enfrentamiento entre bandas. Algunas personas que estaban en las calles recibieron disparos, atrapadas entre el fuego cruzado de las bandas. La escena era aterradora y terrible.

Vemos a la policía iraquí de vez en cuando, pero la cantidad es ridícula comparada con la situación. Visten camisas de color azul claro, pantalones oscuros y esos escudos negros en el brazo que tienen IP escrito en ellos y la bandera. Llevan esas pequeñas Beretta de 7 mm que parecen diminutas en sus manos. Y las pistolas siempre están desenfundadas: intentan dirigir el tráfico agitando una pistola, intentan detener los coches agitando una pistola, intentan detener las peleas agitando una pistola; actualmente es la mejor forma de comunicación, y un tanque funciona mejor todavía (pero no lo puedes agitar).

En otra zona, le dispararon a un niño de doce años en su jardín mientras jugaba. Los norteamericanos dicen que quedó atrapado en el fuego cruzado entre ellos y otra persona. Su madre prácticamente se estaba arrancando los pelos y su padre daba golpes contra el suelo y gemía. Parecía estar dispuesto a matar.

La gente habla del futuro y de que dentro de cinco años, diez años, cincuenta años, las cosas van a mejorar. Algunas personas ya no tienen un «futuro». A los padres de ese niño ya no les importa el futuro de Iraq, ni el futuro de EE. UU., ni el futuro de cualquier otra cosa. Anoche enterraron a su «futuro». Estoy segura de que el futuro significa tanto para ellos como para los padres de los soldados que están muriendo a diario en Iraq.

Cuando Bush «trajo la guerra a los terroristas», olvidó mencionar que no lucharía contra ellos en unas montañas lejanas, ni en unos desiertos despoblados: la primera línea son nuestros hogares... los «daños colaterales» son nuestros amigos y nuestras familias.   *posted by river @ 6:16 PM*

UN CUENTO DE HADAS MODERNO

Alguien me preguntó por qué no escribí nada ayer mencionando el 11 de septiembre. Seré absolutamente sin-

123

cera: se me había olvidado, hasta aproximadamente las 2 de la madrugada. Desperté para encontrar que no había electricidad, derrotada, y fui a la cocina a ayudar con el desayuno.

Encontré a mi madre peleándose con la bombona de gas, intentando hacerla rodar por el suelo delante de la cocina de gas. La bombona estaba casi vacía y las llamas de color azul vivo tenían las puntas anaranjadas, amenazando con apagarse en cualquier momento. Me quedé nerviosamente en la puerta de la cocina; las bombonas de gas me ponen nerviosa. Después de la guerra, cuando no había suficiente gas para cocinar, la gente que lo vende empezó a mezclar queroseno con el gas para cocinar, y la consecuencia fueron unas explosiones horribles. Cada vez que cambiamos la bombona, tengo la loca necesidad de salir corriendo de la cocina y esperar a ver si estalla.

Mi madre me miró impotente mientras las llamas comenzaban a apagarse. «E tendrá que ir a ver si están vendiendo gas en la gasolinera.»

«Pero ayer E estuvo despierto hasta las 4 de la mañana...», protesté.

«Pues, muy bien: vosotros no necesitáis beber té ni café.»

Y ése fue el principio de una serie de dificultades: casi nada de agua, familiares que venían a un almuerzo que no se podía cocinar y un nido de avispas que aterrorizaba a cualquiera que se aventurara a entrar en el jardín.

Antes de las dos, la electricidad había vuelto y yo estaba sentada delante de la tele, viendo uno de esos canales árabes. De repente, mostraron unas tropas estadounidenses que asistían solemnemente a una misa conmemorativa del 11/9 que se estaba celebrando en... ¡Tikrit (donde nació Saddam)!

Me quedé mirando, confundida. Supongo que lo hicieron en ese lugar específico para que dentro de cinco años alguna persona ajena a esto pueda presentarlo como un testimonio al mundo de que toda esta guerra tuvo lugar por el terror y Osama bin Laden y el 11/9 y las armas de destrucción masiva. Se celebró en ese lugar en particular para que alguien, dentro de una semana, pueda escribirme diciendo: «Claro que había una conexión entre Osama y Saddam, y por ese motivo os atacamos. Ésta es la prueba: la misa conmemorativa del 11/9 que se celebró en Tikrit.»

Este famoso «eslabón perdido» entre Iraq y la guerra contra el terror es como el aspecto que yo imagino que podría tener una hada: pequeña, variable, casi transparente e... inexistente. Poco después del 11/9, esta hada fue atrapada por el Pentágono y guardada en una jaula para que todo el mundo pudiera verla.

Casi como la ropa nueva del emperador, cualquiera que no fuera capaz de ver a esta enigmática criatura era acusado de ser un Enemigo de la Libertad, un simpatizante de Saddam o —¡horror de horrores!— un antipatriota. Rápidamente, era condenado y quemado en la hoguera metafórica.

Así que la mayoría de la gente elige ver el hada. Algunas personas, de hecho, realmente creyeron que *podían* verla. Ciertamente, todo el mundo lo intentó. Desgraciadamente, al poco tiempo, el hada empezó a hacerse cada vez más pequeña y más pálida bajo la intensa mirada de millones de ojos curiosos.

Entonces, ¿qué decidieron hacer? Bush, Rumsfeld y el resto tomaron una decisión crítica: el hada debía ser protegida por un gran muro. Se trazaron planos, se eligieron los ladrillos más resistentes y se nombró a contratistas de Fox News, CNN y otros. Y con cada noticia nueva, se ponía un ladrillo, hasta que el muro era tan alto y tan fuerte que se convirtió en una fortaleza... y todo el mundo olvidó lo que había detrás de él... que era la presunta hada... que podía haber existido, o no. Pero, de cualquier modo, ya no importaba: el muro estaba ahí...

¿Y el hada? El hada cavó un túnel para escapar a Irán... o quizá a Siria... o quizá a Corea del Norte. El tiempo lo dirá: la volverán a capturar.

posted by river @ 6:22 PM

Martes, 16 de septiembre de 2003

EL PODER DE LAS CHICAS Y EL IRAQ DE LA POSGUERRA

He estado un poco enferma en estos últimos días. Parece ser que he cogido algo similar a la gripe, que me ha dejado con los ojos rojos, una nariz moqueante y fiebre. En realidad no me di cuenta de que estaba enferma hasta que cortaron la electricidad anteayer: hubo un quejido colectivo cuando el calor cayó instantáneamente sobre nosotros como una manta de lana, y lo único que pude decir fue: «¡¿Qué calor?!»

La familia me miró como si estuviera loca —o con fiebre— y finalmente entendí por qué la habitación empezaba a bailar ante mis ojos cada pocos minutos... por qué la luz del sol me hacía retroceder y entornar los ojos, como si fuera un murciélago.

Así que ayer me pasé el día en un sofá en la sala de estar, rodeada de pañuelos de papel y Flu-Out (mi medicina iraquí favorita para la gripe). Vi la tele cuando se podía e incluso conseguí arrastrarme hasta el ordenador dos o tres veces. La pantalla ondulaba delante de mis ojos legañosos, así que, después de unos minutos, dejé de intentar comprender las letras danzantes.

Por la noche me concentré lo suficiente como para ver «Sólo para mujeres», un programa semanal de Al-Jazeera. Me dejó furiosa y deprimida. El tema era, como siempre, Iraq. El programa invitaba a tres mujeres iraquíes: la doctora Shatha Jaffar, Yanar Mohammed e Iman Abdul Jabar.

Yanar Mohammed es arquitecta y, por lo que sé, ha vivido en Canadá desde 1993. Es la fundadora de la Organización para la Libertad de las Mujeres en Iraq, que hasta hace un par de meses tenía su base en Canadá. De la doctora Shatha Jaffar no había oído hablar. Creo que se marchó de Iraq cuando tenía quince años (ahora tiene cuarenta y pico) y también es jefa de algún tipo de movimiento femenino iraquí, aunque el pie bajo su nombre decía «Activista de los derechos de la mujer». Iman Abdul Jabar aparentemente representaba a algún tipo de movimiento de la mujer islámico y, por lo que pude ver, ha vivido siempre en Iraq.

Imán y Yanar tenían una clara ventaja sobre Shatha porque ambas están viviendo realmente en Iraq. La discusión giró en torno a cuánto se han visto afectados los derechos de la mujer tras la ocupación, el hecho de que las mujeres sean secuestradas, violadas y obligadas a vestir o actuar de una determinada manera.

Yanar declaró que la igualdad de la mujer no se podría alcanzar si no es a través de un gobierno laico, porque un gobierno islámico, definitivamente, dañaría los derechos de las mujeres. No estoy necesariamente de acuerdo con ello. Si hubiera un gobierno islámico basado puramente en las enseñanzas del islam, las mujeres tendrían asegurados ciertos derechos no negociables como la herencia, el derecho a la educación, el derecho a trabajar y a ganar dinero, el derecho a casarse según su voluntad y el derecho a divorciarse de su marido. Claro que habría limitaciones a la forma de vestir y otras restricciones.

El gobierno islámico no funciona porque la gente que está al mando suele implementar, en nombre del islam, ciertas leyes y reglas que no tienen nada que ver con el islam y sí más que ver con determinadas ideas chovinistas, como en Irán y en Arabia Saudita.

Imán Abdul Jabar estaba aplicando la actitud de Rumsfeld a la situación: no ver nada malo, no oír nada malo, no decir nada malo. Ella declaró que no estaba enterada de que extremistas pertenecientes a Al-Sadr y Al-Hakim fueran a las escuelas durante los exámenes, hicieran salir a las *safirat* (chicas sin *hijab*) y las amenazaran diciéndoles que no podrían regresar a la escuela si no se ponían el *hijab*. Dijo que no ha oído hablar de todos los avisos y los estandartes que cuelgan por todas partes en los colegios y universidades de Bagdad en los que se condena a las mujeres que no llevan lo que se considera el vestido islámico tradicional. Digo «se considera» porque no hay nada que especifique cuál es exactamente el vestido islámico. Algunas personas piensan que un *hijab* es más que suficiente, mientras que otras afirman que es necesario llevar un burka o un *pushi*...

Shatha estaba llena de un parloteo farisaico. Perdió instantáneamente el hilo, afirmando que debido a los últimos treinta años las niñas en Iraq eran en gran medida ignorantes y analfabetas. Dijo que los iraquíes habían empezado a sacar a sus hijas de las escuelas porque no se permitía recibir una educación a los que no eran baazistas.

Lo extraño es que yo no era baazista y me aceptaron en una de las mejores universidades del país basándose únicamente en las notas que obtuve en mi último año de instituto. Ninguna de mis amigas era baazista y acabaron siendo farmacéuticas, médicos, dentistas, traductoras y abogadas... Debo de haber estado viviendo en algún otro lugar.

Cada vez que Shatha aparecía en la pantalla, yo lanzaba pañuelos de papel contra ella. Ella alimenta la propaganda preguerra/postocupación de que antes, si no eras baazista, no se te permitía estudiar. Después de treinta y cinco años, eso significaría que las únicas personas alfabetizadas, sofisticadas y educadas en Iraq serían las baazistas.

Hay algo que probablemente no sabéis sobre Iraq: tenemos 18 universidades públicas y más de 10 universidades privadas, además de 28 escuelas y talleres técnicos. La diferencia entre las universidades y escuelas superiores públicas y las privadas es que las públicas (como la Universidad de Bagdad) son gratuitas, no se paga nada. Las universidades privadas piden una cuota anual que es una miseria comparada con la de las universidades del extranjero. Las universidades públicas son las preferidas porque se consideran mejores educativamente.

Vienen estudiantes árabes de todas partes de la región a estudiar en nuestras escuelas superiores y universidades porque son las mejores. Los europeos interesados en estudiar cultura y religión islámica vienen a las universidades islámicas. Nuestros estudiantes de medicina acaban siendo unos médicos de lo más brillantes y nuestros ingenieros son los más creativos...

En el sexto año de secundaria (duodécimo grado), los estudiantes iraquíes deben pasar un examen estandarizado conocido como el Bakaloriah. A los alumnos se les asigna números de nueve dígitos y se los lleva a una escuela distinta con supervisores de examen elegidos al azar para vigilar el proceso de la prueba. Para los «alumnos de ciencias», las asignaturas requeridas para el examen son: matemáticas, física, inglés, arábigo, química, islam (sólo para los alumnos musulmanes), francés (para los que llevan francés) y biología. Para los alumnos que no son de ciencias, las asignaturas son: árabe, inglés, historia, geografía, islam (para los musulmanes), matemáticas y economía, creo.

En cuanto recibimos nuestros promedios, llenamos unos formularios que se envían al Ministerio de Educación Superior. En esos formularios escribes una lista de las escuelas superiores y universidades a las que te gustaría ir, poniendo en primer lugar la que más deseas. No recuerdo que en el formulario me preguntaran si era baazista o lealista, pero quizá llené el formulario equivocado...

En cualquier caso, según el promedio del alumno, y los promedios de las personas que se presentan a otras universidades, el estudiante es «colocado». Ni siquiera conoces al decano o al jefe de departamento hasta que empiezan las clases. Irónicamente, las mujeres analfabetas de las que habla Shatha tienen promedios superiores a los de los hombres. Un chico puede entrar en una facultad de ingeniería con un 92 por ciento, mientras que la media de las mujeres es aproximadamente de un 96 por ciento, porque la competencia entre mujeres es muy fuerte.

Lo que Shatha no dice es que en las facultades de ingeniería, ciencias y medicina más de la mitad de los alumnos de los diversos departamentos son mujeres: mujeres cultas, dicho sea de paso. Nuestros graduados, hombres y mujeres, están entre los mejores de la región y muchas universidades públicas consiguen becas en Europa y Estados Unidos. Pero Shatha no debía de saberlo... o yo debo de estar equivocada. De cualquier manera, por favor, perdonadme porque, después de todo, soy analfabeta e ignorante.

Imán Abdul Jabar hizo un comentario interesante: dijo que, durante los exámenes de junio y julio, la gente que trabajaba en las mezquitas protegió muchas de las escuelas locales en Bagdad, lo cual es muy cierto. No obstante, ella no menciona que no es probable que esas personas estén interesadas en presentarse a presidente, ni a ningún otro cargo político en el país —las personas que actualmente están mezclando religión y política son Al-Hakim y el CSRII, quienes estuvieron aterrorizando a las chicas, y Al-Sadr y sus gorilas (que se reunió con [Colin] Powell esta vez y le prometieron una maravillosa carrera política).

Yanar estuvo indignada durante toda la charla. Ella está actualmente en Bagdad y dicen que ha habido intentos de acabar con su vida. Me leyó la mente cuando dijo que la historia de la policía en Bagdad era una farsa: no había suficientes policías y los estadounidenses no estaban haciendo nada respecto a la seguridad del pueblo. Dijo que la teoría de que las mujeres estaban contribuyendo política o socialmente al Iraq de la posguerra era una broma. ¿Cómo se suponía que las mujeres iban a ayudar a construir la sociedad, o incluso a hacer una contribución decente, cuando al parecer, repentinamente, eran el blanco #1? Yanar habló de un «Congreso de Mujeres» organizado por la APC en el que a ella no le permitían participar porque las «mujeres representantes de la mujer iraquí» eran todas seleccionadas por el extraordinario feminista L. Paul Bremer.

Cada vez más mujeres se ven obligadas a dejar sus empleos, o la escuela, o la universidad. Me he pasado el último mes intentando convencer a la madre de una vecina para que deje a su hija de diecinueve años presentarse a sus exámenes en una importante facultad de farmacia. Su madre se mostró inflexible y exigió saber qué se suponía que tenía que hacer con el título universitario de su hija si algo le ocurría: «¿¿¿Colgarlo sobre su lápida con el consuelo de que murió por un título farmacéutico??? Puede aguantar sin estudiar este año.»

La peor parte de todo el programa fue cuando mostraron a un empresario de pompas fúnebres en Bagdad ¡diciendo que rara vez veía víctimas de violaciones! En nuestra situación actual, ¿qué víctima de una violación va a ir a presentar una queja? ¿Ante quién te quejas? Además, las mujeres se sienten demasiado avergonzadas como para hacer pública una violación, y para qué te vas a tomar la molestia si *sabes* que jamás cogerán a la persona, si nadie se va a molestar en buscar al agresor?

Mostraron a una chica de unos quince años hablando de cómo había sido raptada. Una mañana salió a comprar comida con un hermano, que parecía tener cinco o seis años. De repente, un Volkswagen rojo se detuvo bruscamente delante de ella. La metieron en el coche y utilizaron el pañuelo que llevaba en la cabeza para amordazarla. Los llevaron, a ella y a su hermanito, a una choza de barro lejos de A'adhamiya (la zona donde ella vive). La mantuvieron en la choza durante cuatro días y le pegaron y la interrogaron sistemáticamente: ¿Cuánto dinero tienen tus padres? ¿Hay objetos de valor en tu casa? No la dejaban dormir... el único que consiguió dormir fue su hermanito, mientras ella lo sostenía en brazos. No les dieron ningún alimento en cuatro días.

Al final, uno de los secuestradores sintió lástima de ella. Le dijo que el resto de la banda tatuada se iba a marchar a algún sitio y que él dejaría la puerta de la choza abierta. Debía encontrarse con él detrás de una pequeña *kushuk* o tienda, hecha de paja, calle abajo. La chica abandonó la choza con su hermano pequeño en cuanto la costa estuvo despejada. Dejó la puerta abierta porque ahí dentro había otras quince chicas raptadas en un instituto en Zayoona (Zayunah), una bonita zona residencial en Bagdad donde muchos cristianos eligen instalarse. El hombre los dejó a ella y a su hermano cerca de un hospital, lejos de su casa.

La entrevista a la chica acabó cuando el reportero le preguntó si todavía tenía miedo... La chica pareció incrédula ante la pregunta y dijo: «Por supuesto que todavía tengo miedo.» Entonces el reportero le preguntó si iba a regresar a la escuela ese año... La chica dijo «no», negando con la cabeza, mientras sus ojos se llenaban de lágrimas y la imagen de pantalla se desvanecía, volviendo al programa.

He pasado la noche dando vueltas en la cama y preguntándome si llegaron a encontrar a las quince chicas de Zayunah y rezando por la cordura de sus familias...
posted by river @ 6:25 PM

Jueves, 18 de septiembre de 2003

MAIL DE BUSH

Hoy me siento mucho mejor... pero lo que más me ha levantado el ánimo ha sido un «fanmail» del «popio» George W., Así que he pensado que lo compartiría con todos vosotros... (Gracias, Bob Fredrick: sabes cómo hacer sonreír a una chica.)

Querida persona iraquí:

¿Queréis hasé el favó de dejar de mataos unos a otros? ¡Los colegas aquí tan empezando a enfadarse má que un tío en canoa que se olvidó del remo! Peor to'avía, cuanto má' les decís a los tíos en ese ordenadó lo que está pasando ahí, meno' atensión le ponen a mis reporteros de la Fox, ¡que les dicen lo que tienen que hasé! Antes de que me dé cuenta, me voy a estar con el culo fuera en las prósimas elesiones y Papi me va a tener que poné una empresa petrolera nueva, ¡pa que parezca que soy un tío muuu listo!

En la última reunión a la que fui con Papi y todos sus colegas, el señó Ashcroft dijo que lo que tenemo que hasé e' darle a Iraq unas de esas libertades del «Patriot Act» pa que podamo empezar a encerrar a algunas personas, pero el señó Powell le dijo que «se lo quede en sus pantalones», que no sé qué e' lo que quiere desí. Papi y el señó Cheney se estaban riendo y pasándolo bien porque habían leído algo como un informe de benefizio pa' la empresa del señó Cheney, pa' la que se supone que ya

no tiene que currar... Eeeeh... Halyberton o algo así...
Luego iban a hablá de lo que tenemo' que hasé en Iraq,
pero el señó Cheney le dijo a Papi que ya era mi hora de
irme a dormí, así que me tuve que ir.

Así que, si me podéi hasé el favó, por favó dejad de
mataro' y cuando veáis una cámara o un reportero, ¡son-
reíd y decidle que vuestras vidas están mucho mejó desde que lo americano vinimo y os liberamo! No os desani-
méis. Papi me ha dicho que cuando me reelijan, ¡podremo
liberar Irán y Siria! ¡Qué guay!

Tu Má' Mejó' Colega,
George W. Bush,
Pres. de Texas & 'Merica

(Nota: Todos los errores ortográficos son originales del futuro desempleado chimpancé que los escribió.)   *posted by river @ 12:10 AM*

Viernes, 19 de septiembre de 2003

TERRORISTAS

El tiempo se ha «roto» en estos últimos días. Hace un
calor insoportable, pero hay viento. Es un viento pesado,
polvoriento, que recuerda más a una ráfaga del secador
de pelo que a una auténtica brisa. Pero sigue siendo
viento, y estamos debidamente agradecidos.

La situación eléctrica es extraña. Por cada seis horas
de electricidad, tres horas de oscuridad. Ojalá nos die-

ran electricidad toda la noche y la cortaran durante el día. Durante el día hace más calor, pero al menos puedes mantenerte ocupada con algo como las tareas de la casa o un libro. En la noche la oscuridad trae consigo todos los miedos, las dudas y... los mosquitos. Todos los sonidos se amplifican. Es extraño, pero cuando puedes ver no puedes oír tantas cosas... o quizá simplemente dejas de escuchar.

Últimamente todo el mundo está preocupado por las batidas. Oímos hablar de ellas a amigos y familiares, las vemos por la tele, indignados, e intentamos adivinar dónde van a tener lugar las próximas.

Cualquier cosa puede ocurrir. Algunas batidas no son más que controles de armas aparentemente estándar. Tres o cuatro soldados llaman a la puerta y entran marchando. Uno de ellos vigila a la «familia» mientras los demás registran la casa. Revisan dormitorios, cocinas, baños y jardines. Miran debajo de las camas, detrás de las cortinas, dentro de los armarios y las cómodas. Lo único que tienes que hacer es controlar tus sentimientos de humillación, rabia y resentimiento por el hecho de que tropas extranjeras de un ejército ocupante estén registrando tu casa.

Algunas batidas son, simplemente, batidas. Echan abajo la puerta en medio de la noche y los soldados entran velozmente por docenas. Hacen salir a las familias al exterior, con las manos detrás de la espalda y una bolsa en la cabeza. Los padres y los hijos son empujados al suelo y les ponen un pie que calza una bota sobre sus cabezas o sus espaldas.

Otras batidas salen horriblemente mal. Continuamente oímos hablar de familias que sufrieron una batida a primeras horas de la madrugada. El padre, o el hijo, coge una arma —pensando que están siendo atacados por los saqueadores— y entonces se desata el infierno. Los soldados disparan contra algunos miembros de la familia, otros son detenidos, y a menudo la mujer y los niños se quedan llorando.

La primera vez que vi una batida fue en mayo. El calor empezaba a ser insoportable y llevábamos toda la noche sin electricidad. Recuerdo que estaba tumbada en mi cama, entrando y saliendo de un sueño ligero. Todavía no habíamos empezado a dormir en la azotea porque durante toda la noche se podían oír disparos y fuego de ametralladoras no muy lejos; los saqueadores todavía no se habían organizado en bandas y en mafias.

Alrededor de las 3 de la mañana, oí claramente el ruido de helicópteros suspendidos en el aire no muy lejos de nosotros. Salí corriendo de mi habitación y fui a la cocina, donde encontré a E con la cara contra la ventana, intentando ver el cielo negro.

«¡¿Qué está pasando?!», pregunté, corriendo a colocarme junto a él.

«No lo sé... ¿una batida? Pero no es una batida normal... creo que hay helicópteros y coches...»

Dejé de concentrarme en los helicópteros el tiempo suficiente como para oír el ruido de los coches. No, no eran coches: eran vehículos grandes, pesados, que producían un zumbido, un ruido fuerte. E y yo nos miramos, sin habla: ¡¿tanques?! E dio media vuelta y corrió escaleras arriba, subiendo los escalones de dos en dos. Lo seguí torpemente, agarrando la baranda a tientas mientras subía, con la mente hecha un revoltijo de pensamientos y conjeturas.

Cuando salimos a la azotea, el cielo estaba negro, cubierto de luces. Los helicópteros estaban suspendidos encima de nosotros, rodeando la zona. E estaba apoyado sobre la baranda, intentando ver lo que ocurría abajo, en la calle. Me acerqué sin mucha confianza y él se volvió hacia mí: «Es una batida... ¡en casa de Abu A.!», y señaló tres casas más abajo.

Abu A. era un viejo y respetado general del ejército que se había retirado a mediados de los ochenta. Llevaba una vida tranquila en su casa de dos plantas en nuestra calle. Lo único que yo sabía acerca de él era que tenía cuatro hijos: dos mujeres y dos varones. Las hijas estaban casadas. Una de ellas vivía en Londres con su marido y la otra estaba en algún lugar en Bagdad. La que vivía en Bagdad tenía un hijo de tres años al que llamaré L. Lo sé porque, sin falta, desde que L tenía unos seis meses, Abu A. lo paseaba orgullosamente arriba y abajo por nuestra calle en un cochecito de rayas azules y blancas.

Era una escena que yo esperaba todos los viernes por la tarde: ver al viejo, alto, consumido, empujando el cochecito azul en el que viajaba el redondo, rosado y babeante L.

Nunca había hablado con Abu A. hasta el año pasado. Estaba regando el pequeño trozo de jardín que está delante del muro que rodea nuestro jardín e intentando no mirar al viejo alto que pasaba por ahí con el niño tambaleante. En esos momentos pasaba por mi mente lo que mi madre me había enseñado sobre lo maleducado que era quedarse mirando a la gente. Les di la espalda a los dos mientras venían caminando por la calle y, con un aire de indiferencia, inundé a las flores que crecían en el borde de la parcela de césped.

De repente, una voz me preguntó: «¿Nos podemos lavar?» Me volví, estupefacta. Abu A. y L estaban ahí, manchados con el suficiente chocolate como para estar cualificados para hacer un anuncio de detergente. Les di la manguera y estuve a punto de empaparlos en el proceso. Me quedé mirando cómo el anciano lavaba los deditos pegajosos de L y le limpiaba los labios fruncidos mientras me decía: «¡Su madre no puede verlo así!»

Después de devolverme la manguera, emprendieron su camino otra vez... Los observé mientras caminaban por lo que quedaba de la calle hasta la casa de Abu A., deteniéndose cada pocos pasos para que L pudiera contemplar algún insecto que había llamado su atención.

Eso fue el año pasado... o quizá hace nueve meses... o quizá hace cien años. Esta noche, unos vehículos blindados estaban deteniéndose delante de la casa de Abu A., los helicópteros se movían en círculos arriba y súbitamente toda la zona era un lío de ruido y luces.

E y yo nos fuimos al piso de abajo. Mi madre estaba de pie, nerviosamente, junto a la puerta abierta de la cocina, mirando a mi padre, que estaba de pie en la verja. E y yo corrimos fuera para unirnos a él y observamos la escena que se desarrollaba sólo tres casas más abajo. Había gritos y chillidos, los tonos graves e iracundos de los soldados se mezclaban con las voces más estridentes de la familia y los vecinos, toda una sinfonía que presagiaba calamidad y miedo.

«¿Qué están haciendo? ¡¿A quién se están llevando?!», pregunté a nadie en particular, agarrándome a la verja de hierro tibio y mirando la calle en busca de alguna pista. La zona estaba bañada con la luz blanca deslumbrante de los faros y los focos, y docenas de soldados permanecían de pie delante de la casa, con las armas apuntando, tensos y preparados. Al poco rato comenzaron a salir: primero su hijo, un estudiante de traducción de veinte años. Tenía las manos detrás de la espalda y dos soldados lo tenían agarrado, uno a cada lado. Él no dejaba de girar la cabeza hacia atrás ansiosamente mientras lo sacaban de la casa, descalzo. Lugo sacaron a Umm A., la esposa de Abu A., llorando, rogándoles que no le hicieran daño a nadie, pidiendo una respuesta... No pude oír lo que decía, pero la vi mirando a la izquierda y a la derecha, confundida, y dije las palabras en su lugar: «¿Qué está pasando? ¡¿Por qué están haciendo esto?! ¿A quién buscan?»

Abu A. salió a continuación. Se mantenía recto y erguido, mirando a su alrededor furioso. Su voz resonó en la calle, por encima de todos los demás ruidos.

Estaba haciendo preguntas en un tono muy alto, exigiendo respuestas a los soldados y los curiosos. Su hijo mayor, A, salió detrás de él con más escoltas. El último miembro de la familia en salir fue Reem, la esposa de A desde hace sólo cuatro meses. Dos soldados, uno agarrando cada uno de sus delgados brazos, la estaban sacando firmemente a la calle.

Jamás olvidaré esa escena. Ella, con sus veintidós años, temblando en la noche cálida y negra. El camisón sin mangas que le llegaba justo debajo de las rodillas dejaba ver unas piernas temblorosas; daba la sensación de que los soldados la estaban agarrando de los brazos porque si la soltaban por un instante ella caería al suelo sin conocimiento. No pude ver su cara porque tenía la cabeza inclinada y el pelo la ocultaba. Era la primera vez que yo veía su pelo... en circunstancias normales llevaba un *hijab*.

En ese momento quise llorar... gritar... lanzar algo contra el caos que había en la calle. Pude sentir la humillación de Reem mientras estaba ahí de pie, con la cabeza caída por la vergüenza, expuesta al mundo, en medio de la noche.

Un vecino que estaba cerca de la escena avanzó tímidamente e intentó comunicarse con uno de los soldados. El soldado apuntó inmediatamente al hombre con su arma y le gritó que retrocediera. El hombre mostró una *abaya*, una prenda similar a una capa que algunas mujeres eligen usar, y señaló a la muchacha temblorosa. El soldado movió la cabeza secamente y le dijo «¡Retroceda!». «Por favor», fue la tentativa respuesta, «Cúbrala...». Dejó suavemente la *abaya* en el suelo y volvió a colocarse junto a la verja de su casa. El soldado, que parecía inseguro, avanzó, recogió la *abaya* y la puso torpemente sobre los hombros de la chica.

Yo me agarraba a la verja mientras mis rodillas flaqueaban, llorando... intentando comprender la confusión. Pude ver a muchos de los vecinos por ahí, observando consternados. El vecino de Abu A., Abu Ali, estaba intentando comunicarse con uno de los soldados. Estaba moviendo el brazo ante Umm A. y Reem, y señalando hacia su propia casa, obviamente intentando que le dejaran llevar a las mujeres al interior de su vivienda. El soldado le hizo una señal con la mano a otro soldado que, al parecer, era el traductor. Durante las batidas, hay un traductor que se mantiene discretamente en un segundo plano; no lo presentan inmediatamente para comunicarse con las personas aterradas, porque esperan que alguien diga algo importante accidentalmente, en árabe, creyendo que las tropas no lo van a entender, como, «Cariño, ¿enterraste la bomba nuclear en el jardín, como te dije?».

Finalmente, permitieron que Umm A. y Reem entraran en casa de Abu Ali, escoltadas por las tropas. Reem caminaba automáticamente, como si estuviera aturdida, mientras que Umm A. estaba muy agitada. Ella se mantuvo firme, rogando que le dijeran qué iba a ocurrir...

preguntándose adónde se llevaban a su marido y a sus chicos... Abu Ali la instó a que entrara dentro.

La casa fue registrada... buscaron a fondo, nadie sabe qué: los jarrones estaban rotos, las mesas volcadas, la ropa fuera de los armarios...

Los últimos vehículos se marcharon antes de las 6 de la mañana. El área volvió a estar tranquila y silenciosa. Yo no dormí esa noche, ni ese día, ni la noche siguiente. Cada vez que cerraba los ojos, veía a Abu A. y a su nieto, L, y a Reem... veía a Umm A. llorando aterrada, rogando que le dieran una explicación.

Abu A. todavía no ha regresado. La Cruz Roja facilita la comunicación entre él y su familia... L ya no camina por nuestra calle los viernes, cubierto de chocolate, y me pregunto qué edad tendrá cuando vuelva a ver a su abuelo... *posted by river @ 2:09*

Domingo, 21 de septiembre de 2003

AKILA...

Ayer hubo un atentado contra la vida de Akila Al-Hashimi. Nos enteramos ayer por la mañana y hemos estado escuchando las noticias desde entonces. Ella vive en el barrio de Jihad y salía hacia su trabajo cuando dos camionetas con hombres armados le cerraron el paso a su coche y abrieron fuego contra ella y sus «guardaespaldas» (sus hermanos). Los vecinos oyeron el jaleo, se armaron y salieron a la calle a ver qué ocurría. Los vecinos y la banda comenzaron a dispararse unos a otros.

Akila fue llevada al hospital Al-Yarmuk, donde le operaron el estómago, y luego la trasladaron a nadie sabe dónde en una ambulancia del ejército estadounidense, pero la gente dice que probablemente fue al hospital que han montado en el aeropuerto de Bagdad. Dicen que la hirieron en un pie, el hombro y el estómago; su estado es crítico, pero estable.

Es deprimente porque en realidad ella era una de los miembros decentes del consejo. Estaba viviendo en Iraq y había trabajado extensamente en Asuntos Exteriores en el pasado. También es deprimente por lo que representa: que ninguna mujer está segura, por muy arriba que esté...

Todo el mundo hace sus propias conjeturas sobre quién puede haber sido. Ahmad Al-Chalabi, por supuesto, dijo inmediatamente, antes de que se iniciara siquiera la investigación: «¡Ha sido Saddam y sus partidarios!»; está empezando a sonar como un disco rayado... pero de todos modos ya nadie lo escucha. El FBI en Iraq, que examinó el lugar, dijo que no tenía ni idea de quién podía ser. ¿Por qué iban a ser los baazistas si la propia Akila fue baazista y dirigía las relaciones con organizaciones internacionales en el Ministerio de Asuntos Exteriores antes de la ocupación? Elegirla fue una de las cosas más inteligentes que hizo la APC desde que llegó aquí. Fue a través de sus contactos y sus amplios conocimientos de los asuntos exteriores iraquíes actuales que Al-Chalabi y Al-Pachichi fueron recibidos en la ONU como «representantes» del pueblo iraquí. Recientemente fue elegida como uno de los tres miembros del Consejo de Gobierno, junto con Al-Pachichi, que trabajará como una especie de amortiguador político entre el Consejo de Gobierno y el nuevo gabinete de ministros.

Pero algunos miembros más extremistas del Consejo de Gobierno están resentidos con ella: no sólo es mujer, no lleva *hijab* y fue la primera «representante de Exteriores» del nuevo gobierno, sino que además tuvo un papel destacado en el gobierno anterior. La técnica utilizada parece similar a la utilizada con esa brillante electricista mujer que fue asesinada... Me pregunto si Akila recibió una «carta de advertencia». Debería haber tenido una mejor protección. Si no van a proteger a una de las tres mujeres miembros del Consejo de Gobierno, entonces, ¿a quién van a proteger? ¿A quién consideran digno de protección?

Sí, Bagdad es muy seguro cuando hombres armados pueden pasearse en vehículos utilitarios deportivos y en camionetas lanzando granadas y abriendo fuego contra el Consejo de Gobierno, ni más ni menos.

Realmente espero que encuentren a quienquiera que haya hecho esto y espero que el castigo sea severo.

posted by river @ 2:07 PM

Miércoles, 24 de septiembre de 2003

EN VENTA: IRAQ

En venta: un país fértil y rico con una población de alrededor de 25 millones de habitantes... además de aproximadamente 150.000 soldados extranjeros y un puñado de títeres. Condiciones de venta: debería ser una empresa estadounidense o británica (si eres francés, olvídalo)... preferentemente afiliada a Halliburton. Para más información, por favor, contactar con uno de los miembros del Consejo de Gobierno en Bagdad, Iraq.

Al oír hablar de la primera de las reformas económicas anunciadas por Kamil Al-Gaylani, el nuevo ministro de Economía iraquí, uno podría pensar que Iraq es una utopía y que la economía es perfecta y que lo único de lo que carece es de... inversión extranjera. Como lo resumió tan maravillosamente la BBC: la venta de todas las industrias estatales, excepto el petróleo y otros recursos naturales. Básicamente, eso significa la privatización del agua, la electricidad, las comunicaciones, el transporte, la sanidad... La BBC lo llama una «sorpresa»... ¿por qué no nos ha sorprendido a nosotros?

Después de todo, los Títeres han sido comprados, ¿por qué no vender el escenario también? Están vendiendo Iraq trozo a trozo. La gente está indignada. Las empresas van a empezar a comprar pedazos de Iraq. O, mejor dicho, van a empezar a comprar los trozos que el Consejo de Gobierno y la APC no adjudiquen a los «Partidarios de la Libertad».

La ironía de la situación es que, de cualquier modo, en realidad la industria del petróleo, la única industria que *no* va a ser saldada, está siendo administrada por extranjeros.

Todo el barrio ha oído hablar de S, que vive exactamente a dos calles de distancia. Es lo que se llama un «comerciante» o *tajir*. Le gusta llamarse a sí mismo «hombre de negocios». Durante los últimos seis años S ha trabajado con el Ministerio de Petróleo, importando piezas de recambio para petroleros bajo la vigilancia y las directrices del programa «Petróleo por alimentos». A principios de marzo, todos los contratos fueron «retenidos» a la espera de la guerra. Miles de contratos con empresas internacionales fueron cancelados o pospuestos.

S estaba en un frenesí: tenía un cargamento de motores que llegaban de un determinado país y estaban «esperando en la frontera». Dondequiera que fuera, fumaba un cigarrillo tras otro y hablaba de «letras de crédito», «comunicaciones comerciales» y conductores de camión groseros que se estaban empezando a impacientar.

Después de la guerra, la APC decidió que ciertos contratos serían aprobados. Los contratos que tenían prioridad sobre el resto eran lo que iba a hacer que se volviera a bombear petróleo. S tuvo suerte: sus motores iban a poder entrar... en el mejor de los casos.

Desgraciadamente, cada vez que intentaba conseguir el permiso para traer los motores, lo enviaban de una persona a otra hasta que él y sus motores acababan enredados en un lío burocrático entre la APC, el Ministerio de Petróleo y la ONUSP (Oficina de las Naciones Unidas para Servicios de Proyectos). Cuando las cosas ya estaban bastante resueltas, y él se estaba comunicando directamente con el Ministerio de Petróleo, le dieron un «chivatazo». Le dijeron que no debería preocuparse por hacer nada si la KBR no lo conocía. Si la KBR no tenía una buena opinión de él, o si no lo recomendaba, era mejor que no se molestara haciendo nada.

Durante una semana, todo el barrio estuvo hablando sobre la KBR. ¿Quiénes eran? ¿A qué se dedicaban? Todos hacíamos nuestras propias especulaciones... E dijo que probablemente era algún tipo de comité como la APC, pero a cargo de los contratos o la reconstrucción de las infraestructuras petroleras. Yo suponía que probablemente sería otra empresa, ¿pero de dónde era? ¿Era rusa? ¿Era francesa? No importaba, siempre y cuando no fuera Halliburton o Bechtel. Se trataba de un nombre nuevo o, al menos, de unas iniciales nuevas. Bueno, fue «nuevo» durante una media hora completa, hasta que la curiosidad pudo conmigo y lo busqué en internet.

KBR es «Kellogg, Brown y Root», una filial de... ¡adivinad quién!... Halliburton. Ellos se encargan de «servicios de construcción e ingeniería para la comunidad energética», entre otras cosas.

Por lo visto, KBR es famosa por algo más que sus esfuerzos de reconstrucción. En 1997, la KBR fue demandada por seis millones de dólares por cobrar un precio excesivo al ejército estadounidense ¡por unas planchas de madera contrachapada! Aquí podéis leer algo sobre todo este sórdido asunto.

«Halliburton: No sólo el Petróleo», The Institute of Southern Studies, http://www.southernstudies.org/reports/halli burton.pdf

....

Historia de la compañía
- *Halliburton, con base en Dallas, fue fundada en 1919 y es el segundo mayor proveedor de productos y servicios a las industrias petrolera y del gas.*
- *Halliburton compró Brown &Root, con base en Houston, en 1962 y Dresser Industries en 1998, la cual había comprado la empresa de tecnología petrolera M. W. Kellog en 1988. De estas empresas emergió Kellog, Brown & Root (KBR), ahora una filial de Halliburton que se encarga de servicios de construcción e ingeniería para la comunidad energética y el gobierno y los clientes de la infraestructura civil.*

Conexiones políticas

- El vicepresidente Dick Cheney trabajó como gerente general hasta 2000, cuando abandonó su cargo para presentarse a un puesto importante. Se dice que recibió acciones de la compañía por valor de más de 33 millones de dólares, pero que acabó vendiéndolas por 30 millones debido a la presión del público. Aun así, se marchó con un paquete de jubilación anticipada y sigue teniendo derecho hasta a un millón de dólares al año como compensación a plazos.

- De 1999 a 2000, Halliburton aportó 709.320 dólares en contribuciones políticas y el 95 por ciento del dinero fue destinado a los republicanos y 17.677 dólares directamente a George Bush.

Escándalos —En su país y en el extranjero

- En julio un tribunal de quiebras otorgó a Halliburton más tiempo para revisar 300.000 reclamaciones sobre el uso de amianto. Éste es el tercer aplazamiento desde que Halliburton accedió en diciembre a desembolsar aproximadamente 4 mil millones de dólares al contado y en acciones. Halliburton heredó estas reclamaciones hace cuatro años al adquirir Dresser Industries. Según el Seattle Post Intelligencer, la empresa y su antiguo gerente general dieron 157.500 dólares en donaciones políticas a 49 cofiadores de la cuenta del amianto en la Casa Blanca y a 14 cofiadores de una medida similar en el congreso. Un portavoz de Halliburton afirma que esas contribuciones fueron «pura coincidencia».

- El historial de la KBR incluye reclamaciones por cobrar en exceso a los contribuyentes. En 1997, el GAO descubrió que el ejército era «incapaz de asegurar que el contratista controlara adecuadamente los costes», tanto que la KBR estaba cobrándole al ejército 86 dólares por cada *una de las planchas de madera contrachapada que valían 14 dólares. La KBR fue demandada por seis millones de dólares de presuntos cobros excesivos entre 1995 y 1997.*

Contratos en Iraq
- *Un contrato de dos años, de siete mil millones (otorgados mediante un proceso de licitación no competitivo) para luchar contra los incendios del petróleo en Iraq y bombear y distribuir petróleo iraquí.*
- *Desde marzo de 2002, el Ejército de EE. UU. ha hecho 24 pedidos de tareas a la KBR por un total de 425 millones de dólares bajo un contrato de trabajo relacionado con la Operación Libertad Iraquí.*
- *Un contrato de 30 millones de dólares otorgado desde la Agencia de Reducción de Amenazas del Departamento de Defensa para desmantelar y neutralizar cualquier arma química y biológica en la región.*
- *Un contrato de 62 millones de dólares para alimentar y alojar a las tropas de EE. UU. en Iraq.*

Información adicional:
«The world according to Halliburton» en la página de Mother Jones: http://www.motherjones.com/news/features/2003/ 28/we_455_01.html

Actualmente, ellos (KBR) están ubicados en el «Palacio de Congresos». El Palacio de Congresos es una serie de grandes salas de congresos, ubicado frente al hotel Rashid. En el pasado estaba reservado para los principales congresos internacionales y ahora es la sede de la KBR, o eso dicen. De modo que las empresas extranjeras no pueden ser totalmente dueñas de la industria del petróleo, pero pueden dirigirla... de la misma manera que jamás serán propietarias de Iraq, pero ahora pueden dirigir al Consejo de Gobierno.

Alguien me envió un e-mail hace un par de semanas poniendo a Halliburton y a Bechtel por las nubes. El argumento era que deberíamos considerarnos «afortunados» por tener unas empresas tan prestigiosas dirigiendo nuestra industria petrolera y liderando los esfuerzos de reconstrucción porque: *a*) son eficientes, y *b*) dan trabajo a «los de aquí».

OK. Muy bien. Fingiré que nunca leí el artículo que decía que serían necesarios al menos dos años para que la electricidad vuelva a estar en los niveles de antes de la guerra. Fingiré que no han pasado cinco meses desde el «fin de la guerra» y las tan eficientes empresas tienen terror de empezar a trabajar porque la situación de la seguridad es tan desastrosa.

En cuanto a dar trabajo a los de aquí... las cosas están empezando a quedar un poco más claras. Los principales contratos de reconstrucción se los están dando a las grandes empresas, como Bechtel y Halliburton, por millones de dólares. Estas empresas, a su vez, dan empleo a los iraquíes de la siguiente manera: primero les piden que presenten sus ofertas para proyectos específicos. La empresa iraquí con la oferta más baja es elegida para hacer el trabajo. La empresa iraquí obtiene del enorme conglomerado *exactamente* lo que propuso, que suele ser sólo una fracción del precio original del contrato. Así, proyectos que deberían costar 1.000.000$ acaban costando 50.000.000$.

Ahora bien, podéis llamarme ingenua, o boba, o lo que queráis, pero ¿acaso no sería *a*) más económico, y *b*) más rentable para los iraquíes que encargaran el trabajo directamente a empresas iraquíes con experiencia? ¿Por qué no trabajar directamente con una de las 87 empresas y fábricas que solían trabajar a las órdenes del «Consejo Militar Iraquí» y fabricaban de todo, desde misiles hasta componentes electrónicos? ¿Por qué no trabajar directamente con una de las 158 fábricas y empresas que trabajaban para el antiguo Ministerio de Industria y Minerales, que producían de todo, desde caramelos hasta vigas de acero? ¿Por qué no trabajar con las empresas constructoras de puentes, viviendas y edificios que, bajo el Ministerio de Vivienda, han estado a la cabeza de los esfuerzos de reconstrucción desde 1991?

Actualmente, algunos de los mejores ingenieros, científicos, arquitectos y técnicos están sin trabajo porque sus empresas no tienen nada que hacer y no hay fondos para mantenerlas en funcionamiento. Los empleados se reúnen un par de días por semana y pasan varias horas hablando tristemente en torno a *istikans* de té tibio y *finjans* de café turco. En lugar de gastar incontables miles de millones en empresas multinacionales, ¿por qué no gastar sólo unos millones en importar piezas de recambio y renovar las fábricas y las plantas?

Mi padre tiene un amigo con esposa y tres hijos que actualmente está trabajando para una empresa italiana de internet. Se comunica por la red con su «jefe», que se encuentra a miles de kilómetros de distancia, en Roma, a salvo y seguro de que hay personas que necesitan alimentar a sus familias haciendo el trabajo en Bagdad. Este amigo y un grupo de hombres expertos en informática y tecnología trabajan diez horas al día, seis días a la semana. Viajan por todo Bagdad, montando redes. Viajan en un SUV hecho polvo con cables, alambres, alicates, tar-

jetas de red, CD de instalación y un Kalashnikov para...
ya sabes... emergencias técnicas.

Cada uno de los veinte tíos que trabajan con esta empresa gana 100$ al mes. Cien dólares por 260 horas al mes vienen a ser... 0,38$ la hora. Mi canguro de dieciséis años solía cobrar más. Al parecer, la empresa italiana, como muchas otras empresas extranjeras, piensa que 100$ son apropiados para la situación actual. Uno se pregunta cuál será el precio del contrato original que consiguió la empresa italiana... ¿cuántos incontables millones se están gastando para que veinte tíos puedan ganar 100$ al mes para montar redes?

John Snow, secretario del Tesoro de EE. UU., declaró que las reformas eran las «propuestas, ideas y conceptos del Consejo de Gobierno», sin ninguna presión por parte de la administración estadounidense. Si eso es verdad, entonces Bush puede retirar sus tropas cuando quiera porque estará dejando atrás un Consejo de Gobierno que obviamente es más solícito con Halliburton y compañía de lo que él y Cheney podrían llegar a ser...
posted by river @ 3:41 AM

Sábado, 27 de septiembre de 2003

LIBERTAD DE PRENSA

Por lo visto, nuestro líder del momento, Al-Chalabi, no está contento con las dos principales cadenas de noticias de la región. En realidad, no lo culpo... ha tenido algunas de sus peores entrevistas en Al-Arabiya y en Al-Jazeera. Siempre acaba pareciendo satisfecho consigo mismo, como si acabara de hacer algo malo, o cómplice, como si estuviera planeando algo malo. ¿Cuándo se va a enterar de que no hay ninguna cadena en el mundo entero que tenga la capacidad o la tecnología para hacer que parezca bueno?

Hace unos días, Intifadh Qambar, Ahmad, compinche de Al-Chalabi, salió en la tele, con la mirada furtiva y tartamudeando, afirmando que las dos principales cadenas árabes de noticias, Al-Arabiya y Al-Jazeera, estaban «promocionando el terrorismo». Me da escalofríos oír a alguien como Qambar hablar de terrorismo. Él se sienta detrás de los micrófonos con pinta de aspirante a rey de la mafia, con sus trajes de rayas, su pelo lustroso peinado hacia atrás y su sonrisa arrogante. Parece haber olvidado que, hace unos meses, el CNI era una continua fuente de terror en las calles de Bagdad, mientras «confiscaban» coches a punta de pistola.

Las acusaciones están supuestamente basadas en el hecho de que las dos cadenas de noticias han estado mostrando a «hombres enmascarados de negro» como resistentes a la ocupación. Esto, por lo visto, promociona el terrorismo. La verdad es que Al-Jazeera y Al-Arabiya han estado en la lista negra desde mayo, cuando los primeros ataques contra las tropas empezaron a tener verdadera publicidad. También estaban cubriendo algunas de las batidas «no muy exitosas» que habían realizado las tropas, y a las familias indignadas o víctimas que las sufrían.

Pero en mayo no había ningún Consejo de Gobierno y la APC evidentemente se dio cuenta de que expulsar o prohibir a las dos principales cadenas árabes de noticias no parecería muy diplomático. Fueron «avisadas». A sus reporteros se les gritaba, se los detenía, se les prohibía asistir a las ruedas de prensa, se los expulsaba de los lugares donde estaba la noticia y a veces se les pegaba. El Consejo de Gobierno tuvo menos escrúpulos respecto a parecer bueno.

Nuestro frenesí mediático comenzó en abril. Casi inmediatamente después de la ocupación, empezaron a aparecer partidos políticos por todas partes. Estaban los partidos habituales que todo el mundo conocía —Al-Da'awa, CSRII, CNI y UPK—, y también estaban los no tan famosos, que súbitamente encontraron que el vacío político era demasiado tentador como para no aprovecharlo. De repente estaban por todo Bagdad. Delimitaron las mejores zonas y tomaron escuelas, tiendas, mezquitas, clubes recreativos, casas y oficinas. Los que estaban a la cabeza del juego fueron a las imprentas, establecieron sus cuarteles generales e instantáneamente comenzaron a producir en serie unos periódicos semipolíticos que comentaban de todo, desde la «liberación» hasta el anillo de compromiso de Jennifer López.

Nosotros comprábamos varios diarios a la vez, asombrados por el repentino torrente de papel impreso. Algunos de ellos eran estúpidos, algunos eran divertidos y otros eran serios, cultos y constructivos; todos ellos apoyaban algunas ideas políticas específicas. Al principio resultaba desconcertante y difícil decidir qué diarios podían tomarse en serio y cuáles estaban disputándose la codiciada posición de ser el mejor periódico sensacionalista de Iraq. Independientemente de su productividad, su crucigrama o sus horóscopos, todos acababan en el suelo o en la mesita baja, debajo de fuentes de arroz caliente, pan pita y *marga*.

No sé si esto se hace en otras partes del mundo árabe, pero cuando los iraquíes no tienen ganas de reunirse alrededor de la mesa del comedor, tienen una comida más agradable sobre la mesita baja de la sala de estar, o reunidos en círculo en el suelo. La mesa, o el suelo, se cubre con periódicos para mantenerla limpia y la comida se coloca como en una especie de bufet libre.

Durante julio y agosto, cuando el tiempo era particularmente caluroso, comíamos en el suelo. Las casas y los pisos en Iraq rara vez tienen alfombras durante el verano. Ante las primeras señales de calor, la gente enrolla sus alfombrillas persas y demás alfombras y las guardan con bolas de naftalina durante, como mínimo, cinco meses. Así que antes de la comida o la cena fregamos el suelo de baldosas de la sala de estar con agua fría y limpia, lo dejamos secar y colocamos los periódicos. El suelo es duro pero está fresco y, no sé por qué, pero la comida sabe mejor y la conversación es más ligera.

Mientras los tenedores golpean contra los platos y los brazos se cruzan para pasar un determinado alimento, yo tengo la vista puesta en los periódicos. Repasar con la mirada los osados titulares bajo las fuentes en busca de algo interesante se ha convertido en un hábito. Recuerdo haber leído los detalles de la resolución 1483 de la ONU por primera vez mientras servía, ausente, arroz y *bamia*, un plato de *kimbombó* que gusta a todos los iraquíes, independientemente de su religión o su etnia. Es gracioso que aunque obtenemos la mayor parte de la información de internet, la televisión o la radio, yo todavía asocio el olor de un periódico con... las noticias. Lo que quiero decir es que simplemente hay cosas de las que no te vas a enterar en ninguna parte, excepto en un diario iraquí (como el hecho de que el SARS[4] llegara en un co-

---

4. Síndrome Agudo Respiratorio Severo.

meta que cayó en la Tierra hace un par de años: apuesto a que nadie ha leído *eso*).

Esta libertad para todos en los medios de comunicación duró aproximadamente dos meses. Entonces, algunos diarios fueron «advertidos» de que algunos de sus contenidos políticos eran inaceptables, especialmente cuando hablaban de las fuerzas de ocupación. Uno o dos diarios fueron cerrados, mientras que otros fueron obligados a retractarse de ciertas cosas que habían escrito. Los nuevos canales fueron los siguientes. La APC apareció con una lista de cosas de las que no se podía hablar, incluido el número de bajas, el número de ataques a la Coalición y otros aspectos concretos. Y todos empezamos a lanzarnos miradas de complicidad; sólo hay «libertad de prensa» cuando tienes cosas buenas que contar... los iraquíes *eso* lo sabemos muy bien.

Luego vino el Consejo de Gobierno y no se sintió nada cómodo con los medios de comunicación. Ellos tienen su propio canal en el que oímos descripciones interminables de las cosas maravillosas que están haciendo por nosotros y de lo agradecidos que deberíamos sentirnos, pero por lo visto eso no es suficiente. Así que ahora han prohibido a Al-Jazeera y Al-Arabiya cubrir durante dos semanas las conferencias de prensa oficiales del APC y el Consejo de Títeres... lo cual realmente no significa ninguna pérdida; cada vez son más predecibles. Las verdaderas noticias están ocurriendo a nuestro alrededor.

posted by river @ 2:58 AM

Aqila Al-Hashimi fue enterrada ayer en la cuidad santa de Najaf, en el sur. Su cortejo fúnebre fue asombroso. Dicen los rumores que se suponía que la iban a nombrar embajadora de Iraq en la ONU. Todavía no hay pistas en cuanto a la identidad de sus atacantes... por alguna razón, la gente parece creer que Al-Chalabi y su banda están detrás de este ataque, de la misma manera que sospechan que él podría estar detrás del ataque a la embajada de Jordania. Al-Chalabi sostiene que fue Saddam, lo cual es fácil de hacer: finge que las únicas figuras que luchan por el poder son el Consejo de Gobierno (actualmente dirigido por Al-Chalabi) y Saddam, e ignora a los fundamentalistas y cualquier hostilidad, rivalidad y resentimiento que pueda haber entre los miembros del Consejo.

Lo que es particularmente inquietante es que la ONU está retirando a parte de su personal por motivos de seguridad... Esta noche han retirado a una tercera persona y otras se marcharán en los próximos días. Las cosas se están poniendo cada vez más aterradoras. Mi corazón se encoge cada vez que la ONU retira a alguien porque así era como solíamos calibrar la situación política en el pasado: la ONU se está retirando, nos van a bombardear.

Alguien me hizo fijarme en esto... es un texto interesante sobre algunas de las empresas que gestionan todo ese oscuro asunto de los contratos en Iraq. El texto original fue publicado por *The Guardian Unlimited* y habla de los contratos, de la administración Bush y de cómo encaja Salem Al-Chalabi, el sobrino de Ahmad Al-Chalabi, en toda esta situación: Amigos de la Familia.

«Amigos de la Familia», *The Guardian Unlimited*, 24 de septiembre de 2003 http://www.guardian.co.uk/elsewhere/journalist/story/0,7792,1048204,00.html

....

El IILG (Iraqi International Law Group) dice que se estableció tras la «reciente victoria de la coalición» en Iraq y que está orgulloso de ser el primer bufete internacional con base dentro del país...

El IILG es sorprendentemente modesto respecto a las conexiones familiares de su fundador, Salem Chalabi. La página web no menciona que es sobrino de Ahmed Al-Chalabi, quien da la casualidad que es el líder del Congreso Nacional Iraquí (CNI) respaldado por EE. UU. ...

Resulta interesante que la página web de la firma no esté registrada con el nombre de Salem Chalabi, sino con el nombre de Marc Zell, y la dirección que proporcionan es Suite 716, 1800 K Street, Washington. Ésa es la dirección de la oficina que Zell tiene en Washington, Goldberg & Co... y FANDZ International Law Group, con el que está relacionada...

El inusual nombre «FANDZ» viene de «F y Z», representando la Z a Marc Zell y la F a Douglas Feith. Estos dos abogados fueron socios hasta 2001, cuando Feith asumió su cargo en el Pentágono como subsecretario de Defensa...

Esto cuadra con un reciente anuncio hecho por Zell, Goldberg & Co. de que ha establecido un «destacamento especial» que se encarga de asuntos y oportunidades relacionados con la «recientemente finalizada» guerra en Iraq...

Hay una versión más corta, igualmente buena, de lo mismo en el sitio web de Joshua Marshall, que vale la pena leer: Talking Points Memo (http://talkingpoints-memo.com).   *posted by river @ 3:00 AM*

Lunes, 29 de septiembre de 2003

JEQUES Y TRIBUS…

Algunas personas me indicaron que leyera un artículo titulado «Los lazos familiares iraquíes complican los esfuerzos norteamericanos para el cambio», de John Tierney.

«Los lazos familiares iraquíes complican los esfuerzos norteamericanos para el cambio», *The New York Times*, 28 de septiembre de 2003, http://query.nytimes.com/gst/abstract.html?res=F70A16FB3B590C7B8EDDA00894DB404482

....

Iqbal Muhammad no recuerda la primera vez que vio a su futuro marido, porque en aquel momento ambos eran recién nacidos, pero recuerda exactamente cuándo supo que él era el elegido. Fue la tarde en que su tío vino de la casa de al lado, donde vivía, y le propuso que se casara con su hijo Muhammad.

«Me sorprendió un poco, pero inmediatamente supe que era una elección sabia», *dice Iqbal al recordar aquella tarde de hace nueve años, cuando ella y Muhammad tenían veintidós.* «Es más seguro casarte con un primo que con un extraño.»

Su reacción fue la típica en un país en el que prácticamente la mitad de los matrimonios se dan entre primos hermanos o primos segundos, una de las diferencias más importantes y menos comprendidas entre Iraq y Estados Unidos. Los extraordinariamente fuertes lazos familiares complican prácticamente todo lo que los norteamericanos están intentando hacer aquí, desde encontrar a Saddam Hussein hasta cambiar el estatus de la mujer o crear una democracia liberal.

«Los norteamericanos simplemente no entienden que Iraq es un mundo muy distinto debido a estos tan inusuales matrimonios entre primos», dijo Robin Fox de la Universidad de Rutgers, autora de Kinship and marriage, *un libro de texto de antropología muy utilizado. «La democracia liberal se basa en la idea occidental de unos individuos autónomos dedicados a un bien público, pero no es así como ven el mundo los miembros de estos grupos familiares compactos y unidos. Su mundo está dividido en dos grupos: la familia y los extraños...»*

Las familias resultantes de estos matrimonios han hecho que la construcción de una nación se convierta en un proceso frustrante en Oriente Medio, tal como expresaron el rey Faisal y T. E. Lawrence quejándose tras sus esfuerzos por unir a las tribus árabes...

Esa dicotomía todavía se mantiene actualmente, dijo Ihsan M. Al-Hassan, un sociólogo de la Universidad de Bagdad. A nivel local, las tradiciones de los clanes ofrecen más apoyo y estabilidad que las instituciones occidentales, dijo, señalando que el índice de divorcios entre primos casados es sólo del 2 por ciento en Iraq, contra el 30 por ciento de otras parejas iraquíes. Pero los lazos locales crean complicaciones nacionales.

«Los iraquíes tradicionales que se casan con sus primas desconfían mucho de los extranjeros», dijo el doctor Hassan.

> *«En un Estado moderno, la lealtad de un ciudadano es al Estado, pero la suya es al clan y su tribu. Si una persona de tu clan hace algo malo, lo apoyas de todos modos, y esperas que los demás traten a sus familiares de la misma manera...»*

Tienes que estar registrado en el *New York Times* para leerlo pero, puesto que registrarse es gratis, a veces los artículos bien valen la molestia. Podría comentar este artículo durante días, pero tendré que hacerlo lo más brevemente posible y, además, tendré que hacerlo en dos partes. Hoy escribiré en mi blog sobre las tribus y los jeques, y mañana escribiré sobre primos y velos.

Los lazos familiares iraquíes están complicando las cosas a los norteamericanos, es cierto. Pero no por los motivos que alega Tierney. Él simplifica increíblemente la situación al afirmar que, porque los iraquíes tienden a casarse entre primos, es menos probable que se delate a las fuerzas estadounidenses por todo tipo de razones que conducen, todas ellas, al nepotismo.

En primer lugar, en Bagdad, Mosul, Basrah, Kirkuk y otras ciudades grandes de Iraq, casarse entre primos está pasado de moda, y no es muy popular, cuando tienes otras opciones. La mayoría de la gente que va a la universidad acaba casándose con alguien que conoce ahí o en el trabajo.

En otras zonas, los primos se casan entre sí por la sencilla razón de que muchas ciudades y provincias más pequeñas están dominadas por cuatro o cinco grandes «tribus» o «clanes». De manera que, naturalmente, todo aquel que no es uno de tus padres, abuelos, hermanos, hermanos, tíos o tías es tu «primo». Estas tribus están dirigidas por uno o más jeques.

Cuando la gente oye la palabra «tribu» o «jeque», estoy segura de que inmediatamente se imagina a unos beduinos montados sobre camellos y escenas de *Lawrence de Arabia*. Muchos jeques de hoy en día en Iraq tienen títulos universitarios. Muchos han vivido en el extranjero y tienen propiedades en Londres, Beirut y otras capitales glamurosas... conducen un Mercedes y viven en grandes chalets con muebles victorianos, alfombras persas, pinturas al óleo y aire acondicionado. Algunos de ellos tienen esposas británicas, alemanas o norteamericanas. Un jeque es sumamente respetado, tanto por los miembros de su clan como por los miembros de otros clanes y tribus. Normalmente se lo considera el miembro más sabio o más influyente de la familia. A menudo también es el más rico.

Los jeques también tienen muchos deberes. El jeque moderno actúa como una especie de juez familiar para las disputas de la familia más amplia. Puede tener que dar veredictos sobre cualquier tema, desde una disputa por tierras hasta una riña marital. Su palabra no es necesariamente la ley, pero se considera que cualquier miembro de la familia que decida ir contra ella está solo, es decir, sin el apoyo y la influencia de la tribu. También son responsables del bienestar de muchos de los miembros más pobres de la tribu que acuden a él para pedirle ayuda. En los orfanatos de Iraq hay relativamente pocos huérfanos porque la tribu se hace cargo de los niños sin padres y a menudo están bajo el cuidado directo de la familia del jeque. La esposa del jeque es una especie de «primera dama» de la familia y tiene mucha influencia en todos sus miembros.

Poco después de la ocupación, Jay Garner comenzó a reunirse con los miembros destacados de la sociedad iraquí: hombres de negocios, líderes religiosos, académicos y jeques. Los jeques eran importantes porque cada jeque tenía, básicamente, influencia sobre cientos, o miles, de «familiares». Los jeques importantes de todo Iraq fueron reunidos en una especie de gran congreso. Se sentaron juntos, mirando al representante de las fuerzas de ocupación, quien creo que era británico y hablaba un árabe chapurreado, extraño. Les dijo a los jeques que Garner y sus amigos realmente necesitaban su ayuda para construir un Iraq democrático. Ellos eran personas poderosas, con influencia: podían contribuir enormemente a la sociedad.

Unos cuantos jeques estaban resentidos. Uno de los más importantes había perdido a dieciocho miembros de su familia de golpe cuando las fuerzas estadounidenses lanzaron una bomba de dispersión sobre su vivienda, en las afueras de Bagdad, y mataron a las mujeres, hijos y nietos que se habían reunido por el miedo. El único superviviente de la masacre fue un niño de dos años al que tuvieron que amputarle el pie.

Otro jeque era el jefe de una familia en Basrah que había perdido a ocho personas por un misil que cayó en su casa mientras dormían. Las escenas estaban más allá del horror: un desorden de muebles rotos, paredes derrumbándose y brazos y piernas amputados.

Prácticamente todos los jeques tenían su propia historia triste que contar. Estaban enfadados y disgustados. Y éstas no eran personas que quisieran a Saddam. Muchos de ellos odiaban el régimen anterior porque en un arranque de socialismo, durante la década de los ochenta, se estableció una ley que permitía que miles de acres de tierra fuesen confiscados de los terratenientes ricos y los jeques, y repartidos entre los campesinos pobres.

Ellos estaban resentidos por el hecho de que la tierra de la que habían sido dueños durante generaciones fuese entregada a unos campesinos cualesquiera que ya no estarían dispuestos a cultivar sus campos.

Así que fueron a la reunión, con recelo pero dispuestos a escuchar. Muchos de ellos se pusieron de pie para hablar. Le dijeron al representante directamente que los norteamericanos y los británicos eran ocupantes; eso era innegable, pero ellos estaban dispuestos a ayudar si eso ayudaba a que el país avanzara. Su única condición era la siguiente: que les entregaran un programa que les diera una idea de cuándo se retirarían las fuerzas de ocupación de Iraq.

Le dijeron al representante que ellos no podían volver con sus «3shayir» o tribus y pedirles, «por favor, cooperad con los norteamericanos, aunque hayan matado a vuestras familias, hecho batidas en vuestras casas y detenido a vuestros hijos», sin alguna promesa de que, si la seguridad se impone, habrá elecciones en breve y una retirada de las fuerzas de ocupación.

Algunos también querían contribuir políticamente. Tenían influencia, poder y relaciones... querían ser útiles de alguna manera. El representante frunció el ceño, titubeó y luego les dijo que de ninguna manera les iba a prometer la retirada de las fuerzas de ocupación. Ellos estarían en Iraq «tanto tiempo como fueran necesarios»... Eso podían ser dos años, podían ser cinco años y podían ser diez años. No iban a hacer ninguna promesa... ciertamente no había ningún «programa» y los jeques no tenían derecho a opinar sobre lo que estaba ocurriendo; simplemente podían consentir.

Todo el grupo se puso de pie para marcharse, en una tormenta de indignación e impotencia. Dejaron al representante con un aspecto frustrado y ridículo, frunciendo el ceño ante la gran cantidad de gente que se iba reduciendo ante sus ojos. Cuando le pidieron que comentara cómo había ido la reunión, sonrió, hizo un movimiento con la mano y replicó: «Sin comentarios.» Cuando le preguntaron a uno de los jeques importantes cómo había ido la reunión, éste respondió enfadado que eso no había sido un congreso: que habían reunido a los jeques para «darles órdenes», sin la voluntad de escuchar el otro lado de la historia, ni siquiera de llegar a un acuerdo... El representante había creído que estaba hablando con su propio ejército privado, no con los pilares de la sociedad tribal en Iraq.

Por lo visto, han puesto a los jeques en la lista negra porque, últimamente, sus casas son el blanco. Les están haciendo batidas en medio de la noche con vehículos blindados, soldados y helicópteros. Empujan al suelo al jeque y a los miembros de su familia inmediata y los apuntan con una arma. La casa es registrada y a menudo saqueada, y el jeque y sus hijos son arrastrados fuera con las manos a la nuca y la cabeza cubierta con una bolsa. Toda la familia se queda indignada e incrédula: el miembro más respetado de la tribu está siendo encarcelado sin motivo alguno, excepto que es posible que lo necesiten para un interrogatorio. En muchos casos, el jeque es devuelto unos días más tarde con una «disculpa», ¡sólo para volver a sufrir otra batida y ser detenido una vez más!

Yo creo que humillar públicamente y detener a miembros respetados de la sociedad, como jeques y líderes religiosos, contribuye más a ahogar la democracia que «casarse entre primos». Muchos de los ataques contra las fuerzas de ocupación son actos de venganza por miembros de la familia que han sido asaltados, o personas que murieron durante las batidas, las manifestaciones, o en los puntos de control. Pero el autor no menciona esto, por supuesto.

Tampoco menciona que, puesto que muchas de las provincias están gobernadas de hecho por los jeques de las grandes tribus, son mucho más seguras que Bagdad y ciertas partes del sur. Bagdad es una mezcla ecléctica de iraquíes de todas partes del país, y los jeques tienen poca influencia sobre los miembros que están fuera de su familia. Por otro lado, en las provincias o ciudades pequeñas rara vez hay saqueos y raptos, porque el delincuente tendrá que responder ante lo que en realidad es un ejército, no un ejército ocupante confundido, y a menudo negligente, o unos policías iraquíes asustados.

Iraq no es un país atrasado gobernado por unos jeques terratenientes ignorantes, ni por unos príncipes del petróleo. La gente tiene un profundo respeto por la sabiduría y el «origen». La gente es capaz de seguir el rastro de sus familias hasta cientos de años atrás, y la necesidad de «pertenecer» a una familia o tribu específica y de tener un jeque no obstaculiza la educación, ni la modernización, ni la democracia, ni la cultura. Los árabes y los kurdos de la región tienen fuertes lazos tribales y se considera un honor tener un fuerte respaldo familiar, incluso si no te importan las leyes tribales o si te has alejado de la influencia familiar.

Yo soy un ejemplo de una mujer iraquí moderna que forma parte de una tribu: nunca he conocido a nuestro jeque, nunca he tenido necesidad de hacerlo... tengo un título universitario, tenía un empleo y tengo una familia que sacrificaría muchas cosas por protegerme... y nada de esto me impide tener ambición o un sentido de la obligación hacia la ley y el orden. Yo también quiero una democracia, seguridad y una sociedad civil, sana... junto con los fuertes lazos familiares a los que estoy habituada como iraquí.

¿Quién sabe? Quizá empiece un blog tribal y me convierta en un jeque virtual... *posted by river* @ *11:36 PM*

Miércoles, 1 de octubre de 2003

LECTURA ACTUAL...

Estoy leyendo un gran libro escrito por Danny Schechter titulado *Embedded: Weapons of Mass Deception*, que podéis encontrar en MediaChannel. org (http://www. mediachannel.org/giving/embedded/download. html). El libro es fantástico... habla del engaño de los medios de comunicación que tuvo lugar antes de la guerra y que todavía está ocurriendo. Algunos capítulos me dejan asombrada con pensamientos como: «¡¿Realmente estaban haciendo eso?! ¡¿Cómo pueden haber hecho eso?!» Otros capítulos me dejan enfadada: «¡¿Es que el mundo no sabía *eso*?!» Todo el libro hace que me sienta aliviada: finalmente, el mundo está despertando.

Otro sitio que estoy visitando últimamente es el de «Malcolm Lagauche», un periodista/escritor que escribe sobre Iraq, entre otras cosas. Su sitio se llama *Lagauche is Right* (http://www.malcomlagauche.com). Un escrito que llamó mi atención fue el que publicó el 25 de septiembre sobre ese juguete atroz que están vendiendo en Estados Unidos, el Forward Command Post, que muestra un hogar iraquí, lleno de manchas de sangre, paredes que se derrumban, sin miembros de la familia (probablemente los han detenido) y con un soldado estadounidense triunfante...

Puedo imaginar a un niño recibiendo el enorme paquete por Navidad o por su cumpleaños y abriéndolo con alegría... viendo el caos, los estragos, la destrucción, y sintiendo... ¿qué? ¿Orgullo? ¿Victoria? ¿Júbilo? Y dicen que Al-Jazeera promociona la violencia. Sí, claro. *posted by river @ 11:03 PM*

PRIMOS Y VELOS...

Éste es otro comentario sobre el artículo de John Tierney, «Los lazos familiares iraquíes complican los esfuerzos norteamericanos para el cambio», publicado por el *New York Times*.

> «El propósito clave del velo es impedir que los desconocidos compitan con los primos de una mujer por el matrimonio», dijo el doctor Kurtz. «Ataca la costumbre del velo y estarás atacando el núcleo del sistema social de Oriente Medio.»
> («Iraqi family ties complicate american efforts for change», *NY Times*, 28 de septiembre de 2003, http://query. nytimes.com/gst/abstract.html?res=F70A16FB3B590C7 B8EDDA00894DB404482)

Gracias, Stanley Kurtz, antropólogo de la Hoover Institution. Ha tomado cientos de años de uso del velo por motivos religiosos y lo ha reducido todo a la opresión de las mujeres por parte de sus primos. Caray, la naturaleza humana es tan simple.

Ahora puedo ver la imagen: mis primos vagando por la entrada de nuestra cueva, sosteniendo una porra y vigilando con recelo a los miembros femeninos del clan... Y nosotras, mujeres acobardadas y asustadas, todas reunidas en grupos, murmurando detrás de nuestros velos...

Tengo una pregunta: ¿por qué el doctor Kurtz utiliza la palabra «velo» en relación con Iraq? Muy, muy pocas mujeres usaban velos o burkas antes de la ocupación. Fijaos que digo «velo» o «burka». Si el doctor Kurtz se estaba refiriendo al *hijab* general o pañuelo para la cabeza que se ponen sobre el cabello millones de mujeres musulmanas en lugar del «velo», entonces debería haber sido más específico. Aunque en Arabia Saudita o en Afganistán el «velo» es bastante común, en Iraq habla de extremismo. No es habitual, porque la mayoría de los clérigos musulmanes moderados creen que es innecesario.

Un «velo» es un trozo de tela que cubre toda la cara y la cabeza. Se llama «velo» en español y «burgu3» (burka), *khimar* o *pushi* en Iraq. El *khimar* o burka o bien cubre toda la cara o bien lo cubre todo excepto los ojos.

El *hijab* o *rabta* estándar es un simple pañuelo para la cabeza que cubre el pelo y el cuello, y se puede llevar de gran variedad de maneras. La mayoría de las mujeres «cubiertas» en Iraq usan un simple *hijab*. Algunas mujeres más modernas usan una especie de turbante para cubrir la cabeza y algo con cuello alto que, por lo general, sirve al mismo propósito. El *hijab* puede ser de cualquier color. Algunas mujeres lo prefieren blanco, otras negro, y yo tengo amigas que los tienen de todos los colores y diseños imaginables y tienen tan buen aspecto que casi parece más una cuestión de moda que religiosa.

Por otro lado, la *abaya* es una prenda larga, similar a una capa, y es más tradicional que religiosa. Aunque los diseños varían, la *abaya* es similar en estilo a la clásica toga de graduación: larga, amplia y suelta. Algunas *abayas* están diseñadas para cubrir la cabeza, y otras están hechas sólo para llevarlas sobre los hombros. Los hombres, como las mujeres, visten *abayas*. Las *abayas* femeninas suelen ser negras y pueden tener algún tipo de diseño en ellas. Las masculinas son lisas, quizá con un sencillo bordado en los bordes, y son marrones, negras, grises, beige o caqui. Las *abayas* se usan frecuentemente en Iraq, aunque no gustan a las generaciones más jóvenes; yo todavía no me he puesto una.

El *hijab* puede llevarse con ropa corriente: faldas, camisas y pantalones, siempre y cuando sean «apropiados». La falda debería ser un tanto larga, la camisa un poco suelta, y las mangas deberían llegar por debajo de los codos, y si llevas pantalones deben ser un poco largos. El propósito del *hijab* es proteger a las mujeres del acoso sexual. Actúa como una especie de salvaguarda contra las miradas ofensivas y la atención no deseada.

Las mujeres musulmanas no llevan un *hijab* o velo porque sus primos les *hagan* llevarlo. Lo llevan por motivos religiosos. Yo, personalmente, no llevo un *hijab* o un pañuelo en la cabeza, pero conozco a muchas mujeres que sí lo hacen, en Bagdad, en Mosul, en Nayaf, en Kerbala, en Faluya... en Jordania, en Siria, en Líbano, en Arabia Saudita... y *ninguna* de ellas lleva un pañuelo en la cabeza porque sus *primos* la obliguen a hacerlo. Llevan pañuelo convencidas de que es lo correcto y por la comodidad y seguridad que les proporciona. Los primos no tienen nada que ver con ello y la explicación tan simplista del doctor Kurtz es insultante.

El doctor Kurtz habría hecho mejor en decir: «Ataca el pañuelo en la cabeza o el *hijab* y estás atacando el núcleo del sistema social de Oriente Medio, porque la mayor parte de Oriente Medio es musulmana y un inmenso número de musulmanes consideran que el pañuelo es una parte requerida del islam.» Atacar el *hijab* sería el equivalente a atacar el derecho de un cristiano a llevar una cruz, o de un judío a llevar un *yarmulke*... *posted by river @ 11:04 PM*

Domingo, 5 de octubre de 2003

DISTURBIOS...

Hoy ha habido disturbios en Bagdad... El grupo estaba formado por una combinación de soldados expulsados y personas sin empleo. Dicen que la muchedumbre empezó a hacer ruido y a avanzar, apiñándose contra las tropas que estaban delante del edificio en el que reciben los sueldos, así que uno de los soldados norteamericanos empezó a disparar al aire... algunas personas empezaron a lanzar piedras... y se desató el infierno. Dicen que han muerto dos personas; a una le dispararon los soldados en la cabeza y la otra fue golpeada en la cabeza con una porra y estuvo inconsciente durante horas antes de morir. Los disturbios ocurrieron cerca del aeropuerto de Al-Muthana, cerca de Mansur, una zona de clase alta en el centro de Bagdad...

Acerca del Forward Command Post... Para aquellos de vosotros que afirmáis que no existe: hay muchísima información si la buscáis en Google. A aquellos de vosotros que me habéis corregido, gracias. Por lo visto no representa un «hogar iraquí», sino que simplemente representa una casa destruida por la guerra en cualquier parte del mundo... *posted by river @ 1:07 AM*

PRIMER DÍA DE COLEGIO...

Hoy ha sido el primer día del nuevo año académico. Bueno, en realidad fue el 1 de octubre, pero la mayoría de los alumnos no se molestaron en ir a clase el miércoles. Los estudiantes universitarios han decidido que no van a empezar clases hasta la semana que viene.

Ayer fui con mi primo, su mujer y mi hermano, E, a comprar material escolar para sus dos hijas: una bonita niña de diez años y una traviesa niña de siete. Todos los años, su esposa, S, lleva a las niñas a que escojan sus propios lápices, cuadernos y mochilas, pero desde la guerra no las ha dejado salir de casa, a menos que fuera para visitar a un familiar.

Así que entramos en el coche y partimos hacia una zona comercial en medio de Bagdad. No tenemos centros comerciales ni grandes zonas de tiendas en Iraq. Tenemos tiendas, grandes y pequeñas, a lo largo de calles comerciales o ubicadas en las esquinas de los bloques residenciales. El material escolar se vende en *makatib* o papelerías que venden de todo, desde juguetes hasta juegos de escritorio.

Nos detuvimos delante de una pequeña papelería y nos bajamos todos. Nos sentíamos un poco ridículos, cuatro adultos comprando cuadernos de Barbie y gomas de borrar con olor a fresa... pero yo sabía que era

172

necesario. E y mi primo se quedaron holgazaneando fuera de la tienda mientras nosotras entrábamos a hacer nuestras compras.

He echado de menos las papelerías... las filas y filas de cuadernos de colores, las surtidas latas de lápices, plumas y rotuladores son la mejor parte de cualquier año escolar. Yo solía esperar con ilusión las compras de material escolar mucho antes del inicio del curso. De alguna manera, los lápices largos, sin punta y sin marcas de mordidas, los bolígrafos de muchos colores y las gomas de borrar limpias contenían la promesa de logros que estaban por llegar...

La esposa de mi primo, S, tenía prisa. Había dejado a sus dos hijas en nuestra casa con mis padres y estaba segura de que la pequeña iba a hablar hasta agotarlos. Ella fue a elegir los lápices normales y los lápices de cera mientras yo elegía los cuadernos. Al final, fui con unos cuantos cuadernos de los Senafir (Pitufos), algunos cuadernos de Barbie para la mayor, y no me decidía entre los de Winnie the Pooh y los del Rey León para la pequeña. Al final elegí los de Winnie the Pooh.

Las gomas de borrar estaban todas en una pecera grande y transparente. S quería comprar unas genéricas de color rosa que parecían chicles y olían como neumáticos, pero yo argumenté que a los niños no les interesa el material escolar si es feo y que debería dejarme escoger a mí: de todos modos, todas cuestan lo mismo. Caminé alrededor de la pecera y fui sacando una goma de borrar de colores tras otra, intentando decidir cuáles se verían mejor con los cuadernos que había escogido.

La dependienta de la tienda pareció exasperarse cuando empecé a olerlas y S me dijo susurrando que de todos modos todas olían igual. No, NO huelen igual:

todas *saben* igual (y no sacudas la cabeza: todos hemos probado una goma de borrar en algún momento). Al final nos quedamos con unas gomas de borrar con forma de fresa que, extrañamente, olían a melocotón... S dijo que yo estaba confundiendo a las niñas, pero le recordé que de todos modos ellas nunca habían probado las fresas (sólo crecen en la región del norte de Iraq y rara vez llegan a Bagdad)... sus hijas no verían la diferencia.

En casa, encontramos a las niñas esperando impacientes. Tenían sentimientos encontrados: este año sus vacaciones de verano habían empezado a finales de junio y, puesto que habían estado encerradas en casa todo el verano, los últimos dos meses no contaban como vacaciones para ellas. Por otro lado, iban a ver a sus amigos y a dejar los confines de su casa todos los días... Yo me cambiaría por ellas encantada.

Nos recibieron en la puerta, intentando coger las bolsas que su madre traía. La mayor estaba bastante contenta con todo lo que yo había escogido... pero la pequeña fue otra historia. Por lo visto, ya había dejado atrás a Winnie Dabdub (Winnie the Pooh en árabe) y ahora quería un cuaderno de Barbie... Intenté distraerla con «caballito bonito con una trenza y un lazo»... pero ella proclamó en voz alta que era un «7mar benefseji» (un burro morado) y que si a mí me gustaban tanto los burros podía quedarme con el cuaderno... así que, de ahora en adelante, voy a anotar cosas para mi blog en un pequeño cuaderno con un burro morado y un oso adornando la portada.

Mi primo y S hicieron planes sobre cómo irían y volverían las niñas del colegio. Acordaron que mi primo las llevaría caminando a la escuela (está a dos manzanas de distancia) y esperaría ahí para ver cuándo era la salida y qué tipo de medidas de seguridad había tomado la administración.

Esta mañana a las 8.30 las niñas salieron rumbo al colegio, vestidas con sus uniformes, con los lápices nuevos y las engañosas gomas de borrar listos para usar... Mi primo, con la pistola en la cintura, agarrando a cada niña firmemente de la mano, llegó a la escuela justo cuando llegaban otros padres con sus hijos (normalmente las clases empiezan no más tarde de las 8, pero hoy fue una excepción).

El colegio estaba lleno de gente... pero muchas de las clases estaban prácticamente vacías: los pupitres habían desaparecido... las sillas habían desaparecido... pero las pizarras seguían ahí y tendrían que arreglárselas con eso. La buena noticia fue que habían reemplazado las ventanas que se habían hecho añicos cuando bombardearon un lugar detrás de la escuela. Los padres estuvieron de acuerdo en que los niños que pudieran hacerlo traerían dos trozos de tiza cada semana hasta que la escuela pudiera solucionar la situación con el Ministerio de Educación. Un arquitecto que tiene tres niños en la escuela se ofreció voluntario para proporcionar pintura blanca para las paredes a un precio razonablemente bajo.

Hemos oído que la Unicef y la Unesco están reconstruyendo algunas escuelas en Bagdad, pero es un proceso lento y hay muchos daños. Algunas escuelas se vieron afectadas por los bombardeos, otras por los saqueos y unas cuantas por los «partidos políticos» que se instalaron en varios colegios por todo Bagdad.

Los planes de estudio no se van a cambiar drásticamente y los alumnos usarán los mismos libros, pero se les ha pedido a los maestros que no enseñen temas específicos de los libros de historia y geografía.

Mi primo se reunió con los maestros y con otros padres, y todos decidieron que la mejor opción sería que los niños trajeran sillas pequeñas o taburetes para sentarse durante las clases. Los padres se pusieron de acuerdo entre sí para turnarse para «proteger» la escuela durante el día... Afortunadamente para mi primo, la escuela está en una zona residencial y la mayoría de los padres de los alumnos vive cerca, toda la zona vigila a los niños. En estos momentos, muy pocos de ellos irán y regresarán de la escuela caminando.

Recuerdo que los veía todos los años: yo salía rumbo a la universidad o hacia mi trabajo justo cuando los niños empezaban a salir hacia el colegio. La mayoría iban a pie, temprano por la mañana, vistiendo sus uniformes. Los uniformes suelen ser un delantal de color azul marino y una blusa blanca para las niñas, y unos pantalones de color azul marino o gris y camisa blanca para los niños. Muchos padres prefieren los uniformes porque son más baratos y la situación económica de los niños es mucho menos visible cuando todos van vestidos de azul marino y blanco.

Siempre tenían un aspecto impecable por la mañana; las camisas planchadas, bien peinados, las caras limpias y las mochilas donde deberían estar: a la espalda.

Antes de las 2 de la tarde, después de clase, la mayoría se dispersaba en pequeños grupos de camino a sus casas, arrastrando las mochilas por las aceras, a las camisas medio salidas de los pantalones, los jerséis atados a la cintura o alrededor de la cabeza y los calcetines blancos de un gris sucio, arrugados alrededor de sus pequeños tobillos.

Este año será diferente... S dice que no sabe cómo va a pasar el día sin las niñas «delante de sus ojos»... «Sentí como si se llevaran mis pulmones con ellas; no pude respirar hasta que volvieron a casa...»   *posted by river @ 1:09 AM*

Jueves, 9 de octubre de 2003

Tenéis que ver el blog de Justin Alexander desde Bagdad. Justin trabaja para una organización no lucrativa llamada *Jubilee Iraq* que se dedica a cancelar la deuda iraquí. Mi texto favorito es «¿Habéis visto al ministro de Planificación?».

Iraqi Wannabe, 6 de octubre de 2003, http://www.justina lexander.net

....

¿Habéis visto al ministro de Planificación?

Tiene cincuenta y pico, mide aproximadamente 1,55 m, tiene la típica pinta iraquí, con bigote, y probablemente está en alguna parte del norte de Europa. Pero no estamos seguros, y su ministerio tampoco. Hace una semana que no saben nada de él, no saben si estará de vuelta en Bagdad antes de noviembre y no tienen ningún e-mail o número de teléfono para contactar con él. Realmente no estoy bromeando, y no sólo es el Ministerio de Planificación, ésta es una situación habitual en Iraq hoy. Aparte de ser increíblemente frustrante para alguien que ha viajado 8.000 kilómetros para intentar consultar con los iraquíes, creo que dice algo de los recursos y responsabilidades que la APC está asignando a los iraquíes: prácticamente nada. Hoy he visitado cinco ministerios y sólo en uno funcionaban los teléfonos y el e-mail, de hecho sólo en uno (el Ministerio de Petróleo) se pudieron poner en contacto con el ministro (con el que me reuniré el próximo lunes, inshallah*). Lo que realmente asusta es que en noviembre se acaba el programa «Petróleo por alimentos» de la ONU y de alguna manera la APC y los ministerios (la mayoría de ellos ocupando edificios temporales porque sus oficinas han sido saqueadas y quemadas en gran parte) tendrán que encargarse de la distribución de alimentos para 16 millones de personas que dependen de la ración para su supervivencia.*

Ah, éste es el bonito detalle de hoy: las ventanas de la recepción del Ministerio de Comercio estaban cubiertas de —lo has adivinado— ¡pegatinas de Pokemon! Intenté encontrar un cine para relajarme un poco esta noche, pero parece ser que lo único que ponen son películas egipcias o pornografía, así que ése fue un callejón sin salida. Acabé en un bar 9asiir *(de zumos), como siempre. Fui invitado a ir a jugar al dominó con unos estudiantes iraquíes una de estas noches, lo cual debería ser divertido. Uno de ellos está haciendo su primera película y dijo que puede darme un cameo... ¡Cannes, ahí vamos!*

Algunas buenas noticias: por lo visto, después de mucho discutir, podré viajar a Najaf y a Kerbala para reunirme con importantes clérigos chiítas como el ayatolá Sistani dentro de unos días. Tisbah al-khayr *(buenas noches).*

Justin

Posdata: Anoche salí al balcón de mi hotel (con vistas al hotel Palestina, que está al lado, donde estaba teniendo lugar ni más ni menos que una clase de salsa) y empecé a charlar con el equipo de filmación norteamericano que se encontraba en el balcón contiguo. Me contaron con gran júbilo lo mucho que se habían divertido antes, esa misma tarde, lanzando plátanos a los niños sin hogar que estaban en la calle, siete plantas más abajo... Tuve que clavarme las uñas en las palmas de las manos para no lanzar a uno de ellos volando detrás de la fruta. (19:59 PM).

---

posted by river @ 9:04 PM

JOYAS Y BATIDAS...

Ayer por la tarde fuimos a visitar a un familiar que ha llegado recientemente de Londres. No estaba ahí como refugiado político, ni era un doble agente... ni nada glamuroso... Simplemente es un hombre que había decidido vivir su vida en Inglaterra. Solía venir de visita todos los años, normalmente durante el mes de diciembre. Ahora estaba en un estado de... *shock* ante lo que veía a su alrededor. Cada pocos minutos se ponía de pie incrédulo, desapareciendo en medio de una frase para colocarse junto a la ventana, mirando fuera, al jardín, como si quizá pudiera ver más allá del muro, adentrándose en las calles de Bagdad.

«Ahí lo vemos por televisión... pero no se parece nada a *esto*...» Y entendí lo que quería decir. Verlo en las distintas cadenas que están cubriendo la guerra no es igual que vivir en medio de ello. Ver las noticias de las siete y oír hablar de «un coche bomba en Bagdad» no es lo mismo que estar en la calle, desconfiando de los vehículos en movimiento, preguntándote si uno de ellos va a estallar en una bola voladora de llamas y metralla. Ver los puntos de control en Al-Jazeera, CNN o la BBC no es nada comparado con conducir solemnemente hasta ellos, deteniendo el coche suavemente y rezando para que el soldado al otro lado no crea que eres decididamente sospechoso... o que su arma no se dispare accidentalmente.

Este familiar tenía algunos chismes interesantes sobre algunos de nuestra nueva «élite»: «Ah, ¡¿*él*?! Tenía acciones en un club de Londres... No sabía que se había metido en política.» Y, «Ah, ééééél... Su casa *era* un club; ¡unas fiestas increíbles!». Cuando le preguntamos cómo era que había adelantado su viaje al mes de octubre, cuando hubiese sido mejor esperar un par de meses por motivos de seguridad, rechazó nuestros argumentos haciendo un gesto con la mano: «He visto el consejo presidencial de nueve miembros... y quizá me presente como candidato a la presidencia.»

Después de una breve reunión familiar, trajimos a mi tía y a su hija a nuestra casa. E tenía mucha prisa para llevarnos a casa antes de que oscureciera. Por suerte, la casa de nuestro pariente no estaba tan lejos de la nuestra y conseguimos llegar a nuestro barrio justo cuando el sol se ponía sobre unas palmeras lejanas. La tensión durante el breve viaje disminuyó un poco cuando entramos en la carretera principal que conduce a nuestra calle, y entonces volvimos a ponernos tensos.

Ahí, detenido a un lado de la carretera, con un vehículo blindado delante y otro detrás, había un enorme tanque de color beige verdoso. Mi tía gimió y agarró su bolso con fuerza. «¿Es un punto de control? ¿Qué están buscando? ¿Nos van a registrar?» Ella llevaba todas sus joyas en un bolso negro de cuero y cada vez que rebuscaba en su interior, yo me imaginaba que se la tragaría absorbiéndola en sus profundidades.

Los iraquíes no tienen oro porque sean espectacularmente ricos, ni porque hayan estado saqueando últimamente... El oro forma parte de nuestra cultura y su papel en los «ahorros familiares» ha aumentado desde 1990, cuando el dinar iraquí (que valía tres dólares) empezó a fluctuar de una forma peligrosa. La gente empezó a convertir su dinero en oro —pendientes, pulseras, collares— porque el valor del oro no cambia. Antes de la guerra, la gente sacó su dinero de los bancos y compró oro. Aquí las mujeres llaman «zeeneh ou 7*azeeneh (khazeeneh)» al oro, que significa «adornos y ahorros». El oro también se puede lucir y usar, pero en tiempos de problemas económicos, uno puede vender algunas piezas para ayudar a la familia.

Muchos soldados afirmaron que se habían llevado oro de las casas porque no podían creer que gente como *ésa* tuviera oro... lo que no saben es que cuando dos iraquíes se casan —independientemente de cuál sea su religión— el hombre le regala a la mujer una *mahar* o dote, compuesta de joyas de oro. Cuando una pareja tiene un hijo, los regalos suelen ser pequeños dijes de oro que los padres pueden vender o guardar... esto fue especialmente popular después del bloqueo.

«Es posible que estén registrando las casas...», dijo E. Viajamos el último kilómetro hacia la casa en un silencio pensativo, cada uno perdido en sus propias preocupaciones. Yo estaba preocupada por el ordenador. En las zonas en las que afirman haber recibido un «soplo», suelen confiscar los ordenadores para revisarlos, y nunca más los vuelves a ver. Practiqué varias frases en mi cabeza: «Llévense el dinero, el oro y la pistola, pero dejen el ordenador...»

En casa, mi madre estaba limpiando la cocina nerviosamente. Le contamos que había un tanque «aparcado» en la carretera principal. «Ya lo sé», dijo, frotando una mancha rebelde en la encimera. «Lleva ahí una hora... es posible que registren la zona esta noche.» Mi tía soltó una diatriba contra las batidas, las tropas y los saqueos; luego se calmó y decidió que esa noche no iba a esconder su oro: su hija y yo lo llevaríamos puesto. Me quedé con la boca abierta: ¿quién iba a impedir que alguien nos lo arrebatara? No, ella no estaba loca. Nos pondríamos los collares, escondiéndolos bajo la camisa y el resto estaría en nuestros bolsillos. Habría *abayas* o túnicas preparadas; si ellos decidían registrar la casa, nosotros nos pondríamos las *abayas* encima y saldríamos de la casa serenamente, esperando a que acabara la batida.

Mi madre había escondido nuestros «no-especialmente-impresionantes» objetos de valor en unos cuantos lugares ingeniosos. Fue un juego que duró días, durante el mes de mayo, cuando comenzaron las batidas y empezamos a oír historias de «confiscación» de objetos de valor como oro y dólares. Todos empezaron a pensar en escondites creativos para ocultar el dinero y las joyas. Los vecinos y familiares nos daban consejos sobre los mejores escondites y los que eran registrados inmediatamente... las pistolas eran un poco más difíciles. Eran necesarias para protegerse de las bandas y las milicias armadas. Está permitido que las personas tengan una pistola o un rifle. Si los soldados entran en tu casa, armados hasta los dientes, apuntando con sus armas y tensos por el miedo y encuentran un rifle o una pistola adicionales, eso se considera «terrorismo» y la familia puede acabar saliendo en las noticias de la tarde como una potencial célula terrorista.

Continuamos con nuestras actividades habituales del anochecer; bueno, casi. Mi tía quería bañarse, pero le preocupaba que repentinamente decidieran hacer una batida a nuestra casa mientras ella estaba en el baño. Al final decidió que se bañaría, pero E tendría que estar en la azotea, observando diligentemente la carretera, y en cuanto algún vehículo blindado o un tanque entrara en nuestra calle, tendría que dar el aviso para que mi tía tuviera tiempo de vestirse. Mi prima y yo nos unimos a él en la azotea y debatimos el grado de «diversión» que tendría bajar la escalera corriendo y gritando: «¡Batida!, ¡Batida!», y golpear la puerta del baño. Después de unos minutos, decidimos con pesar que éramos demasiado maduros para eso.

La electricidad se fue durante la cena, la cual estaba compuesta de un melón no muy dulce, queso salado, *khubz*, ensalada de pepino y yogur y unos tomates. En la negra oscuridad, mientras esperaba a que trajeran una vela, metí accidentalmente un dedo en la ensalada de pepino y yogur (bueno, está bien, unos cuantos dedos). Levanté la mano, esperando a que hubiera luz para poder buscar algún pañuelo de papel. E entró con una lámpara de queroseno y, mientras mis ojos se adaptaban a la luz, vi que la caja de pañuelos estaba junto a mi prima. La señalé con la mano y mientras ella alargaba la mano para pasarme unos pañuelos, de repente nuestra escena hizo que me entraran ganas de reír y llorar a la vez.

Ahí estábamos, a las 10 de la noche, sin electricidad y todos completamente vestidos porque nadie quería que la batida lo sorprendiera en pijama. No me he puesto un pijama en los últimos... seis meses. Pero esta noche mi prima y yo teníamos un aspecto particularmente gracioso. Ella estaba alargando la mano para pasarme unos pañuelos y sus dedos relampagueaban... el anillo de oro en su dedo pulgar brillaba bajo los rayos de la lámpara de queroseno. Llevaba el pelo recogido en una masa que caía encima de su cabeza y los collares centelleaban mientras se movía con una camiseta azul desteñida en la que estaban escritas las palabras «¡Sonríe para MÍ!» en morado.

Mi aspecto no era mucho mejor: llevaba unos pantalones de cargamento y una camisa vieja, los pies descalzos sobre las baldosas frías, con tres collares, dos anillos y una pulsera que todo el tiempo se me enganchaba en la camisa y en el pelo. Le dije a todo el mundo que parecíamos unas asistentas jugando a disfrazarse con las joyas de la señora... E dijo que en realidad parecíamos unas gitanas listas para largarse con las joyas de la señora. La «señora» dijo que podíamos reírnos todo lo que quisiéramos, porque, puesto que las joyas eran todo lo que había ahorrado desde 1965, más nos valía ser cuidadosas.

Nos fuimos a dormir temprano... pero nadie se durmió. E se pasó todo el rato mirando si se acercaban coches o tanques y yo me quedé escuchando la noche e intentando dormir con las joyas, pensando en todas las películas en las que había visto a Elizabeth Taylor y a Marilyn Monroe durmiendo con diamantes y esmeraldas. A las tres de la madrugada decidí que yo no era Elizabeth Taylor, así que me quité los anillos y la pulsera y los metí dentro de mi almohada.

Finalmente llegó la mañana, sin tanques; sólo unos tiros distantes de fondo y algo que sonó vagamente como una explosión. E dijo que ya ni siquiera estaban en la carretera principal... por lo visto se habían ido durante la

noche. Devolví las joyas, aliviada, pero mi prima se las dejó puestas, pues decidió que se había acostumbrado a ver «un reflejo de aspecto millonario» en el espejo.
posted by river @ 9:07 PM

Lunes, 13 de octubre de 2003

PALMERAS Y CASTIGOS...

Todo el mundo se ha estado preguntando por qué están talando los árboles en la zona de Dhuluaya («*US soldiers bulldoze farmer's crops*», por Patrick Cockburn, *Independent*, 12 de octubre de 2003, http://news.independent.co.uk/world/middle_east/story.jsp?story=452375). Dhyluaya es una zona que está cerca de Sammara, al norte de Bagdad. Es famosa por sus maravillosas palmeras datileras, sus árboles de cítricos y sus parras. La mayoría de las personas que la habitan, simples propietarias de tierras, viven de los huertos que han estado cultivando desde hace décadas.

Los huertos en muchas áreas de Iraq —especialmente en la zona central— son casi como oasis en el desierto. Desde kilómetros de distancia se pueden ver las orgullosas palmeras datileras de un color verde vivo resplandeciendo a través de oleadas de calor y humor, alzándose hacia un cielo que rara vez está cubierto. El mero hecho de ver los huertos te proporciona una especie de paz.

Hay más de quinientos tipos de palmeras diferentes en Iraq. Las variedades van desde los árboles bajos pero robustos con una melena de desordenadas frondas ver-

185

des... hasta unos árboles largos y delgados con una colección de hojas que parecen casi simétricas en su perfección. La palmera se conoce como *nackhla* y jamás deja de provocar una sensación de satisfacción y admiración. Las palmeras son el orgullo y la alegría de los agricultores y terratenientes iraquíes. Un jardín no está completo si no hay una palmera que lo adorne. Para decir dónde está una casa, damos la zona, la calle y luego, «Bueno, es la cuarta... no, espera... la quinta casa de la izquierda.... ¿o de la derecha? Bueno, da igual: es la casa que tiene la palmera más alta de la calle».

Las palmeras, además de ser preciosas, son sumamente útiles. En los meses de invierno actúan como «alojamiento» para las aves exóticas que vienen en bandada a Iraq. A menudo vemos varias especies de aves pasando la noche entre las hojas, picoteando los dulces dátiles y mofándose de los niños pequeños que están abajo intentando alcanzar los nidos. En los meses de verano, las «palmeras hembras» proporcionan cientos de dátiles para el consumo inmediato, el almacenamiento o el procesamiento.

En Iraq hay más de trescientos tipos de dátiles distintos, cada uno con nombre, textura y sabor propios. Algunos son de color marrón oscuro, y blandos, mientras que otros son de color amarillo vivo, crujientes, y tienen un cierto sabor fuerte muy particular. Es muy difícil que uno deteste los dátiles: si no te gusta un tipo, seguramente te gustará otro. También se utilizan para producir *dibiss*, un jarabe de dátiles oscuro, suave. En algunas regiones este *dibiss* se come con arroz y en otras lo usan como un jarabe para comer con pan y mantequilla. A menudo es utilizado como la principal fuente de azúcar en los dulces iraquíes.

El *khal* o vinagre iraquí también se produce con dátiles... Es oscuro, de sabor fuerte, y si lo mezclas con aceite de oliva obtienes un aliño perfecto para una ensalada fresca de pepino y tomate. Con frecuencia, el *areg* iraquí, una bebida de alto contenido alcohólico, se hace con dátiles. En el verano, las familias venden canastas y bandejas de dátiles, permitiendo que los vecinos y amigos prueben los frutos que crecen en sus palmeras con el entusiasmo de unos padres orgullosos que muestran los últimos logros de su hijo...

Cada parte de la palmera es una inversión. Las frondas y las hojas se secan y se utilizan para hacer unas hermosas canastas de color amarillo pálido, escobas, esteras, bolsas, sombreros, colgantes para las paredes, e incluso se utilizan como material para techado. Las frondas suelen estar compuestas de madera gruesa y pesada en los extremos, y se utilizan para hacer unos muebles preciosos, de apariencia delicada, similares a las sillas y mesas de bambú del Extremo Oriente. Los dátiles de baja calidad y los huesos de los dátiles se utilizan como alimento para las vacas y las ovejas. Algunos de los huesos son fuente de una especie de «aceite de dátil» que puede usarse para cocinar. La palmera en sí misma, si es talada, se utiliza como madera para el fuego o para la construcción.

Mi uso favorito de los huesos de dátiles es... las cuentas. Cada hueso es alisado y pulido a mano, perforado por el centro y convertido en collares, cinturones y rosarios. El producto final es tosco pero elegante, y absolutamente único.

Las palmeras suelen plantarse junto a los árboles de cítricos en los huertos para algo más que simplemente por decoración o economía. Las palmeras crecen más alto que todos los demás árboles y proporcionan sombra a los árboles de cítricos, que suelen marchitarse [sic] bajo el sol iraquí. Dependiendo del tipo, algunas palmeras necesitan una media de entre cinco y diez años para alcanzar su altura final (algunas nunca dejan de crecer) y la mayoría necesitan entre cinco y siete años para dar frutos.

La muerte de una palmera es tomada muy en serio. Los agricultores la consideran devastadora y se toman esa pérdida como algo muy personal. Cada árbol es tan único que es como un miembro de la familia... Recuerdo haber visto escenas de la guerra un par de días después del inicio de los bombardeos, una imagen que se me quedó grabada en la mente fue la de una palmera partida por la mitad, con sus majestuosas frondas marchitándose y arrastrándose por el suelo. Esa visión me afectó casi tanto como la de los cadáveres.

Históricamente, las palmeras han representado la belleza agreste, austera, de Iraq y de su gente. Nos recuerdan que no importa cuán difíciles sean las circunstancias: hay esperanza para la vida y la productividad. Las palmeras en los huertos siempre han estado erguidas y resueltas, ajenas al calor, las luchas políticas o la guerra... hasta hoy.

Una de las calles más famosas de Bagdad es «shari3 il mattar» o «la calle del Aeropuerto». En realidad son dos calles: una que conduce al aeropuerto de Bagdad y la otra que sale de él y va hacia Bagdad. Las calles son muy sencillas y simples. Su magnificencia reside en las palmeras que crecen a ambos lados, y en la isla que las separa. Entrar a Bagdad desde el aeropuerto y ver las palmeras a ambos lados te recuerda que has entrado en el país de los 30 millones de palmeras.

Poco después de la ocupación, muchas de las palmeras en esas calles fueron derribadas a hachazos por las

tropas por «razones de seguridad». Observamos horrorizados mientras las cortaban en trozos y las arrastraban
para colocarlas unas junto a otras en fosas comunes rebosantes de marrón y verde marchito. Aunque esos árboles eran hermosos, nadie los consideraba su único susten-
to. A diferencia de los árboles que Patrick Cockburn
describe en Dhuluaya.

Varios huertos en Dhuluaya están siendo talados...
pero no sólo en Dhuluaya... también en Baquba, en las
afueras de Bagdad y varias otras zonas. Están arrasando
los árboles con bulldozers y los están pisoteando bajo
maquinaria pesada. Vemos a los residentes y a los guardianes de esos huertos rogando a las tropas que dejen
los árboles, sosteniendo ramas, hojas y frutas aplastadas
(todavía sin madurar) de un suelo cubierto por una masacre verde. Los rostros de los agricultores se quedan
hechos polvo y pasmados ante la atrocidad. Recuerdo
una cara arrugada levantando cuatro naranjas del suelo,
todavía verdes (nuestros cítricos maduran en invierno),
y gritando a la cámara: «¿Esto es la libertad? ¿Esto es la
democracia?» Y su hijo, de unos diez años, que estaba
ahí de pie con lágrimas de rabia cayendo por sus meji-
llas, dijo en voz baja: «Queremos que mueran cinco soldados por cada árbol que han talado... cinco soldados.»
¿Un «terrorista», quizá? ¿O un niño aterrorizado que ha
tenido que ver cómo el futuro de su familia era derriba-
do a hachazos en nombre de la democracia y la libertad?

Patrick Cockburn dice que Dhuluaya es una región
sunita, lo cual es cierto. Los sunitas dominan Dhuluaya.
Lo que no dice es que la tribu Khazraji, cuyos huertos
fueron asaltados, son una importante tribu chiíta en Iraq.

Para aquellos que no estén interesados en leer el artículo, la primera línea lo resume a la perfección: «Sol-

dados estadounidenses, conduciendo bulldozers, con música de jazz a todo volumen saliendo de sus megáfonos, han destruido antiguas arboledas de palmeras datileras, así como naranjos y limoneros, en Iraq central, como parte de la nueva política de castigo colectivo a los agricultores que no les proporcionan información sobre las guerrillas que atacan a las tropas de EE. UU.»

... lo cual me recuerda otra frase de un artículo que llamó mi atención ayer...

«Una docena de años después de que Saddam Hussein ordenó que los enormes pantanos del sudeste de Iraq fuesen drenados, transformando unas tierras pantanosas idílicas en un paisaje lunar estéril para eliminar un escondite de sus opositores políticos musulmanes chiítas...» («'A gift from god' renews a village», *The Washington Post*, 11 de octubre de 2003) http://www.washingtonpost. com/ wp-dyn/ articles/A10572-2003Oct10.html.)

¿Un *déjà vu*, quizá? O quizá los huertos son distintos de las tierras pantanosas de Saddam porque él no ponía jazz cuando drenaba los pantanos...   *posted by river* @ *1:40 PM*

HOTEL BAGDAD...

Hoy han puesto una bomba en el hotel Bagdad, en la calle Al-Sa'adun, en una zona comercial de la ciudad. La zona de Al-Sa'adun es una de las más antiguas de Bagdad. La calle está llena de farmacias, optometristas, fotógrafos, viejos hoteles, médicos, laboratorios, restaurantes, etc.

El hotel Bagdad es conocido por ser el «hogar» de la CIA y de algunos miembros destacados del Consejo de Gobierno. Nadie está seguro del número de víctimas mortales: algunos dicen que hay aproximadamente 15 muertos y 40 heridos... pero otros dicen que hay 8 muertos y 40 heridos.

Ha habido otras bombas en Bagdad: una en Salhiya y una en Karrada (cerca de un puente de dos pisos).

posted by river @ 1:47 AM

Martes, 14 de octubre de 2003

«GOBIERNO EN LA SOMBRA»

¡¿Por qué nadie está cubriendo esto: «Gobierno paralelo encuentra apoyo»?! No he leído nada sobre el tema en ninguna parte, excepto en Al-Jazeera (sólo oímos hablar de ello en nuestras cadenas árabes...). Es muy importante porque Moqtada Al-Sadr tiene MUCHÍSIMO apoyo de los fundamentalistas musulmanes chiítas.

«Parallel "Government" Finds Support», AlJazeera, 12 de octubre de 2003, http://english.aljazeera.net

Cientos de iraquíes han salido a las calles en apoyo al gobierno paralelo que el clérigo chiíta Moqtada Al-Sadr ha anunciado para el país.

Un día después de que Al-Sadr anunció la formación de su «gobierno iraquí» desafiando a la ocupación dirigida por EE. UU., una gran multitud se congregó en la ciudad de Najaf, prometiendo prestarle su apoyo incondicional.

«Estamos preparados para sacrificar nuestras almas por ti, Sadr», entonaban los manifestantes mientras recorrían las calles de la ciudad.

Al-Sadr, un clérigo provocador, había anunciado la formación del gobierno durante su sermón semanal en la ciudad de Kufa...

Moqtada Al-Sadr es uno de los clérigos chiítas más poderosos que hay actualmente en el sur. Tiene un enorme respaldo y sus partidarios están muy enfadados porque no fue incluido en el reparto de poder. Durante los últimos meses, ha estado formando una milicia armada conocida como el «Ejército del imán Mahdi». La mayoría de los milicianos son jóvenes y están muy enfadados. Creo que se supone que son una especie de antídoto a la «Brigada de Badr», las milicias armadas del CSRII.

Hemos estado oyendo todo tipo de cosas extrañas acerca de lo que está ocurriendo en Najaf. Un informe decía que los partidarios de Al-Sadr han estado secuestrando a algunos importantes jeques chiítas que no lo están apoyando. Una cosa es segura: hace un par de noches, las tropas españolas en Najaf fueron a detener a Al-Sadr y a desarmar a sus milicias (había muchas protegiendo su casa), y cientos de partidarios se congregaron alrededor de la vivienda, empujando a los soldados con amenazas de que las cosas se pondrían muy feas si Al-Sadr era detenido... Las tropas españolas tuvieron que retirarse de la zona.

Muy recientemente, Al-Sadr ha anunciado un *hikoomet dhill* o «gobierno en la sombra» como un gobierno paralelo al elegido por Bremer en Bagdad. El Gobierno en la Sombra incluye trece ministerios distintos (incluyendo un Ministerio de la Información)...

Al-Sadr anunció lo siguiente:

> «... he formado un gobierno compuesto de varios ministerios, incluidos los ministerios de Justicia, de Economía, de Información, del Interior, de Asuntos Exteriores, de Dotaciones y de Promoción de la Virtud y Prevención del Vicio.»
> («Parallel "government" Finds Support», Al-Jazeera, 12 de octubre de 2003, http:// english. aljazeera.net/NR/ exeres/ 62D93B71-232E-414F-B111-D8BF9511A34E. htm)

¿Y si este nuevo «gobierno en la sombra» tiene órdenes o leyes que difieren con las del Consejo de Gobierno? ¿Qué ocurrirá si los cientos de miles (algunos hablan de millones) de partidarios de Al-Sadr deciden que su palabra es la ley?   *posted by river @ 12:03 PM*

Sábado, 18 de octubre de 2003

EL TÉ DE LA NOCHE Y LAS TROPAS TURCAS...

Al anochecer, la mayoría de las familias iraquíes se reúnen para tomar el «té de la noche». No es tan formal como suena... No importa lo ajetreado que haya sido el día, todo el mundo se sienta en la sala de estar, esperando el té.

193

El té iraquí no es un simple asunto de tazas y bolsitas de té. Si le sirves una «bolsita de té» a un iraquí, corres el riesgo de que se burle de ti y te trate con desdén: una bolsita de té es un insulto para los conocedores del té. Habla de una absoluta falta de aprecio de esta valiosa bebida.

El proceso exacto de preparación del té difiere de una familia a otra, pero, por lo general, es un proceso de tres etapas. Primero se pone a hervir agua en un recipiente de metal con forma de tetera. Luego, el agua hirviendo y una determinada cantidad de hojas de té se mezclan en una tetera aparte y se colocan sobre un hornillo a fuego lento, sólo hasta el momento en que las hojas de té empiezan a subir a la superficie y amenazan con «rebosar». Por último, se coloca la tetera encima del recipiente en el que hirvió el agua, sobre un hornillo a fuego lento, y se deja *yihder* o reposar.

Hay cientos de diferentes clases de té que se pueden conseguir en el mercado. Los mejores son los de Ceilán. El té es tan importante en Iraq, que forma una parte sustancial de las raciones que hemos estado recibiendo desde que se impusieron las sanciones al país. La gente bebe té en el desayuno, bebe té al mediodía, bebe té por la tarde y a menudo bebe té con la cena.

Nuestro té en Iraq es especial porque tiene sabor de cardamomo y se sirve en *istikans*. Los *istikans* son unos vasitos con forma de número «8», pero abiertos en la parte superior, y planos en la base. Están hechos de vidrio fino y se colocan sobre unos platitos de vidrio o de porcelana, con complejos diseños dibujados en ellos. El color del té tiene que ser el correcto —claro, pero fuerte, preferentemente con un tono marrón rojizo profundo.

De modo que nos sentamos, por las noches, reunidos en torno a una pequeña mesita baja que ha sido testigo de conversaciones sobre el bloqueo, estrategias de guerra, bombardeos y política, con una bandeja de té y algo sencillo para comer, como galletas, o pan y queso. Uno de nosotros sirve el té, añadiendo azúcar: dos cucharaditas para papá y para mí, tres para E y una para mamá.

Antes de que la conversación empiece oficialmente, puedes oír la suave música de las cucharitas que chocan contra el *istikan* mientras remueves el té. A diferencia de la típica conversación familiar alrededor del mundo, en Iraq la pregunta de «¿Cómo te ha ido el día, cariño?» no recibe la clásica respuesta. Según a quién le preguntes, la respuesta varía, desde historias de raptos y secuestros, hasta manifestaciones, hasta bombonas de gas vacías y bombas de agua quemadas.

El tema del momento es «las tropas turcas». Hablamos de las tropas turcas en el desayuno, hablamos de ellas mientras nos preparamos para la comida, hablamos de ellas con los vecinos mientras nos comunicamos con ellos a través de las paredes que separan nuestras casas. E dice que se habla del mismo tema en las gasolineras, en las tiendas y en las esquinas.

En realidad, la conversación no suele tratar sobre las tropas turcas en sí mismas: gira más en torno a los Títeres y su capacidad, o falta de capacidad, de convencer al APC de que introducir tropas turcas en Iraq sería una mala idea. Los iraquíes de distintas etnias tienen todos diferentes opiniones sobre este tema, pero parece ser que sólo hay una cosa en la que todos estamos de acuerdo: las tropas turcas sólo empeorarían la situación.

Hay todo tipo de razones por las que a la gente no le gusta la idea de que haya tropas turcas en la región. En primer lugar, hay una gran animosidad entre los kurdos y los turcos; miles de kurdos se enfrentaron a una continua persecución mientras estuvieron en territorio turco, y muchos de ellos fueron traídos a Iraq. Desde el comienzo de la guerra, ha habido varios enfrentamientos entre milicias kurdas y tropas turcas en el norte de Iraq.

En segundo lugar, todo el mundo sabe que Turquía tiene ciertos intereses en la región: principalmente, Kirkuk y Mosul. Turquía ha estado excesivamente interesada en enviar tropas desde el «final» de la guerra en abril.

En tercer lugar, los chiítas han reiterado inexorablemente su negativa a dejar que las tropas turcas entren en Iraq porque los turcos son predominantemente sunitas y la idea de un ejército sunita agresivo pone nerviosa a la mayoría de los chiítas.

Una facción de la sociedad cristiana en Iraq, los iraquíes armenios, está totalmente en contra de que las tropas turcas entren en el país. Ellos hablan de la ocupación turca, de derramamiento de sangre, de ejecuciones y de haber sido empujados a Iraq. A los iraquíes armenios les horroriza la idea de tener tropas turcas dentro de Iraq.

Luego están todos los motivos históricos. Durante casi cuatrocientos años, Iraq estuvo gobernado por el Imperio otomano... El gobierno otomano en Iraq llegó a su fin en 1918, con el comienzo de la ocupación británica. Los iraquíes no han olvidado que durante la primera guerra mundial, cientos de miles de iraquíes fueron obligados a combatir y morir por el Imperio otomano.

Luego está el pequeño asunto de todos los problemas entre Iraq y Turquía. Los iraquíes aún no han olvidado la infame Presa de Ataturk en el Furat (Éufrates), la cuarta presa más grande del mundo. Tuvimos que ver cómo el Éufrates se reducía delante de nuestros propios ojos año tras año, hasta que en muchas zonas no parecía más que un riachuelo. En un país que está compuesto en gran parte de tierra desértica, reducir la corriente de un río del que dependen muchas personas para sobrevivir es una atrocidad.

La gente aquí no entiende por qué hay tanta insistencia en traer al ejército turco. ¿Qué bien puede hacer? Estados Unidos está enfatizando lo importante que sería tener «tropas musulmanas» en la región, ¿pero qué diferencia habrá? Si las tropas turcas entran bajo la supervisión de un ejército de ocupación, serán tropas de ocupación: la religión no va a hacer ninguna diferencia.

Es así: imaginad que EE. UU. es invadida y ocupada, digamos que por Corea del Norte. (Nota: sólo digo «Corea del Norte» por las diferencias culturales entre EE. UU. y Corea del Norte, y por la animosidad... Yo, a diferencia de Chalabi, no tengo información privilegiada sobre armas de destrucción masiva, etc.) Imaginad que tropas coreanas invaden las casas, deteniendo gente y llenando las calles de tanques y armas de fuego. Luego imaginad que Corea del Norte decide que «necesita ayuda» y trae a (?) México. Y vosotros os preguntáis, «Pero ¡¿por qué México?!» y la respuesta es: «Bueno, los mexicanos os entenderán mejor porque la mayoría de los norteamericanos es cristiana y la mayoría de los mexicanos es cristiana; os llevaréis estupendamente.»

El Consejo de Títeres está absolutamente en contra de una presencia turca dentro del país. Estados Unidos insiste en que debería haberla... Nosotros simplemente observamos desde fuera, esperando a ver cuánto respeto verdadero le tiene la APC al Consejo de Títeres. *posted by river @ 2:49 AM*

197

He puesto al día mis links que aparecen a la derecha. He añadido a Media Channel.org, que es el sitio en el que Danny Schechter publica su blog (él es el editor ejecutivo del sitio). Este sitio aborda algunos temas fantásticos de los medios de comunicación, especialmente relacionados con la guerra y la ocupación.

El otro sitio es *Informed Comment* de Juan Cole (www.juancole.com). Juan Cole es un profesor de historia de la Universidad de Michigan, escritor y traductor. Su sitio tiene algunos comentarios estupendos sobre Iraq. Él aborda los problemas políticos, sociales y religiosos de la región con estilo y objetividad. Su ultimo post es sobre los combates entre las tropas y algunos partidarios de un clérigo chiíta en el sur... las cosas tienen un aspecto aterrador en Kerbala y Najaf: la gente está preocupada en todas partes.   *posted by river @ 2:49 AM*

Martes, 21 de octubre de 2003

LA CIVILIZACIÓN...

Hoy me he enterado de algunos detalles más sobre la manifestación... Toda la situación ha sido indignante y la gente todavía sigue hablando de ello.

Desde la ocupación, los empleados del Ministerio de Petróleo están siendo registrados por soldados, y últimamente por perros. Los empleados se han hartado... Actualmente, el propio ministerio es prácticamente una fortaleza, con hormigón, alambre de espino y solda-dos. Los empleados esperan horas a que los registren y los dejen entrar. Los iraquíes se han acostumbrado a los «controles de seguridad». Los controles son peores para las mujeres que para los hombres, porque nosotras tene-mos que ver cómo rebuscan en nuestros bolsos y a veces sacan artículos personales y los examinan mientras do-cenas de personas están presentes, mirando.

Hoy, una de las mujeres que trabajan en el ministerio, Amal, objetó cuando los soldados trajeron un perro para que olfateara su bolso. Ella llevaba un Corán en su inte-rior, e incluso para manipular un Corán un musulmán debe estar «limpio» o bajo *widhu*. *Widhu* es el proceso de limpiarse uno mismo para rezar o para leer el Corán. Sim-plemente nos lavamos con agua limpia la cara, el cuello, los brazos hasta los codos y los pies, y rezamos unas bre-ves «plegarias». Los musulmanes llevan consigo un pe-queño Corán para obtener protección, y desde la guerra lo venimos haciendo con más frecuencia; a la gente le proporciona una sensación de seguridad. Esto no quie-re decir que la persona sea «fundamentalista» o «ex-tremista».

En cuanto Amal protestó acerca de dejar que el perro olfateara su bolso porque dentro había un Corán, el sol-dado le arrebató el Corán, lo arrojó fuera del bolso y lue-go procedió a revisarlo. La señora se quedó horrorizada y las docenas de empleados que estaban esperando a ser registrados avanzaron furiosos por el hecho de que hu-bieran tirado el Corán al suelo. Amal fue esposada y se la llevaron, mientras la multitud enfurecida era recibida con las culatas de los rifles.

La policía iraquí llegó para intentar intervenir y se en-contró con que la muchedumbre había aumentado en número porque había convertido un control de seguridad en una manifestación. Un canal de televisión mostró a un oficial de policía arrancándose el escudo de «IP» —un escudo; negro en el brazo que los identifica como Policía Iraquí— y gritando ante la cámara: «No queremos el escudo; nos inscribimos para ayudar a la gente, no para ver cómo tiran nuestro Corán al suelo...»

Algunos periodistas dicen que las cámaras fueron confiscadas por las tropas...

Esto es horrible. El simple hecho de oírlo hizo que me hirviera la sangre; no puedo imaginar lo que debe de haber sentido la gente que presenció esto. No se toca el Corán. ¡¿Por qué les cuesta tanto aceptar que hay algunas cosas que son sagradas para la gente?!

¡¿Cómo se sentirían los soldados si los iraquíes comenzaran a lanzar Biblias o Torás por los aires y a quemar cruces?! Estarían horrorizados y furiosos porque la fe de una persona no se toca...

Pero ahí está la diferencia: la mayoría de los iraquíes tienen un profundo respeto por las otras culturas y religiones... y eso es civilización. No es teléfonos móviles, ordenadores, rascacielos y McDonald's; es tener la seguridad suficiente en tu propia fe y cultura como para respetar las de los demás...   *posted by river @ 3:05 PM*

MANIFESTACIONES EN BAGDAD...

Hoy se manifestaron miles de personas; creo que cerca del Ministerio de Petróleo (aunque alguien dijo que fue en otra parte). Incluso hubo mujeres manifestándose porque una mujer había sido detenida por negarse a permitir que los soldados registraran su bolso... Los soldados comenzaron a disparar al aire y, de repente, se inició una pelea entre la muchedumbre y algunos de ellos... Todavía no sabemos qué está ocurriendo. *posted by river @ 3:05 PM*

Sábado, 25 de octubre de 2003

LA CONFERENCIA DE MADRID...

Así que la Conferencia de Madrid ya ha acabado. De cualquier modo, la mitad de las personas no eran realmente conscientes de lo que estaba ocurriendo. Ya nadie parece interesarse por este tipo de cosas, porque tenemos asuntos más urgentes que atender. Yo, personalmente, me he pasado los últimos cuatro días limpiando la despensa en preparación para el ramadán. De vez en cuando entraba en la sala de estar para echar una ojeada a la conferencia y a lo que estaba ocurriendo en ella.

Siempre aparecían los grandes dientes de Aznar y el abultado pelo de Palacio. Lo que me llamó la atención particularmente fue lo lujosa que parecía toda la conferencia. Me pregunto cuánto dinero se habrán gastado en ella... cuántas escuelas se podrían haber reconstruido... a cuántas clínicas se les podría haber suministrado medicamentos... Pero eso no es la reconstrucción, por supuesto; las clínicas y las escuelas son lujos, lo que es realmente importante es asegurarse de que la APC, el Consejo de Gobierno y el gabinete ministerial estén todos cómodamente alojados en los palacios y hoteles a los que llaman «casa».

La parte más vergonzosa de la conferencia fue ver a Muwafaq Al-Ruba'i arrastrarse para obtener fondos internacionales para los esfuerzos de reconstrucción. Batió las pestañas, habló suavemente y todo el tiempo estuvo introduciendo con calzador al «pueblo iraquí» en todos sus discursos, como si el pueblo iraquí fuera a ver alguna vez los incontables miles de millones que de alguna manera entran en el país y son gastados antes de que uno pueda pronunciar la palabra «reconstrucción».

Debo de parecer ingrata, con los 33 mil millones de dólares que se acordaron, pero la idea de estar endeudados económicamente con Estados Unidos, el FMI y el Banco Mundial de algún modo tiene el atractivo de vender tu alma al diablo. En conclusión, suena como más deudas sobre deudas. No es que quiera que todo sea donado al país, pero creo que nuestros ingresos por el petróleo deberían poder cubrir una parte sustancial de la reconstrucción de Iraq. También creo que muchos de los países tienen derecho a pedir que se les «devuelva» su dinero en algún momento en el futuro... Estoy segura de que los japoneses podrían usar sus cinco mil millones de dólares para algo útil en su país. Una cosa buena es que el dinero va a estar bajo la supervisión de la ONU.

Ayuda Cristiana ha realizado un fascinante informe sobre algunos «millones desaparecidos». Por lo visto, 4.000 millones se han evaporado y Bremer & Co. sólo pueden responder por 1.000 millones. El informe explica un poco cómo se gasta el dinero la APC y por qué comités pasa. El informe del PDF pide a la APC que presente una «relación transparente» de cómo se gastaron tantos miles de millones. Pero eso es ridículo, quiero decir, ¿quién puede seguir el rastro de 4.000 millones de dólares...? Estoy segura de que Ahmad Al-Chalabi os puede contar de primera mano que todos esos ceros son difíciles de controlar.

Iraq: The Missing Billions, Christian Aid, www.christianaid. org.uk/indepth/310iraqoil/iraqoil.pdf

....

... En mayo, Ayuda Cristiana publicó un importante informe que revelaba cómo los ingresos del petróleo pueden aumentar la pobreza, la guerra y la corrupción en los países en desarrollo. Se sugirió que la caída del régimen de Saddam Hussein era una oportunidad única para mostrar que el futuro de Iraq no tenía por qué ser ése...

Sin embargo, los primeros indicios no son optimistas, con miles de millones de dólares de dinero desaparecidos ahora en manos de representantes extranjeros. Esta combinación de ventas de petróleo anteriores a la guerra, ventas de petróleo posteriores a la guerra y activos invertidos embargados del régimen de Saddam Hussein ya sobrepasa los 5.000 millones de dólares, de los cuales sólo han podido responder por 1.000 millones. A finales de este año, la cifra total rebasará los 9.000 millones de dólares...

Se debe actuar ya para asegurar que la APC revele dónde ha ido a parar el dinero. La estructura acordada en la ONU debe ser implementada urgentemente, para que ese dinero iraquí sea utilizado para el beneficio del pueblo iraquí, con su cooperación e implicación. Los ingresos del petróleo deberían beneficiar a quienes más ayuda necesitan: los pobres del país, no sólo a las personas con poder e influencia...

Y en cualquier caso, ¡¿qué son 4.000 millones?! Para empezar, están esos trajes tan elegantes que viste nuestro Consejo de Gobierno: todavía no he visto a Al-Chalabi dos veces con el mismo traje... las corbatas de seda, los relojes Rolex y los zapatos de cuero. (Os puedo decir que las corbatas de color amarillo canario son el último grito de la moda masculina porque prácticamente todos los miembros de un ministerio/consejo ya se han puesto una.)

Circulan rumores de que cada nuevo ministro gana unos 40.000 dólares al mes. Con 40.000$ puedes construir una casa grande en una zona elegante de Bagdad. Con 40.000$ puedes construir y amueblar completamente una escuela. Con 40.000$ puedes llenar de existencias el almacén de un hospital. Con 40.000 dólares puedes alimentar *abundantemente* a 80 familias iraquíes durante un mes. (O podrías comprar 400 Play Station de Sony usadas, como calculó mi primo más joven.)

Y luego están los gastos adicionales del Consejo de Gobierno: comidas y alojamiento, por supuesto. La mayoría no viven en casas porque tienen sus hogares y sus familias en el extranjero. Viven en varios hoteles como el hotel Bagdad, Al-Rashid y el hotel Palestina... algunos de ellos residen en palacios. Dicen que hay un ministro que incluso manda llamar a su personal para reunirse en el hotel porque se niega visitar el ministerio. Los empleados del ministerio lo conocen como *il shabah* o «el fantasma», porque nadie lo ha visto jamás en carne y hueso, excepto sus viceministros.

También está el pequeño asunto del Gobierno Interino moviéndose en sus jets por el mundo entero... viajando de un lugar a otro. Cada vez que uno de los Títeres es rotado, se encarga inmediatamente de abandonar el país. Es irónico hasta qué punto el pueblo iraquí se entera de la mayoría de las decisiones importantes (como vender el país) a través de cadenas extranjeras y a veces a través de una voz superpuesta, doblada al árabe. Al verlos dándose la mano y besándose los pies, uno podría pensar que nuestras preocupaciones inmediatas son los asuntos diplomáticos de Iraq fuera del país y no el desastre que hay *dentro* de él.

Luego están los alimentos y las bebidas necesarios para mantener con vida a nuestro gobierno interino. Solía haber almuerzos de 5.000 dólares (los cuales, según el *International Herald Tribune*, fueron reducidos). Ahora bien, es posible que un almuerzo de 5.000$ no parezca gran cosa para 25 personas en Nueva York o en París... pero 200$ por persona... algo increíble en Bagdad. Antes de la guerra, la mejor comida en Iraq no te costaba más de 30$ por persona (y había sólo un puñado de gente que se podía permitir una comida así). Incluso ahora comer en los restaurantes es bastante barato, aunque un poco arriesgado.

Un amigo de un tío mío, que está enterado de ciertas compras realizadas por la APC y el Consejo de Gobierno, dice que cada mes se gastan millones en... agua. Sí. Por lo visto nuestro Consejo Iraquí y el gobierno interino consideran que el agua que bebemos no es digna de su sed. Puedo entender la preocupación por la calidad del agua, pero incluso las tropas beben y comen lo que se vende en las calles.

Así que cuando la gente aquí se enteró de la Conferencia de Madrid... bueno, difícilmente va a importarle al iraquí medio. La gente está muy preocupada por el hecho de que el programa «Petróleo por alimentos» se acaba el mes que viene. Hay quien dice que la *husseh* o ración que forma una parte sustancial de la dieta del iraquí medio probablemente continuará hasta enero. La gente se morirá literalmente de hambre sin las raciones. La ración ya ha sido reducida y la calidad de lo que queda es simplemente terrible.

Quería escribir un artículo y enviarlo a Madrid sugiriendo un «Fondo de Rescate». Me gustaría sugerir que abrieran un fondo especial para las familias que han sido secuestradas. Se está volviendo increíblemente normal oír que un hombre, una mujer o un niño ha sido raptado y que han pedido un rescate tan elevado como de 250.000 dólares. El precio normal son 25.000$, pero para las familias ricas 250.000$ no es poco frecuente. Últimamente, las familias cristianas ricas son particularmente vulnerables a los secuestros. Un hombre tuvo que vender su casa y su coche para pagar el rescate de su hijo porque su dinero estaba todo invertido en diversos proyectos.

Y ¿quiénes están detrás de estos secuestros?... A veces delincuentes comunes... otras veces son los gorilas de Al-Sadr o los matones del CSRII. A menudo, los secuestros del CSRII tienen una motivación política y se dice que el dinero se utiliza para apoyar a la «Brigada de Badr», la milicia del CSRII. Últimamente, la APC ha estado quejándose cada vez más de las milicias, ¡¿pero qué esperaban?! En primer lugar, darles poder fue un gran, gran error. Podemos decir sin temor a equivocarnos que por MUCHO que prometan lo contrario, un extremista armado va a traer problemas. Una milicia de extremistas armados va a significar el caos, especialmente si permites que refuercen la «seguridad» en zonas volátiles.

Al-Sadr ha estado actuando en el sur y en Bagdad. Da miedo, y creo que no se debería subestimar su influencia. Tiene fácilmente más de un millón de partidarios (hay quien dice que son hasta cuatro millones) y prácticamente lo veneran. Lo que lo hace tan importante entre sus partidarios no es él personalmente, sino el hecho de que es hijo de un famoso clérigo chiíta que fue asesinado en 1999. Mientras que la mayoría de los iraquíes de clase media y alta desea un gobierno laico, el nombre de Al-Sadr resuena en los hombres empobrecidos, que actualmente están sin empleo, gente del sur y de algunos barrios pobres de Bagdad.

Actualmente, la APC cree que él es el responsable del asesinato de Al-Kho que tuvo lugar en el mes de abril. Otros sospechan que podría ser responsable de la muerte de Al-Hakim hace un par de meses... Detenerlo va a ser un gran problema porque sus partidarios se asegurarán de causar estragos... A juzgar por los últimos meses, simplemente llegarán a un acuerdo con él.

posted by river @ 9:45 PM

Lunes, 27 de octubre de 2003

ATENTADO CONTRA LA CRUZ ROJA...

Una noticia horrible. Ha habido una explosión delante de la Cruz Roja esta mañana... simplemente terrible. Algunos dicen que fue una ambulancia, pero otras personas que vieron la escena afirman que detrás de la ambulancia había un coche que se detuvo repentinamente por «problemas mecánicos» y luego explotó. Nada Domani, la directora de la Cruz Roja en Iraq, ha declarado que quizá tengan que reducir su personal todavía más...

Hubo una serie de otras explosiones por todo Bagdad esta mañana y un par anoche... todavía no sabemos todo lo que ha sido atacado. Escribiré más tarde...

posted by river @ 1:45 PM

Miércoles, 29 de octubre de 2003

RIVERBEND Y PERSONALIDADES MÚLTIPLES...

No, no tengo un Trastorno de Personalidad Múltiple. Muchos de vosotros me habéis indicado que hay un falso sitio de «Bagdad en llamas» en riverSbend.blogspot. com (fijaos en la «S»). No lo estoy escribiendo yo, paralelamente a mi propio sitio; hace un tiempo que sé que existe (un amigo me lo hizo saber a finales de septiembre). Por lo visto hay alguien que se ha enfadado tanto con mi blog que ha decidido crear uno idéntico que, supuestamente, está escrito por mí. Los contenidos son casi totalmente opuestos a lo que yo escribo, y la mayoría de lo que publica está simplemente copiado y pegado de distintas fuentes (mayormente fuentes del gobierno de EE. UU.).

Cuando lo descubrí, observé que su primer post estaba fechado el 11 de septiembre. Contaba que los soldados norteamericanos y las mujeres iraquíes se enamoraban, etc. Por lo visto, alguien señaló que el sitio falso de «Bagdad en llamas» empezó en septiembre, mientras que el mío comenzó en agosto. Entoooooonces, nuestro impostor puso una fecha anterior a sus publicaciones y creó unos archivos huecos y tontos con fecha de julio. Cualquiera que use *Blogger*[5] sabe lo fácil que es hacerlo.

Escribí a Blogger, hablándoles de este sitio y les dije que esa persona se hacía pasar por mí. Me dijeron que si quería presentar una queja oficial tenía que enviar por correo una carta quejándome de que alguien estaba robando los contenidos de mi sitio. Además de mi identidad, la única cosa que el impostor ha robado es la frase que yo utilizo: «Te encontraré a la vuelta de la curva, amigo mío, donde los corazones pueden sanar y las almas se pueden reponer.» Y sí, es MI frase; es una frase de un poema que escribí para un amigo. Quizá algún día publique el poema completo.

Un gran tipo llamado Brian ha estado siguiendo de cerca a ese impostor. Para más detalles, ver el sitio http://suzerainty.blogspot.com.

---

http://suzerainty.blogspot.com, 22 de octubre de 2003

....

Miércoles, 22 de octubre de 2003

...Un ciudadano extranjero —probablemente norteamericano— ha producido un blog similar, prácticamente robando su nombre, pero escribiendo en riverSbendblog.blogspot.com: fijaos en la S adicional. Este blog es una colección poco convincente y mal confeccionada de material plagiado de diversas fuentes extranjeras. No es un blog al uso, bajo ningún criterio de autenticidad...

---

5. Herramienta de publicación de blogs, gratuita, que ha popularizado el fenómeno de los blogs alrededor del mundo.

*Muy probablemente, éste es el trabajo de un norteame-
ricano rencoroso al que no le gusta lo que escribe Riverbend. Pero es demasiado cobarde como para debatirlo ho-
nestamente. En lugar de eso, este individuo ha preferido
montar este sitio aguafiestas e intenta hacer creer deliberadamente a la gente que el mensaje de Riverbend ha cambiado, llevándola engañosamente a él...*

*Aquí y ahora, este blog pretende hacer que el falso ri-
verSbend abandone este juego. Y proporcionar un poco de
diversión a aquellas personas con un interés pasajero en
descubrir cuán desesperados están algunos por silenciar
un mensaje que no se corresponde con su propia visión del
mundo...*

Hay otro blogger que tiene más información sobre
el culpable. Visita: http://www.gorenfeld.net/john/
blog.html

---

http://www.gorenfeld.net, 27 de octubre de 2003

....

Jefe de equipo

*Un montón de gente en el blog de Atrios —incluido yo— se
ha estado preguntando qué está ocurriendo con un blog llamado RiverSbend que supuestamente escribe desde Iraq.
Ya existía un sitio muy parecido llamado Riverbend, de una
mujer iraquí, pero no tenía la «S» en el medio, y tendía a atacar las prácticas de licitación de Halliburton en lugar de co-
piar pasajes optimistas de Thomas Friedman.*

*De manera que cuando un tipo en Usenet, que utiliza
los nombres «Troy» y «Diego Gastor», empezó a promocio-*

210

narlo en varios grupos de mensajes, quienes no lo habían leído durante un tiempo se sintieron confundidos. Mientras parpadeaban, Riverbend se había convertido en alguien realmente enloquecido por la guerra. «Ahora puedo decir sinceramente que estoy orgullosa de ser iraquí. Por lo que ha ocurrido, porque aquí hay una libertad que no había conocido antes. Ahora puedo hablar con vosotros, con personas con las que antes nunca podía hablar. Soy una mujer sencilla. Sólo soy una trabajadora. Pero incluso estas cosas simples —hablar— me dan esperanza.» ¿Estaría Donald Rumsfeld publicando esto?...

Ahora bien, aunque me siento halagada de que haya personas ahí fuera que se están tomando tantas molestias para demostrar que estoy equivocada, estoy un poco molesta de que no hayan hecho todo esto con más estilo. Quiero decir que el tipo que tiene el sitio falso está retirado (por Dios santo); tiene todo el tiempo del mundo para hacerme quedar mal. Creo que es justo exigir que le ponga un poco más de empeño. Además, no me gusta la manera en que escribe mal algunas palabras y que su gramática sea simplemente atroz en un aparente intento de hacer que parezca más «iraquí» o quizá simplemente ésa es la manera en que esa persona escribe en realidad.

Mi post favorito es el primero, supuestamente escrito el 6 de julio:

¡Hora de escribir en mi blog!

Finalmente hemos vuelto a mi Bagdad. Los paseos nocturnos junto al río son mucho más refrescantes. Estuvimos viviendo con unos familiares cerca de Erbul durante la mayor parte de cinco meses. Al-Jazeera nos mantuvo informados sobre la guerra. Di un grito sofocado y contuve la respiración sin poderlo creer mientras veíamos a Bagdad ardiendo.

Comentario de la Verdadera Riverbend: «¿Eh? ¿Erbul? ¿Dónde está eso? ¡¿En algún lugar entre Kirkuk y Erbil?! Por favor.» Otra parte que me encantó fue uno de los posts que describe cómo la querida «niña» consiguió hacer una gira por el aeropuerto de Bagdad (al cual no está permitido que se acerque nadie): por favor, no os lo perdáis, es posible que el blogger lo cambie. No puedo decidir qué es peor: el material seco, copiado y pegado directamente de los sitios del gobierno, o cuando Troy se pone lírico y escribe cosas como «los paseos nocturnos junto al río son mucho más refrescantes».

La persona que escribe el sitio falso de riverSbend es alguien llamado Troy que es un ex militar, retirado, y jefe de equipo GOP (?):

El Solerito Troy, artista, HAM, guerra de Corea, retirado reg. ejército y USAF, unidad MOPH L38342, Phi Theta Kappa, RNC 146441197-D186, jefe de equipo GOP, NRA 040959746.

Algo que nuestro amigo Troy no tuvo en consideración mientras escribía el blog fue lo siguiente: incluso si pones una fecha anterior a tus archivos, el mes con el que empezaste originalmente no contendrá los archivos falseados. Si observas los archivos de septiembre del blog falso de riverSbend, verás que la lista de los archivos a la izquierda sólo se remonta a septiembre, ¡que es cuando el blog comenzó originalmente!

Por último, gracias, querido Troy —el falso riverS-bend— por intentar imitar «Bagdad en llamas»: me siento halagada. No obstante, 1) Imitas fatal a una chica de veinticuatro años de «Erbul», 2) Cuando copies y pegues cosas de otros artículos y sitios, trata de asegurarte de que la fecha en que *tú* las publicas no es anterior a la fecha en que ese material fue publicado, y 3) Encuentra un hobby —cómprate un gato, planta un jardín, juega al ajedrez, al golf—, es decir, ten una vida propia.

Escribidle unas líneas a Troy: obviamente tiene muchísimo tiempo para escribir. Tiene varias direcciones de e-mail, ésta es una de ellas: buleria@enesaca.net. Brian, en suzerainty.blogspot.com, tiene muchas más.
posted by river @ 9:31 PM

LA CRUZ ROJA Y EL TERRORISMO

La Cruz Roja ha empezado a retirar a su personal. Un amigo mío que trabaja en la Media Luna Roja me ha dicho que iban a intentar sacar a la mayor parte de su personal, mientras intentan continuar con lo que están haciendo: ayuda humanitaria. Cuando me enteré de que Nada Domani, la directora del CICR (Comité Internacional de la Cruz Roja) en Iraq, había dicho que empezarían a retirar al personal el martes, me habría gustado gritar: «¡No nos abandones, Nada!» Pero me doy cuenta de que su prioridad es garantizar la seguridad de sus empleados.

La Cruz Roja es especialmente importante en estos momentos porque ellos son el «eslabón» que está conectando a las familias de los detenidos con los militares. Cuando alguien desaparece repentinamente, la gente acude a la Cruz Roja y, después de unos cuantos días penosos, a menudo la persona desaparecida puede ser localizada en alguno de los campos de prisioneros o cárceles.

Lo fácil e ingenuo sería culpar de toda la situación a los fundamentalistas/extremistas/terroristas/lealistas/ baazistas/extranjeros. Por lo visto, mucha gente cree que son los mismos. Otra tendencia en los medios de comunicación occidentales es echarle toda la culpa al «triángulo sunita» y a los «países vecinos». Hay *varios* grupos que están orquestando los ataques contra los diversos blancos. El primer y más evidente indicio es el método de ataque, mientras que el segundo es la variedad de blancos.

Las técnicas que se están utilizando en los ataques van desde las más primitivas hasta las más profesionales. Oímos que algunos de los explosivos que se están utilizando son de fabricación casera y poco complicados, obviamente hechos por aficionados. Sabemos que de hecho hay ataques de alta tecnología contra los cuarteles generales de la Coalición, como el del Aeropuerto Internacional de Bagdad y de algunos de los palacios en los que se encuentra personal de alto rango del ejército. En algunos de estos lugares, como el aeropuerto, se están utilizando misiles, lo cual es un indicador de que el ataque proviene de un grupo sumamente entrenado.

Uno de mis tíos vive en una de las zonas cercanas al aeropuerto, que está en las afueras de Bagdad. Durante el mes de junio pasamos un par de semanas con él. Casi todas las noches nos despertaba una colosal explosión que parecía provenir de la dirección del aeropuerto y menos de un minuto más tarde los helicópteros comenzaban a sobrevolar el área. Otro ejemplo de un ataque de alta tecnología fue el ataque al hotel Rasheed hace unos días, en el que Wolfowitz sufrió una conmoción y salió espantado de una reunión. (No entiendo por qué la APC se está esforzando tanto en fingir que el ataque no tuvo nada que ver con su presencia ahí.)

La mayoría asocian estos ataques a la resistencia y muchas personas creen que se están llevando a cabo por gente que tiene acceso a equipos militares avanzados y que los conoce, quizá los iraquíes que formaban parte de la Guardia o antiguos miembros del ejército iraquí... Pero aunque, sin duda, algunos de ellos pueden ser etiquetados como baazistas, o lealistas, no son fundamentalistas. Después de todo, tenemos cientos de miles de ex militares y soldados disgustados que se vieron obligados a quedarse en casa sin un retiro, una pensión o alguna otra forma de compensación. Los relativamente pocos a los que se les prometió un «salario de retiro» se quejan de que no están recibiendo el dinero. (Todo énfasis que ponga en el error de disolver el ejército es poco; ¡¿alguien estaba pensando cuando tomaron esa decisión?!)

Todos los días aparecen nuevos grupos de resistencia. Las técnicas se están volviendo más sofisticadas e incluso hemos oído hablar de que están pasando *menshoorat*. Los *menshoorat* son «folletos» clandestinos.

Por otro lado, las bombas de los suicidas son atribuidas con más frecuencia a los grupos fundamentalistas. Decir que esos grupos están luchando para que vuelva el régimen anterior es ridículo: la gente elige ignorar el hecho de que la mayoría de los fundamentalistas estaban completamente en contra del antiguo régimen porque los miembros de Al-Qaeda, Ansar Al-Islam, Al-Da'awa y otros grupos políticos fundamentalistas solían ser detenidos, exiliados y, en algunos casos, ejecutados.

Estos grupos son tanto fundamentalistas sunitas como chiítas (como lo han demostrado los ataques a las tropas británicas y polacas en la región del sur). Al-Qaeda se declaró responsable del ataque al hotel hace un par de semanas, mientras que en el sur la gente jura que uno de los guardaespaldas personales de Al-Hakim ayudó a conspirar para su asesinato (lo cual explicaría cómo un coche lleno de explosivos consiguió abrirse paso entre su ejército de guardaespaldas personales y entrar en la zona de aparcamiento donde estaba su propio coche).

La ironía está en oír hablar de «guerra contra el terrorismo» en la CNN y luego pasar al canal de la APC y ver a la gente de Al-Da'awa ahí sentada, arreglada y trajeada, Caballeros Títeres de la Mesa Redonda. Al ver a Al-Jaffari, casi se te olvida que tuvieron la reputación de terroristas durante décadas aquí en Iraq. Fueron uno de los primeros grupos político-religiosos en usar bombas en Iraq para hacer llegar a la gente su mensaje político.

La debacle más famosa fue una que tuvo lugar en 1980. Una de las universidades más destacadas de Iraq, la Universidad de Mustransiriya, estaba organizando una importante conferencia internacional sobre economía para varios grupos internacionales de jóvenes. Tariq Asís, que entonces era ministro de Asuntos Exteriores de Iraq, estaba visitando la conferencia durante su inauguración cuando, de repente, en medio de miles de estudiantes de más de 70 organizaciones juveniles internacionales e iraquíes, dos bombas hicieron explosión, mataron a dos estudiantes e hirieron a docenas. Al día siguiente, mientras una manifestación de estudiantes indignados seguía al cortejo fúnebre hacia un cementerio local, dos bombas más fueron lanzadas entre la multitud y mataron a dos alumnos de secundaria. Más tarde, Al-Da'awa reivindicó el atentado.

Más adelante, ese mismo año, en un intento de asesinar al rector de la Universidad Tecnológica de Bagdad, mataron por error a un vigilante que se interpuso en su camino.

En los años setenta, en ciertas partes de Bagdad y en determinadas zonas del sur de Iraq, miembros de Al Da'awa solían tirar «ácido» a la cara a las *safirat* o mujeres que no llevaban *hijab*. Con frecuencia, los clérigos chiítas que no estaban de acuerdo con su violento mensaje eran asesinados o atacados.

El hecho de que actualmente sean uno de los principales partidos políticos implicados en el «Nuevo Iraq» transmite un maravilloso mensaje a las «organizaciones terroristas»: Poner bombas funciona; el terror funciona. A la gente le aterra la idea de que acabemos siendo otro Afganistán... de que estos grupos fundamentalistas con los que actualmente coquetea la APC sean los talibanes de Iraq.

Por último, están todos esos ataques extraños y misteriosos que nadie entiende y que incluso los miembros más extremistas de la sociedad no pueden condonar o legitimar. Uno de ellos fue el ataque a la sede de la ONU. Nadie lo reivindicó. Otros ataques de ese tipo fueron los atentados con bombas en la embajada de Jordania en Bagdad, en la Cruz Roja, en las comisarías... Mucha gente cree que Al-Chalabi y su partido son responsables de esos incidentes. Algunos de sus escoltas son terroristas entrenados...

Al-Chalabi llegó en abril con una milicia de Luchadores Iraquíes Libres que, después de varias semanas de robos de coches, unos cuantos secuestros y dicen que incluso de asesinatos, desapareció repentinamente (se supone que sus más de 600 matones eran «intérpretes»). Tengo una información muy limitada sobre ellos, pero alguien ha dicho que habían sido entrenados en Hungría (?). Actualmente, la gente cree que están actuando como una especie de milicia secreta responsable de muchos de los asesinatos y las explosiones que hay por todo Bagdad.

Mañana escribiré sobre el ramadán; hay tanto que contar.   *posted by river @ 9:31 PM*

Viernes, 31 de octubre de 2003

EL RAMADÁN...

El ramadán es el noveno mes en el año islámico (que también tiene 12 meses, pero sólo alrededor de 358 días). El ramadán se considera uno de los meses más sagrados del año islámico (en mi opinión, es el más interesante). Pasamos todo el ramadán ayunando, todos los días, desde que salen los primeros rayos al amanecer, hasta que el sol se pone. En otras palabras, no podemos comer, ni beber, ni fumar, ni mascar chicle, hasta la hora de «romper el ayuno», por la noche.

Ramadán es el mes en el que el ángel Gabriel visitó por primera vez a nuestro Profeta, con el mensaje del islam y el Corán. Ésta es la razón por la cual lo celebran los musulmanes del mundo entero. La fecha exacta de esta ocasión tan importante no se puede calcular, pero se cree que *Laylet il Qadir* (la noche en que el Profeta fue visitado por primera vez por Gabriel) es hacia el final del ramadán (muchos creen que cae en la vigesimoséptima noche).

El ramadán es un mes festivo, en muchos sentidos. Es como las dos últimas semanas de diciembre: un poco frenético, pero al mismo tiempo importante. Es ese mes en el que ves a toda esa familia que no sabías que tenías: los primos insoportables, la tía favorita, los abuelos, las sobrinas, los sobrinos, los tíos, e incluso ese tío abuelo que creías que había muerto el año pasado. Todo el mes es una especie de «mes familiar».

El ayuno funciona de esta manera: cuando llega el amanecer, simplemente dejamos de comer y de beber. Esto dura todo el día hasta *al maghrib*, o el anochecer. El ayuno se considera uno de los *arkan* del islam, que significa que se exige a todos los musulmanes. Hay ciertas excepciones: a la gente que está enferma no se le exige que ayune durante el ramadán, ni a la gente que está viajando. Si el ayuno afecta a la salud de la persona de alguna manera (esto es, si la persona es diabética, está embarazada, etc.) se permite no ayunar.

El «ayuno moral», por supuesto, viene con el ayuno físico. En otras palabras, una persona puede romper el ayuno sin usar comida. Durante el ramadán se deben evitar los chismes, las peleas, mentir, ser infiel, decir palabras coléricas y otras cosas más, de lo contrario, tu ayuno o *siyam* se considera inútil. Los rezos y la lectura del Corán también aumentan durante todo el mes porque se cree que es un «mes bendito».

Alguien podría preguntar, ¿pero por qué ayunar? ¿Qué sentido tiene negarte la comida y la bebida durante más de la mitad del día? Se supone que ayunar te enseña tolerancia, paciencia y hambre. Sí, hambre. La persona medio olvida lo que es tener hambre... y no me refiero al tipo de hambre de «ay, me encantaría comerme una hamburguesa con patatas fritas». Me refiero al hambre que sientes cuando no has comido ni bebido nada durante más de doce horas y sientes como si tu estómago estuviera a punto de hundirse y tu cabeza fuera a explotar porque no te tomaste esa dosis de cafeína que necesitas para funcionar.

La finalidad de pasar hambre es ayudarte a apreciar más la comida. Te ayuda a darte cuenta de que deberías valorar la comida y el agua, especialmente cuando hay gente que siente su falta todos los días, independientemente de si es un mes sagrado o no. Además, muchos médicos consideran que ayunar es saludable, porque a menudo hace bajar la presión sanguínea e impide que la gente fume o beba. Actualmente tengo un tío que jura que este ramadán va a dejar de fumar (como dejó de fumar el ramadán pasado, y el anterior).

Empezamos a prepararnos para el *futtoor*, o la comida con la que rompemos el ayuno, más de una hora antes de ese momento. Tradicionalmente, la mayoría de la gente rompe su ayuno con un dátil, y luego pasa a lo que hay en el menú. Con frecuencia, se empieza la comida con algún tipo de sopa porque calienta el estómago sin provocar una conmoción después de tantas horas sin comer. La sopa más popular del ramadán es la sopa de lentejas, o *addess*. Es una sopa de un color amarillo pálido, que es a la vez ligera y sabrosa. Existen docenas de maneras distintas de prepararla, pero a mí me gusta con un chorrito de limón y *khubz*.

Normalmente, después de la sopa llega toda una procesión de platos tradicionales... quizá debería publicar las recetas. Hay tanta comida porque el *futtoor*, más que una comida normal, es una especie de celebración diaria. En años anteriores, prácticamente todos los días rompíamos el ayuno con varios familiares o amigos.

Este año es distinto porque la situación no permite que uno se mueva por Bagdad u otras provincias a diario. Tampoco es lo mismo porque, en circunstancias normales, nuestras reuniones de *futtoor* solían durar hasta bien entrada la noche, a veces hasta más de las doce, hasta que el grupo se separaba para irse a casa.

Normalmente los vecinos son una parte importante del mes. Si no pasan para probar el *futtoor*, te envían algún plato de algo para que tú lo pruebes. También nos reunimos para ponernos de acuerdo sobre quién va a mandar comida a la mezquita local para los guardianes de la mezquita y el imán, y para decidir quién va a enviar qué a las familias más necesitadas del barrio. El ramadán es una época del año en que se dejan de lado las diferencias entre vecinos (como el hecho de que el perro de Abu K. aúlle cada vez que pasa alguien por la calle) y combinar las habilidades culinarias y un sentimiento general de empatía.

La parte más activa de todo el día es el cuarto de hora justo antes de romper el ayuno... A menudo toda la familia entra en un frenesí de actividad: alguien pone la mesa, alguien trae la comida, alguien da órdenes sobre dónde poner cada cosa... y todo el mundo está hambriento e impaciente. Los últimos cinco minutos antes de oír la llamada a la oración que indica el final del ayuno siempre son los más difíciles.

Cada segundo de esos cinco minutos pasa con la pesadez de una hora... puedes ver literalmente cómo todos se esfuerzan por oír la llamada a la oración resonando por las calles de Bagdad. Y entonces finalmente llega el momento del *futtoor*... y empezamos a comer con apetito. La bandeja de arroz que quince minutos antes parecía ridículamente pequeña ahora es «demasiado» y nadie come tanto como esperaba; todo el mundo está exhausto simplemente con contemplar la comida, las opciones y las posibilidades.

Después del *futtoor*, los fumadores se abalanzan sobre sus cigarrillos con un entusiasmo que sólo pueden apreciar los otros fumadores. Nosotros los vemos dar una calada tras otra con un contento que incluso los niños que gritan y las televisiones a todo volumen no pueden estropear.

El resto de la noche la pasamos comiendo tentempiés y dulces, como *baqlawa* bañado en almíbar y *kunaffa* (un queso dulce) tibio. Todos nos movemos con mayor lentitud y el estado de ánimo general es de contento y jovialidad (nadie puede acumular la energía necesaria para enfadarse después de una gran comida)... La única cosa que puede estropear del todo un *futtoor* es un ataque aéreo (como en 1998) o un corte de la electricidad.

Mañana esperamos romper el ayuno con la familia de un tío y unos vecinos nuestros (que son cristianos). Los cristianos no ayunan durante el ramadán, pero a menudo se unen a nosotros mientras rompemos el ayuno, y muchos se niegan a comer y beber en lugares como universidades y colegios (donde está permitido comer) por solidaridad y respeto.

Y ahora me perdonaréis... pero es que acaban de calentar el *kunaffa* bañado en almíbar y si no me doy prisa no quedará nada para Riverbend...

posted by river @ 12:20 AM

¿Os acordáis de «Malcom Lagauche»... el autor cuyo sitio fue cerrado después de haber tenido demasiadas visitas? Ahora lo podéis encontrar aquí: *Lagauche is right* (http://www.malcomlagauche.com)
posted by river @ 12:25 AM

ENTRE UN MARTILLO Y UN YUNQUE...

En estos últimos días no he escrito nada por diversos motivos. A duras penas podía conseguir una conexión a internet y, cuando lograba conectarme, era muy lenta. Ayer me di por vencida. Además, he estado un poco cansada por el ramadán. No es que el ayuno me canse, sino la preparación para romperlo por la noche. Siempre hay tanto que hacer. Después de comer, estoy demasiado exhausta para hacer nada, excepto sentarme con la familia, bebiendo té, maltratando a los fumadores y discutiendo los temas que las familias suelen discutir en estos días cuando se reúnen: la ocupación y la política.

Incluso los niños están enterados de las noticias y la situación actual, pero en menor medida. La hija menor de mi prima está enamorada de uno de los presentadores de Al-Arabiya. Cada vez que sale en la tele, la niña de siete años, normalmente ruidosa, se queda de pie, embelesada, delante del televisor, absorbiendo cada una de las palabras del comentario seco e imparcial. Su madre, que puede llegar a ser impresionantemente consentidora, está convenciendo a la pobre niña de que se porte bien simplemente diciendo cosas como: «¡¿Pero qué diría ese hombre tan simpático de Al-Arabiya si viera que no te comes tus patatas?!»

Esta última semana han pasado tantas cosas. Las distintas organizaciones de la ONU empezaron a sacar del país a sus voluntarios y empleados. Actualmente la Cruz Roja está haciendo lo mismo. Alguien me preguntó por qué los iraquíes parecen tener tanta fe en las organizaciones de la ONU. No es que tengamos una visión irreal de las capacidades de la ONU o de las organizaciones humanitarias; es que, sencillamente, cuando las organizaciones comienzan a sacar a su gente, te das cuenta de que las cosas van cuesta abajo. Mientras estábamos bajo la amenaza de guerra, solíamos observar a la gente de la ONU muy detenidamente, y cuando empezaban a hacer las maletas y a marcharse en helicópteros, sabíamos que las cosas iban a ponerse difíciles.

Hoy la gente empezó a volver al trabajo. El sábado, el domingo y el lunes, todo el mundo se quedó básicamente en casa debido a los folletos que estaban circulando sobre tres días de resistencia. Algunos dicen que los folletos no contienen ninguna clara amenaza, sólo una vaga orden de que la gente se quede en casa durante tres días en protesta por la ocupación, mientras que otros dicen que en las palabras hay una «advertencia» subyacente.

Bagdad estuvo extrañamente silenciosa, aparte de alguna explosión ocasional (ayer, cerca de la sede de la APC y esta noche dentro de la «Zona Verde»). Todo parecía estar paralizado: relativamente pocos coches en las calles, prácticamente ningún niño en los colegios, e incluso los empleados del gobierno decidieron quedarse a salvo en sus casas. Las universidades también estuvieron prácticamente vacías, aunque hoy los estudiantes han empezado a volver. Hay tropas prácticamente por todas partes: puntos de control, bloqueos en las carreteras y soldados indicando con la mano a los coches que vayan atrás, atrás, atrás... «Tomen otro camino»...

Mi primo y su mujer han pasado los últimos dos días con nosotros. Habían mantenido a las niñas en casa, sin ir al colegio, simplemente por seguridad. Desde que comenzó el año académico, no había visto a la mujer de mi primo tan aliviada. Simplemente prefiere tener a sus hijas bajo su atenta mirada a tenerlas en la escuela, y ésta era la excusa perfecta para ella. El otro día estaba hablando de la ventaja de mantenerlas en casa durante todo el año y darles clases personalmente. Le dijimos que estaba loca porque nuestro sistema educativo no permite eso en la escuela primaria. A menos que haya una razón de peso, se exige que los niños vayan al colegio. Le dije que perderían un año y, teniendo en cuenta que la hija mayor es una excelente estudiante, sería una lástima. Pero eso no parece importarle; lo único que quiere es sentir que las niñas están a salvo. Creo que muchos padres deben de haber tenido ese debate este año. Las chicas jóvenes, especialmente, pueden ser víctimas de secuestros y raptos.

No envidio a los padres durante esta crisis.

Las universidades se están enfrentando a sus propios problemas. Nos hemos enterado de que hubo una especie de manifestación de estudiantes porque la situación en las universidades no es mucho mejor que en las calles. Los alumnos se quejan de que se ven obligados a perder clases debido a las largas colas cuando los coches y las personas son registrados antes de que se les permita entrar en la universidad. También hay quejas de que los decanos y los rectores de ciertas universidades están tan preocupados por su seguridad física que se niegan a ver a los alumnos, escuchar sus quejas o darse una vuelta por las instalaciones para verificar ciertos problemas. El profesorado se queja de todo, desde estar recibiendo amenazas de los estudiantes por ponerles malas notas hasta la escasa asistencia de los alumnos debido a la situación de la seguridad.

Lo último hoy es que lanzaron unos misiles dentro de la Zona Verde (la prensa dice que podría tratarse de mortero). Oímos las explosiones, que fueron muy FUERTES, pero creo que la mayoría se han acostumbrado a oírlas. Incluso los niños ya casi nunca se encogen de miedo. En cuanto oímos explosiones, nos apresuramos para subir a la azotea e intentar determinar la dirección general del humo (normalmente hay humo). Luego corremos a ver las noticias, si es que hay electricidad. Si es en una zona residencial, inmediatamente pensamos en nuestros familiares y conocidos que viven en esa zona y nos preguntamos si todos estarán bien, si habrá sido muy cerca de una casa/persona/tienda/escuela específica. Casi todo el mundo tiene familiares viviendo por todo Bagdad; siempre hay alguna persona por quien preocuparse. Luego intentamos ponernos en contacto con alguien de la zona bombardeada y, si no hay teléfono, intentamos contactar con otra persona que tenga alguna información adicional. Este proceso se ha vuelto demasiado habitual.

También ha habido una serie de asesinatos en estos últimos días. Los que están saliendo en los titulares son los de los jueces. Ayer un juez fue secuestrado y asesinado en Najaf. Hoy mataron a un juez fuera de su casa en Mosul y a otro le pegaron dos tiros en la cabeza en su coche en Kirkuk. Por lo visto, en estos días, los jueces en Iraq están atrapados «*bayn il matraca wil sindan*», como dijo un reportero árabe, lo cual quiere decir: «entre un martillo y un yunque». Esto es porque mientras que, al parecer, el juez en Najaf fue asesinado por los lealistas, al de Kirkuk lo mataron las tropas estadounidenses, las cuales dijeron que había quedado atrapado en el «fuego cruzado». El de Mosul todavía es un misterio.

Estos últimos días han sido particularmente difíciles. Todo el mundo está tenso. La gente está tensa y preocupada. Están preocupados por sus hijos, preocupados por sus trabajos o por la falta de empleo, preocupados por la situación de la seguridad, preocupados por los soldados nerviosos. Los ataques son cada vez más sofisticados y las tropas están actuando con más brutalidad en algunas zonas... Es como si nos estuviéramos graduando de una fase a otra. Todo el mundo está tan cansado... *posted by river @ 2:15 AM*

¡¿ALGO SE ESTÁ QUEMANDO?!

Debido al abrumador número de peticiones de que publique algunas recetas iraquíes del ramadán, voy a empezar a publicarlas en esta página: «¡¿Algo se está quemando?!» (http://iraqrecipes.blogspot.com/). Todavía estoy probándolo y creo que cambiaré los links para conectar con las páginas de recetas (especialmente de comida de Oriente Medio). Veremos cómo va. Me encantaría oír vuestras opiniones, si alguno de vosotros prueba las recetas. *posted by river @ 2:19 AM*

Domingo, 9 de noviembre de 2003

GALUB MEMDESHEN...

Los últimos días han sido un poco agotadores; unas cuantas visitas (parientes) y un par de amigos a los que no veíamos desde julio. Es ridículo, vivimos en la misma ciudad, pero es como si estuviéramos a kilómetros de distancia. Actualmente todo el mundo está tan consumido con sus propios problemas y tribulaciones: el hijo que perdió su trabajo, la hija que perdió a su marido... Los problemas parecen interminables y todo el mundo tiene una historia que contar. Como dice mi madre continuamente: *«Kul wahid yihtajleh galub memdeshen»*, o «Cada persona [con la que hablas] necesita un corazón nuevo». Esto se suele decir cuando uno espera que le cuenten una historia triste, frustrante. Cada historia comienza con un profundo *suspiro* y acaba con un *«Allah kareem»*.

Nuestro último visitante nos dejó más que perturbados. Pasó a vernos un amigo de E, un estudiante de tercer año en la Facultad de Ingeniería Eléctrica de la Universidad de Bagdad. Durante una hora, estuvo describiendo un incidente que ocurrió la semana pasada en la universidad, del que habíamos oído hablar, aunque no conocíamos los detalles. Ha sido el problema más grave que ha ocurrido en la Universidad de Bagdad hasta el momento.

Sólo un poco de información sobre dicha universidad: la Universidad de Bagdad fue fundada en los años treinta, creo. Es la universidad contemporánea más antigua de Iraq y la más famosa. Empezó siendo pequeña y continuó ampliándose hasta que se convirtió en una de las universidades más grandes de la región. Hay seis campus diferentes esparcidos por todo Bagdad y no estoy segura de cuántas facultades hay. El campus principal es uno que está ubicado en la zona frondosa y elegante de Jadriya, en el centro de Bagdad. Las facultades de ingeniería, ciencia, ciencias políticas, educación física y educación femenina están todas ubicadas en el campus de Jadriya, al igual que la oficina del rector de la universidad.

El campus de Jadriya fue diseñado en 1961 por Walter Adolph Gropius, un alemán que emigró a Estados Unidos en 1937. El campus es enorme y muy bonito. Los edificios están desparramados y salpicados de pequeños jardines con palmeras y otros árboles, y césped. También albergan varios dormitorios que proporcionan alojamiento a los estudiantes de fuera de la cuidad, y un instituto de educación física en el que hay campos de fútbol, canchas de baloncesto y una piscina.

Mi elemento favorito del campus de Jadriya es el arco que enmarca la entrada. Los arcos, que parecen como un arco iris pálido y alargado que no se une del todo en el medio, simbolizan la arquitectura árabe. La abertura en el medio de los arcos simboliza las mentes abiertas que permiten la entrada del conocimiento. O eso dicen. Todo el campus es un maravilloso contraste de árboles verdes y edificios beige hirviendo de estudiantes ajetreados. Incluso durante las épocas difíciles ha sido un oasis.

Hasta principios de la década de los noventa, la mayoría del profesorado había obtenido sus títulos de postgrado en el extranjero. La Facultad de Medicina se inclinaba hacia el plan de estudios inglés porque la mayoría de los médicos se habían graduado en facultades de medicina británicas, la Facultad de Ingeniería se inclinaba hacia un plan de estudios norteamericano porque la mayoría de los profesores y maestros se habían graduado en universidades norteamericanas. La Facultad de Ciencias era una combinación de profesores y maestros con formación estadounidense y británica, y la mayoría de los programas de estudios eran en inglés.

Después de 1991, la universidad se empezó a deteriorar, al igual que todas las demás. No compraban productos químicos para los laboratorios de ciencias porque muchos de los materiales básicos para experimentos estaban «prohibidos» de acuerdo con la resolución de las sanciones. Los laboratorios de física corrieron la misma suerte. Los departamentos de ingeniería se quejaron de la falta de equipamientos y libros. Debido a que los planes de estudios eran norteamericanos o británicos, los libros también venían de esos países. Las principales editoriales se negaban a vender libros a las universidades iraquíes porque sus gobiernos lo consideraban ilegal (por lo visto, puedes fabricar armas de destrucción masiva con un libro de cálculo...). Teníamos que esperar a que alguien, por casualidad, trajera una copia del libro, y hacer docenas de fotocopias de él, que se vendían en un pequeño *makatib* o librerías por todo Bagdad.

Muchos de los profesores empezaron a emigrar después de 1991 porque la situación económica era tan mala que a duras penas se podían mantener, y mucho menos a sus familias. Empezaron a marcharse a sitios como Jordania, Yemen, Libia, Siria y los Emiratos, con la esperanza de encontrar un puesto decente en una universidad o en un centro de investigación. Los que se quedaron fueron muy valorados... todavía hablamos del matemático de MIT, o el programador de Berkeley.

A pesar de todo esto, la Universidad de Bagdad siguió siendo una de las mejores de la región. Era muy conocida en todo el mundo árabe y sus graduados eran bien recibidos prácticamente en cualquier sitio. Su reputación permaneció más o menos intacta. Aproximadamente el 90 por ciento de los que se presentan a las universidades ponen a la Universidad de Bagdad en primer lugar en la hoja de solicitud. Esta universidad admite a los que tienen las notas más altas porque sólo acepta a unos 10.000 alumnos al año en total, y cada año se gradúan 75.000 estudiantes de los institutos iraquíes y se presentan a la universidad. Así que, además de contar con algunos de los mejores profesores de Iraq, también tienen a los estudiantes más inteligentes.

La universidad fue saqueada a fondo durante los días inmediatamente siguientes al 9 de abril. Algunos campus se vieron más afectados que otros. El campus de Jadriya fue saqueado en los primeros días, pero como las tropas estadounidenses estaban apostadas cerca de ahí, el saqueo fue menos fuerte que en otros sitios. Muchos profesores dejaron su empleo después de la ocupación, mientras que otros fueron despedidos. Los que se quedaron en la universidad se reunieron e hicieron una votación «democrática», eligiendo al personal específico que dirigiría los departamentos y las facultades, e incluso eligieron a un rector.

El problema era que muchos de los profesores eran antiguos baazistas... Algunos de los mejores profesores eran baazistas (teníamos más de seis millones de afiliados). Sami Mudhafar, que fue elegido como rector universitario, era respetado, competente y... antibaazista. Unas pocas semanas después de la ocupación, Chalabi empezó a insistir en la implementación de su plan de «desbaazificación». Empezó por las universidades. A cualquier baazista que estuviera en un puesto administrativo se le pedía que renunciara y entregara las riendas. El siguiente paso en el que insistió la APC fue en que cualquier profesor baazista debía ser obligado a dejar su empleo. Eso ya fue demasiado. Sami Mudhafar se dio cuenta de que hacer que todos los profesores y empleados que habían sido baazistas dejaran sus puestos significaba que habría una escasez demasiado grande de docentes para que las clases continuaran. Las cosas ya eran difíciles antes de la guerra, pero esto haría que fueran imposibles. Así que Sami Mudhafar se negó. Le dijo al representante del Ministerio de Educación Superior que era un error y que él no podía hacerse responsable de las consecuencias de una acción como ésa...

Sami Mudhafar fue sustituido inmediatamente. Le pidieron que renunciara a su puesto y el ministro de Educación Superior, nombrado por el Consejo de Gobierno, eligió a otra persona para ocuparlo. El campus de Jadriya se alborotó. Los estudiantes y los profesores protestaron, llevando pancartas que decían cosas como: «El ministro de Educación Superior fue nombrado: Sami fue elegido.» Y era un buen argumento: uno de los primeros brotes de la democracia fue rápidamente aplastado por un ministro nombrado por la APC y el Consejo de Títeres.

Después de esto, empezaron los problemas. Parecía como si cada día trajera una nueva historia de algún disentimiento menor o algún desacuerdo mayor entre el profesorado, los alumnos y la nueva administración, y a veces incluso se veían implicadas las tropas estadounidenses.

Antes de que las tropas se retiraran del campus de Jadriya, nombraron a una «seguridad del campus» que, según dicen, fue entrenada por los soldados. La seguridad del campus es un puñado de hombres de entre veinte y cuarenta años (dicen que la mayoría tienen veintipico). Los estudiantes están enfadados porque parece ser que la seguridad está ahí no tanto para garantizar su protección, sino para vigilar a los alumnos. Prácticamente todos los días ha habido una nueva escaramuza con la seguridad del campus, y cada vez que alguien ha intentado llevar el asunto a las autoridades superiores, tenían que pasar por más seguridad todavía para poder presentar una queja formal.

Hace unos días un estudiante empezó a discutir con uno de los miembros de seguridad sobre un espacio de aparcamiento. Por lo visto, el estudiante había entrado en una plaza de aparcamiento «reservada» y se disponía a salir corriendo para ir a clase cuando un miembro de la seguridad le pidió que retirara su coche. El alumno de ingeniería informática discutió, el tipo de seguridad del campus gritó, se dijeron palabras furiosas, otro guardia de seguridad se sumó y, de repente, los tres estaban peleando. Los amigos del alumno se unieron a la trifulca y la gente de seguridad empezó a sacar cuchillos... más estudiantes se sumaron —todo el mundo estaba furioso—, y los de seguridad pidieron refuerzos. Los refuerzos llegaron en forma de varios hombres de seguridad en dos camionetas. Se detuvieron en el camino que lleva al departamento de ingeniería informática y eléctrica, sacaron sus Kalashnikovs ¡y abrieron fuego contra el edificio de la facultad!

Los estudiantes empezaron a caer al suelo, las ventanas se rompieron, comenzaron a caer trozos de argamasa beige de los balcones y los profesores corrieron a sacar a los alumnos de las clases y llevarlos a los pasillos (para alejarlos de las ventanas). Uno de los estudiantes entró en su coche y fue a buscar al decano de la facultad y a algunos policías iraquíes. Unos minutos más tarde llegó la policía y empezó a gritarles a los de seguridad que dejaran de disparar. Entonces los de seguridad se dieron media vuelta y comenzaron a disparar en dirección a la policía. Los policías desenfundaron sus pistolas, empezaron a lanzar disparos amenazadores para que la seguridad del campus dejara de disparar. Entonces llegó el decano —un hombre pequeño, serio, pálido y perplejo— preguntándose cuál era el problema y fue recibido al instante por los aterrados estudiantes, los enfadados guardias de seguridad y la policía iraquí.

Ese día los alumnos se fueron a casa enfurecidos y desorientados, incapaces de continuar con sus clases. Afortunadamente, las heridas fueron de poca consideración. Unos cuantos rasguños de los cuchillos, unos cuantos moratones y probablemente algunas cicatrices mentales, pero nada más. Desde ese día están en huelga, exigiendo unas disculpas oficiales de la seguridad del campus y que se limite su poder, es decir, que no deberían disparar contra un puñado de estudiantes por una plaza de aparcamiento...

Hoy (bueno, ayer, técnicamente, porque aquí ya es casi el amanecer) hubo algunas explosiones más en el centro de la ciudad... no estoy segura de dónde venían, pero alguien dijo que habían sido cerca de la Zona Verde, otra vez. En internet no hay nada sobre el tema.

Pero, aparte de los iracundos guardias de seguridad, las explosiones en la capital, las bombas en Tikrit, las huelgas en Nassiryah contra la inseguridad, algunos ase-

sinatos, algunos raptos, coches bomba, organizaciones humanitarias asustadas y personas exhaustas, todo está maravillosamente bien... *suspiro*... *Allah Kareem.*
posted by river @ 5:06 AM

COMIDA...

He puesto al día la página de «¡¿Algo se está quemando?!» (http://iraqrecipes.blogspot.com/) y la he añadido a mi cuadro de información adicional.
posted by river @ 5:27 AM

Jueves, 13 de noviembre de 2003

EL CONSEJO DE GOBIERNO IRAQUÍ...

Tengo que escribir esto rápido. Hoy la situación eléctrica ha sido infernal. No hay una programación... En nuestra zona, la electricidad funciona treinta minutos por cada dos horas sin electricidad. La gente sospecha que es una especie de castigo por lo que ocurrió en Nassiryah esta mañana y por las bombas en Bagdad la semana pasada. También ha habido unas explosiones fortísimas hoy: las tropas fueron atacadas con morteros, creo, y se tomaron la revancha bombardeando algo.

Además, hoy le han disparado a Mohammed Bahr Ul-Iloom. Bahr Ul-Iloom es uno de los clérigos chiítas (un «presidente rotatorio») y es padre del ministro de

Petróleo. Parece ser que salió ileso, pero su chófer está herido. Aunque estoy segura de que a Bahr Ul-Iloom le encantaría culpar a los lealistas, a los baazistas y a Al-Qaeda, en realidad los disparos provinieron de las tropas estadounidenses: fue un «error». ¡Ay!

Bremer está actualmente en Washington, explicando por qué el Consejo de Gobierno es completamente inútil. El artículo del *Washington Post* sobre el descenso de la popularidad del Consejo de Gobierno no ha sorprendido a nadie:

> Estados Unidos se siente profundamente frustrado con los miembros del consejo elegidos a dedo porque han dedicado más tiempo a sus propios intereses políticos o económicos que a planificar el futuro político de Iraq, especialmente eligiendo un comité para que redacte una nueva constitución, añadieron los representantes («Alternatives to Iraqi Council Eyed», *Washington Post*, 9 de noviembre de 2003, http://www.washingtonpost.com/ac2/wp-dyn? pagename= article& contentld=A17199-2003Nov8 &not-Found=true).

Creo que puedo decir sin temor a equivocarme que cuando pones a un puñado de personas hambrientas de poder en un único consejo (algunas de las cuales han estado enfrentadas entre sí), intentarán favorecer sus propios intereses. Propondrán a los miembros de su partido, a sus milicias y a sus familiares en un intento de echar raíces en el futuro de Iraq.

> Bremer señaló que al menos la mitad del consejo está fuera del país en cualquier momento dado y que en algunas de las reuniones sólo se han presentado cuatro o cin-

co miembros («Alternatives to Iraqi Council Eyed», *Washington Post*, 9 de noviembre de 2003, http://www.washington tonpost.com/ac2/wp-dyn?pagename=article&contentld= A17199-2003Nov8&notFound=true).

Claro que están fuera del país: muchos de ellos no tienen lazos aquí. Tienen que visitar a sus familias y sus negocios en Europa y en Norteamérica. Para algunos de ellos, parece como si el «Consejo de Gobierno» fuese un hobby interesante, una pequeña diversión en su rutina mensual: golf los sábados, una película con la familia en Londres los viernes, un masaje en el balneario los martes, y, ah, sí: construcción de la nación durante cinco minutos con Bremer el décimo día de cada mes.

La gente aquí nunca los ve. La mayoría de ellos viven en complejos vigilados y uno nunca sabe en qué país están en ese momento. Por ejemplo, actualmente Chalabi está ausente. No lo he visto en las noticias desde... no sé cuánto tiempo. Si alguien lo ha visto, por favor, que me envíe un e-mail: me muero por saber en qué anda.

Puedo imaginar a Bremer preparándose para una reunión con los pioneros de la democracia iraquí, los pilares de la libertad... el Consejo de Títeres iraquí. Entra andando con pasos largos, con su traje elegante, su pelo ondulante y sus lustrosos zapatos (las botas amarrillas para la construcción de la nación sólo son para las conferencias de prensa y las sesiones de fotos en las provincias iraquíes). Él es todo ilusión y ansia: hoy será el día. *Esta* reunión será la reunión productiva que saldrá en los titulares.

Entra a grandes pasos en la lujosa sala, con sus tacones italianos sonando sobre el suelo de mármol; hoy habrá veinticinco caras. Veinticinco pares de ojos llenos de adoración lo seguirán mientras él se mueve por la sala. Veinticinco pares de oídos anhelantes se esforzarán por oír sus sabias palabras. Veinticinco rostros se iluminarán con... pero ¿dónde están los veinticinco? Se detiene en medio de la sala, con su corazón haciéndose trizas, con la ira aumentando a pasos agigantados. ¿Por qué hay sólo cinco caras inseguras? ¿Tenía mal su agenda? ¡¿Se había equivocado de sala de conferencias?!

Y Bremer brama y protesta furiosamente: ¿dónde están los Títeres? ¡¿Dónde están las marionetas?! ¡¿Cómo se atreven a faltar a otra reunión más?! Pero todos tienen sus razones, señor Bremer: Talabani tiene una indigestión después de la comilona de la noche anterior; Iyad Allawi tiene hora con un pedicuro en Suiza esta tarde, Al-Hakim está viajando en jet lanzando amenazas encubiertas a los países del Golfo, y Chalabi dice que ya no asistirá más a las reuniones, ha abandonado el país y volverá cuando sea época de elecciones...

La gente ha estado esperando esto desde hace algún tiempo. Hay una completa y absoluta falta de comunicación entre los miembros del Consejo y el pueblo; ellos son tan inaccesibles como Bremer o Bush. Sus discursos suelen ser en inglés y rara vez se dirigen al público iraquí. Oímos hablar de nuevas decisiones y de maniobras políticas y económicas a través de las voces superpuestas de los traductores mientras los miembros del Consejo están sonriendo afectadamente en alguna reunión a miles de kilómetros de distancia.

Necesitamos *verdaderos* iraquíes, y mientras muchos pueden argumentar que los miembros del Consejo son realmente verdaderos iraquíes, es importante tener presente ese antiguo refrán: no todo el que nace en un establo es un caballo. Necesitamos gente que no sólo esté vinculada a Iraq por alguna vaga ambición política. Necesitamos gente que tenga una historia dentro del país con la que la población se pueda identificar. Gente que no tenga que estar oculta detrás de muros de cemento, alambre de espino y un ejército.

Su fracaso no tiene nada que ver con los ataques a las tropas o al terrorismo. Tiene que ver con el hecho de que muchos de ellos sólo son recomendables porque aparentemente fueron muy hábiles para huir de una situación difícil y correr hacia los brazos adecuados. Otro problema es el hecho de que las personas decentes, inteligentes, con ambiciones políticas, se niegan a formar parte de este fiasco porque todo el mundo percibe que el Consejo de Gobierno no puede hace nada por sí solo. Bremer es el jefe y no es más que la punta del iceberg, representa a Washington.

Una conferencia nacional es una buena idea, pero fracasará tan miserablemente como el Consejo de Títeres, a menos que... haya una programación. Las fuerzas de ocupación tienen que establecer una fecha definitiva diciendo: «Comenzaremos la retirada en *tal* mes, el año que viene; vamos a organizarnos antes de esa fecha.» Una programación es imprescindible para que haya algún progreso, si es que se va a hacer. Sólo entonces las cosas empezarán a avanzar.

Los políticos y personalidades públicas importantes y populares no quieren estar cosidos a las faldas estadounidenses; esto incluye a abogados, expertos en ciencias políticas, escritores y otras personas conocidas. No sólo por ser faldas estadounidenses, sino porque ésta es una ocupación (admitida por los mismísimos EE. UU.). No importa cuánto se esfuercen la CNN y el resto por intentar disfrazarla de liberación, los tanques, las tropas, las batidas, los disparos (accidentales o no) y el Consejo de Títeres, todos dicen a gritos que es una ocupación. Si fuese francesa, habría la misma resistencia... igual que si fuera una ocupación saudí, egipcia o iraní.

También es imprescindible que se permita a todos los partidos políticos interesados en participar en la conferencia nacional. Cualquier conferencia política en el pasado ha estado limitada a los partidos políticos y religiosos aprobados por los norteamericanos, dejando a un gran número de grupos políticos fuera del círculo, grupos que tienen más apoyo popular. Además, la conferencia no puede estar dirigida y organizada por las fuerzas de ocupación (tropas y la APC). Si hay algo en lo que los iraquíes son buenos es organizando conferencias. ¿Por qué las decisiones políticas fundamentales para la independencia de Iraq deben tomarse bajo la vigilante mirada de un teniente o un general estadounidense? Todo el mundo quiere un Iraq democrático, pero eso no va a ocurrir si la gente asocia continuamente al gobierno con la ocupación.

¿Por qué cualquier gobierno iraquí tiene que ser bautizado y bendecido por Bremer? Él no era iraquí, la última vez que lo comprobé...

Juan Cole y Joshua Marshall tienen algunas cosas interesantes que decir sobre el tema (ambos ofrecen buenos links, también).

Informed Comment, 12 de noviembre de 2003, http://www.juancole.com

....

El repentino y apresurado viaje del administrador civil Paul Bremer a Washington esta semana indicó que la

Casa Blanca está considerando replantearse radicalmente la política iraquí. Como señala Josh Marshall, están circulando rumores de que él mismo podría renunciar o ser despedido.

Además, él y sus colegas en Washington están sopesando eliminar al Consejo de Gobierno Interino y en recurrir a´ un modelo como el de Afganistán. Este paso requeriría algún tipo de proceso de selección iraquí de un presidente como Karzai, el cual nombraría a un gabinete y establecería un gobierno legítimo mientras se redacta la nueva constitución. El diario Az-Zaman, cercano al miembro del CGI, Adnan Pachachi, describe este plan como una «purga del gobierno interino»...

Talking Points Memo, 11 de noviembre de 2003, http://www.talkingpointsmemo.com/archives/week_2003_11_09.php

....

¿BREMER ESTÁ FUERA DEL PODER? ¿Lo van a ascender? ¿A suspender? Hace dos semanas corría el rumor de que estaba intentando renunciar.

Hoy he oído todos los rumores posibles. Y lo único que parece estar realmente claro es que algo importante está a punto de ocurrir sobre el terreno en la ocupación de EE. UU. ...

Hace ya casi dos semanas, Bremer tuvo consultas con funcionarios de alto rango del Pentágono. Y el parloteo que salió de esa reunión decía que Bremer se había vuelto sumamente pesimista respecto a su trabajo en Iraq y que John Abizaid, jefe del Mando Central de EE. UU., estaba abogando por algún tipo de medida de vuelta al combate bélico

241

---

posted by river @ 2:35 AM

Domingo, 16 de noviembre de 2003

PUESTA AL DÍA...

Estos últimos días han sido tensos: disparos, helicópteros y explosiones. Hace un par de días contamos alrededor de unas 23 explosiones. Mi primo, su mujer y sus dos hijas estaban en nuestra casa cuando empezó el alboroto. Algunas explosiones fueron tan fuertes que las ventanas empezaron a retumbar con cada impacto y me vinieron a la mente imágenes de marzo y abril.

Las niñas reaccionaron de manera distinta: la mayor corrió a sentarse junto a su madre, lo más lejos posible de la ventana de la sala de estar. En una ocasión me confesó que tenía terror a los cristales; cuatro ventanas de la casa de sus abuelos estallaron durante la fase de «conmoción y asombro» de los bombardeos, y ella todavía recuerda el incidente. La más pequeña permaneció en silencio, estoica. Es difícil percibir que tiene miedo, pero si te sientas muy cerca de ella puedes oír cómo hace rechinar sus dientecitos, que es lo que suele hacer cuando está asustada. Esto saca de quicio a mi primo, porque cuando la niña hace eso entra en una especie de trance y no podemos hacer nada para mantener su mente lejos de aquello en lo que está pensando. En un momento dado preguntó: «¿Es la guerra otra vez?» No, no es la guerra, cariño... los helicópteros, los tanques, los misiles, las ventanas que vibran y las explosiones no son la guerra, son la «protección»: son la Operación Martillo de Acero, que no debe confundirse con la guerra.

Cuando la cosa se puso particularmente intensa y los helicópteros comenzaron a sobrevolar el área, E quiso salir a la azotea a ver qué estaba ocurriendo y qué estaban bombardeando exactamente. Mi madre declaró que NADIE iba a subir a la azotea: los helicópteros estaban volando bajo y últimamente los soldados no han sido demasiado discernidores cuando se ha tratado de civiles, especialmente los que están en los helicópteros y en los tanques.

En un momento dado, el ruido de los helicópteros era tan fuerte que parecía como si fueran a aterrizar en nuestro techo. E estaba inquieto, yendo y viniendo de la casa al jardín, intentando entrever la conmoción. Más tarde nos enteramos de que unas instalaciones de la antigua Guardia Republicana habían sido bombardeadas, aunque nadie entiende por qué: ¡¿quién iba a usar *eso* como lugar de reunión?! Otras zonas fueron bombardeadas y una de ellas fue evacuada, aunque algunas personas prefirieron quedarse en sus casas.

Han vuelto a cerrar el Puente del 14 de Julio. El Puente del 14 de Julio también es conocido como el «Puente Mu'alaq», o el puente suspendido. Es el puente que describí en uno de mis posts anteriores. Este puente fue cerrado a los civiles durante la guerra (después del 9 de abril, creo) y fue reabierto hace unas dos semanas. No he estado en el puente desde marzo. Me da pavor tener que cruzarlo otra vez porque fue el escenario de muchas muertes horribles; muchos coches de civiles fueron quemados en ese puente. Un amigo nuestro perdió a su esposa y a su perro en ese puente cuando un tanque disparó contra su SUV en abril. Pasaron cinco días antes de que le permitieran retirar los cadáveres del coche quemado y dar a su esposa un entierro digno.

He oído hablar de la nueva «aceleración de la transferencia de poder» al Consejo de Gobierno. No estoy segura de cómo se va a hacer. Hoy Chalabi hizo su discurso en inglés con Talabani a su derecha y Pachachi mirando por encima del hombro a su izquierda. Leí el blog de Juan Cole y él describe un informe de la ABC, que no sonaba como un discurso.

Informed Comment, 15 de noviembre de 2003, http://www.juancole.com

....

... al parecer, el viernes ABC News (http://abcnews.go.com/sections/wnt/World/iraq_bremer_031114.html) fueron los primeros en obtener los detalles del plan presentado por Paul Bremer al Consejo de Gobierno Interino. Mi concisa paráfrasis es la siguiente:

1. El Consejo de Gobierno Interino creará una Ley Básica que permitirá que un gobierno de transición pueda ser elegido y pueda funcionar.

2. En primavera, cada una de las 18 provincias de Iraq celebrará asambleas compuestas de notables, ancianos y jefes tribales. Estas asambleas elegirán en total entre 200 y 300 miembros del parlamento, basándose en una representación proporcional. Este parlamento interino, a su vez, elegiría a un primer ministro. Este proceso habría finalizado antes de junio de 2004.

3. La Autoridad Provisional de la Coalición del señor Bremer entregaría el poder al nuevo gobierno y cerraría el chiringuito. No obstante, los militares de EE. UU. y el Reino Unido permanecerían en Iraq, y el nuevo gobierno podría invitar a otros contribuyentes internacionales de tropas y otras formas de ayuda.

4. El gobierno interino celebraría elecciones para elegir a los delegados para una asamblea constitucional para redactar la nueva constitución, de acuerdo con la fatwa *o las decisiones legales del Gran Ayatolá Ali Sistani.*

5. Se celebrarán elecciones formales sobre la base de «una persona, un voto», para instalar un nuevo gobierno, al cual el gobierno interino entregará el poder...

Según el discurso, entiendo que antes de junio, el Consejo de Gobierno nominaría y elegiría un «gobierno soberano». Pero volvemos a lo mismo: ¿quién eligió al CG? Alguien le preguntó a Talabani, creo, si los mismos miembros del CG estarían en el gobierno «electo». La respuesta fue «Sí, si nuestros partidos todavía nos quieren como representantes». Tendré que investigar esto más a fondo. No estoy segura de lo que eso significa. Todavía hay una cierta confusión aquí sobre cómo van a elegir a todo ese nuevo gobierno antes de junio...
posted by river @ 5:21 AM

ALGUNOS LINKS...

La gente me ha estado preguntando sobre las víctimas mortales en Iraq. Echad una ojeada a este informe: «Daños colaterales continuados: los costes sanitarios y medioambientales de la guerra a Iraq.»

Continuing collateral damage: the health and environmental costs of war on Iraq. http://medact.org/content/wmd_and_conflict/final%2ofinal%2oreport %proof.pdf

....

... este informe evalúa el impacto de la guerra de 2003 en el medioambiente y en la salud física y mental de los civiles y los combatientes. Describe la guerra y algunas de las armas utilizadas; su impacto en la salud y en el medioambiente; y los problemas relacionados con la salud en la reconstrucción de la posguerra. La salud de civiles y combatientes se ha visto enormemente afectada y continúa estándolo. Sus conclusiones podrían ayudar a determinar si hacer la guerra a Iraq fue más o menos perjudicial que otras líneas de acción alternativas; cuál es la mejor manera de llevar los asuntos de la posguerra, minimizar las pérdidas adicionales de vidas y maximizar la mejora en la salud, y cómo enfocar esos temas en los debates sobre otro conflictos. El informe acaba con unas recomendaciones relativas a Iraq y a la prevención de la guerra...

En cuanto a las muertes de soldados en Iraq, la página que mejor resume el tema es *Today in Irak*; no sé nada de esta página, más allá del hecho de que ofrece un resumen diario de las principales noticias y ofrece links, comentarios breves y, ocasionalmente, artículos en los que despotrica. Vale la pena consultarla a diario.

Today in Iraq, http://dailywarnews.blogspot.com

Noticias de la guerra para el 31 de octubre de 2003:

Bring 'em on:[6] *Ataque con granadas en Bagdad hiere a dos soldados de EE. UU.*

Bring 'em on: Las tropas se enfrentan a manifestantes en Bagdad. Otros dos soldados de EE. UU. resultan heridos, un policía iraquí muerto y tres civiles heridos.

Bring 'em on: Enfrentamientos en Bagdad se intensifican convirtiéndose en tiroteo urbano.Bring 'em on: Una bomba estalla en Bagdad. Dos iraquíes muertos.

Bring 'em on: Ataque con granadas a una comisaría iraquí en la Zona Verde de Bagdad.

Bring 'em on: Ataque con mortero a un convoy del ejército polaco cerca de Kerbala.

Bring 'em on: Oficina del alcalde atacada en Faluya. Muere un reportero iraquí.

Bring 'em on: Oficina del alcalde atacada en Mosul, base de EE. UU. bombardeada.

Bring 'em on: Una mina terrestre cerca de Baquba mata a dos civiles iraquíes.

posted by yankeedoodle: 1:45 AM

He actualizado la página de recetas (iraqrecipes. blogspot.com).

Danny Schechter tiene una nueva página llamada «Dissectorville» (www. newsdissector.org/dissectorville).   *posted by river @ 5:50 AM*

---

6. «Adelante, los estamos esperando.»

Martes, 18 de noviembre de 2003

DÍAS DIFÍCILES...

¡Han estado bombardeando casas en Tikrit y en otras zonas! Increíble... ¡¡¡Estoy tan furiosa que tengo ganas de romper algo!!! ¡¿Qué diablos está pasando?! ¡¿Qué piensan los norteamericanos que es Tikrit?! ¿Una especie de ciudad de monstruos o bestias? La gente ahí es gente sencilla. La mayoría se ganan la vida de lo que cultivan en sus tierras y de su ganado —el resto son maestros, profesores y comerciantes—, ellos tienen vidas y familias... Tikrit no es más que un puñado de casas bajas y un palacio, ¡que era tan inaccesible a los tikritíes como lo era para todos los demás!

La gente en Al-Awja sufrió tanto como cualquiera, si no más; no todos estaban emparentados con Saddam, e incluso los que lo estaban sufrieron a manos de sus familiares directos. De acuerdo, sus guardaespaldas y otras personas cercanas a él eran de Tikrit, pero actualmente no están en Tikrit: la mayoría han empezado a tener tratos con la APC y está negociando su seguridad y la de sus familias a cambio de información. Las personas que están actualmente en Tikrit son simplemente gente corriente cuyas casas y cuyos hijos son tan valiosos para ellas ¡como lo son las casas y los niños norteamericanos para los norteamericanos! Esto es despreciable y todo el mundo lo piensa: sunitas y chiítas por igual sacuden la cabeza, incrédulos.

Y NO —no soy tikrití— ni siquiera soy del «triángulo», pero conozco personas sencillas, decentes, que SON de ahí y la mera idea de lo que les están haciendo es tan indignante que me dan ganas de gritar. ¡¿Cómo es posible que ese presidente estúpido diga que las cosas están mejorando en Iraq cuando sus tropas se han rebajado a destruir casas?! ¿Es esa una señal de que las cosas están mejorando? Cuándo destruyes la casa de una persona y detienes a su familia, ¿para qué querría seguir viviendo? ¡¿Cómo no va a querer arrojarle una bomba a un soldado de diecinueve años de Missouri?!

Las tropas estuvieron sacando a la calle a empujones a mujeres y niños temblando de miedo en medio de la noche. ¡¿Qué creéis que piensan esos niños al ser arrastrados fuera de sus casas, al ver que sus posesiones y sus casas son dañadas y quemadas?! ¡¡¿Quién creéis que está creando «terroristas»?!! ¿Creéis que esos niños piensan, «Ah, bueno, hemos aprendido nuestra lección. Ya está. ¡Arriba las tropas!». Es algo que se parece más a un círculo vicioso, estúpido, y la gente está indignada...

Las tropas están diciendo que los ataques se originan en esas zonas; la gente de esas zonas dice que los ataques provienen de otra parte... Realmente me asusta pensar en qué se va a convertir esto. La gente parece creer que Iraq está dividida en zonas y áreas; dividido étnica y religiosamente. Eso no es cierto: la mayoría de las personas tienen parientes por todo Iraq. Mis parientes se extienden desde Mosul hasta Basrah; todos nos preocupamos los unos por los otros y la gente decente está fuera de sí al ver lo que está ocurriendo.

También ha habido una serie de batidas por todo Bagdad, pero especialmente en Al-A'adhamiya. Han detenido a docenas de personas con la excusa de que poseen más de una arma. ¿Quién tiene menos de dos armas? Todo el mundo tiene al menos un Kalashnikov y un par de pistolas. Todos los hombres de la casa suelen ir armados y a veces las mujeres también. No es porque nos guste convertir nuestras casas en arsenales, sino porque la situación era tan peligrosa (y en algunas zonas todavía lo es) que nadie quiere correr riesgos. Imaginad la escena: una furgoneta azul se detiene... de ella salen lentamente diez hombres sucios, de pelo largo, llevando Kalashnikovs, pistolas y granadas, y exigen que les entreguen todo el oro y los niños (para pedir un rescate). Ahora imaginad que intentáis enfrentaros a ellos con una sola pistola... Si Bagdad fuera SEGURA, la gente entregaría sus armas. Odio tener armas en la casa.

Estoy tan cansada. Los últimos días han tensado todos y cada uno de los nervios de mi cuerpo. Llevamos tres días sin electricidad y aunque hace buen tiempo, es realmente deprimente.

Nadie sabe por qué no hay electricidad; hay rumores sobre tormentas y daños a generadores y sabotaje y castigo... nadie sabe exactamente qué está ocurriendo. Hay explosiones por todas partes. Ayer fueron especialmente intensas. Hoy hubo una gran explosión que nos pareció que fue muy cerca, pero no podemos estar seguros. ¿Cómo define uno la guerra? A mí esto sí que me parece una guerra... sin electricidad, con agua que sale en un chorrito delgado, aviones, helicópteros y explosiones.

Hoy no llevamos a las niñas al colegio. Anoche la mujer de mi primo se pasó toda la noche hablando de horribles premoniciones y no tuvo que hacer muchos esfuerzos para convencer a mi primo de que estarían mejor en casa.

Es duro para los adultos estar sin electricidad, pero es un tormento para las niñas. Se niegan a alejarse del pequeño remanso de luz que proporcionan las lámparas de queroseno. Las observamos nerviosamente cuando corren a toda velocidad de la luz de la vela a la luz de la lámpara, intentando evitar la oscuridad tanto como les sea posible. Me vienen a la mente imágenes de las niñas volcando una vela, de cera caliente, ardiendo, llamas... La otra noche le pregunté a la que tiene siete años si tenía miedo a los «monstruos» cuando se alejaba asustada de las habitaciones oscuras. Me miró como si yo estuviera loca: los monstruos son para los perdedores que no necesitan tener miedo a la guerra, a los secuestros y a las explosiones.

Inmediatamente después de la guerra, todos (cinco casas del barrio) pusimos dinero y compramos un generador. Lo que hacemos ahora es que dos casas obtienen suficiente electricidad para unas luces fluorescentes, una televisión, una nevera y un congelador. Les pedimos que «ahorraran nuestra electricidad» y nos dieran un par de horas después del *futtoor*, y por eso puedo escribir ahora. Pero se me está acabando el tiempo y tengo miedo de que si la electricidad se va de repente, mi ordenador se dañará.

E y yo nos quedamos en la azotea después del *futtoor* y sólo entramos en casa cuando los helicópteros empiezan a volar encima de nosotros. Desde la azotea observamos la calle principal. Uno de los comerciantes tiene un pequeño generador y pone sillas fuera de su tienda, delante de una pequeña televisión en blanco y negro. Todos los hombres del barrio se dirigen en tropel hacia la luz como unas hormigas que van hacia un lugar pegajoso. Se quedan ahí sentados tomando té y charlando.

Uno realmente no aprecia la luz hasta que contempla una ciudad ennegrecida y sus ojos son automáticamente

atraídos hacia los puntos de luminosidad que proporcionan los generadores... parece como si el cielo se hubiese caído y las estrellas estuviesen paseando por las calles de Bagdad, perdidas y solas.

Ahora me tengo que ir. Espero que al menos mañana
vuelva la electricidad.   *posted by river @ 10:52 PM*

Sábado, 22 de noviembre de 2003

GRACIAS...

Un agradecimiento muy especial a tres personas. La primera es Frank Tobin (http://www.neverending.org/
~ftobin/), quien consiguió que Blogger (www. blogger.
com) mejorara mi blog, de manera que la publicidad ha
desaparecido y puedo hacer un montón de cosas que
antes no podía hacer. La segunda persona es Jeff Reed,
quien ha registrado riverbend.com; ¡ahora Riverbend es
un punto com! La tercera persona es Diana, de *Letter
from Gotham* (http://letterfromgotham.blogspot.com),
por... bueno, ¡ella sabe por qué!

Dicho sea de paso, he actualizado «¡¿Algo se está
quemando?!» (iraqrecipes.blogspot.com/)...   *posted
by river @ 12:50 AM*

BURROS Y GUERRILLAS...

El blog de hoy va a parecer sacado directamente de The
Onion.

¿Los burros podrían ser el eslabón perdido?

Bagdad, Iraq. A eso de las 7.15 de esta mañana, los residentes del centro de Bagdad despertaron con el ruido de explosiones. Muchos habitantes dijeron que dieron por sentado que los ruidos eran el resultado de la Operación Martillo de Acero, la última táctica militar diseñada para enviar mensajes a los insurgentes iraquíes.

Al encender sus televisores, los bagdadíes se dieron cuenta de que dos importantes hoteles y el Ministerio de Petróleo habían sido atacados recientemente.

Los dos hoteles atacados con misiles eran el Sheraton y el hotel Palestina, ambos situados en una zona comercial, muy concurrida, en la capital iraquí. Los hoteles alojan a los reporteros y periodistas de muchas cadenas de noticias importantes, incluida la CNN, así como contratistas extranjeros. Aunque al parecer no ha habido víctimas mortales en ninguno de los hoteles, ni tampoco en el ministerio, los testigos confirmaron que había heridos.

¿Los agresores? Burros. Sí, en varias zonas de Bagdad se han encontrado burros tirando de coloridos carros con lanzamisiles y misiles camuflados con heno. Los burros, con aspecto culpable y hosco, fueron arrestados para ser interrogados y no hicieron declaraciones.

«¡Se parece al burro morado de Winnie Dab-Doob!» dijo con asombro un joven residente de Bagdad, relacionado con el reportero, en referencia a uno de los terroristas.

El primer verdadero eslabón

¿Podría ser éste el primer vínculo verdadero con Al-Qaeda? Después de meses intentando relacionar a Iraq con las

actividades terroristas, este último ataque podría resultar
ser el «eslabón perdido» del Pentágono. Después de todo,
los burros y las mulas se utilizan ampliamente en Afga-
nistán para viajar por la región rocosa y montañosa; su
presencia en Bagdad es sumamente sospechosa. Hasta el
momento, todavía no ha quedado claro si los burros son
guerrillas extranjeras que entraron en Iraq desde uno de
los países vecinos o si en realidad forman parte de una cé-
lula local de Al-Qaeda.

Los residentes en Bagdad se preguntan: ¿estos acusa-
dos podrían ser los primeros burros enviados a Guantá-
namo?

Por Riverbend, Bagdad en llamas

Es cierto... no hemos hablado de otra cosa en todo el
día.   *posted by river @ 12:56 AM*

Martes, 25 de noviembre de 2003

EID MUBAREK...

En los últimos días he tenido que dejar de lado el tecla-
do y el blog para hacer algo menos glamuroso: el cubo y
la mopa.

Todo empezó hace unos tres días. Estaba en la entrada de coches, peleándome con la manguera del jardín e
intentando colocarla de una forma ingeniosa para obtener el máximo chorro de agua. Mi madre estaba de pie
en la puerta, charlando con Umm Maha, que vive en-

frente (una mujer bajita pero fuerte y sana, de cuarenta y tantos años).

Umm Maha nos había preparado *kilaycha*, un postre especial de Eid (y la receta es un poco demasiado complicada para publicarla). Las *kilaycha* son como... no exactamente como galletas o barritas, sino como unas bolas de masa dulce y seca. Son, básicamente, una especie de masa cocida al horno rellena de nueces, o de semillas de sésamo y azúcar, o de dátiles, o simplemente plana y simple, un poco como las galletas de Navidad, pero menos quebradizas y dulces. Todas las casas las preparan o las compran para Eid; son casi tan necesarias como la sopa de lentejas.

Yo estaba escuchando vagamente la conversación. Hablaban de los apagones y cómo estaban afectando al fluir del agua en algunas zonas (como la nuestra). Mi madre decía que iba a deshelar el congelador porque la electricidad intermitente estaba haciendo que todo se ablandara cuando, de repente, Umm Maha pareció asombrada: «Pero ¿tu congelador no está limpio? ¡¿No has empezado la limpieza de Eid?!» Me quedé helada cuando oí esas palabras y miré de reojo a mi madre. Ella parecía incómoda; no, no habíamos empezado la «limpieza de Eid», ¿pero cómo se lo dices a la Martha Stewart[7] de Bagdad?

Sí, Umm Maha es la Martha Stewart de Bagdad; desafío a cualquiera que pueda mostrarme a una vecina con una entrada de coches más limpia. Toda su casa está impecable... tanto si llueve como si hay sol o bombas de dis-

---

7. Stewart es una famosa personalidad televisiva que ha levantado un imperio económico con sus consejos sobre economía doméstica y otros quehaceres del hogar.

persión. Sus hijos siempre están acicalados y planchados. Su coche, aunque viejo y abollado, está impecable. Ella siempre es la primera en hacer las *kilaycha* de Eid. Es la primera en salir fuera y lavar la casa, el coche, la entrada de coches y los ÁRBOLES después de una infame tormenta de polvo iraquí. Es la vecina que conoce las últimas novedades en limpieza (como usar polvos de talco para quitar las manchas de aceite), y es la que persigue con una escoba (¡¿con qué otra cosa iba a hacerlo?!) a los gatos callejeros que están en los cubos de basura de los garajes.

Mi madre sonrió pálidamente (todos sabíamos que Eid estaba cerca, pero nadie tenía la energía o la iniciativa para comenzar la inmensa tarea de dejar la casa impecable antes de Eid). Eid Il Futtir, que es como se llama, es la fiesta de tres días que viene inmediatamente después del ramadán. En Iraq la celebramos visitando a familiares y amigos y, por lo general, comiendo. Es una celebración del final del ayuno (especialmente si has sido capaz de ayunar todo el mes).

Los preparativos para Eid suelen comenzar una semana antes de la fiesta. Los niños tienen que tener ropa nueva, pijamas nuevos y un nuevo corte de pelo. La cocina tiene que estar surtida de cosas buenas para comer para la familia, los amigos y vecinos que vengan de visita. La familia debe estar preparada para tener visitas en cada minuto de los tres días de Eid. La casa tiene que estar impecablemente limpia.

Es tradicional que las familias comiencen el *tandheef il eid* unos días antes de que acabe el ramadán. En Arafat, o en la víspera de Eid, muchas personas se quedan en casa para organizar las cosas. Se cree que Eid no está completa y que el «espíritu» de la fiesta no entrará en el hogar si la casa está sucia o desordenada.

Así que, hace unos días, Martha Stewart, también conocida como Umm Maha, le recordó a mi madre lo que se acercaba. En ese momento intenté soltar sutilmente la manguera y desaparecer detrás de un arbusto, sabiendo que mi participación en el proceso de limpieza iba a ser amplia. No sirvió de nada. En cuanto Umm Maha se fue de nuestra casa, chasqueando la lengua en desaprobación, mi madre entró en el «modo limpieza» y comenzó la «Operación Eid Impecable».

El general de división «Madre de Riverbend» reunió inmediatamente a su ejército de limpiadores y empezó a dar órdenes. Riverbend limpiaría los armarios, papá tendría que atacar ese montón de basura «valiosa» que había en la entrada de coches y E movería los muebles pesados para limpiar debajo de ellos: los montones de polvo debían ser eliminados y la suciedad destruida. Eso es lo que he estado haciendo en estos últimos días: frotando, doblando ropa, sacando brillo y lavando con agua. Ha sido difícil por los constantes apagones. Pasar el aspirador es prácticamente imposible y la mayor parte de la ropa hay que lavarla a mano porque el tanque de agua de la azotea nunca está lo bastante lleno.

Para algunos sunitas Eid comenzó ayer (al igual que en Jordania y en Egipto). Para el resto, Eid es mañana. Las familias como la mía, con una combinación de sunitas y chiítas, seguimos a Arabia Saudita y ellos han declarado que Eid es hoy: el 25 de noviembre. Me molesta que no hayamos comenzado Eid «juntos» este año, porque de eso se trata Eid en realidad: de estar juntos.

Las mezquitas están siendo vigiladas detenidamente y la mayoría de la gente está a salvo en sus casas antes de las 8 de la noche. No estamos muy seguros de cómo se van a reunir nuestras familias, ¿quién irá dónde? No todo el mundo tiene acceso al teléfono y, en ciertas zonas, mucha gente está dudando de reunirse en grandes grupos por miedo a que los confundan con «terroristas». Este año será un Eid extraño, con helicópteros y tanques... y posiblemente batidas.

A aquellos que comenzaron Eid ayer y a aquellos que empiezan hoy: feliz Eid, o *Eid Mubarek*...
posted by river @ 3:12 PM

Sábado, 29 de noviembre de 2003

RESUMEN DE EID...

Eid Al Fittur ha llegado y se ha ido una vez más. Este año, sin duda, fue distinto del año pasado. Fue más tranquilo y solemne de lo habitual. El primer día lo pasamos en casa, recibiendo a los familiares y los vecinos que vinieron a decir *«Eid Mubarek»* y a tomar un poco de té y *kilaycha*.

El segundo día fuimos a visitar a una pareja de amigos de la familia y a un familiar que está de luto. Parece ser que mucha gente está de luto en este Eid. Cuando visitas a alguien que está de luto durante las fiestas no puedes decirle *«Eid Mubarek»* porque, en cierto modo, sería como un insulto desearle alegría durante un momento difícil. En lugar de eso decimos *«Akhir il ahzan»*, que básicamente significa «Que ésta sea la última de tus tristezas...». A menudo la persona simplemente asiente con la cabeza, lucha por retener las lágrimas e intenta ser amable. Odio hacer esas visitas porque realmente me parece que es una terrible intrusión.

Una de nuestras visitas de Eid fue a una amiga íntima de mi madre que vive en Al-A'adhamiya. En abril perdió a su marido, a su hijo y a su hija pequeña cuando un tanque disparó contra su coche mientras intentaban evacuar su casa. Fuimos a visitarla en el segundo día de Eid. Yo temía esta visita porque la última vez que la había visto era sólo un fragmento de una persona. Era como si sólo hubiese sido una persona entera con su marido y sus hijos, y ahora no fuera más que un cuarto de la totalidad. Durante el primer mes después de la muerte de su familia, no era capaz de comer, ni de dormir, ni de hablar. Cuando la vimos en mayo, no pudo, o no quiso, reconocernos.

Fuimos a verla a la casa de su hermana en la misma zona. Ya no vive en su antigua casa; no puede soportar lo vacía que está repentinamente. Esta vez habló y estuvo moviéndose, pero ya no es la misma persona, ni siquiera se acerca a la misma persona. Habla educadamente e intenta seguir la conversación, pero uno se da cuenta de que su mente está en otra parte y que está haciendo un esfuerzo enorme para mantener la concentración en lo que se está diciendo o haciendo.

Una parte de mí sabía que estar ahí, compartiendo Eid con ella, era lo correcto, lo que había que hacer. Otra parte de mí sentía que estábamos cometiendo algún tipo de terrible pecado y que era sencillamente imperdonable que estuviéramos ahí sentadas, hablando de la lluvia y de las explosiones cuando la vida de esta mujer se había desmoronado en un negro día de abril. No pude decidir qué era peor: ver la mirada agonizante en sus ojos durante los momentos en que surgían los recuerdos, o ver su mirada vaga, vacía, de indiferencia, cuando desaparecía dentro de sí misma.

Al marcharnos, me incliné y la abracé, susurrándole «*Akhir il ahzan...*» y, mientras me apartaba, ella simplemente me miró, negó con la cabeza y dijo: «Claro que será la última de mis tristezas; ya no hay nada más que llorar, porque ya no hay nada que me importe...»

Y entonces llegó el último día de Eid...

Bush estuvo en Iraq el día 27. Hizo una visita relámpago al Aeropuerto Internacional de Bagdad. No os dejéis engañar por el nombre: el aeropuerto de Bagdad está a unos veinte minutos de Bagdad, en una zona desértica, vacía, a la que no está permitido que nadie se acerque. Nadie se enteró hasta que Bush se marchó y entonces todos empezaron a decir: «¿Eh? ¡¿Qué fue eso?!»

Aquí todos ven esto como lo que es: simplemente un débil intento de tener una buena imagen. En realidad lo esperábamos en Iraq durante su gira por Asia; se suponía que pasaría por aquí para relamerse un poco. Yo sólo creo que todo este asunto podría haber sido un poco menos transparente (y esperaba que ocurriera más cerca de las elecciones).

Verlo en la tele fue divertido; entonces, ¿por qué tuvo que entrar y salir de Iraq a hurtadillas, con tanto secreto? ¿Por qué no caminó por las calles del país que ayudó a «liberar»? ¿Por qué no *sobrevoló* al menos el país al que ha «liberado»? Está diciendo continuamente que la situación ahora está mucho mejor que antes de la guerra; entonces, ¡¿por qué no aprovecha nuestra excelente situación de seguridad?! Estábamos todos ahí sentados viéndolo pronunciar con confusión el torrente habitual de palabras y sacudíamos la cabeza... Es tan idiota en Bagdad como lo es en Washington.

Tengo curiosidad por saber qué sintieron las tropas respecto a su presencia... Estoy segura de que el grupo elegido a dedo en el aeropuerto estaría eufórico, pero no puedo evitar preguntarme sobre las tropas que están permanentemente en Tikrit, Najaf, Faluya o Mosul... Me imagino que preferirían estar en casa.

Lo más divertido de su visita fue ver a Chalabi y a Talabani dando saltos en el aeropuerto, gritando con entusiasmo y aplaudiendo mientras Bush hacía las rondas. Muwafaq Al-Rubai'i, que también es miembro del Consejo de Gobierno, tuvo un comportamiento embarazoso: se ponía de puntillas y aplaudía como un niño de cinco años que mira al payaso de un circo. Más tarde, habló con efusión de lo felices que estaban los iraquíes y lo encantado que estaría todo el país, como si él lo supiera: es tan inaccesible para los iraquíes como el propio Bush.

Bush debe de sentirse orgulloso hoy; han matado a tiros a otros dos «insurgentes»: dos hermanas terroristas, una de doce años y otra de quince. Las tropas les dispararon mientras recogían leña en un campo... pero nadie se ha molestado en cubrir esa noticia. Sólo son dos niñas adolescentes iraquíes que fueron brutalmente asesinadas por las tropas de ocupación, ¿y qué? La visita secreta de dos horas de Bush al Aeropuerto Internacional de Bagdad es infinitamente más importante...

Nota: A todos los que me habéis mandado felicitaciones por Eid, gracias. El número de e-mails fue increíble. Intentaré responder pronto —tened paciencia—, la situación de la electricidad ha sido una pesadilla.   *posted by river @ 5:08 AM*

LOS DOS LADOS DE LA HISTORIA...

Me han indicado que hay dos lados diferentes del incidente que mencioné en mi blog anterior, sobre las niñas de doce y quince años contra las que dispararon en un campo mientras recogían leña. La APC ha anunciado que en realidad las niñas fueron *halladas* muertas en el campo y fueron entregadas a la policía iraquí. Sin embargo, su hermano dice que las tropas de EE. UU. dispararon contra ellas. Los primeros en publicar la historia fueron los de AFP (France Press), y Al-Jazeera y varios otros la recogieron después.

Ésta es la historia modificada en Al-Jazeera.

«Encuentran muertas a dos niñas iraquíes», Al-Jazeera, 29 de noviembre de 2003, http://english.aljazeera.net/NR/exeres/F9EAD9BE-BC2D-47B3-9C24-4276 D6C99B4B.htm

....

Los cuerpos de dos jóvenes hermanas iraquíes han sido descubiertos por las tropas de EE. UU. cerca de Baquba, a unos 60 km (35 millas) al norte de Bagdad, según las fuerzas de ocupación.

Una fuente militar de EE. UU. dijo el viernes que habían informado a la policía iraquí y les habían entregado los cuerpos. La fuente dijo que ambas muertes parecen ser casos de homicidios civiles...

Sin embargo, el hermano de las niñas había dicho anteriormente que tropas de EE. UU. en el aeropuerto de Ibn Fir-

nas, a 7 km (4 millas) de Baquba, habían disparado contra Fátima y Azra, de quince y doce años, el jueves al mediodía mientras ellas recogían leña del campo a unos 30 m de distancia...

«Azra murió en el acto y mi otra hermana murió más tarde por las heridas», dijo Qusay, de dieciocho años...

El policía Hussein Alí dijo que las fuerzas de EE. UU. habían entregado los cuerpos de las niñas a la policía «argumentando que una de ellas tenía una pistola...».

La policía registró la vivienda de las niñas, «sin encontrar nada ilegal», añadió Alí...

Y una confirmación de *News Interactive.*

«Ejército de EE. UU. niega haber matado a las hermanas», *News Interactive*, http://www.news.com.au/common/ story_ page/0,4057,8012117%255E1702,00.html

....

La coalición dirigida por EE. UU. que gobierna Iraq ha negado firmemente hoy la noticia de que las tropas estadounidenses habían matado a dos jóvenes hermanas iraquíes cerca de Baquba, 60 km al norte de Bagdad.

«Las fuerzas de EE. UU. no tuvieron nada que ver con la muerte de ninguna de las jóvenes. Ambos incidentes parecen ser un homicidio. La policía iraquí en la zona está investigando», dijo el portavoz de la Autoridad Provisional de la Coalición.

Las niñas fueron halladas muertas por el ejército de EE. UU. y la policía iraquí, dijo: «Las fuerzas de EE. UU., durante la persecución de dos hombres que habían estado cavando un hoyo en un campo al norte de Bagdad, encontraron a una muchacha, ya muerta. Los hombres podrían ha-

berse estado preparando para enterrar a la chica.» Ese mis-
mo día, la policía iraquí y las fuerzas de EE. UU. encontraron
los restos de una segunda muchacha...

Espero que capturen a quienquiera que haya hecho esto y lo castiguen *severamente*.
posted by river @ 11:48 PM

EL ESPEJISMO NUCLEAR IRAQUÍ...

No me lo puedo creer: justo hoy estaba planeando escribir sobre el libro de Imad Khadduri *Iraq's Nuclear Mirage* (www.iraqsnuclearmirage.com/) cuando encontré este artículo:

«Científicos iraquíes: mintieron sobre las armas nucleares.»

«Científicos iraquíes: mintieron sobre las armas nucleares», por Charles J. Hanley, *The Associated Press*, 30 de noviembre de 2003, http://www.phillyburbs.com/pb-dyn/news/93-11302003-204751.html

....

... Antes de la primera guerra del Golfo, el jefe del programa de armas recurrió a una «exageración descarada» al decirle al presidente de Iraq cuánto material para bombas se estaba produciendo, escribe el científico clave Imad Khadduri en un nuevo libro...

Los científicos iraquíes jamás reanudaron el programa de bombas nucleares que ya llevaba mucho tiempo muerto, y de hecho le mintieron a Saddam Hussein respecto a cuán-

to estaban progresando antes de que los ataques dirigidos por EE. UU. cerraran la operación para siempre en 1991, dicen los físicos iraquíes...

Imad Khadduri era uno de los científicos nucleares más importantes de Iraq. Es un hombre culto, muy inteligente, hijo de una familia católica dedicada a la educación de sus hijos. Su padre fue un médico destacado que practicaba en Bagdad y era famoso por sus habilidades médicas, así como por su compasión y dedicación.

Imad Khadduri estudió física en la Universidad de Michigan y luego continuó estudiando la tecnología de los reactores nucleares en la Universidad de Birmingham. Más adelante regresó a Iraq y se convirtió en uno de los científicos clave que trabajaban en el programa nuclear iraquí.

Este libro es fantástico. Te lleva desde su infancia en Bagdad, durante los años cincuenta y sesenta, pasando por las primeras experiencias como estudiante en el extranjero y de adaptación a una cultura extraña, hasta convertirse uno de los principales científicos especializados en armas del país, durante los años ochenta.

En una fría noche de otoño en 1968, Basil al-Qaisi, un querido amigo de la secundaria, se sentó a mi lado mientras yo jugaba al backgamon en un café al aire libre, a unos metros del Tigris. Se había enterado de que yo había vuelto de EE. UU., donde había estado estudiando física desde 1961, tras pasar una temporada en Jordania. Mientras bebía su té a pequeños sorbos, dejó caer una sugerencia que cambió el curso de mi vida. De una forma suave, tímidamente provocadora, me preguntó: «¿Por qué no te unes a nosotros en el Centro de Investigación Nuclear? Nuestros amigos ya están trabajando ahí, Jafar Dhia Jafar, Nazar Al-Quraishi y otros.»

Me quedé profundamente desconcertado. Yo no estaba enterado de que los rusos habían construido un reactor de investigación de dos megavatios en Tuwaitha, veinte kilómetros al este de Bagdad, el cual había estado en peligro un año antes, durante el mes de noviembre de 1967 (http://www.iraqsnuclearmirage.com).

El libro da detalles de los diversos lugares nucleares y «secretos» que se abrieron para las inspecciones y comenta cómo el programa se vino abajo después de la guerra, en 1991, y lo que ocurrió con los documentos y la información que los científicos habían recogido durante más de una década. Además, habla de los impostores como Chalabi y Khidhir Hamza, el «fabricante de bombas» que ayudó a idear las acusaciones de posesión de armas de destrucción masiva por parte de Iraq con la ayuda de Chalabi y una imaginación muy vívida.

Imad Khadduri escribe sobre Khidhir Hamza:

A mediados de los noventa, un físico iraquí, Khidhir Hamza, consiguió escapar de Iraq y buscó la tutela de la CIA. A finales de 1999, publicó un libro titulado *Saddam's bomb maker*. Debo decir que Khidhir Hamza no estuvo involucrado en ningún momento en ningún trabajo de investigación relacionado con la bomba nuclear o con los efectos de un accidente radioactivo cuando nosotros estábamos inmersos en dicha investigación... (http://www.iraqsnuclearmirage.com).

Supongo que este libro me pareció particularmente fascinante porque Imad Khadduri es una persona *real*. No es uno de esos exiliados que han estado fuera de Iraq durante décadas (él se marchó a finales de 1998), y sus palabras me resultan dolorosamente familiares, especialmente cuando habla de los lazos de familia y la vida en Iraq durante las sanciones. El autor también tuvo un papel destacado en la reconstrucción después de la guerra de 1991. Fue una de las personas que ayudaron a restablecer la electricidad.

> Las redes de las centrales eléctricas eran cubiertas con unas mallas especiales que se dejaban caer desde el aire, en las que había incrustadas unas bolitas de grafito del tamaño de un guisante que provocaban extensos cortocircuitos eléctricos, interrumpiendo toda la distribución eléctrica en Iraq y sumiendo al país entero en la oscuridad... [durante la guerra del Golfo] (http://www.iraqsnuclearmirage.com).

El libro no se lee como un diario científico árido... te instruye sobre las armas nucleares, los reactores y la cultura iraquí, todo al mismo tiempo.

Si queréis saberlo todo acerca del programa nuclear iraquí y su repentina interrupción en 1991, leed el libro. Si sólo queréis una historia fascinante, pero cierta, leed el libro...

Algunos artículos de Imad Khadduri:

«El espejismo de las armas de destrucción masiva de Iraq», yellowtimes.org, http://www.scoop.co.nz/mason/stories/HL0305/S00198.htm

....

No hay armas de destrucción masiva en Iraq. Al parecer, éste empezó a ser el caso unos meses antes del final de la

guerra de 1991, cuando Hussain Kamel, el hombre a cargo de los programas de armas nucleares, químicas y biológicas, ordenó la destrucción de los materiales químicos y biológicos. El programa de armas nucleares ya había sido interrumpido en la primera noche de bombardeos en enero de 1991. Las armas fueron destruidas secretamente con la finalidad de ocultar su existencia a los inspectores, con la esperanza de retomar algún día su producción cuando los inspectores hubieran acabado. Hussain Kamel incluso reveló dónde estaban los documentos ocultos relacionados con los restos de los programas químicos y biológicos durante su infructuosa huida a Jordania en 1995.

No obstante, Bush, Blair y sus cohortes superiores continuaron blandiendo sus «fuentes de inteligencia» con la finalidad de levantar un fervor sobre el peligro de las supuestas armas de destrucción masiva de Iraq hasta el último día antes de la invasión del país. Una vez en Iraq, con sus cientos de «especialistas», prometieron descubrir las armas de destrucción masiva que estaban ocultas...

«Mentiras móviles», yellowtimes.org, http://www.scoop. co.nz/mason/stories/HL036/S00075-htm

Como el sudor de burbujas de ira de la maquinación de información errónea que llevó al vacilante casus belli de las armas de destrucción masiva para invadir Iraq, la retirada y las excusas a medio cocer de Bush, Blair, Cheney, Wolfowitz y Powell revelan aún más el filo cortante de su engaño. Si fue un fallo de la «inteligencia» o un «golpe» de la inteligencia, el tiempo pronto lo dirá. Entretanto, las hojas de la higuera siguen cayendo.

Durante la última edición de CNN con Colin Powell, de la que informó el Toronto Star *el 9 de junio de 2003, Powell declaró que «los dos presuntos laboratorios móviles de armas biológicas, que están siendo estudiados por los inspectores aliados ahora en Iraq, son los mismos que fueron descritos para el mundo el pasado 5 de febrero en una presentación en la ONU que fue el resultado de cuatro días y cuatro noches de reuniones con la CIA». «Yo respaldo esa presentación», dijo...*

En un artículo publicado el mismo día de la entrevista a Powell, Peter Beaumont y Anthony Barnett publicaron en el Observer *que había cada vez más indicios de que esas furgonetas eran para «globos, no bacterias...».*

De hecho, los propios expertos estadounidenses reconocen que la furgoneta podía servir, en el mejor de los casos, únicamente para una etapa del proceso de producción de armas biológicas. Serían necesarias otras tres o cuatro etapas en el proceso, u otras furgonetas complementarias, para poder hacer la afirmación poco menos que heurística de Powell...

Mañana escribiré sobre qué pensaban los iraquíes de las armas de destrucción masiva... y también actualizaré la página de recetas. *posted by river @ 11:56 PM*

Sábado, 6 de diciembre de 2003

¡Lluvia! Ha estado lloviendo... Me encanta la lluvia. Creo que a la mayoría de los iraquíes les encanta la lluvia porque es relativamente poco frecuente en esta parte seca del mundo. Sólo tenemos un par de meses de lluvia durante el año, y no son tan lluviosos... son mas bien lloviznosos.

El aire huele a lluvia. Es un olor maravilloso: a polvo mojado. No es la primera vez este año, pero ha sido bastante continuo. Todo el mundo ha estado rezando para que haya relámpagos, porque a los iraquíes les encantan las *chimeh* o trufas. Son esos pequeños hongos subterráneos y saben a calcetines húmedos. Se cree que cuantos más relámpagos hay durante la temporada de lluvias, mejores, más grandes y más sabrosas serán luego las trufas... no me preguntéis por qué.

Actualmente, el tema del momento es Sammara... o «Samir-reh», como lo pronunciamos nosotros. La gente está realmente confundida con todo el asunto. Los militares de EE. UU. están diciendo que hay 54 iraquíes muertos, varios heridos —la mayoría «insurgentes»—, pero la policía iraquí dice que sólo hay ocho muertos, dos de ellos son una pareja de ancianos iraníes que había venido en peregrinaje a un lugar religioso en Samirreh. Sólo se encontraron ocho cuerpos después de la batalla y la policía dice que ninguno de ellos llevaba ropa fedai. Entonces, ¿adónde fueron a parar los otros cuerpos? Las fuerzas iraquíes no los tienen y las fuerzas estadounidenses tampoco, por lo que sabemos... ¿simplemente han desaparecido?

La gente de la zona afirma que las tropas norteamericanas también tuvieron bajas. La mayoría de la
gente cree que la gran cifra de muertos fue lanzada
para legitimar los «daños colaterales»; esto es, civiles
como los turistas iraníes y las docenas de personas heridas que no tenían nada que ver con el asunto. Si hay
54 muertos, entonces los ocho inocentes adicionales
que murieron no importarán tanto si uno ve la «situación global».

Hay algo en lo que todo el mundo está de acuerdo: hay
docenas de heridos. Las escenas en el hospital eran terribles, tantos heridos, incluidos niños. Las tropas están diciendo que todo esto ocurrió fuera de la ciudad, pero las
casas bombardeadas, los vidrios hechos trizas y los «daños colaterales» lo contradicen. Otros relatos confirman
que una mezquita, un hospital y unas casas sufrieron
intensos ataques.

El otro tema que hemos estado comentando es la decisión de la APC de crear una milicia para combatir la
resistencia contra las tropas, compuesta de varias milicias pertenecientes a los partidos políticos relacionados
con las personas que están en el CG. Leed más sobre el
tema en Juan Cole.

Informed Comment, 3 de diciembre de 2003, http://www.
juancole.com

Señores de la guerra ungidos por Bremer:
El WP informa que EE. UU. creará una nueva fuerza parami-
litar para luchar contra el terrorismo en Iraq, y para conse-
guir el personal de las milicias recurrirá a cinco grupos polí-
ticos importantes en el país:

«Los cinco partidos que aportarán milicianos son el Acuerdo Nacional Iraquí de Alawi, el Congreso Nacional Iraquí de Chalabi, el Consejo Supremo para la Revolución Islámica en Iraq, que es musulmán chiíta, y dos grandes partidos kurdos, el Partido Democrático del Kurdistán y la Unión Patriótica del Kurdistán. Los miembros kurdos provendrán de las filas de los combatientes pesh merga *que defendieron las zonas kurdas autónomas del ejército del ex presidente Saddam Hussein, dijeron los representantes.»*

Ghazi al-Yawar, un miembro sunita del CGI, dijo al LA Times *que ésta era una muy mala idea y que las milicias deberían ser disueltas, en lugar de ser legitimadas.*

Ciertamente, al-Yawar tiene razón. Además, este paso es una mala señal porque esta gendarmería rendirá cuentas al Ministerio del Interior, que está controlado por las personas nombradas por el ex baazista Iyad Al-Alawi.

Estamos todos preocupados por esto. Básicamente, significa que la Brigada de Badir (que pertenece al CSRII) y los Bayshmarga (con Talabani), entre otros, van a ser legítimados. Les van a dar uniformes y armas y, esencialmente, se les va a permitir hacer lo que han estado haciendo durante estos últimos meses —aterrorizar a los ciudadanos—, pero esta vez con el sello de aprobación de la APC. En el sur, Muqtada Al-Sadr está lanzando unas amenazas no tan encubiertas de que las otras milicias podrían sentirse tentadas a unirse a la resistencia si no se les da poder o, al menos, una apariencia de poder.

Este último asunto de las milicias marca un claro cambio desde el mes pasado, cuando se estaba ordenando a esas mismas que se desarmaran. Mi primo es un hombre sabio. En el momento en que se enteró de la decisión de desarmar a la Brigada de Badir y a los Bayshmarga hace unas semanas, rompió a reír y sacudió la cabeza ante mi ingenuo «¡POR FIN!».

«Les quitarán sus juguetes durante aproximadamente una semana —dijo negando con la cabeza—, y luego les darán unos bonitos trajes con un escudo en el brazo, un sueldo mensual y unas armas más grandes.» Por lo visto, si no puedes acabar con ellos, finge que apruebas lo que están haciendo (y que *realmente* puedes controlarlos... *realmente*).

¡Salam Pax (dear_raed.blogspot.com) está escribiendo su blog otra vez! Lo está haciendo en color naranja porque Raed, su compañero de blog, lo hace en blanco. Para quienes no lo conocen (¡¿hay alguien que no lo conozca?!), Salam es el blogger de Bagdad (thebaghdadblog.com/home). Ha estado escribiendo en su blog desde mucho antes de la guerra, y él me animó (a mí y a otras personas) a empezar un blog, que lee todos los días.

Tanto Salam como Juan Cole hablan del hecho de que EE. UU. rechazó el plan iraquí de realizar un censo este verano (para permitir la votación) y de que el Consejo de Gobierno está, supuestamente, conmocionado. Me imagino que es posible que ya lo supieran, pero, como dicen en árabe iraquí, *ghelisow*, o cerraron los ojos a todo el asunto, porque alguien como Chalabi, o incluso Talabani, es muy consciente del apoyo mínimo que recibiría de los votantes. ¡¿Quién quiere un voto arriesgado cuando puede ser nombrado?!

«EE. UU. rechaza el plan iraquí de celebrar un censo en verano», *The New York Times*, 4 de diciembre de 2003, http://

www.nytimes.com/2003/12/04/international/middlee-ast/04CENS.html?hp

....

Los funcionarios del censo idearon un plan detallado para contar a toda la población el próximo verano y preparar una lista de votantes que prepararía el camino para las elecciones nacionales en septiembre. Pero los representantes estadounidenses dicen que rechazaron la idea y los miembros del Consejo de Gobierno Iraquí dicen que ellos nunca vieron el plan...

Informed Comment, 5 de diciembre de 2003, http://www.juancole.com

....

El Plan del Censo evita al CGI

La Oficina Iraquí de Censo ideó un plan que habría permitido que el censo se completara antes del 1 de septiembre, pero el plan fue inmediatamente rechazado por EE. UU. y no llegó a manos del Consejo de Gobierno Interino antes de su votación del 15 de noviembre sobre la creación de un gobierno de transición mediante elecciones de los jefes de partidos. Según AFP, unos miembros del consejo furiosos dijeron que su voto habría sido distinto. El plan de la Oficina de Censo no llegó debido a una TRABA burocrática.

Aun así, los representantes de EE. UU. habían visto el plan y lo habían rechazado, y no se molestaron en mostrárselo al CGI. El desenlace parece manipulado, incluso si no lo fue. Ciertamente, la verdadera razón para intentar conseguir un nuevo gobierno de transición antes del 1 de julio es

que Iraq deje de estar en las noticias antes de la campaña presidencial de otoño.

UN TEMA COMPLETAMENTE DISTINTO...

«Algo se está quemando» (iraqrecipes.blogspot. com) ha sido actualizado.
posted by river @ 2:23 AM

Viernes, 12 de diciembre de 2003

QUEROSENO Y GASOLINA...

La electricidad ha estado terrible últimamente, va y viene. En cuanto se va, empezamos a correr por toda la casa, desenchufando cosas y apagando interruptores—; es mejor que las cosas no estén encendidas cuando la electricidad vuelve con demasiada fuerza o con demasiada poca fuerza. Por eso he estado escribiendo con menos frecuencia en mi blog. Cada vez que hay electricidad, nos acordamos de una larga lista de cosas que sólo se pueden hacer en un mundo eléctrico... como pasar el aspirador. Algunos dicen que no es sólo Bagdad; por lo visto, en el norte también hay continuos problemas con la electricidad.

El tipo más popular del barrio en estos días es Abu Hassen. Vive en nuestra calle y va a comprar uno de esos grandes generadores que, supuestamente, proporcionan electricidad a unas veinte casas. El problema es que sólo tiene capacidad para veinte casas (probablemente menos) y los que quieran estar incluidos tienen que «apuntarse» para la electricidad. Cuando E fue a inscribirnos para unos pocos amperios, Abu Hassen le dijo que ya tenía treinta familias que querían apuntarse, pero que nos pondría en lista de espera (!).

Puesto que los generadores son caros, Abu Hassen ha estado dudando de comprar uno. E dice que tiene un sobrino que trabaja en una de las centrales eléctricas en Bagdad que lo convenció de que sería una *gran* inversión porque la situación eléctrica promete ser muy errática todavía durante algún tiempo.

El gran problema ahora es que es difícil conseguir gasolina. Éste es un tema muy frustrante para los iraquíes. Antes, aquí la gasolina era como el agua. De hecho, el agua embotellada solía ser mucho más cara que la gasolina, y reconozco que todavía lo es. Las colas en las gasolineras son largas y tediosas. E y mi primo a veces van a llenar el tanque del coche y desaparecen durante horas. La gasolina es necesaria para hacer funcionar los generadores y ahora van a empezar a racionarla. Eso significa que dentro de unos días su precio subirá porque la gente empezará a venderla en el mercado negro.

El queroseno también es difícil de conseguir en estos días. Cada vez que el hombre del queroseno pasa por nuestra calle, instantáneamente, representantes de todas las familias salen fuera corriendo y se quedan esperando impacientes delante de sus puertas, algunos saludándolo con un enérgico: «¡Hola, habibi!» Necesitamos queroseno para las «sopas», o estufas, y para las lámparas. Durante el día hace buen tiempo, pero por la noche hace un poco de frío. Encendemos las estufas en las habitaciones y las observamos atentamente para que no empiecen a emitir humos tóxicos por la combustión del queroseno. Familias enteras han muerto mientras dormían por el envenenamiento por CO (monóxido de carbono) de estas estufas.

Lo más agradable de las estufas es que siempre hay una tetera de agua encima de ellas. Esto consigue dos cosas a la vez: impide que el aire de la habitación se seque demasiado y proporciona una tetera de agua caliente lista para el ritual del té por la tarde. La «sopa» también es fantástica para calentar el pan. Por la noche, cuando no hay esperanza de que vuelva la electricidad, nos sentamos en la alfombra, un poco lejos de la sopa, y bebemos té dulce acompañado de pan tibio y el famoso queso blanco salado iraquí mientras oímos la radio o simplemente hablamos de cuestiones familiares o de asuntos políticos.

El sol se pone bastante temprano en estos días, y si no hay electricidad es un poco deprimente. E y yo solemos salir a la azotea todos los atardeceres para disfrutar de los últimos minutos de sol. A veces vuelve la electricidad durante la noche y las luces parpadean de repente, dejándonos demasiado deslumbrados durante los primeros momentos como para hacer otra cosa que quedarnos sentados, dejando que nuestros ojos se adapten al cambio brusco.   *posted by river @ 2:21 AM*

MIENTRAS TANTO...

Oímos la última declaración de Washington de que no se va a permitir a Alemania, Francia, Rusia y Canadá te-

277

ner nada que ver con la reconstrucción. Iraq ya no se siente un país; se siente como un trofeo de guerra: el equipo ganador recibe sus beneficios. Entonces, ¿cómo se supone que el mundo va a participar en la reconstrucción de Iraq, si está siendo excluido deliberadamente?

Son decisiones como ésta las que sacan a la luz la absoluta inutilidad del Consejo de Gobierno. ¿Por qué está Washington dirigiendo todos los asuntos de la reconstrucción? Esto significa que, incluso después de la ocupación militar, estaremos bajo una ocupación económica durante los próximos años. ¿Por qué ninguno de los nuevos ministros o de los miembros del CG dice nada sobre el tema? Por alguna razón tengo la sensación de que, si tienen algo que decir, estarán de acuerdo con esta última decisión.

Ayer hubo una manifestación en Bagdad de aproximadamente cuatro mil personas. Los partidos que forman parte del CG participaron en una protesta «antiterror». Las calles fueron cerradas por motivos de seguridad y los helicópteros estuvieron sobrevolando el área. Hubo un par de grupos de mujeres... Reconocí a algunas mujeres de Al-Da'awa Al-Islamiya, el partido de Al-Jaffari. El partido comunista iraquí y el CSRII también participaron. La ironía es ver a miembros del CSRII con pancartas de «NO AL TERROR» (podrían empezar por no aterrorizar al canal de Al-Iraqiya porque las presentadoras no llevan *hijab*...).

Hubo otras manifestaciones en algunas provincias y todas han sido realizadas conjuntamente con la de Bagdad. La verdad es que algunas eran en realidad manifestaciones antiocupación, como la de Khaldiya. Grandes multitudes se manifestaron en Khaldiya, exigiendo la liberación de los chicos y los hombres que han estado detenidos durante más de tres meses en campos de prisioneros de EE. UU.

Hoy (bueno, técnicamente ayer) hubo otra gran manifestación pacífica en Bagdad contra la ocupación. Los manifestantes eran mayormente estudiantes y profesores universitarios que se oponían a las batidas que tienen lugar en algunos institutos superiores y universidades. Exigían la liberación de tres mujeres que fueron detenidas cuando hubo una batida en la Universidad Tecnológica de Bagdad. Su portavoz, un profesor, creo, dijo que iba a ser la primera manifestación de una larga serie de actividades antiocupación organizadas por los profesores y los alumnos.

Hace un rato hubo unas explosiones fuertes... Acabo de leer que podrían haber sido dentro de la «Zona Verde». *posted by river @ 2:22 AM*

Martes, 16 de diciembre de 2003

LO ÚLTIMO...

La electricidad ha vuelto hace un par de horas. Hemos estado sin electricidad durante casi 72 horas; otras zonas lo han tenido peor. Hoy oí que la electricidad no volverá a los niveles anteriores a la guerra hasta mediados del año que viene.

Anteayer nos enteramos de la captura de Saddam, alrededor del mediodía. No había electricidad, así que no pudimos ver la tele. La primera señal que recibimos de que algo anormal estaba pasando fue el sonido de un

Kalashnikov en la distancia. Recuerdo que hice una pausa en mis negociaciones con E sobre quién debería llenar las estufas de queroseno y me esforcé por escuchar los sonidos de los disparos. Cogí mi radio de pilas y empecé a buscar emisoras, saltando de una a otra. Finalmente localicé una que estaba emitiendo en árabe y oí que habían capturado a Saddam.

Al principio no nos creímos nada... otra falsa alarma. Ha ocurrido casi todas las semanas. Cuando los sonidos de disparos se hicieron más frecuentes, E no resistió a la curiosidad y corrió a casa de nuestro vecino, donde tenían un pequeño generador funcionando. Quince minutos más tarde, regresó sin aliento, diciendo: «Han capturado a Saddam...» Todo el mundo estaba conmocionado. Todos pedimos la radio a voces otra vez e intentamos averiguar qué estaba ocurriendo. Las preguntas eran infinitas: ¿quién?, ¿qué?, ¿cuándo?, ¿cómo?

Más tarde, por la noche, vimos las imágenes en la tele y la conferencia de prensa, etc. Para entonces, Bagdad era un lío de balas y hombres que agitaban banderas. Nuestra zona y otras zonas estaban bastante tranquilas, pero el centro de Bagdad era una tormenta de disparos. El partido comunista daba miedo; era como si lo hubieran sabido de antemano. Inmediatamente, sus banderas rojas y sus estandartes ya estaban ondeando, y ellos marchaban por las calles y alrededor de la plaza de Firdaws. Mi primo se quedó atrapado en medio del tráfico y dice que las escenas eran aterradoras.

Se supone que las balas son una expresión de alegría... y probablemente lo son, en un desierto, lejos de edificios, de calles repletas de gente vulnerable y de coches. En Bagdad, las balas significan el caos. La gente estaba literalmente agachándose y corriendo, intentando salir de la lluvia de munición, porque todo lo que sube, tarde o temprano, tiene que bajar.

Ayer fue casi igual de desastroso. La mayoría de los padres mantuvieron a sus hijos en casa. Ha habido manifestaciones proestadounidenses en algunas zonas, y manifestaciones antiestadounidenses en otras. Ayer por la tarde, a eso de las 6, se desató el caos en Amiriya, una zona residencial de Bagdad. Súbitamente, las calles se llenaron de manifestantes antinorteamericanos, algunos sosteniendo imágenes de Saddam. Duró hasta casi las 11 de la noche, luego aparecieron los tanques y las cosas se calmaron un poco. Ocurrieron cosas similares en A'adhamiya, en Bagdad, y en una o dos zonas más.

Hoy hubo manifestaciones pro EE. UU. en Bagdad organizadas por el CSRII y hubo manifestaciones anti EE. UU. en Tikrit, Faluya, Samirreh (en la que murieron once iraquíes; la APC dice que eran «insurgentes»), Bagdad, Imsayab, y la más grande fue en Mosul. Miles de estudiantes de la Universidad de Mosul tomaron las calles en una manifestación antiocupación y algunos residentes se unieron a ellos... El rector de la universidad tuvo que cerrarla; la manifestación era enorme. Me sorprendió que la CNN no la cubriera. Las tropas la disolvieron abriendo fuego contra la muchedumbre y trayendo helicópteros. La manifestación en Sammara tuvo un final similar, aunque hubo disparos *dentro* de la multitud y varias personas resultaron gravemente heridas.

La pregunta que todo el mundo parece estar haciéndose es qué efecto tendrá esto en la resistencia / insurgencia / los ataques. La mayoría parecen pensar que la captura de Saddam no va a tener un gran efecto. Su papel se acabó en abril, muchos de los grupos de la guerrilla y de la resistencia no han estado luchando para que él vuelva al poder, y en realidad creo que muy pocas personas temían que eso ocurriera.

Los analistas políticos y profesores en Iraq creen que la captura de Saddam va a unir los esfuerzos de resistencia, como lo expresó uno de ellos: «La gente ahora es libre para luchar por la soberanía de su país y no por Saddam.»

Desde ayer han circulado infinitos rumores, y todos ellos parecen estar filtrándose desde Tikrit. Algunos de los rumores incluyen a gente que afirma que en realidad Saddam fue capturado hace una semana, pero que todo el asunto se mantuvo en silencio. Otro rumor es que se utilizó algún tipo de gas nervioso de una forma limitada en la zona en que él estaba oculto. Otro rumor dice que lo «drogaron», que le añadieron algo a su comida... Otros dicen que lo están interrogando en Qatar... y siguen y siguen.

El CG parece igualmente confundido con el alboroto. Talabani afirma que fue un esfuerzo combinado entre los Bayshmarga (la milicia kurda) y las tropas; Chalabi, por otro lado, insistió en que todo el asunto era completamente un esfuerzo norteamericano. Es difícil saber quién tiene la historia correcta y quién no ha acertado...

La gente tiene diferentes opiniones sobre dónde debería ser juzgado y por quién: ¿en Iraq o en un tribunal internacional? Otros se hacen preguntas sobre la legitimidad de un tribunal bajo una ocupación. En lo que todos parecen estar de acuerdo es en que debería ser un tribunal abierto y que *todo* debería ser discutido. La cuestión es, ¿lo permitirá EE. UU.? ¿Eso no haría que salieran a la luz ciertos tratos políticos con EE. UU. en los ochenta? El tiempo lo dirá...

La situación en Bagdad en estos días da mucho miedo. Ir de una zona a otra es como ir de una ciudad a otra; los sentimientos y las emociones varían de una forma tan drástica que uno siente que es sólo una cuestión de tiempo que empecemos a ver enfrentamientos...

posted by river @ 9:58 PM

Lunes, 22 de diciembre de 2003

PREGUNTAS Y MIEDOS...

Bagdad ha estado muy tensa en estos últimos días. Sólo ayer oímos unas ocho explosiones, aunque ninguno de los canales parece estar cubriéndolas. También ha habido varias manifestaciones: algunas anti Saddam, otras pro Saddam y varias anti EE. UU. Las manifestaciones más importantes tuvieron lugar en A'adhamiya y en Amiriya, dos zonas residenciales de Bagdad.

Una manifestación en A'adhamiya incluyó a personas de todas partes de la ciudad. Los manifestantes estaban exigiendo la liberación de cientos de personas que han sido detenidas en las últimas semanas (hay miles de iraquíes detenidos, en total).

La mayoría de la gente se imagina que los iraquíes detenidos son unos hombres furiosos, con barba, de treinta y tantos o cuarenta y tantos años, que gritan eslóganes antiimperialistas y se azotan la cabeza con un intenso frenesí. No ven a las mujeres —maestras de escuela, profesoras y amas de casa— que son llevadas en tropel a la infame prisión de Abu Ghraib. No ven a los niños —algunos no tienen más de trece o catorce años— que se llevan con una bolsa en la cabeza, las manos atadas detrás de la espalda. No ven a las madres y los niños angustiados, llorando de miedo y consternación, rogando en una lengua extranjera a los soldados que les digan adónde se están llevando a sus seres queridos.

Las manifestaciones de Amiriya fueron manifestaciones pro Saddam dirigidas por una escuela secundaria de chicos de la zona. Jo Wilding en Bagdad (http://www.wildfirejo.org.uk/) describe las manifestaciones en un artículo de internet, y tiene otro artículo sobre algunas de las detenciones:

«Arrestando niños», 18 de diciembre, http://www.wildfirejo. org.uk/feature/ display/56/index.php

....

Escolares arrestados por soldados de EE. UU. armados y traductores enmascarados por manifestarse contra la ocupación y en apoyo de Saddam.

Hace dos días hubo una manifestación, después de clase, contra la coalición y a favor de Saddam. Ayer llegó el ejército estadounidense y rodeó toda la manzana. Simplemente entraron a la fuerza en la escuela, seis, siete y ocho, en cada clase, con sus rifles. Tomaron los nombres de cada uno de los alumnos, los cotejaron con las fotos que tenían del día anterior y luego arrestaron a los chicos. En realidad los arrastraron por el suelo agarrándolos de la camisa y los sacaron de la clase.

No quisieron dar sus nombres. Los niños del colegio para chicos Adnan Kheiralla en el distrito de Amiriya todavía estaban asustados, todavía estaban furiosos. Hoy se llevaron a otro chico: Hakim Hamid Naji. «Lo estaban pateando», dijo

uno de los alumnos. Un coche se detuvo y un chico alto y delgado corrió hacia el interior de la escuela, habló brevemente con los profesores y se volvió a ir. Los niños dijeron que los soldados habían venido a buscar a este chico también.

«Prisioneros», 13 de diciembre, http://wildfirejo.org.uk/feature/display/53/ index.php

....

Sahib explicó: «Él era taxista. Hace unos seis meses salió de casa y simplemente ya no volvió. Yo no sabía qué había pasado. Primero fui a un montón de hospitales y a la morgue y no lo encontré, así que fui a la base norteamericana y después fui a la oficina de informática y me dieron un papel y me dijeron "su hijo está en Abu Ghraib", y me dieron un papel con su nombre y un número y vine aquí pero nadie me dio ninguna respuesta y el hombre que estaba dentro, el traductor, sólo me dijo que me fuera y que consiguiera un abogado...»

En el segundo día de protestas por los derechos de las personas detenidas sin cargos por las fuerzas ocupantes, la gente estuvo esperando en silencio, sosteniendo hojas de papel, haciendo cola para hablar con los activistas, con los trabajadores de las ONG, con los periodistas, con cualquiera que quisiera oír su historia, aunque quizá nadie puede ayudar...

Incluso si las personas son acusadas de auténticos delitos de terrorismo, o capturadas en el acto de robar, por ejemplo, aun así debe celebrarse el debido proceso; si no es así, dicen las familias, no habrá diferencia entre los estadounidenses y el antiguo régimen. Antes te podían detener con una acusación inventada y podías desaparecer.

La gasolina es un gran problema. Una amiga nuestra dejó su trabajo hace un par de días porque su marido no puede permitirse hacer las largas colas de cuatro o cinco horas para llenar el tanque de su maltrecho Volvo para que él pueda llevarla todas las mañanas a la clínica en la que trabaja, en el otro extremo de Bagdad. Últimamente todo el mundo ha estado comprando gasolina en el mercado negro, pero hemos recibido folletos y advertencias que amenazan con penas de entre siete y diez años de prisión si compras o vendes gasolina del mercado negro. «Gasolina del mercado negro» simplemente significa un tipo hosco y sucio rodeado de bidones de plástico amarillento vendiendo gasolina por un precio treinta veces mayor a su precio original. Inevitablemente, lleva un cigarrillo colgando de un lado de la boca y un aspecto furtivo, apresurado.

Hemos estado usando velas la mayor parte del tiempo en lugar de lámparas de queroseno, porque el hombre del queroseno no ha venido en estos últimos días y necesitamos el queroseno para las estufas. Las niñas realmente odian las velas. El otro día, la electricidad volvió repentinamente a las 8 de la noche, después de un apagón de seis horas. Estábamos exaltados. Todos saltamos a encender la televisión al mismo tiempo y un coro de voces gritaba: «¡Las noticias! ¡La película! ¡Una canción! ¡Dibujos animados!» Después de saltar de un canal a otro, nos quedamos con la película.

Estábamos sentados viendo la tele cuando una de las escenas mostró una habitación oscurecida. La cámara

286

enfocó a una pareja sentada a una mesa redonda, mirándose a los ojos y sonriendo cálidamente separados por dos elegantes velas. Era una cena acogedora, romántica, a la luz de las velas. Creo que toda la familia estaba absorta en la escena cuando, de repente, la hija menor de mi primo dijo con impaciencia: «¡No tienen electricidad! ¡Están usando velas!»...

Me pasé unos quince minutos intentando explicarle que tenían electricidad, pero de hecho habían *elegido* sentarse en la oscuridad porque era más «romántico». La dificultad de explicar el romanticismo a una niña de siete años no es nada comparado con la dificultad de explicarle el «romanticismo» de una habitación oscurecida y unas velas, especialmente si la niña ha asociado las velas a las explosiones y los apagones durante toda su vida.

Estos últimos días han sido verdaderamente aterradores. El aire en Bagdad parece estar cargado de una forma que me asusta. Todo el mundo puede sentir la tensión y esto ha sido una presión para los nervios. No es tanto lo que ha estado ocurriendo en las calles: disturbios, disparos, bombas y batidas, sino la posibilidad de lo que nos espera en el futuro. No hemos llevado a las niñas al colegio y la mujer de mi primo se enteró de que muchos padres están haciendo lo mismo, especialmente los padres que tienen que llevarlas en coche.

Hemos estado evitando hablar de las posibilidades de los acontecimientos de esta última semana... los disturbios y la violencia. No hablamos a menudo de la posibilidad de una guerra civil porque hablar del tema, de alguna manera, lo convierte más en una realidad. Cuando hablamos de ello, normalmente lo hacemos en susurros, con un aire de consternación en el ambiente. ¿Es posible? ¿Ocurrirá?

Los sunitas y los chiítas siempre hemos vivido en armonía en Iraq y, hasta el momento, todavía lo hacemos. Yo soy de una familia que es, aproximadamente, mitad chiíta y mitad sunita. Nunca hemos tenido problemas, porque la mayoría de las personas civilizadas no hacen distinciones entre los dos. Lo que parece estar desencadenando mucho antagonismo en todos lados es la milicia de la contrainsurgencia que está siendo cultivada por la APC y la CG que incluye a los matones de Chalabi, los extremistas del CSRII y algunos Bayshmarga kurdos.

Al parecer, la creencia popular, e incorrecta, es que si eres kurdo o chiíta, partes con ventaja. En realidad, la mayoría de los kurdos y los chiítas moderados están tan exasperados como los sunitas con este nuevo grupo de soldados /espías que van a soltar entre la población. Esto, sencillamente, significará más hostilidad y desconfianza en todas las direcciones, y si la nueva fuerza iraquí pretende ser tan indiscriminada como las tropas en las detenciones y las batidas, también habrá un gran derramamiento de sangre.

En una ocasión dije que esperaba, y creía, que los iraquíes estarían por encima de los horrores de la guerra civil y la matanza de inocentes, y en estos días estoy aferrándome a esa creencia con la mera fuerza de la desesperación. Recuerdo haber oído historias sobre el Líbano contadas por personas que estuvieron viviendo ahí durante los combates, y la pregunta que surgía constantemente cuando hablábamos de la tristeza y los horrores era: ¿qué fue lo que los llevó a ello? ¿Hubo señales? ¿Cómo ocurrió? Y, lo más importante... ¿alguien lo vio venir?   *posted by river @ 6:19 AM*

Miércoles, 24 de diciembre de 2003

LLENAR EL TANQUE DE AGUA...

Hoy hemos llenado el tanque de agua. La mayoría de las casas iraquíes tienen un tanque de agua o *tanki* en la azotea. La presión de agua solía ser lo bastante fuerte como para llevar el «agua municipal» al tanque; luego el agua bajaba desde ahí hasta el *gizer* o calentador de agua (otro tanque que se calienta con electricidad, queroseno o carbón) o directamente al grifo de agua fría. Como en estos días la presión es muy débil en nuestra zona, el agua a duras penas llega a un par de grifos en la planta baja.

Me di cuenta de que el tanque de agua estaba vacío a eso de las 10 de la mañana, cuando abrí el grifo de la cocina y, en lugar del sonido del agua que fluye, saliendo a borbotones, el grifo soltó una especie de silbido, balbuceó y gimoteó. El grifo y yo gemimos simultáneamente. Llamé a E y él bajó la escalera tambaleándose. Llevaba puestos dos jerséis, unos pantalones de pijama y dos calcetines de pares distintos (hace *tanto* frío últimamente).

«E, ¡NO HAY agua! Ni una sola gota en los grifos... tenemos que llenar el tanque.» E gimió y golpeó su cabeza suavemente contra la barandilla de la escalera, murmurando algo bajo su aliento. No lo culpo. Llenar el tanque de agua no es nada divertido. Implica al menos tres personas y varios cubos, mucho chapoteo en el agua y en el barro, y algunos interesantes resbalones y derramamientos.

E, por supuesto, siempre se encarga de las labores de la azotea. Eso quiere decir que se coloca junto al tanque, recibe los cubos de agua y los echa dentro de él. A mí me toca encargarme de la manguera, que consiste en estar fuera EN EL FRÍO, llenando cubos de agua muy, muy fría con la manguera del jardín mientras cambio el peso de un pie al otro e intento mantener mis pensamientos lejos de la estufa de queroseno que está dentro de casa. Tendría que haber al menos dos personas más (las llamaremos los repartidores) para llevar los cubos desde donde yo estoy, sosteniendo la manguera, hasta E, que los vacía y los devuelve. Este proceso se repite entre 12 y 15 veces, o hasta que E, los repartidores o yo abandonamos de puro agotamiento.

Lo más duro de hacer esto durante el invierno es que todos los implicados acaban mojándose y enfriándose, pero es necesario realizar esta tarea porque, de lo contrario, el tanque puede tardar días y días en llenarse. Tenemos una bomba de agua eléctrica, pero no hay suficiente electricidad para hacerla funcionar el tiempo necesario para llenar el tanque.

Llevé el último cubo a la azotea yo misma porque nuestro repartidor (un niño de doce años que vive tres casas más abajo) declaró que tenía que asistir a un partido de fútbol. Mientras me acercaba al tanque de agua, vi a E apoyado en él, hablando con una paloma que parecía indiferente a su presencia. Al parecer tenemos millones de palomas en Bagdad y algunas personas están obsesionadas con ellas (E no es una de esas personas...). Creí que finalmente se había desquiciado. «¡¿De qué estás hablando?!», le pregunté, asustada.

«Estaba envidiando sus alas...», murmuró, con la mirada lejana.

«Ah... Te gustaría irte volando...», asentí sabiamente.

«No... Me parece que es fantástico que no tenga que hacer ocho horas de cola para conseguir gasolina para ir de un sitio a otro...» *posted by river @ 3:49 AM*

EL MEJOR BLOG ASIÁTICO...

Echad una ojeada a *Flying Chair* (http://www.flying-chair.net/) para ver las nominaciones a los mejores blogs asiáticos. Personalmente, he estado un poco obsesionada con los blogs de Pakistán e Irán. Me encanta comparar las similitudes y las diferencias en nuestras culturas. *Bagdad en llamas ha sido nominado al Mejor Blog Iraquí en esa página* (http://www.flyingchair. net/ vote.php? categoryID=26). Vota a tu favorito.
posted by river @ 3:57 AM

Viernes, 26 de diciembre de 2003

NAVIDAD EN BAGDAD...

Explosiones y bombas casi todo el día de ayer, hasta bien entrada la noche. En algunos momentos es difícil saber quién está bombardeando a quién. ¿La resistencia o los norteamericanos? ¿Tanques o morteros? ¿Bombas de dispersión o AEI (artefactos explosivos improvisados)? Nada en las noticias... Si ves los reportajes de CNN, Abu Dhabi y Al-Arabiya parece que no esté ocurriendo nada en Bagdad, más allá de los habituales ruidos sordos y los golpes secos. Ayer fue *muy* insólito.

Embajadas, minas, zonas residenciales y la Zona Verde... y las sirenas. Odio las sirenas. Puedo soportar las explosiones, el ruido de las ventanas que vibran, los portazos, los aviones, los helicópteros... pero cuando oigo las sirenas siento como si mi corazón llorara.

Las explosiones realmente no han puesto a nadie en un estado de ánimo festivo. Para mí, el momento culminante de los últimos días fue cuando fuimos a casa de nuestros amigos cristianos para hacerles compañía en Nochebuena. Vivimos en un barrio en el que hay unas cuantas familias cristianas y, en circunstancias normales, el ambiente sería bastante festivo en la zona en esta época del año: pequeños Santa Claus de plástico en los verdes jardines, una guirnalda ocasional en alguna puerta y algunas luces de colores parpadeantes en los árboles.

Nuestros amigos en particular (la familia de Abu Josef) se especializaban en las luces. Todos los años, una semana antes de Navidad, no sólo decoraban su propio árbol de plástico (es difícil encontrar pinos en Iraq), sino que decoraban cuatro olivos distintos en el jardincito de delante de su casa con largos cables de luces rojas. Al pasar por delante, la escena de los olivos verdes con las ramas enredadas con pequeñas luces rojas te hacía sonreír... No podías evitar sentir el «espíritu navideño», cristianos y musulmanes por igual.

Este año no han decorado los árboles porque, como dijo su padre, «No queremos llamar mucho la atención... y no estaría bien, con la escasez de felicidad». Sin embargo, el árbol dentro de su casa *sí estaba* decorado y estaba a punto de ceder de tantos adornos que tenía. Los adornos tradicionales estaban colgados, pero el costado del árbol estaba cubierto con unos juguetes de Pokemon no tan tradicionales. Su hijo de ocho años es un ávido coleccionista de esos pequeños títeres de dedo de Pokemon y la parte inferior del árbol estaba caída por el peso de las pequeñas figuras de plástico que invadieron Iraq hace un par de años.

Los niños en Iraq también creen en Santa Claus, pero la gente aquí lo llama «Baba Noel», que significa «Papá Noel». Les pegunté a los niños qué aspecto tenía y en general estuvieron de acuerdo en que era gordo, alegre, vestía de rojo y tenía el pelo blanco. (Su impertinente hijo de once años explica que está gordo por los dátiles, que está alegre por el alcohol, ¡y que viste de rojo porque es comunista!) Pero no entra en las casas iraquíes por la chimenea porque muy pocas casas aquí tienen chimenea. Tampoco aparece inesperadamente en medio de la noche porque eso es de mala educación. Actúa más como una inspiración para los padres cuando van a comprar regalos de Navidad para sus hijos; una musa de las fiestas, por así decirlo. El reno es un concepto extraño.

El ritual anual en torno a la Navidad para muchos cristianos en Bagdad por lo general solía ser estar con la familia y los amigos en Nochebuena, intercambiar regalos y comida (siempre comida; si eres iraquí, será comida) y recibir invitados y a la gente que pasaba a saludar. A las 12 de la noche muchos asistían a la misa navideña en la iglesia de su barrio y encendían velas para recibir al espíritu de la Navidad. El día de Navidad era como nuestro primer día de Eid: comer y beber, recibir a la familia, a los amigos y los vecinos, y prepararse para la inevitable fiesta de Navidad por la noche en casa de un amigo o en alguno de los diversos clubes recreativos de Bagdad. Las más famosas de las fiestas de Navidad eran las del club Hindiya y las del club Armenio.

Este año, la misa de Navidad fue temprano y muchas personas no asistieron porque, o no tenían gasolina, o simplemente no les parecía seguro conducir por Bagdad por la noche. Además, muchas de ellas no pudieron reunirse con sus familias por la situación de la seguridad. La familia de Abu Josef tiene tías y tíos en un pueblecito al norte de Mosul. Todos los años vienen sus parientes y se quedan en su casa durante una semana para celebrar la Navidad y el Año Nuevo. Este año decidieron quedarse en el pueblo porque sencillamente no es seguro marcharse de casa y emprender viaje hacia Bagdad.

En algún momento, durante la noche, la casa estaba oscura y no había electricidad. Nos sentamos todos juntos en el suelo comiendo dátiles y viendo al perro de Abu Josef morder la rama más baja del árbol. La sala de estar estaba iluminada por la cálida luz que irradiaba de la estufa de queroseno y unas cuantas velas de Navidad colocadas sobre la mesita baja. De repente sonó el teléfono de Abu Josef y él corrió a cogerlo. Era su hermano que vive en Toronto, y fue el regalo de Navidad perfecto porque era la primera vez que Abu Josef recibía una llamada del extranjero desde la guerra; estábamos todos alucinados. Actualmente, una conversación telefónica iraquí es así:

IDI = Iraquí dentro de Iraq
IFI = Iraquí fuera de Iraq
Ring, ring

IDI: ¿Aloooo?
IFI: ¿ALOOO?
IDI: ¿ALOOOO? ¿MINNOOO? («¿Hola? ¿Quién es?»).

IFI: ¡¿¿ABU (rellenar)??! ¿Shlonkum? («¿Cómo estás?»)

IDI: ¡Aaaaaah! ¡¿De verdad eres tú?!

(Coro de la familia de fondo: «¡¿Quién es?! ¡¿Quién es?!»)

IFI: ¿Cómo... (aquí la voz se quiebra por la emoción) estáis?

IDI: Estamos... (ruido en la línea)... y le va bien.

IFI: ¡NO TE OIGO! ¿Todo bien? Gracias a Dios...

IDI: ¿Aloo? ¿Aloo...? (La persona al teléfono se vuelve hacia alguien que está en el fondo: «Shhh... ¡No puedo oír nada!» La familia se queda en silencio y contiene el aliento.)

IDI: ¿Aloo? ¿Aloo?

IFI: ¿Aloo? Sí, sí, vuelvo a oír tu voz, ¿estáis bien?

IDI: Bien, bien.

IFI: ¿Mi madre está bien? ¿Mis hermanos y mis hermanas?

IDI: Todos bien... estamos bien, gracias a Dios.

IFI: Gracias a Dios (se le quiebra la voz otra vez).

IDI: ¿Cómo estáis vosotros? (un vago eco de «vosotros... vosotros... vosotros...»).

IFI: Estamos bien, pero terriblemente preocupados por todos VOSOTROS...

IDI: No os preocupéis: estamos bien... No hay electricidad ni combustible, pero todo irá bien...

IFI: (Ruido en la línea... se pierden las voces) ... intentamos llamaros más de una vez... (más ruido en la línea)... y oímos cosas horribles... (estática).

IDI: ¿Aloo? ¿Aloooooo? ¿Estás ahí? (silencio al otro lado).

IDI: ¿Aloo? Si tú puedes oírme, yo no puedo oírte... (todos los familiares que están pendientes contienen el aliento).

IDI: ... sigo sin oírte... Si tú puedes oírme, estamos bien. Estamos bien. Estamos vivos y preguntándonos cómo estaréis vosotros de salud. No os preocupéis... *yallah, ma'a al salama...* No os preocupéis. ¿Aloo? ¿Aloo...?

Y todos exhalan, sintiéndose un poco más aliviados y un poco vacíos cuando el auricular vuelve a descansar sobre la horquilla y el acontecimiento trascendental ya ha pasado.

Aunque es tarde, feliz Navidad.

posted by river @ 5:25 PM

De enero a marzo de 2004

A final de año, el Gran Ayatolá Alí Al-Sistani, el clérigo chiíta más influyente del país y el hombre que normalmente evitaba la vida política del día a día, súbitamente entra en escena declarando que los miembros del gobierno interino deben ser elegidos por votación directa. Se opone al plan de EE. UU. de celebrar votaciones internas regionales, lo cual a muchos les parecía que era otro instrumento para perpetuar el control estadounidense, aunque bajo la mesa, porque EE. UU. podía manipular esas votaciones con mayor facilidad que si hay un voto directo. EE. UU. reconoce que el sistema de las votaciones internas no es muy democrático, pero insiste en que este método adelantará las cosas y acelerará el proceso de traspaso del gobierno a los iraquíes antes del 30 de junio. Al-Sistani se muestra inflexible y se niega a reunirse con los representantes de EE. UU. Washington, frustrado, le pide a la ONU, cuyos consejos había rechazado al ir a la guerra, que interceda. Entretanto, cien mil chiítas salen a las calles en Bagdad y en otras ciudades del país.

Los acontecimientos en EE. UU. no están ayudando a Bush. David Kay, de quien la administración Bush predijo llena de confianza que les traería pruebas de las armas de destrucción masiva de Saddam, en lugar de eso dice a un comité del Senado que no ha podido encontrar ninguna prueba de su existencia y que la inteligencia de la preguerra está «casi completamente equivocada». Esto desata el debate: ¿EE. UU. tuvo una mala inteligencia, o acaso Bush manipuló a la inteligencia para sus propios fines? ¿O ambas cosas? Entretanto, la insurgencia aumenta. Unos cien iraquíes mueren en ataques suicidas con bombas en Erbil.

A principios de febrero, Bush intenta acallar el creciente debate sobre sus tácticas de guerra nombrando una comisión independiente para que estudie los fallos de inteligencia. El 10 de febrero, 54 personas, mayormente iraquíes, mueren en un atentado cuando van a pedir trabajo en una comisaría. Al día siguiente, 47 mueren en un ataque en el exterior de un centro de reclutamiento del ejército. Un representante de la ONU se reúne con Al-Sistani y la ONU dice que es imposible celebrar elecciones hasta finales de 2004 o principios de 2005 y presenta planes para reestructurar el gobierno interino para que gobierne el país hasta entonces.

En marzo la insurgencia se extiende y se intensifica. Ataques en Kerbala en un día de fiesta musulmán matan a más de cien personas y hieren a más de trescientas. El Consejo de Gobierno Iraquí redacta una constitución interina que incluye una declaración de derechos, un sistema de frenos y equilibrios. Los ataques continúan, con 27 personas muertas y 41 heridas en un atentado con coche bomba en un hotel de Bagdad. El ataque llega dos días antes del aniversario de la invasión de EE. UU. Al final del mes, fuerzas de EE. UU. cierran el diario *Al-Hawza* de Moqtada Al-Sadr, el vehemente joven clérigo radical y antiamericano chiíta. Anteriormente, Rumsfeld había aplaudido la renovación de una prensa libre en Iraq como indicadora de una libertad naciente. *Al-Hawza* fue cerrado por incitar supuestamente a la violencia antiamericana. El 31 de marzo, grupos de iraquíes matan y mutilan a cuatro agentes de seguridad estadounidenses en Faluya, luego los arrastran por las calles y los cuelgan de un puente suspendido. Faluya está al oeste de Bagdad.

En venganza, EE. UU. asedia Faluya.

JAMES RIDGEWAY

Lunes, 5 de enero de 2004

FELIZ AÑO NUEVO...

Técnicamente, hace un año que no escribo: desde 2003. En estos últimos días hemos estado sin teléfono. Hace unos cuatro días, de repente, la línea estaba muerta pero ha vuelto esta tarde.

Así que esto es 2004. No me sorprende que sea muy parecido a 2003. Pasamos la transición del año pasado a éste en casa de mi tía. Ella vino de visita el día 30 y dijo que, como nadie iba a ir a ninguna parte este año, debíamos pasarlo juntos en su casa. Si la guerra tiene alguna ventaja, es que, de algún modo, las familias están más unidas. Todos los años íbamos a un sitio distinto: mis padres a una reunión en alguna parte y E y yo con nuestros amigos... Otras personas lo pasaban en uno de los muchos restaurantes o clubes que celebraban fiestas de Año Nuevo.

Este año, Nochevieja fue prácticamente una reunión familiar. Decidimos que nos juntaríamos en casa de mi tía, pero no podía ser una reunión demasiado grande porque, de lo contrario, nos tomarían por una «célula terrorista»: mujeres, niños, platos de comida y todo lo demás.

Llegamos ahí a eso de las 6 y descubrimos que la electricidad había estado yendo y viniendo durante todo el día y que el generador apenas tenía la gasolina suficiente para unas tres horas de luz. Decidimos que la ahorraríamos para las dos últimas horas del año, lo cual resultó ser una decisión sabia porque la electricidad se fue a eso de las 8, ¡y no regresó hasta el mediodía del día siguiente! Por suerte salimos de nuestra casa temprano, porque E averiguó que más tarde pusieron barricadas en varias zonas, las cuales hicieron que las personas se quedaran atrapadas hasta bien entrado el día siguiente.

Casi una hora después de llegar a casa de la tía K, una explosión sacudió toda la zona. Me estaba preparando para encender un puñado de velas colocadas en medio de la mesa cuando, de repente, un enorme «BUUUM» sacudió la habitación, las ventanas y a la familia. E y yo corrimos fuera para ver qué estaba pasando y encontramos a los vecinos de mi tía en la puerta de sus casas, con un aspecto tan perplejo como nosotros. Más tarde averiguamos que una bomba había explotado cerca de un lugar de comida rápida a unos pocos kilómetros de distancia. Tea Time es un pequeño restaurante de dos plantas en Harthiya que vende hamburguesas y otros sándwiches llenos de patatas fritas y mayonesa.

Nos quedamos desde las 8 hasta las 11 sentados en la oscuridad, mascando palomitas de maíz, intentando recordar los últimos chistes (la mayoría de ellos sobre el Consejo de Gobierno) e intentando fingir que las velas eran velas festivas, no velas necesarias.

Mientras que muchas personas consideran que 2003 fue un «año», para nosotros fue como una década. Empezamos el año preparándonos para la guerra. Mientras el resto del mundo hacía su lista de propósitos, nosotros hacíamos listas de artículos necesarios para la futura batalla. Pasamos los primeros dos meses y medio de 2003 poniendo cinta adhesiva en las ventanas, asegurando las casas, almacenando comida, agua y medicamentos, cavando pozos de agua y preguntándonos si llegaríamos vivos al año siguiente.

Marzo trajo la guerra y el horror. Las escenas que veíamos hacían que cada día pareciera durar más de una semana... y algunos días eran como un año. Había días en que perdíamos el sentido del tiempo y empezábamos a contar, no las horas y los minutos, sino las explosiones. Dejamos de referirnos a la fecha y empezamos a decir cosas como: «La última vez que vi a mi tío fue... el día en que los norteamericanos bombardearon ese mercado en Al Shu'la y mataron a docenas de personas.»

Dicen que la guerra se acabó en abril, pero no fue así. Abril fue sólo el comienzo de otra serie de horrores... Ver cómo Bagdad ardía y era saqueada por los delincuentes... ver los armazones de los coches quemados y los cuerpos de seres humanos carbonizados a los lados de la calle... ver a los tanques y a los Apaches disparando a diestro y siniestro... darnos cuenta de que la guerra se había convertido en una ocupación en toda regla.

Así que durante las últimas horas estuvimos sentados pensando en los últimos meses y haciendo conjeturas sobre el futuro. De fondo se podían oír algunas explosiones, algunos disparos, helicópteros y aviones. Yo no hacía más que pensar que algo terrible iba a ocurrir y que jamás volveríamos a ver el comienzo de un nuevo año.

A eso de las 10 de la noche pusieron en marcha el generador y nos reunimos alrededor de la televisión para ver cómo celebraba el resto del mundo su entrada en el año nuevo. Los niños se quedaron dormidos en el suelo de la sala de estar, delante de la estufa de queroseno, antes de que dieran las 12 y los ruidos sordos a nuestro alrededor se fueron haciendo cada vez más fuertes. Inmediatamente después de las doce, el ruido de los aviones de guerra y las explosiones se hizo tan intenso que apenas podíamos oír la televisión. Como siempre, no había nada en las noticias. Al-Iraqiya mostraba a un lisiado apareciendo y desapareciendo de su lema sobre un fondo azul mientras afuera se estaba desatando el infierno. Al día siguiente averiguamos que habían puesto explosivos delante de un restaurante en A'arassat, una zona rica en Karrada.

¿Cómo han sido los primeros días de 2004? Exactamente como los últimos meses de 2003. Los últimos días han sido una sucesión de bombas y explosiones. Hace un par de noches estaban usando bombas de dispersión para bombardear alguna zona. Antes de que dejen caer las bombas, uno puede oír ese horrible sonido agudo. Lo llamamos «el elefante» porque suena como un elefante furioso chillando. No estoy segura de lo que es o lo que se supone que es. Alguien dijo que se supone que es una especie de señal de advertencia para las tropas que están en tierra para que se pongan a cubierto antes de que caiga la bomba. Normalmente va seguido de una serie de horribles explosiones y luego la tierra se estremece.

Es extraño lo que uno puede llegar a acostumbrarse a ver u oír. La primera vez es siempre la peor: la primera vez que experimentas las bombas de dispersión, la primera vez que sientes la tierra temblar bajo tus pies por el impacto de una explosión, los primeros tanques disparando contra las casas en tu barrio, el primer punto de control... las primeras ventanas rotas, las paredes que se desmoronan, las puertas que se desprenden de sus bisagras... la primera embajada bombardeada, el primer restaurante... No es que ya no sientas rabia o tristeza, simplemente se vuelve parte de tu vida y empiezas a esperarlo como esperas que llueva en marzo y haga sol en julio.

Espero que 2004 sea mejor que 2003.   *posted by river @ 1:12 AM*

Jueves, 8 de enero de 2004

DIVIDIENDO IRAQ...

Salam escribió en su blog sobre un tema que ha estado cerca del corazón de todos los iraquíes en estos últimos días: el asunto del federalismo en Iraq y el plan kurdo para incluir Kirkuk y partes de Mosul en la región autónoma en el norte.

¿Dónde está Raed?, 6 de enero de 2004, http://dear_raed. blogspot.com

....

¿Os habéis fijado en todo lo que se está diciendo sobre convertir Iraq en un país federal? Algo me hacía rabiar cada vez que oía a un funcionario iraquí o de la APC hablar de ello; al principio no sabía qué era lo que me molestaba, pero durante un viaje muy, muy largo conduciendo hasta Ammán finalmente pude averiguarlo: nadie nos ha preguntado lo que pensamos sobre esa idea.

Recuerdo que hace casi un mes, cuando Zibari (nuestro ministro de Asuntos Exteriores) habló de federalismo, pensé «es bueno que finalmente estemos empezando a discutirlo». Me equivoqué, no era una discusión; era un arreglo que ya estaba hecho y decidido. La cosa se puso tan tonta que los kurdos y los árabes están teniendo verdaderos problemas con el tema, el incidente de Kirkuk. No recuerdo que nadie me haya preguntado lo que pensaba de todo este asunto, ni tampoco ha sido debatido abiertamente. Alguien poderoso en las altas esferas decidió súbitamente que era bueno para uno, y estamos pasando por el proceso de intentar encajar en ese federalismo de prêt-à-porter (confeccionado). «Los Representantes» no están discutiendo si el sistema es bueno para nosotros o no, ellos han ido mucho más lejos, están discutiendo cuántos trozos de Iraq se van a cortar. Según las «etnias» o por gobernadurías.

¿Ya he mencionado que nadie nos preguntó?

Nuestro nuevo jefe de estado temporal, el señor Pachachi, promete a los kurdos que conseguirán lo que quieren. Lo cual significa que dividirán Iraq en tres partes y se asegurarán de que, en lugar de procurar que todos aquí vivamos juntos pacíficamente, nuestras diferencias étnicas y religiosas se acentúen todavía más. Sí, ya sé que la identidad es importante, pero veréis, mi padre es sunita, mi madre es chiíta y nuestos vecinos de años son kurdos. No hay fronteras y no deberían existir; la situación en Kirkuk crea fronteras y hace que la gente elija un lado. Aunque creo que la idea de un estado independiente de Bagdad, o de Samaweh, o de Basora es un poco extraña. Para mí todo es un Iraq, pero si nos hacen tragar a la fuerza este federalismo sin preguntar, espero que no se decidan por un estado federal formado por Kurdistán en el norte, Sunistán en el medio y Chiistán en el sur.

Puedo resumirlo en dos palabras: mala idea. Para empezar, Kirkuk no tiene una mayoría kurda como Talabani da a entender en cada declaración que hace. Los árabes y los turcomanos en Kirkuk forman la mayoría. Después de la guerra y la ocupación, el KDP (liderado por Berazani) y el UPK (liderado por Talabani) empezaron a pagar a miembros de los partidos para montar un campo en Kirkuk y en sus alrededores para dar la impresión de que había una mayoría kurda en esa zona rica en petróleo. Las semanas de mayo vieron combates entre civiles kurdos de Bayshmarga y turcomanos porque en algunas zonas elegidas los turcomanos estaban siendo atacados y obligados a abandonar sus casas y sus granjas.

Aunque por lo general los kurdos y los turcomanos se llevan bien en Iraq, hay un cierto resentimiento entre ellos. Convertir Kirkuk en una parte del «Kurdistán», como a algunos les gusta llamarlo, tendría como consecuencia el derramamiento de sangre y la revuelta. Los árabes en Kirkuk se negarían y los turcomanos no lo tolerarían. Para entender parte del resentimiento entre turcomanos y kurdos, sólo hay que ver lo que ocurrió en 1959 en el norte de Iraq. Durante esa época, el partido comunista iraquí tenía el control y apoyaba a Abdul Kareem Qassim, que entonces era presidente.

Muchos comunistas acérrimos decidieron que la mejor manera de promocionar el comunismo en la región era atacando a las figuras religiosas, nacionalistas y socialistas, especialmente en Mosul, una ciudad árabe conservadora y predominantemente sunita, y en Kirkuk. Durante varias semanas en 1959, hubo masacres en ambas zonas. Durante esta época, los kurdos comunistas de Suleimaniyah y Arbil recibieron órdenes de controlar la región rebelde. Durante días, hubo asesinatos de inocentes... Disparaban a la gente, la arrastraban por las calles, la mutilaban y la colgaban de postes de luz como un «ejemplo» para aquellos que no estuvieran dispuestos a apoyar la revolución comunista. Naturalmente, la gente de Mosul y Kirkuk jamás olvidó aquello; cualquier persona de esa zona mayor de cincuenta años tendrá al menso seis historias lamentables que contar.

Por otro lado, Mosul es árabe sunita en aproximadamente un 90 por ciento, con alrededor de un 5 por ciento de árabes cristianos y el resto una mezcla de kurdos, yezidíes y algunas otras facciones cristianas. Los masslawis (la gente de Mosul) *no* aceptarían de buena gana un gobierno kurdo.

Ya hemos estado oyendo noticias de disturbios, manifestaciones y asesinatos en Kirkuk desde que Talabani sugirió expandir la región autónoma. Los turcomanos y los árabes en Kirkuk prometen revueltas y una guerra civil si el plan kurdo sigue adelante.

¿Cuál es mi postura? Estoy en contra de dividir Iraq en zonas que se identifiquen étnicamente o por su religión. No funcionará. Casi todos los iraquíes temen que Iraq se rompa en varias partes y el plan para una región kurda ampliada simplemente es el primer paso para un estado kurdo independiente, o Kurdistán, como les gusta llamarlo.

Creo que los kurdos tienen derecho a vivir igualmente bien que los árabes y otras etnias; eso no lo discuto. Tengo muchos amigos kurdos y nos llevamos de maravilla. Incluso tengo parientes kurdos (por el matrimonio de un primo) y no hay nada más bonito que una familia étnicamente diversa. En otras palabras, soy una defensora de los derechos kurdos.

¿Creo que los kurdos deberían tener un estado kurdo independiente? No. Si cada grupo étnico de Iraq exigiera tener un estado independiente, tendríamos que dividir el país en más de cinco grupos: la región autónoma kurda, la región árabe sunita (incluida Mosul), el estado independiente de Kirkuk, la república de Bagdad, y el sur tendría que ser dividido en tres estados distintos: uno para los partidarios de Al-Hakim, otro para los partidarios de Al-Sadr y otro para los partidarios de Al-Sistani.

¿Qué pueden conseguir los kurdos en un «Kurdistán» independiente que no puedan conseguir en un Iraq democrático, unido? Algunos dirían que ya tenían todos sus derechos incluso antes de la guerra. Hay decenas de miles de kurdos viviendo en Bagdad. De hecho, algunas de las familias más ricas de Bagdad antes de la ocupación eran familias kurdas con varios palacios desparramados por todo Bagdad y otros palacios en Suleimaniyah y en Arbil. La ironía es que algunos de esos kurdos ricos, para la mofa de sus hermanos menos afortunados, hicieron sus fortunas con el contrabando de armas durante la guerra Irán-Iraq. Ahora, después de la guerra, los traficantes de armas hablan en voz alta contra las atrocidades de la guerra (eso se aprende con la ocupación: de repente, a los increíblemente ricos y poderosos les crecen conciencias como crecen malas hierbas en nuestro jardín). Sus hijos conducían los coches más rápidos, iban a los mejores colegios (ninguna ley impedía a los kurdos entrar en ningún colegio o universidad) y pasaban los veranos en Suiza, Alemania e Inglaterra.

Los kurdos también tenían un par de clubes exclusivos en Bagdad, como el Nadi Salah Al-Din, donde celebraban bodas, fiestas y eventos sociales, y aunque los árabes eran bienvenidos como invitados, no se les permitía ser miembros. Por otro lado, los kurdos podían ser miembros de cualquier club en Iraq, que es su derecho como minoría. Una clara ventaja de los kurdos sobre los árabes es el hecho de que a ellos no se los obligaba a entrar en el ejército.

Decir que todos los kurdos quieren un Kurdistán independiente sería una mentira. Muchos kurdos tienen miedo de expandir la region autónoma porque saben que ello tendría como consecuencia un gran derramamiento de sangre y muchas contiendas. Los kurdos que siempre han vivido en Bagdad, a diferencia de los que viven en el norte, temen que si los líderes kurdos ambiciosos dan este paso se producirá una «reacción» contra los kurdos fuera de la zona autónoma. Esto ya está ocurriendo: muchas personas están resentidas con los kurdos porque creen que la división de Iraq estará en manos de los líderes kurdos.

Otra cosa que parece preocupar a los kurdos últimamente es el hecho de que «haya sangre», como dicen ellos, entre Berazani y Talabani. De momento están presentando un frente unido para la APC y Washington, fingiendo que no se llevarían mejor si fueran hermanos. La verdad es que antes de la guerra estaban riñendo constantemente por el poder en el norte con los partidarios de uno atacando a los partidarios del otro, y durante todo este tiempo, la gente inocente era víctima de su lucha por el poder... Y eso fue antes de que estuviera implicado el petróleo. Imaginad lo que ocurriría si consiguen Kirkuk

Antes todos vivíamos juntos; podemos vivir juntos en el futuro. Los iraquíes están orgullosos de sus diferentes etnias, pero al final todos nos identificamos como «iraquí». La pesadilla de todo iraquí es despertar una mañana y descubrir que Iraq ha sido dividido en varias partes basándose en las etnias y las religiones. Salam acertó cuando dijo «No hay fronteras y no deberían existir...» (http://dear_raed.blogspot.com/107333959310407798).

(A propósito, Salam, ¿oíste a Muwafaq Al-Rubai's sugerir que no estaba satisfecho con dividir Iraq en tres partes? Está sugiriendo cinco... 3ud dai ka7ilheh, 3maha; lo siento, pero esto, simplemente, no es traducible.)   *posted by river @ 4:38 AM*

Jueves, 15 de enero de 2004

OSCURIDAD Y POLVO...

En los últimos días hemos tenido una especie de plan de electricidad: por cada cuatro horas sin luz, tenemos dos horas de ella. No es mucho, pero es mejor que una o dos horas por cada catorce de oscuridad.

En los últimos minutos de electricidad corremos por toda la casa apagando las luces y los electrodomésticos para que no se estropeen. A veces la electricidad no se va inmediatamente, como que baja la intensidad, después vuelve a subir y luego empieza a ser intermitente hasta que se apaga. Tenemos el generador menos tiempo porque todavía hay un problema con la gasolina y todo el mundo tiene realmente muchísimo cuidado con el tipo de combustible que utiliza, porque la gasolina que venden en el mercado negro a veces está mezclada con queroseno.

Hace un par de días hubo muchísimo polvo. Iraq es famoso por sus tormentas de polvo. En cuestión de horas, el horizonte se pone de color naranja y todo parece ligeramente borroso. Las casas de estuco adquieren un tono melocotón pálido e incluso las personas parecen un poco apagadas. Resulta difícil respirar y es casi catastrófico para la gente con alergia.

Durante las últimas veinticuatro horas hemos estado limpiando, porque lo encontramos todo cubierto con una ligera capa de polvo. Las niñas se pasaron el día dibujando figuras en el polvo que había sobre los muebles, lo cual volvió un poco loca a mi madre: corría por toda la casa blandiendo un trapo y atacando todo aquello que tuviera una superficie lisa.

Todo el mundo se siente un poco deprimido en estos días. No está haciendo muy buen tiempo que digamos, y el aire parece estar cargado de una combinación de decepción e impaciencia.

La gente está preguntando cuál es la reacción a las afirmaciones del antiguo tesorero estadounidense sobre el plan de Bush de cambiar el régimen antes del 11 de septiembre. ¿Por qué les choca tanto a los norteamericanos? No he conocido ni a un solo iraquí que piense que Iraq tuvo ALGO que ver con el 11 de septiembre. Las acusaciones eran ridículas y tan descaradamente inventadas que era vergonzoso ver que había gente que realmente se las creía.

A veces me pregunto cómo se siente el pueblo norteamericano. Después de estas últimas dos guerras con Afganistán y con Iraq, ¿se sienten más seguros los norteamericanos? Vemos las «alertas de terror» que se anuncian por televisión: políticos con caras sombrías y silencios dramáticos alertando a la población de que en cualquier momento podría haber una explosión o un ataque. Es gracioso, porque Iraq ha estado en nivel rojo durante los últimos nueve meses. ¿Por qué es un drama cuando Estados Unidos colectivamente experimenta un poco de tensión durante un par de semanas durante las fiestas, pero no pasa nada si los iraquíes experimenta cinco veces más tensión y temor durante los próximos cinco años? Por lo visto, nosotros somos más tolerantes; nuestra presión sanguínea no sube, nuestros corazones no palpitan y nuestros niños no pueden traumatizarse.

Oímos que estaban cerrando y asegurando embajadas estadounidenses por el mundo entero... Están sacando a los diplomáticos de los países, o pidiéndoles que permanezcan encerrados en los edificios. ¿Esto forma parte de la «guerra al terror»? ¿Están más seguros los norteamericanos en el mundo entero? ¿Duermen mejor por las noches sabiendo que están definitivamente a salvo de las legendarias armas de destrucción masiva iraquíes? Nosotros ya hemos olvidado lo que se siente al estar completamente a salvo.

posted by river @ 5:45 AM

LA SHARIA Y LA LEY FAMILIAR...

El miércoles nuestro querido Consejo de Títeres iraquí decidió que la ley familiar laica iraquí ya no sería laica: ahora va a estar de acuerdo con la Sharia islámica. La Sharia es una ley islámica que puede provenir del Corán, o de citas del Profeta, o de interpretaciones de la ley islámica moderna por parte de clérigos y personas que han dedicado sus vidas a estudiar el islam.

La noticia apenas ha sido cubierta por los medios de comunicación occidentales, e incluso por los medios árabes y los medios de comunicación iraquíes ni siquiera la están cubriendo. Pedir que Al-Iraqiya debata o cubra un tema como éste es pedir demasiado; obviamente estaría en conflicto con los culebrones egipcios y los programas musicales. Esta última decisión va a ser catastrófica para las mujeres; estamos retrocediendo.

No me malinterpretéis: la ley islámica pura de acuerdo con el Corán y el Profeta da a las mujeres ciertos derechos inalterables, no negociables. El problema surge cuando ciertos clérigos deciden hacer sus propias interpretaciones de esas leyes (y prácticamente *cualquiera* puede hacerse clérigo hoy en día). El mayor problema es que la Sharia puede ser drásticamente distinta para un clérigo que para otro. De hecho, existen diferencias fundamentales en la Sharia de las distintas facciones islámicas o *methahib*. Incluso en la misma *methahib* hay docenas de diferentes clérigos que pueden tener opiniones opuestas. Esto va a significar más caos del que ya hemos tenido que enfrentar. Nos hemos acostumbrado a esperar que haya caos en las calles, pero... ¡¿caos en los tribunales y en el sistema judicial también?!

Esto es absolutamente injusto, concretamente para las mujeres. Según la constitución iraquí, los hombres y las mujeres son iguales. Según nuestra antigua ley laica (que ha estado vigente desde los años cincuenta), las mujeres tenían derechos inalterables respecto al divorcio, matrimonio, herencia, custodia y pensión alimenticia. Todo esto va a cambiar.

Daré un ejemplo de lo que esto va a significar. Una práctica infame traída a Iraq por los clérigos iraníes fue la *zawaj muta'a*, que cuando es traducida por los clérigos significa «matrimonio temporal». La verdadera traducción es «matrimonio de placer», que es exactamente lo que es. Funciona así: un hombre y una mujer, de mutuo acuerdo, van a ver a un clérigo que aprueba un matrimonio temporal y luego se ponen de acuerdo respecto a cuánto tiempo va a durar. El hombre le paga a la mujer una *mahar* o dote, y durante la duración del matrimonio (que puede ser desde una hora, hasta una semana, un mes, etc.), el hombre tiene plenos derechos maritales. Básicamente, esta es una forma de prostitución que a menudo tiene como consecuencia hijos ilegítimos y la propagación de enfermedades de transmisión sexual.

Los clérigos sunitas consideran que esto es un pecado y muchos clérigos chiítas también lo desaprueban... pero hay algunos que te dirán que es *halal* y Sharia, etc. Claro que las mismas personas que lo aprueban o lo practican preferirían ver a sus hijas o sus hermanas muertas antes que permitir que *ellas* lo practiquen, pero ése no es el tema ahora.

De cualquier modo, la ley familiar laica iraquí considera que es una forma de prostitución y no considera que un «matrimonio de placer» sea un matrimonio legítimo. En otras palabras, la mujer no tendría ningún derecho legal y si se queda embarazada, legalmente, el niño no tendría padre.

Entonces, ¿qué ocurre si un hombre casado decide arreglar un matrimonio de placer paralelamente? En el pasado, su esposa legítima podía arrastrarlo a los tribunales y pedir el divorcio porque, según la ley iraquí, el hombre estaría cometiendo adulterio. Ahora ése ya no será el caso. Según ciertos clérigos, un matrimonio de placer se considerará legal y la mujer no podrá pedir el divorcio. Según otros clérigos, el hombre estaría cometiendo adulterio; entonces, ¿quién va a ser el juez? ¿El clérigo que él elija o el clérigo que ella elija?

Otro ejemplo es dentro del propio matrimonio. Según la ley tribal y la Sharia, una mujer, independientemente de su edad, tendría que tener el consentimiento de su familia para casarse con un hombre. Según la ley iraquí, siempre y cuando la mujer sea mayor de dieciocho años, no necesita el consentimiento de su familia. Puede casarse legalmente en un juzgado, sin sus padres. Rara vez ocurría esto en Iraq, pero *era* posible.

Según la ley laica iraquí, una mujer tiene motivos para divorciarse si su marido le pega. Bajo la Sharia, sería mucho más difícil demostrar que ha habido malos tratos.

También se plantean otras cuestiones: la Sharia no prohíbe los matrimonios de menores de edad (bajo la condición de que hayan llegado a la pubertad). La ley laica iraquí no permite que los menores se casen hasta que tengan al menos dieciséis años (creo) en el caso de las mujeres y dieciocho en el caso de los hombres.

Según la ley civil iraquí, los padres deben enviar a sus hijos a la escuela para que completen, como mínimo, la primaria. Según la Sharia, un padre puede hacer que su hijo o su hija deje el colegio y se ponga a trabajar o se quede en casa. Entonces, ¿qué ocurre si decide hacerlo? ¿Se aplica la Sharia o la ley civil?

Hay cientos de otros ejemplos que se me ocurren y que hacen que sienta indignación. Yo practico el islam, pero ¿quiero un gobierno islámico? No. Eso es lo que siento porque tenemos tantas *methahib* y religiones distintas que cualquier gobierno religioso acabará oprimiendo a alguna facción de la sociedad. Ya está ocurriendo en el sur, donde los fundamentalistas chiítas están atacando a las familias y a las tiendas cristianas.

Juan Cole tenía algo que decir sobre el tema y se remitió a un artículo publicado en el *Financial Times* apropiadamente titulado «El plan iraquí para la ley Sharia es "para comprar la benevolencia de los clérigos", dicen las mujeres». Por desgracia, los autores del artículo no parecen tener ninguna información sobre la ley iraquí laica más allá de lo que los miembros del CG les han contado. Los miembros fundamentalistas del CG afirman que la ley civil iraquí obligaba a la gente a ir en contra de su doctrina, lo cual no es cierto, porque una gran parte de la ley civil estaba basada en la Sharia o en partes de la Sharia que fueron acordadas por todas las distintas facciones islámicas (como, por ejemplo, el derecho al divorcio), y teniendo en consideración a los diferentes grupos religiosos de Iraq.

Informed Comment, 15 de enero de 2004, http://www.juancole.com

....

El *Financial Times, dicho sea en su honor, recogió la historia el jueves (la mayor parte de la prensa occidental la ignoró inicialmente). A mi parecer, los miembros del CGI intentaron engañar a Nicholas Pelham y a Charles Clover con declaraciones como que el decreto del CGI no entraría en vigor porque necesitaba la firma de Bremer. No es necesario que una ley del gobierno obedezca a la* shariah *o ley islámica. Si alguien quiere redactar un testamento de acuerdo con enfoques literales a la ley islámica, ya puede hacerlo. Lo que es objetable es que el gobierno imponga la ley religiosa a gente que puede quererla o no quererla, y eso es lo que el CGI está intentando hacer. En cuanto a la afirmación de que Bremer no permitirá que la ley entre en vigor, el mero hecho de*

*promulgar el decreto les da a las milicias vigilantes un pre-
texto para meterse en los asuntos privados de los iraquíes e
imponerles prácticas religiosas.*

*De modo que la respuesta de la administración Bush al
ataque del 11 de septiembre a Estados Unidos por parte de
un grupo de extremistas radicales islámicos ha sido abolir
la ley laica para las mujeres iraquíes e imponerles una lectura fundamentalista de la ley islámica. Sí, tiene mucho
sentido.*

Las mujeres están indignadas... ¡Esto va a abrir nuevas puertas a la represión en el país más avanzado en
cuanto a los derechos de la mujer en el mundo árabe!
Los hombres también están en contra (aunque, ciertamente, tienen la sartén por el mango en esta situación),
porque esto va a significar más confusión y conflicto por
todas partes.

¿Qué ocurre cuando todos los clérigos se ponen de
acuerdo en que la *hijab* no es «preferible», sino necesaria? Según esta nueva modificación en las leyes *ahwal
shakhsiya* o leyes de «circunstancias personales», todas
las mujeres tendrán que cubrirse la cabeza y, según la
Sharia, si el marido de una mujer decide que ella no
puede continuar estudiando o trabajando, tendrá que
quedarse como ama de casa.

Por favor, no malinterpretéis las cosas: cualquier opresión a la mujer no es un reflejo del islam. Es un reflejo
de ciertas mentes estrechas, de la ignorancia y de la poli-
tización de la religión. El islam es una religión progresista y ninguna religión es más clara en relación con los derechos de las mujeres; simplemente llegó en una época en la
que las mujeres no tenían absolutamente ningún derecho.

Durante las sanciones y toda la inestabilidad, solíamos oír unas historias increíbles sobre ciertos países árabes como Arabia Saudita, Kuwait, Omán y Qatar, por nombrar algunos. Oíamos hablar de sus lujosos estilos de vida: los elevados sueldos mensuales, los coches elegantes, las amplias casas y centros comerciales... y aunque siempre quise visitarlos, no recuerdo haber anhelado jamás vivir ahí, ni siquiera haber sentido envidia. Cuando analizaba mis sentimientos, siempre volvía al hecho de que yo valoraba los derechos que tenía como mujer musulmana iraquí. Durante los tiempos difíciles, siempre era un consuelo poder conducir, aprender, trabajar por el mismo sueldo que un hombre, vestirme como quería y practicar el islam según mis valores y creencias, sin preocuparme por si era demasiado devota o no.

Normalmente ignoro los e-mails que recibo en los que me dicen que «acepte» mi nueva libertad y me alegre de que las circunstancias de la mujer iraquí vayan a «mejorar drásticamente» respecto a lo que teníamos antes. Ellos citan a Bush (lo cual, por sí solo, dice muchísimo) diciendo cosas sobre lo reprimidas que estaban las mujeres iraquíes y cómo ahora van a poder tener una vida libre.

La gente que escribe esos e-mails suele equiparar Iraq con Arabia Saudita, Irán y Afganistán, y yo sacudo la cabeza ante su ignorancia pero pienso para mí: «Bueno, en realidad necesitan creer que su país tiene las mejores intenciones; no voy a reventarles su burbuja.» Pero ahora estoy avisando a todo el mundo: si vuelvo a recibir más e-mails hablando sobre lo libres y liberadas que están las mujeres iraquíes *ahora* gracias a Estados Unidos, ya podéis prepararos para recibir una respuesta muy desagradable.   *posted by river @ 7:55 PM*

Martes, 20 de enero de 2004

SIGO PENSANDO EN ELLO...

En estos últimos días mi cabeza ha estado dándole vueltas a la decisión núm. 173 de cambiar la Ley Familiar por la Sharia. He estado dándoles vueltas a las infinitas posibilidades. No soy la única: todas las personas con las que hablo menean la cabeza, consternadas. ¿Cómo puede estar ocurriendo esto? ¿Cómo es que estamos cayendo en el fundamentalismo?

Talabani decía que la decisión no se tomó ni se aprobó porque no tuvo suficientes votos del CG, pero todas las señales indican que sí se ha tomado la decisión y que podría entrar en vigor en cuanto consigan la firma de Bremer. Hace unos días, Nisreen Barwari, la única ministra del gabinete, salió a manifestarse en contra de la decisión con varios partidos a favor de los derechos de la mujer. Christopher Allbritton en *Back to Iraq 3.0* ha escrito algo sobre el tema y también lo ha hecho el *Washington Post*.

Back to Iraq 3.0, 14 de enero de 2004, http://www.back-to-iraq.com/archives/000647.php

Unas cien mujeres iraquíes, dirigidas por una ministra del Consejo de Gobierno Iraquí, se manifestaron en Bagdad

el martes para protestar contra los cambios propuestos que desecharían el código laico de asuntos familiares y colocarlo bajo la ley religiosa islámica.

Del artículo: «El código civil de Iraq de 1959 que gobernaba los asuntos familiares era considerado el más progresista de Oriente Medio, dificultando la poligamia y garantizando los derechos de custodia de la mujer en caso de divorcio.»

Nasreen Mustafa Sideek Barwari, ministra iraquí de Obras Públicas, estuvo a la cabeza de la marcha. Entrevisté a Barwari el Arbil en julio de 2002 y me quedé impresionado. Está educada en Harvard, es inteligente, ecuánime, y verdaderamente quiere lo mejor para el pueblo iraquí, hombres y mujeres por igual. Dicho sea de paso, ella es kurda...

—————————————————

—————————————————

«Las mujeres en Iraq censuran la decisión de limitar derechos», *The Washington Post*, 16 de enero de 2004, http://www.washingtonpost.com/ac2/wp-dyn/A21321-2004 Jan15?language=printer

Durante las últimas cuatro décadas, las mujeres iraquíes han disfrutado de algunas de las protecciones legales más modernas en el mundo musulmán, bajo un código civil que prohíbe el matrimonio a los menores de dieciocho años, el divorcio arbitrario y el favoritismo a los hombres en la custodia de los hijos y las disputas por la herencia de propiedades.

La dictadura de Saddam Hussein no tocó esos derechos. Pero el Consejo de Gobierno Iraquí, respaldado por EE. UU., ha votado para eliminarlos, ordenando el pasado diciembre

que las leyes familiares sean «canceladas» y que estos te-
mas pasen a estar bajo la jurisdicción de la estricta doctrina
legal islámica conocida como Sharia.

Esta semana, mujeres iraquíes indignadas —desde jue-
zas hasta ministras del gabinete— denunciaron la decisión
en protestas en la calle y en conferencias, diciendo que haría
retroceder siglos su estatus legal y podría desatar choques
emocionales entre diversas tendencias islámicas que tienen
reglas distintas para el matrimonio, el divorcio y otros te-
mas familiares...

«Esta nueva ley hará retroceder a la Edad Media a las fa-
milias iraquíes —dijo Hakki—. Permitirá que los hombres
tengan cuatro, cinco o seis esposas. Quitará los hijos a las
madres. Permitirá que cualquiera que se llame a sí mismo
clérigo abra un tribunal islámico en su casa y decida quién
puede casarse y divorciarse y tener derechos. Tenemos que
pararla...»

La cuestión es, incluso si las leyes de estatus personal
no van a ser sujetas a cambios ahora, inmediatamente,
¿qué ocurrirá en el futuro? ¿Qué dice esto de lo que ocurrirá dentro de seis meses, cuando la firma de Bremer ya
no sea necesaria?

Hace dos días hubo una conferencia sobre los derechos de la mujer en el elegante Nadi Al-Sayd (o Club de
Caza) en Bagdad, conducida por los principales grupos proderechos de la mujer, y condenaron la decisión
núm. 173 diciendo que será un golpe a los derechos de
las mujeres en Iraq. Lo que da miedo es que uno de los
miembros más laicos del CG apoyara la decisión y afir-
mara que iba a significar un «gran avance» en los derechos de las mujeres iraquíes. No explicó cómo ni por

qué, pero se sentó condescendientemente delante del enfurecido grupo de mujeres y les ofreció una misteriosa sonrisa de Mona Lisa que me imagino que se suponía que debía ser tranquilizadora.

Al ver a algunos de los miembros del CG dar conferencias de prensa en estos días me acordé de cuando fui a ver a la hija de mi primo «graduarse» del preescolar.

Había unos veinte niños sobre un pequeño escenario con su maestra, la señorita Basma, que estaba de pie, benevolentemente, en medio de todos ellos. Mientras ella estuvo sobre el escenario, todos los niños se comportaron correctamente, recitando simultáneamente un poema que habían aprendido para la ocasión. En cuanto la señorita Basma bajó del escenario, hubo una estampida: los veinte alumnos corrieron, todos a la vez, a coger el único micrófono que había ahí, luchando a brazo partido para ver quién conseguía cogerlo primero y sofocar las demás voces con la suya.

Ahora nos enfrentamos a una situación similar. La señorita Basma —ay, quiero decir Bremer— ha estado fuera del escenario (en Washington y en Nueva York) y todos han corrido a hacerse con el micrófono metafórico. Por ejemplo, aunque la decisión sobre la ley familiar parece bastante clara, Talabani la niega inexorablemente... y los otros miembros sólo la comentan de mala gana.

Hace un par de semanas, cuando el federalismo era la única tendencia en el CG, Talabani hizo unas declaraciones en las que decía que la decisión era casi definitiva: un federalismo basado en las etnias estaba a la vuelta de la esquina.

Esa misma semana, Ibraheim Al-Ja'affari, líder del partido Al-Da'awa Al-Islamiya, también hizo una aparición en la LBC o en Al-Arabiya, afirmando que no había ninguna posibilidad de que Iraq fuese dividido. Entonces, Adnan Al-Pachichi dio una conferencia en la que declaró que, aunque el federalismo era una opción, no iba a ser inmediato, ni «desorganizado».

Ahora se está hablando de que es una especie de intercambio o arreglo: federalismo para los kurdos en el CG y Sharia para los grupos islámicos chiítas... Al final da igual: el pueblo iraquí será el que salga perdiendo.

Entretanto, ha habido enormes manifestaciones en el sur y en Bagdad en estos últimos días, exigiendo elecciones. Las calles estuvieron bloqueadas en Bagdad en las áreas alrededor de la manifestación y los helicópteros sobrevolaron la zona durante todo el día. La mayoría de los manifestantes eran partidarios de Sistani, que se ha convertido en una figura nacional en este lío. Sistani mantuvo un extraño silencio respecto a la ocupación y ahora es probablemente el desafiador del CG más influyente. Él fluctúa: un día afirma que si no se celebran elecciones habrá una *fatwa* ordenando la desobediencia civil. Otro día declara que la decisión de celebrar elecciones debería tomarla Kofi Annan. Lo más significativo que ha dicho hasta el momento es que, incluso si se celebran elecciones, no se debería permitir que las personas que están en el extranjero (esto es, el 95 por ciento del CG) se presenten como candidatas.

Hoy vi la reunión entre algunos miembros del CG, Bremer y Kofi Annan en la CNN. No parecían haber llegado a ninguna conclusión, excepto que *quizá* Kofi enviaría una delegación para evaluar la situación en Iraq. Entretanto, cien mil chiítas y sunitas se manifestaron en Bagdad hoy (aunque en esta ocasión los chiítas superaban en número a los sunitas, de lejos), sosteniendo imágenes de Sistani, Al-Sadr y otros. No hubo violencia, pero fue colérica, enérgica y daba miedo. Ésta ha sido la mayor manifestación desde la guerra.

Estoy dubitativa en el tema de las elecciones. Aunque quiero elecciones porque es lo «democrático», tengo miedo del resultado. Todas las señales la llevan a una a creer que las elecciones nos conducirán a una teocracia (algo que me da pavor). El actual CG *no* representa al pueblo iraquí; ni los sunitas ni los chiítas lo aprueban... pero ¿las elecciones producirán un grupo más representativo de aspirantes a líderes? Además, ¿y si la «mayoría» iraquí *quiere* una teocracia como la de Irán? Si la opción se reduce a una democracia al estilo de la que hay en Estados Unidos o a una teocracia al estilo de la que hay en Irán, ¿qué creéis que escogerá un país musulmán?

Para más información sobre Al-Sistani, visitad este sitio, está en árabe, farsi, inglés, francés y urdu: sistani. org... bastante impresionante. La biografía de Sistani está ahí. Los que estéis *muy* interesados en el matrimonio temporal, echad un vistazo a esto.

---

http://www.sistani.org/html/eng/main/index.php?page=1&lang=eng&part=1

Durante más de medio siglo, la escuela del ya fallecido Gran Ayatolá Imán Abul-Qassim Al-Ku' i ha sido una fuente inagotable que ha enriquecido el pensamiento y el conocimiento islámicos.

De su escuela se graduaron docenas de juristas, clérigos y dignatarios, los cuales se encargaron de continuar con su camino ideológico, que estuvo lleno de logros y sacrificios al servicio de la fe, el conocimiento y la sociedad.

*Entre ellos hay destacados profesores de escuelas parro-
quiales, especialmente de la Santa Najaf y Qum. Algunos de
ellos han alcanzado el nivel de* ijtiihad, *la competencia para
colegir un juicio legal independiente que les permite asumir
el oficio de suprema autoridad religiosa.*

*Otros alcanzaron elevados niveles que los cualifican
para cargar con las responsabilidades de la enseñanza y la
educación. Muy distinguido entre estas figuras destacadas es su eminencia el Gran Ayatolá Al-Sayyid Ali Al-Hussa-
ni Al-Sistani.*

*Él es uno de los más brillantes, más cualificados y más
eruditos ex alumnos del imán Al-khu' i.*

*http://www.sistani.org/html/eng/main/index.php?page=3
&lang=eng&part=1*

*En un matrimonio permanente, el período de matrimonio no
es fijado, y es para siempre. La mujer con la que se concier-
ta este matrimonio se denomina* da'ima *(esto es, esposa
permanente).*

En un matrimonio temporal (Mutah), *el período de matrimonio es fijado; por ejemplo, se contrata una relación ma-
trimonial con una mujer para una hora, o un día, o un mes, o
un año, o más tiempo. No obstante, el período fijado para el
matrimonio no debería exceder el lapso de tiempo de las vidas normales de los cónyuges, porque en ese caso el matrimonio sería tratado como uno permanente. Este tipo de matrimonio con un tiempo fijado se denomina* Mut'ah *o* Sigha.

---

posted by river @ 5:48 AM

LA INSOMNE...

Son las 4 de la madrugada mientras escribo esto y probablemente serán las 5 antes de que lo envíe. Salam (dear_raed.blogspot.com) estaba comentando el otro día la hora tan rara que elijo para escribir en mi blog (eran alrededor de las 5.30 de la mañana). Tengo insomnio desde antes de la guerra. Mis horas de sueño son extrañas e inconexas, un poco como un gato. Durante la guerra, era prácticamente imposible dormir. Las noches estaban plagadas de bombardeos. Nos quedábamos despiertos, apretados unos contra otros en una habitación, escuchando los aviones y las explosiones, a veces aventurándonos fuera, buscando en el horizonte señales de incendios.

Después de la guerra, los saqueos y el pillaje nos mantenían a todos despiertos. Nos turnábamos para estar levantados para ver si oíamos a los merodeadores o los robos. Mi tarea siempre ha sido la de preparar el té. Las pistolas me ponen nerviosa, y me quedaba preparando el té y mirando con cautela la pistola que estaba en la alacena. Nos sentábamos a escuchar la radio, mirando al cielo... esperando el crujido en la verja que nos lanzaría a todos a un frenesí de actividad: coger las pistolas, reunir a la familia.

Ahora, el sueño no llega con mucha facilidad. Doy vueltas en la cama mientras un pensamiento desplaza al otro. Y los pensamientos son como gallinas: cuando una de ellas empieza a cloquear, todas las demás hacen lo mismo. He probado todas las técnicas posibles: contar ovejas, recitar la tabla de elementos, contar hacia atrás desde cien... pero nada funciona. Acabo más despierta que nunca.

A menudo, lo que nos mantiene despiertos es la ansiedad, aunque hemos aprendido a vivir con ella. Hay momentos en los que estoy ocupada haciendo algo que necesita concentración en lo que puedo olvidar el pasado y el futuro y concentrarme en el presente inmediato. Hay otros momentos en los que estoy viendo algo en la tele —una película o una canción— y me pierdo en la historia... pero en cuanto empieza la publicidad, esa sensación persistente regresa. Después de un rato, el molesto sentimiento de ansiedad se apaga y se vuelve tenue. ¿Alguna vez has salido de tu casa y te has empezado a preocupar de que quizá no has apagado el horno o la plancha? En eso se convierte el sentimiento, sólo que dura todo el día... y la noche... y la semana... y un mes, y otro, y otro, hasta que ya no lo notas, excepto por la noche.

A veces, sencillamente, dormir me parece una pérdida de tiempo y de electricidad. Anteayer, por ejemplo, en nuestra zona no hubo luz durante prácticamente todo el día. El viernes es nuestro «día de la colada», así que fue doblemente frustrante. Nos quedamos ahí, mirando el montón de ropa que había que lavar. Mi madre deliberó sobre lavarla a mano, pero yo la convencí de que sería una mala idea: el agua estaba fría, hacía muy mal tiempo y la ropa ni siquiera parecería limpia. Esperamos todo el día a que volviera la electricidad, pero se encendió una o dos veces durante unos veinte minutos en total. Finalmente, a las 12 de la noche, mi madre declaró: «Mañana, si no hay electricidad, la lavaremos a mano. Y ya está.»

Me arrastré hasta mi cama a la 1 de la madrugada, cansada de tanto esperar y con verdaderas ganas de dormir... y empezó: la primera procesión de ovejas, luego los elementos... y justo cuando empecé a sentir que los párpados me pesaban, lo noté, había vuelto la electricidad. Pude oír el zumbido distante de la nevera mientras se adaptaba a la corriente. Busqué a tientas mi reloj en la mesilla de noche y lo encontré, lo acerqué a mi cara y miré en su mismo centro con ojos de miope: eran las 2.

Dos voces comenzaron a parlotear en mi cabeza; la que contaba ovejas era poco clara y soñolienta... decía: «Duérmete. Necesitas dormir un poco, ¿a quién le importa la electricidad?» La otra voz, alerta y nerviosa, gritaba: «¿Hablas en serio? Piensa en las posibilidades: ¡¡el ordenador, la televisión, la lavadora...!!» La voz soñolienta gruñó y maldijo mientras yo salía a rastras de la cama y salía al pasillo, buscando torpemente el interruptor de la luz. Finalmente lo encontré y, después de varias horas de oscuridad, la luz me agredió.

Permanecí con los ojos entornados durante un par de minutos, escuchando el silencio... sólo que ya no había silencio. E había llegado antes que yo al televisor y estaba pasando de un canal a otro, intentando encontrar algo interesante, y mi madre ya había bajado la escalera para llenar la lavadora. La casa estaba viva.

E estaba viendo un *reality show* libanés en el que habían reunido a unos veinte jóvenes para enseñarles a ser cantantes y bailarines. El programa se centraba en su rutina diaria de... cantar y bailar. E se burló: «Eso no es la realidad... ¡¿Estamos viviendo en el mismo universo?!» No. No es la realidad... La realidad es la lavadora, hacer ruido a las 2.30 de la madrugada porque no sabes cuándo volverá a haber electricidad... y unas ovejas imaginarias que se burlan de ti en la oscuridad, noche tras noche. *posted by river @ 4:59 AM*

Sábado, 31 de enero de 2004

EL GRAN EID...

En estos días hemos estado haciendo limpieza. El domingo es el «Gran Eid» o «Eid Al Kabeer» o «Al Eid Al Adh'ha» y todos hemos estado descolgando las cortinas para lavarlas, sacando brillo a los muebles y reorganizando los cajones de los calcetines frenéticamente.

El Gran Eid es conocido como el grande porque dura un día más que el otro Eid, Eid Al Futtur. Durante el Gran Eid, musulmanes del mundo entero acuden a La Meca en Arabia Saudita y visitan «Bayt Alá» o «La Casa de Dios», que fue construida por el profeta Abraham. Visitar La Meca es uno de los cinco pilares del islam, los cuales incluyen el ayuno, *shahada* o dar fe de Dios y del Profeta, la oración, visitar La Meca (al menos una vez en la vida) y *Zekat* o la caridad.

Después de visitar La Meca y participar en ciertos rituales islámicos, un hombre se convierte en un *Hajji* o «alguien que ha hecho el *Haj*» y una mujer se convierte en una *Hijjiya*. Por eso es bastante frecuente ver a la gente en los países musulmanes llamar a una persona mayor *Hajji* o *Hijjiya*. Se da por sentado que cuando un hombre o una mujer llega a una cierta edad ya ha ido a visitar La Meca y ha obtenido el prestigioso y respetuoso título de *Hajji* o *Hijjiya*.

Todo el mundo islámico celebra esta ocasión. En Iraq, las festividades incluyen visitar a la familia y a los amigos, mucha buena comida y la entrega de dinero a los niños más pequeños de la familia para que se lo gasten en caramelos u otras cosas que les estropearán los dientes y el cutis.

Igual que en el Eid Al Futtur, la casa tiene que estar muy, muy limpia. Para aquellos de vosotros que no la conocéis, hace unos meses escribí sobre la Martha Stewart de Bagdad. Ella ha estado aterrorizando emocionalmente a todo el barrio en los últimos días, haciendo apariciones diarias en su jardín y delante de su casa limpiando ventanas, escurriendo ropa y manteniendo su mirada de halcón puesta en las puertas de todos los vecinos.

Ayer nuestra calle, que normalmente resuena con los gritos de los niños que juegan al fútbol en ella, estuvo extrañamente silenciosa. Estuve de pie en la puerta, reflexionando sobre la repentina desaparición de media docena de niños ruidosos. Vi a uno de nuestros vecinos, de nueve años, corriendo desde su casa hasta la de enfrente. Corría de una forma que me imagino que a él le debía de parecer furtiva... En realidad parecía una lagartija escapando del sol abrasador.

«¡Haydar!», le grité antes de que pudiera cerrar la verja tras de sí. Se detuvo en medio de la carrera y se volvió. Sus pequeños hombros cedieron aliviados al ver que era yo. Le hice una señal con la mano y él corrió hacia mí con una expresión de consternación, mirando por encima de su hombro.

«¿De qué te estás escondiendo?», le pregunté severamente. Parecía una más pregunta diplomática que la que en realidad me había venido a la mente: ¿Qué has hecho?

Levantó las grandes gafas que llevaba puestas y señaló la temida casa, al otro lado de la calle. «¡Me estoy escondiendo de Umm Maha!» Ahhh, asentí con la cabeza, sabiamente, y él continuó a toda prisa: «Ayer obligó a Mahmud a recoger tooooda la basura de la calle... y hoy quería que yo barriera las aceras de todas las casas...»

«Bueno, simplemente dile que no lo harás», dije, sin creerme que en realidad pudiera estar promoviendo la anarquía. Él negó enfáticamente con la cabeza mientras se quitaba las gafas y se frotaba el puente de la nariz: «No puedo hacer eso... no puedo. Ella me da miedo y...» Su voz se convirtió en un susurro... «Ayer le dijo a Mahmud que se bañara porque dice que huele como una oveja... Me da miedo.» Estuve secretamente de acuerdo con él porque, bueno, ella me aterra un poco a mí también.

«Entonces, ¿por eso estáis todos escondidos?» Me estaba refiriendo al pequeño grupo que dirigía nuestra calle. En sus días buenos jugaban tranquilamente, como suelen hacer los niños pequeños, empujándose, apartándose a codazos, arañándose las rodillas y los codos y dando tropezones. En sus días malos acababan bloqueando la calle en ambos extremos con ladrillos rotos y latas llenas de arena (para representar las porterías) y peleándose a gritos sobre quién sería Ronaldo o Beckham.

Me compadecí de él y él me miró buscando alguna solución. «Bueno, la próxima vez que te coja, simplemente dile que estás haciendo unos recados para mí», fue mi oferta para ayudarlo. Él dudó, pero aceptó silenciosamente y yo lo dejé que volviera a ir a toda prisa al otro lado de la calle.

Esta mañana salí a la azotea a tender un poco de ropa lavada y vi a Umm Maha en su propia azotea, al otro lado de la calle. No estaba tendiendo ropa, sino unas alfombras relativamente grandes que acababa de lavar —a mano, por supuesto— esa misma mañana. Me resistí; uno no lava sus alfombras hasta el verano, o inmediatamente antes de guardarlas, al final de la primavera. Sencillamente no se hace. Primero, había muchas posibilidades de que lloviera sobre ellas y, segundo, simplemente tendrías que lavarlas OTRA VEZ antes de guardarlas.

Saludé a Umm Maha con la mano justo cuando ella levantó la mirada de sus labores. Ella sonrió y me devolvió el saludo. «Espero que llueva...», dije entre dientes y sacudí la camisa que tenía en las manos, sabiendo que, por algún motivo, no llovería. La lluvia no osaba caer sobre las alfombras de Umm Maha.

Aparte de la limpieza, nada parece festivo. Simplemente es normal: ratos de electricidad, explosiones y helicópteros. Ahora los estudiantes tienen las vacaciones de mitad de año y a veces uno puede verlos en las calles, aunque todo el mundo está en su casa antes de las 7 o las 8 de la tarde, lo cual contrasta con el pasado, cuando la diversión no comenzaba antes de esa hora. El que puede está pasando las vacaciones en Siria o en Jordania. Cuesta creer que esos países se hayan convertido en un refugio para los iraquíes... Bagdad siempre había sido el lugar en el que todo el mundo quería estar. *posted by river @ 2:16 AM*

UN MONTÓN DE LINKS...

Tengo muchos links para compartir.

Hay varios bloggers iraquíes nuevos. El primer blog que voy a presentar es el Ágora Iraquí (iraqibloggers. blogspot.com), un blog grupal creado por iraquíes dentro y fuera de Iraq. Es básicamente un blog para los iraquíes que son demasiado perezosos para empezar su propio blog. La verdad es que tres de los bloggers que colaboramos tenemos nuestros propios blogs: Salam (dear_raed. blogspot. com), Liminal (www.shlonkomba kazay. blogspot. com) y yo.

El tipo que se hace llamar «Liminal» es un iraquí de veintitantos años que vive en EE. UU., pero tendrás que leer su blog personal para saber más sobre él. Hurria es una mujer iraquí que ha vivido mucho tiempo en el extranjero y tiene unas opiniones fantásticas sobre... todo. Torshe es otro iraquí que vive fuera y es nuevo en esto de escribir un blog, pero tampoco te lo pierdas. Tendrás que ser paciente con el blog grupal, porque todavía estamos montándolo (y Liminal está haciendo la mayor parte del trabajo). Tengo otros dos colaboradores dentro de Iraq que están interesados en escribir sus blogs en él.

Otro blog iraquí es «El espíritu iraquí de Iraq» (ira qispirit.blogspot. com), escrito por un ingeniero de red iraquí de treinta y pico años. Él advierte que su blog no pretende ser políticamente correcto.

Aquellos de vosotros que queréis música iraquí, echad una ojeada a este sitio: www.iraqimusic.com. Tiene unos clásicos fantásticos, así como algunas canciones más modernas, disponibles como archivos de MP3 que te puedes bajar.

Este link me llegó de B, de Irlanda del Norte, y conecta con un sitio que él *insistió* que tenía que ver. Médicos por los Derechos Humanos (phrusa.org). Tienen una página especial dedicada a Iraq y, por lo visto, han realizado un extenso trabajo en la región. Mira lo que tienen que decir sobre las bombas de dispersión.

Boletín #6 — 6 de mayo de 2003, http://www.phrusa.org/
research/iraq/bulletin_050603.html

....

Se debe ofrecer información detallada sobre campos de minas y bombas de dispersión para proteger a las poblaciones civiles y al personal de la reconstrucción.

Médicos por los Derechos Humanos (Physicians for Human Rights —PHR) ha pedido a las Fuerzas de Coalición que entreguen inmediatamente a los civiles y a las personas implicadas en el mantenimiento de la paz y en la reconstrucción mapas detallados de los campos de minas conocidos y los lugares donde se lanzan bombas de dispersión. Hasta la fecha, los mapas a gran escala entregados a través del Centro de Operaciones Humanitarias (COH) no han proporcionado la información adecuada para valorar las poblaciones iraquíes en riesgo ni proporcionar información sobre la seguridad para los trabajadores de la ayuda internacional...

posted by river @ 2:39 AM

Viernes, 13 de febrero de 2004

CRISIS FAMILIAR...

No he estado escribiendo en mi blog por diversas razones. La razón principal es que desde el cuarto día de Eid nos hemos estado enfrentando a una crisis familiar.

Eid empezó de una forma bastante normal, dadas las circunstancias. El primer día constó de explosiones y unos cuantos miembros de la familia y vecinos, entremezclados con ratos de electricidad. Pasamos los dos primeros días en casa, tan absolutamente agotados por los preparativos de Eid que no disfrutamos mucho de Eid en sí mismo.

En el cuarto día de Eid, uno de mis tíos insistió en que hubiera una especie de reunión familiar en su casa. Su esposa había estado cocinando todo el día y si alguien no se presentaba más le valía tener una buena excusa.

Así que fuimos. Salimos en grupo en dirección a su casa, atravesando Bagdad a las 4 de la tarde. Él nos había prometido que la cena se serviría puntualmente a las 7 (que es una hora obscena para cenar para los iraquíes, pero todo el mundo quería estar de vuelta en casa temprano). La casa estaba llena de tíos y tías, abuelos, sobrinos y sobrinas, y unos niños chillones (dos de los cuales no reconocí).

La cena se sirvió a las siete. Consistía en *timen ala quzi* o arroz y cordero aderezado con pasas, almendras y todo tipo de especias, una ensalada libanesa, sopa de pollo y dos tipos de pan distintos. Durante unos breves treinta minutos, olvidamos la política y la ocupación y estuvimos concentrados en la impresionante colección de platos humeantes que teníamos delante. Incluso los niños se calmaron lo suficiente como para disfrutar del festín. Teníamos de fondo el zumbido del generador local y estuvimos disfrutando de la comida y de la luz y sintiendo que realmente era Eid. Después de todo, éramos familia y estábamos todos reunidos... ¿Qué podía parecerse más a Eid que eso?

Después del té dulce y la fruta fresca, la familia se empezó a dispersar. A las nueve nos sentamos con mi tío, su mujer, mi prima, su marido y los padres de él. Los niños habían caído en una especie de estupor letárgico delante de la televisión, viendo una canción para niños en árabe con un puñado de conejos locos saltando en la pantalla.

Los mayores pronto iniciaron la discusión habitual: política. La política en Iraq no se discute como en cualquier otro lugar. Veréis, nosotros no nos sentamos con puros encendidos y tazas de té a debatir sobre este o aquel político; eso es demasiado soso y aburrido. Eso se lo dejamos a los británicos para que lo hagan en estudios revestidos de madera, rodeados de libros con cubiertas de cuero. No. Nosotros tenemos que hacerlo al estilo iraquí: expresiones que cambian, señales erráticas con las manos y unos golpes ocasionales en la mesa para enfatizar un punto particularmente importante.

La generación más joven (E, un par de primos y yo) instantáneamente nos retiramos de la conversación. De repente, nombres viejos/nuevos estaban siendo arrastrados hasta el centro de la disputa y yo, personalmente, estaba perdida ante el tema de la monarquía iraquí. Me dejaron atrás durante los años cincuenta, así que me levanté para llevarme las tazas de té que estaban empezando a traquetear amenazadoramente mientras la conversación se iba haciendo cada vez más acalorada.

Al poco rato, mi tío y el suegro de su hija ya habían entrado profundamente en una discusión sobre alguna conspiración que tenía que ver con la monarquía. Vi que una sonrisa asomaba a los labios de mi prima mientras su suegro empezaba a encender el extremo equivocado de un cigarrillo. Le guiñó el ojo disimuladamente a su marido y éste se puso de pie elegantemente diciendo: «Bueno, papá, ¿os llevamos a mamá y a ti a casa? Se está haciendo tarde y no quiero tener que volver conduciendo solo... L, los niños y yo vamos a pasar la noche aquí.»

Y se marcharon en cuestión de minutos. La discusión fue olvidada rápidamente, con los adultos envueltos en abrigos y los cigarrillos encendidos correctamente. El marido de mi prima, A, sacó a sus padres fuera apresuradamente y los introdujo en su viejo y maltrecho Volkswagen de fabricación brasileña. Nosotros nos quedamos para ayudar a limpiar el desastre, que era considerable. Había arroz esparcido por todas partes, los deditos habían dejado pequeñas marcas arriba y abajo en las paredes, las mesas y la pantalla de la televisión. Había que vaciar los ceniceros, lavar las tazas, desvestir a los niños y meterlos en la cama.

Cuando el desorden inicial había sido despejado, ya eran casi las 10 de la noche. ¿Dónde estaba A, el marido de mi prima? Hacía más de una hora que se había marchado y la casa de sus padres estaba a sólo quince minutos de distancia. Mi madre sugirió que quizá sus padres le habían insistido en que entrara a tomar una taza de té o algo de comer... Mi prima, L, negó enfáticamente con la cabeza: él no haría eso porque sabía que ella se preocuparía. Sus padres no tienen un teléfono que funcione y cualquier retraso simplemente significaba una preocupación adicional. Frunció el ceño y de repente me sentí mal.

Repasamos todas las posibilidades: quizá la calle que lleva a casa de sus padres estaba bloqueada y él había tenido que tomar una ruta alternativa. Quizá necesitaron comprar algo de camino a casa. *Debía* haber un motivo lógico, racional. A era un hombre lógico, racional y —sobre todo— cuidadoso. Se suponía que a las 10.30 teníamos que estar de camino a casa. En el Iraq actual simplemente no te quedas más tarde que eso. No podíamos dejar a mi tío y su familia en el lío en que se encontraban. Nos quedamos un rato más.

338

Mi padre y mi tío ya no pudieron soportarlo más: entraron en nuestro coche y se dirigieron a casa de A para ver qué había ocurrido, y para traer a A a rastras si era necesario. A esas alturas, L estaba enfadada, convencida de que A estaba bien y que simplemente estaba perdiendo el tiempo en casa de su madre. Yo tenía mis dudas, pero apoyé la teoría porque me pareció la más fácil de aceptar.

Estuvimos sentados en silencio durante treinta minutos mientras mi padre y mi tío iban a buscar a A. L estaba sacando brillo furiosamente a la mesita baja y yo estaba haciendo zapping, intentando encontrar algo que alejara mi mente de las posibilidades existentes.

Media hora más tarde, los hombres llegaron a la casa, intentando no parecer ceñudos y preocupados. Los padres de A estaban a salvo en su casa; de hecho, llevaban más de una hora ahí. A los había dejado en la puerta, los había visto entrar, había tocado la bocina dos veces y se había marchado. L empezó a ponerse más pálida de lo normal y se sentó apagada en el sofá. De repente, estaba segura de que él estaba muerto. ¿Cómo había podido ocurrir? ¿Adónde había ido? Alguien mencionó un neumático pinchado, pero el padre de L dijo que no había visto su coche en el camino...

Entonces volvimos a repasar las posibilidades. Había sido detenido por los norteamericanos. Habían secuestrado su coche. Lo habían raptado. Lo habían matado. Había tenido un accidente de coche y el viejo vehículo destrozado estaba volcado en alguna zanja...

Las posibilidades eran infinitas y cada una era peor que la otra.

Ir a casa ya no era una opción. Nos quedamos en la sala de estar con la familia de mi tío, viendo cómo los segundos pasaban arrastrándose en el reloj y deseando que A entrara por la puerta. E se pasó la noche paseándose preocupado por el camino de entrada y mirando la calle oscura y silenciosa. Yo salí un par de veces a hacerle compañía y me confesó que estaba muy preocupado; cualquier desaparición a esas horas de la noche no podía ser nada bueno.

Nos pasamos la noche haciendo conjeturas e intentando encontrar motivos lógicos para la desaparición de A. Al final estuvimos de acuerdo en que si no estaba de vuelta a las 10 de la mañana, iríamos a la policía y la familia iniciaría una búsqueda independiente.

A las 8 de la mañana, yo estaba poniendo la tetera para preparar el té. La casa estaba en silencio, pero nadie dormía. Nadie había dormido en toda la noche. E seguía paseándose preocupado; mi padre y mi tío estaban encerrados en la sala de estar, intentando decidir una línea de acción, y L estaba tratando de no llorar. De repente, justo mientras encendía la cocina, sonó el teléfono. Nunca había sonado tan estridentemente. Corrí a la sala y vi que mi tío ya había saltado a cogerlo y estaba ladrando: «¿Alloo?» L entró corriendo en la habitación y se quedó de pie ahí, entrelazando las manos nerviosamente.

Era S, el mejor amigo de A y su socio. Había tenido noticias de A unos minutos antes... Había sido secuestrado y lo estaban reteniendo por un rescate de 15.000$. A y S son socios y comparten una pequeña tienda en un barrio comercial de Bagdad. Venden de todo, desde hornos eléctricos coreanos hasta luces fluorescentes, y ganan justo lo suficiente para mantener a sus respectivas familias. Los secuestradores habían dicho que nos iban a dar tres días para conseguir el dinero; se acordaría un lugar donde les entregaríamos el dinero y ellos dejarían libre a A más tarde.

Nos entró el pánico. Toda la casa se vino abajo. L cayó al suelo llorando y gritando que lo matarían; simplemente sabía que lo matarían como estaban matando a otros. Intentamos calmarla y finalmente decidimos darle un par de Valium para aliviar la tensión. Nos sentamos a debatir qué hacer; ¿ir a la policía? Ni hablar. En algunas zonas, la policía está trabajando con los secuestradores por una cierta cantidad de dinero y, de cualquier modo, no estarían dispuestos a hacer nada.

Pasamos el resto del día corriendo a vender oro y reunir el dinero. Mi tío llevó a una L rota al banco para vaciar la cuenta: habían estado ahorrando para construir o comprar una casa. Poco después, los padres de A ya estaban en casa de mi tío y pasamos un mal rato dándoles la noticia. Su madre lloró y quiso ir corriendo a su casa a buscar sus pocas piezas de oro, y su padre se sentó, aturdido, fumando un cigarrillo tras otro, intentando comprender la situación. S, el amigo de A, llegó con dinero, con aspecto de estar destrozado y cansado.

Resumiendo una historia larga y terrible: al mediodía del día siguiente teníamos el dinero. L estaba al borde de la locura y lo único que hacía que el resto de nosotros mantuviera la cordura era la esperanza de que A pronto estaría de vuelta en casa, con nosotros.

El dinero fue entregado en el tercer día después del secuestro. Pero A no regresó. Le dijeron a mi tío y a S (que había ido con él) que A sería liberado dentro de dos días. Mi tío y S estaban casi llorando, como si los hubiéramos enviado en una misión y nos hubieran fallado.

No sé ni cómo empezar a describir los dos días siguientes. Si antes las cosas estaban mal, repentinamente empeoraron. Oímos hablar de secuestros TODO EL TIEMPO... pero experimentarlo realmente es otra cosa. Es como si te arrancaran una parte de ti. Pensar que A podía no regresar era más horrible que cualquier cosa que hubiéramos experimentado hasta entonces. Ver a sus padres deteriorarse minuto a minuto y saber que su esposa se estaba muriendo un poco por dentro con cada hora que pasaba te destrozaba tanto los nervios que yo tenía que salir fuera cada hora para respirar un poco de aire fresco, en lugar del aire viciado que había dentro de la casa, contaminado por la depresión, la frustración y el miedo.

El quinto día después del secuestro de A, estábamos sentados en la sala de estar. No había electricidad y L había entrado en una especie de calma inducida por el Valium. De repente, oímos un débil ruido en la verja, como si alguien estuviera llamando, pero sin mucha fuerza. E se levantó de un salto, corrió a la puerta y preguntó: «¿Quién es?» Un minuto más tarde ya estaba de vuelta: era A... había venido a casa.

No describiré los llantos, los chillidos, los gritos, los saltos, la cojera (A iba cojo) y el caos general que llegaron tras su entrada. Por lo visto, sus secuestradores habían estado vigilando la puerta de la casa en las últimas dos semanas. En cuanto A dejó a sus padres, lo siguieron con dos coches y lo obligaron a detenerse a un lado de una calle apartada. Cuatro hombres armados lo obligaron a salir de su coche, después de darle unas patadas le pusieron una bolsa en la cabeza y lo arrojaron a una furgoneta en la que había más hombres.

Después de varias horas de maltrato y un interrogatorio sobre sus posesiones (que, por lo visto, creían que eran muchas más de las que en realidad tenía), le permitieron hacer una llamada a su socio, el cual se suponía que debía llamar a la familia para pedirle el dinero.

(Y si lo hubieseis visto cuando describía esto, lo sabríais TODO sobre la tenacidad del sentido del humor iraquí: ahí estaba A, con una cuchillada en la cabeza, un moratón azul en un costado de su cara, la espalda magullada por las patadas y los puñetazos, los pies sangrando por haber caminado más de un kilómetro descalzo, y estaba bromeando. «En realidad sólo querían 5.000$ —dijo en un momento dado—, pero yo me indigné: les dije que yo valía POR LO MENOS 20.000$; cinco es sencillamente un insulto a mi valor personal... Al final nos pusimos de acuerdo en que serían 15.000$...»)

Lo habían tenido en una casucha en las afueras de Bagdad, donde la policía y las tropas no se atreven a acampar. Fue trasladado de una casucha a otra, y dice que en todas ellas había gente secuestrada. Algunos de los secuestros eran políticos, otros religiosos y muchos por dinero. Dice que la peor parte fue no poder ver nada de lo que ocurría a su alrededor, pero poder oír cómo golpeaban a los otros... y estar a la espera de recibir otra patada o puñetazo desde cualquier dirección.

Ayer lo volví a ver y todavía tiene un aspecto ojeroso y cansado. L dice que no puede dormir por las noches: se despierta continuamente en medio de la noche con una pesadilla o algún tipo de alucinación, creyendo que todavía está prisionero.

Y así es como hemos pasado los últimos días. Ha sido una pesadilla y he tenido que analizar muchas cosas. Todo me ha parecido tan trivial y ridículo... el blog, la situación eléctrica, el insomnio, la «reconstrucción», las elecciones, las armas de destrucción masiva ficticias... la política y los políticos... Me he estado preguntando qué será de todas esas familas que no pueden pagar el rescate o cuyos hijos e hijas vuelven a casa en una camilla en lugar de hacerlo a pie, o en una bolsa de basura, como lo que oímos decir sobre una familia... y también me he dado cuenta de lo agradecidos que deberíamos estar simplemente por haber podido hacer la transacción de un día a otro en una situación como la nuestra...

posted by river @ 4:16 PM

Domingo, 15 de febrero de 2004

DEDICADO A LA MEMORIA DE L.A.S.

Feliz día de San Valentín... aunque hoy es 15. Aquí todavía parece que sea 14, porque no estoy durmiendo... es la extensión de ayer.

¿Sabéis que día era ayer? El decimotercer aniversario de la masacre del Refugio de Amiriya: 13 de febrero de 1991. ¿Realmente se le puede llamar «aniversario»? Aniversario hace pensar en cosas alegres y, sin embargo, ¿hay alguna otra palabra? Por favor, si sabéis cuál es, enviádmela.

El 12 de febrero de 1991 fue uno de los días del pequeño Eid o Eid Al-Fitr. Claro que también fue uno de los días de bombardeos más intensos durante la guerra del Golfo. Nadie estaba de humor para celebraciones. La mayoría de las familias se quedaron en casa porque ni siquiera había gasolina para viajar de una zona a otra. Las zonas más afortunadas tenían refugios antiaéreos y la gente de todo el barrio se reunía en su interior durante los bombardeos. Ese año también acudieron a los refugios para celebrar Eid Al-Fitr con los vecinos y amigos.

Los iraquíes van a los refugios más por motivos sociales que por razones de seguridad. Es un lugar estupendo para estar durante un bombardeo. Hay agua, electricidad y una sensación de serenidad y de seguridad que proporcionan tanto la estructura sólida como la congregación de amigos y familiares sonrientes.

Estar con un grupo grande de gente ayuda a hacer que las cosas sean más fáciles durante la guerra: es como si la valentía y la resistencia viajaran de una persona a otra y amentaran exponencialmente con el número de personas reunidas.

Así que las familias en la zona de Amiriya decidieron que se reunirían en el refugio para tener una agradable cena de Eid y luego los hombres y los chicos mayores de quince años se retirarían para dar a las mujeres y los niños un poco de intimidad. No sabían, al dejarlos, que sería la última vez que verían a su esposa/hija/hijo/hermana/bebé...

Puedo imaginar la escena después de que los hombres se marcharon alrededor de la medianoche: las mujeres sentadas sirviendo *istikans* con té humeante, pasándose las *kilaycha* de Eid y el chocolate. Los niños estarían corriendo por el refugio chillando y riendo como si tuvieran un enorme patio de recreo bajo tierra. Las chicas adolescentes estarían sentadas cotilleando sobre chicos o ropa o música o el último rumor sobre Sara o Lina o Fátima. Los olores se mezclarían: té, platos horneados, arroz... olores agradables que les hacían imaginar, por un momento, que estaban en casa.

Las sirenas habrán empezado a sonar; las mujeres y los niños habrán hecho una pausa en medio de la comida o los regaños, rezando una breve oración en su corazón y preocupándose por los seres queridos que estaban en el exterior: los hombres que se habían negado a quedarse dentro del refugio para dejar sitio a sus esposas e hijos.

Las bombas cayeron con fuerza y rapidez a eso de las 4 de la madrugada. La primera bomba inteligente entró por un conducto de ventilación, atravesó el primer piso del refugio —dejando un agujero abierto— y entró en el «sótano», donde estaban los tanques de agua y los tanques de propano para calentar el agua y la comida. El segundo misil llegó inmediatamente después y acabó con aquello que el primer misil no había destruido. Las puertas del moderno refugio se cerraron inmediatamente de forma automática, encerrando a cuatrocientas mujeres y niños en su interior.

El refugio se convirtió en un infierno: las explosiones y el fuego se elevaron desde el nivel inferior hasta el nivel en el que estaban las mujeres y los niños, y el agua subió también, hirviendo y cociendo a fuego lento. Los que no murieron quemados o por el impacto de las explosiones hirvieron hasta morir o fueron cocidos al vapor con un calor de 480 °C.

Cuando despertamos por la mañana vimos estos horrores en las noticias. Nos quedamos mirando mientras los equipos de rescate iraquíes entraban en el refugio y salían llorando o gritando, sacando a rastras unos cuerpos tan carbonizados que no parecían humanos. Vimos a la gente de la zona —hombres, mujeres y niños— aferrándose a la verja que rodeaba el refugio y gritando con terror; llamando un nombre tras otro... buscando una cara familiar en medio del espanto.

Los cuerpos fueron colocados uno junto a otro, todos del mismo tamaño, encogidos por el calor y tan carbonizados que eran irreconocibles. Algunos estaban en posición fetal, acurrucados, como si intentaran escapar dentro de sí mismos. Otros estaban estirados y rígidos, como las víctimas que intentan alargar la mano para salvar a un ser querido o ponerse a salvo. La mayoría estaban irreconocibles para sus familiares; sólo el tamaño y fragmentos de ropa o joyas indicaban el género y la edad general.

Amiriya es una zona llena de maestros de escuela, profesores universitarios, médicos y empleados corrientes: un barrio de clase media con casas bajas, gente amable y una creciente población mercantil. Era una mezcla de sunitas, chiítas y cristianos, todos viviendo juntos pacífica y felizmente. Después del 13 de febrero, se convirtió en una zona que todo el mundo evitaba. Durante semanas y semanas, toda el área apestaba a carne chamuscada y el aire estaba cargado y gris por la ceniza. Repentinamente, todas las casas beige de estuco estaban cubiertas con trozos de tela negra en los que había escritos los nombres de los seres queridos muertos. «Ali Jabbar llora la pérdida de su esposa, su hija y sus dos hijos...», «Muna Rahim llora la pérdida de su madre, sus hermanas, sus hermanos y su hijo...».

En cuestión de días, las calles estaban cerradas con tiendas de tela negra montadas por las familias entristecidas para recibir a las personas que venían de todo Iraq para llorar y aliviar un poco la conmoción y el horror. Y fue horrible. Todo el mundo había perdido a alguien, o conocía a alguien que había perdido a varias personas.

Mi primera visita al refugio fue varios años después de que fue bombardeado. Estábamos en el barrio visitando a una amiga de mi madre, una maestra de escuela retirada que había renunciado después del bombardeo de

Amiriya. No tenía pensado renunciar y cuando se reiniciaron las clases en abril de 1991 asistió el primer día para recibir a sus alumnos de 2.º grado. Entró en la clase y sólo encontró a 11 de sus 23 alumnos. «Creí que habían decidido no venir... —recuerdo que le dijo a mi madre en un tono de susurro, ese mismo año—, pero cuando pasé lista me dijeron que el resto de los niños habían muerto en el refugio...» Ella renunció poco después porque dijo que su corazón se había roto ese día y que ya no podía mirar a los niños sin recordar la tragedia.

Decidí presentar mis respetos al refugio y a las víctimas. Era el mes de octubre y le pregunté a la maestra retirada si el refugio estaba abierto (esperando, en el fondo de mi corazón, que dijera «no»). Ella asintió con la cabeza y dijo que claro que estaba abierto, siempre estaba abierto. Caminé las dos manzanas que me separaban del refugio y lo encontré en medio de casas: la única separación era una calle ancha. Había niños jugando en la calle y detuvimos a uno de ellos que estaba pateando una pelota. ¿Hay alguien en el refugio? Él asintió solemnemente con la cabeza: sí, el refugio estaba *maskoon*.

Ahora bien, la palabra *maskoon* puede significar dos cosas distintas en árabe. Puede significar que «está habitado» y también puede significar que «dentro hay fantasmas». Inmediatamente, me dejé llevar por la imaginación: ¿el niño había querido decir que había fantasmas? Yo no soy alguien que crea en fantasmas y monstruos los peores monstruos son las personas, y si sobrevives a la guerra y a las bombas, los fantasmas, son insignificantes... pero algo en mi interior sabía que un lugar en el que cuatrocientas personas habían perdido la vida de una forma tan terrible —casi simultáneamente— de alguna manera debía de tener «fantasmas» de sus almas...

Entramos, y el lugar estaba oscuro y frío, incluso para el tiempo cálido de octubre. La única luz se filtraba por el agujero abierto en el techo del refugio por donde habían caído los misiles norteamericanos. Quise aguantar la respiración, pues esperaba oler algo que no quería... pero eso sólo lo puedes hacer durante un rato. El olor del aire no era rancio, en absoluto; simplemente era un olor triste, igual que los vientos que pasaban por ese lugar eran vientos tristes. Las esquinas lejanas del refugio estaban tan oscuras que casi resultaba fácil imaginar a la gente acurrucándose en ellas.

Las paredes estaban cubiertas de fotos. Cientos de fotos de mujeres y niños sonrientes, sonrisas que enseñaban los dientes, ojos grandes de gacela y sonrisas desdentadas de bebés. Todas las caras nos devolvían la mirada desde las apagadas paredes grises, y me pareció interminable y desesperanzador. Me pregunté qué habría pasado con sus familias, o con lo que quedó de ellas después de la catástrofe. Conocíamos a un hombre que se había vuelto loco después de perder a su esposa y a sus hijos en el refugio. Me pregunté cuántos otros habrían encontrado el mismo destino... y me pregunté cuánto valdría la pena vivir cuando has perdido a las personas más valiosas para ti.

En el extremo del refugio oímos voces. Me esforcé para escuchar y las buscamos: había unos cuatro o cinco turistas japoneses y una mujer bajita y menuda que hablaba titubeando en inglés. Estaba intentando explicar cómo había caído la bomba y cómo había muerto la gente. Utilizaba complicados gestos con la mano y los turistas japoneses asentían con la cabeza, guardaban sus cámaras y chasqueaban la lengua compasivamente.

«¿Quién es ella?», le susurré a la amiga de mi madre. «Se encarga del lugar...», replicó en voz baja.

«¿Por qué no traen a alguien que pueda hablar con fluidez? Esto es frustrante de ver...», le respondí susurrando mientras observaba a los hombres japoneses darle la mano a la mujer antes de marcharse.

La amiga de mi madre negó con la cabeza tristemente. «Lo intentaron, pero es que ella se niega a irse. Ha estado cuidando de este lugar desde que los equipos de rescate terminaron de limpiarlo... Ella perdió a ocho de sus hijos aquí.» Me quedé horrorizada ante ese hecho, mientras la mujer se acercaba a nosotras. Su cara era dura, pero amable, como la de una directora de escuela o... como una madre de ocho niños. Nos dio la mano y nos llevó a ver el refugio. Aquí es donde nos encontrábamos. Por aquí entró el misil... el agua subió hasta aquí... aquí es donde la gente quedó pegada a las paredes.

Su voz era fuerte y sólida en árabe. No sabíamos qué responder. Ella continuó contándonos que había estado en el refugio con ocho de sus nueve hijos y que se había marchado unos minutos antes de que cayeran los misiles para buscar algo de comida y ropa limpia para uno de los bebés. Estaba en su casa cuando los misiles cayeron y sus primeros pensamientos fueron: «Gracias a Dios, los niños están en el refugio...» Cuando corrió de vuelta al refugio desde su casa al otro lado de la calle, descubrió que le habían dado y que el horror había comenzado. Durante días y días vio cómo sacaban los cadáveres, y durante meses, después de eso, se negó a creer que estaban todos muertos. Desde entonces, no había abandonado el refugio: se había convertido en su hogar.

Ella señaló las vagas siluetas de cuerpos pegadas al hormigón calcinado de las paredes y del suelo, y lo peor fue ver la de una madre abrazando a su niño contra su pecho, como si estuviera intentando protegerlo o salvarlo. «Ésa debería haber sido yo...», dijo la mujer que había perdido a sus hijos, y nosotras no supimos qué responder.

Fue entonces cuando supe que el sitio ciertamente estaba *maskoon*, o que en él había fantasmas... Desde el 13 de febrero de 1991 ha estado habitado por los fantasmas de las personas vivas que sufrieron la aflicción de su propia supervivencia.

Nota accesoria importante: Aquellos de vosotros que habéis tenido la osadía de escribirme afirmando que éste era un objetivo legítimo porque «Los oficiales estadounidenses dieron por sentado que se utilizaba para fines militares», simplemente recordad el Protocolo 1 de las Convenciones de Ginebra de 1977, 5.ª parte, sección 1, capítulo III, artículo 52: «Ante la duda de si un objeto que normalmente se utiliza para propósitos civiles, como un lugar de culto, una casa u otra vivienda o una escuela, está siendo utilizado para hacer una contribución efectiva a una acción militar, se presupondrá que no es utilizado de dicha manera.» (Como si eso os importara.)
posted by river @ 4:15 AM

Viernes, 20 de febrero de 2004

TONTOS Y MÁS TONTOS...

Bueno, acabo de leer este artículo de *The New York Times* y tenía que comentarlo. En realidad, alguien me

351

lo envió y parece estar sumamente satisfecho con él. El título es: «Árabes en EE. UU. reúnen dinero para apoyar a Bush», y está escrito por una tal Leslie Wayne, que por lo visto sabe muy poco de geografía. Me encanta cuando artículos como éste van a parar al *New York Times*.

«Árabes en EE. UU. reúnen dinero para respaldar a Bush», *The New York Times*, 17 de febrero de 2004, http://www.nytimes.com/2004/ 02/17/politics/campaign/17MONE.html? pagewanted=1

....

Árabes-norteamericanos ricos y musulmanes nacidos en el extranjero que apoyan firmemente la decisión del presidente Bush de invadir Iraq están añadiendo sus nombres a las filas de «Pioneers and Rangers», la élite de partidarios de Bush que ha reunido 100.000$ o más para su reelección.

... los ataques del 11 de septiembre de 2001 y la guerra en Iraq han sido el catalizador para que algunos árabes-norteamericanos acaudalados se impliquen en política. Y hay otros más que tienen un motivo más práctico para abrir sus talonarios de cheques: el acceso a una Casa Blanca que da facilidades para los negocios. Sus esfuerzos ya les han proporcionado visitas al presidente en su rancho en Crawford, Texas, así como cenas y reuniones en la Casa Blanca con los principales funcionarios de la administración...

El artículo afirma, básicamente, que una sustancial suma de dinero en apoyo de la campaña presidencial de Bush proviene de árabes-norteamericanos acaudalados que apoyan la guerra a Iraq. Lo divertido del artículo es que sigue y sigue hablando de los «árabes»-norteamericanos, no musulmanes-norteamericanos, ni siquiera asiáticos-norteamericanos, sino que especifica que son árabes-norteamericanos, dando la impresión de que el artículo va a ser sobre gente originaria de Iraq, Arabia Saudita, Siria, Egipto, Libia, Yemen, los Emiratos Árabes Unidos, Bahrain, Omán, Qatar, Túnez, Marruecos, Palestina, Líbano... ya sabéis, algún país árabe en el que la lengua nacional es el árabe y las personas son conocidas generalmente como árabes.

El artículo es tonto, pero por lo visto la autora cree que los lectores son más tontos todavía. De los cinco «árabes» destacados que la autora pone como ejemplos en el artículo (partidarios de Bush), ¡dos son iraníes y un tercero es pakistaní! Ahora bien, esto es sumamente divertido para un árabe, porque los paquistaníes no son árabes y, aunque Irán es nuestro vecino, por lo general los iraníes no son árabes, y estoy segura de que lo podéis confirmar con los bloggers iraníes...

Uno de los colaboradores iraníes es un tal Mori Hosseini, quien afirma saberlo todo sobre la región porque nació en Irán y vivió ahí antes de mudarse a EE. UU. a la tierna y adolescente edad de trece años. Debe de ser el Chalabi de Irán; no lo perdáis de vista. Predigo que le darán contratos para construir casas en Iraq o repentinamente tendrá una información importante sobre unas armas de destrucción masiva iraníes que ha estado escondiendo desde los trece años.

Ojalá todos esos árabes importantes que apoyaron la guerra (ya sabéis, los que viven en Washington y en Londres y asisten a las cenas y las fiestas de Estado en la Casa Blanca, con un pañuelo de seda en una mano —para limpiarse las lágrimas derramadas por su «patria»— y un cóctel en la otra) llenaran sus maletas de Louis Vuitton y trajeran todo ese dinero, que están donándole a ese imbécil hambriento de guerra de la Casa Blanca, a Iraq o Irán o a donde ellos quieran para ayudar a difundir la democracia y ayudar a «reconstruir» y a «desarrollar» sus propios países. Una se pregunta cuántas casas podría haber reconstruido en Bam[1] el señor Hosseini con esos 200.000$, por ejemplo... pero entonces, si no bombardean Irán para hacerlo entrar en la era preindustrial, ¿cómo conseguirá el señor Hosseini todos esos inmensos contratos en el futuro?   *posted by river @ 1:08 AM*

Miércoles, 25 de febrero de 2004

ÁRABES ENFADADOS Y MEDIOS DE COMUNICACIÓN ESTADOUNIDENSES...

Todos estuvimos viendo Al-Itijah Al-Mu'akis o «La dirección contraria» en Al-Jazeera. Hoy estuvo bastante bien. Acabábamos de despejar la mesa del comedor y nos estábamos instalando para ver una película cuando E puso el canal de Al-Jazeera esperando ver un resumen de noticias. Inmediatamente reconocí al hombre con la camisa de color amarillo limón y el pelo largo y rizado peinado hacia atrás con una coleta: Asa'ad Abu Khalil.

1. Ciudad iraní destruida por un devastador terremoto el día 26 de diciembre de 2003, dejando un rastro de más de veinte mil muertos.

Recuerdo haberlo visto en una entrevista que hizo en Al-Arabiya o Al-Jazeera (no recuerdo cuál) inmediatamente después de la guerra, criticando a Radio Sawa. Esta noche, «La dirección contraria» tenía como invitados a Asa'ad Abu Khalil, más conocido como El Árabe Enfadado (angryarab.blogspot.com) y a Ibraheim Al-Ariss, que escribe para el periódico *Al-Hayat*, con base en Líbano pero fundado por algún saudí rico.

El tema era la propaganda estadounidense en los medios de comunicación árabes. Asa'ad Abu Khalil estuvo brillante. Comentó los efectos de la propaganda norteamericana en los medios de comunicación árabes actuales y la manera en que el gobierno estadounidense está presionando a ciertas publicaciones y cadenas árabes para que mantengan una postura proamericana. Desgraciadamente, su argumento estaba muy por encima de la cabeza de Al-Ariss. Por lo visto, Al-Ariss piensa que la propaganda proamericana no es más que un titular de primera plana que dice: «¡¡¡AMAMOS ESTADOS UNIDOS!!!»

Asa'ad Abu Khalil estuvo comentando los cambios más sutiles que están teniendo lugar en algunos periódicos: el cambio en la terminología, el hecho de que algunos diarios hayan dejado de cubrir las noticias y se dediquen a traducir artículos directamente del *New York Times* o de otra fuente de noticias estadounidense. Casi consigue que a Ibraheim Al-Ariss, un hombre colorado, corpulento, le dé un ataque de apoplejía. Al pobre Ibraheim le resultó insuficiente golpear la mesa con sus puños y lanzar papeles estrujados contra Abu Khalil, quien mantuvo la calma admirablemente. En otras palabras, *Asa'ad Abu Khalil ibarid il gallub*. (Alerta de frase iraquí: *ibarid il gallub*, que se traduce como «refresca el corazón», se utiliza básicamente para hacer referencia a algo o alguien que tranquiliza la mente —y el corazón— diciendo o haciendo algo satisfactorio.)

Estoy realmente cansada de los e-mails que ridiculizan a Al-Jazeera y a Al-Arabiya por su cobertura de las noticias, diciéndome que son demasiado favorables a los árabes, etc. ¿Por qué está bien que la CNN sea totalmente favorable a los norteamericanos y la BBC a los británicos, pero Al-Jazeera y Al-Arabiya tienen que ser objetivas y sin prejuicios y, a poder ser, desvivirse por complacer a la opinión pública estadounidense? Son cadenas de noticias árabes: DEBERÍAN ser favorables a los árabes. Estoy de acuerdo en que hay un poco de propaganda antiamericana en algunos medios de comunicación árabes, pero hay una cantidad equivalente, o más potente, de propaganda antiárabe, antimusulmana, en los medios de comunicación norteamericanos. Lo que me molesta es que el árabe medio sabe mucho más sobre cultura e historia norteamericana de lo que sabe un norteamericano medio sobre los árabes y el islam.

Ojalá todo el mundo pudiera ver Al-Hurra, la nueva cadena de noticias «imparcial» creada por el Pentágono que actualmente emite en todo el mundo árabe. Es el equivalente visual de Sawa, la emisora de radio norteamericana que antes era la Voz de América. Las noticias y los reportajes son tan tendenciosos que sólo falta que George Bush y Condi Rice sean los presentadores. Vemos los reportajes y los resúmenes de noticias y nos reímos, burlándonos... están lejos de ser sutiles. Resulta interesante que Asa'ad Abu Khalil dijera que Sawa y Al-Hurra estaban prohibidas dentro de Estados Unidos por algún tipo de ley que no permite que se emita propaganda política descarada o algo por el estilo. Me encantaría saber más sobre eso.

Un canal como Al-Hurra puede ser capaz de convencer a los egipcios, por ejemplo, de que todo va de maravilla dentro de Iraq, ¿pero cómo se supone que vas a convencer a los iraquíes de eso? El simple hecho de emitirlo a cada hora no lo convierte en una verdad. A veces me pregunto cómo se sentirían los estadounidenses si el gobierno saudí, por ejemplo, decidiera repentinamente empezar a emitir un canal en inglés con propaganda islámica para los norteamericanos.

Nota importante para aquellos que me vais a enviar e-mails: En los últimos días he recibido al menos tres mails que decían: «Leo tu blog y no estoy de acuerdo con lo que dices, pero en Estados Unidos tenemos un dicho famoso: No estoy de acuerdo con lo que dices pero moriría por tu derecho a decirlo.» Sólo una nota: no es vuestro famoso dicho norteamericano; es francés y es una frase famosa de Voltaire: «No estoy de acuerdo con nada de lo que usted dice, pero lucharé hasta la muerte por su derecho a decirlo.»   *posted by river @ 1:23 AM*

Domingo, 29 de febrero de 2004

ASHOURA...

La tensión en el aire es casi eléctrica. Todo el mundo la siente. Es el comienzo del año islámico o Muharram, el primer mes del año Hijri. Esta época del año Hijri es importante por ciertos acontecimientos históricos que ocurrieron hace cientos de años. Lo que quedaba de la familia del Profeta Mahoma fue asesinada y algunos de sus miembros fueron capturados en Kerbala, en el sureste de Iraq. Es una historia larga, triste y complicada.

Los nietos del Profeta Mahoma, sus hijos, esposas y su séquito, todos vinieron a Iraq porque la gente de la región los animó a recibir el liderazgo de la nación islámica o califato. Antes de que pudieran llegar a Kerbala —más cerca de la zona de Kouffa— fueron cercados por el ejército de Yazeed. Yazeed también creía tener derecho a ser el califa porque su padre, Ma'awiya, declaró su derecho como califa en oposición al imán Alí, el primo del Profeta y también su yerno.

El califato no era hereditario. El Profeta Mahoma, en su lecho de muerte, ordenó que el califato fuera siempre nombrado mediante un acuerdo general de los *Sahhaba*, que era un grupo selecto de personas respetadas, devotas e influyentes en La Meca. Los problemas comenzaron tres califatos después de la fuerte del Profeta, cuando el tercer califa Othman bin Affan fue asesinado.

En todo caso, después de que la familia del Profeta fue capturada en Kouffa, fue asesinada sistemáticamente y algunos de sus miembros fueron apresados durante los primeros diez días de Muharram. En el décimo día mataron al imán Al-Hussein, el nieto del Profeta, de la manera más horrible, durante una batalla en Kouffa. Le cortaron la cabeza y se la llevaron a Yazeed.

La gente de Kouffa y de Kerbala siempre se ha sentido culpable por no haber ayudado a Al-Hussein, su familia y sus partidarios; por haberlos mandado buscar y luego haberlos abandonado cuando el ejército de Yazeed los atacó. Esta culpa es «recordada» todos los años, haciendo determinadas cosas, como preparar enormes ollas de gachas humeantes para los pobres y cocinar platos especiales para los vecinos y la familia. Normalmente, los sunitas y los chiítas hacen esto por igual. Todos los años, mi madre prepara *harrisa*, las gachas, para toda la familia; es la mejor parte del Muharram.

A veces la gente lleva a cabo una *qirraya* en su casa. Éste suele ser un asunto de mujeres. Las mujeres de todo el barrio se reúnen en una de las casas y mandan llamar a un grupo especializado de mujeres que canta la historia del *Maqtal* o el asesinato del imán Al-Hussein y su familia. Yo asistí a una de estas *qirrayas* hace unos años y fue emotivo e intenso. Las *qirrayas* suelen acabar en lágrimas porque la historia del *Maqtal* es tan terrible que resulta difícil mantener los ojos secos cuando la oyes.

Este año se ha añadido otro ritual a los mencionados arriba: el *Latmiya*. Esto lo hacen estrictamente los chiítas, y no todos. Muchos chiítas moderados desaprueban el proceso de autoflagelarse con cadenas porque la visión es simplemente demasiado... terrible. E y yo lo vimos desde la azotea hace un par de años cuando una procesión de unos cincuenta hombres vestidos de negro pasó por la calle principal. Daba miedo. Tenían barba, iban vestidos de negro de la cabeza a los pies, con excepción de una *bandanna* o trozo de tela verde atado alrededor de la muñeca, y sostenían *banderas* y estandartes negros e imágenes del imán Al-Hussein sobre un fondo verde. Se estaban golpeando el pecho siguiendo un cierto ritmo y cantando algo incoherente. Antes, estas procesiones estaban prohibidas y, francamente, ojalá ahora estuvieran limitadas a ciertas zonas. La visión de tanta violencia (incluso si es hacia uno mismo) es simplemente un poco desconcertante.

En la tele vimos *Latmiyas* mucho más grandes en el sur, especialmente en Kerbala, donde está enterrado el imán Al-Hussein. Los hombres llevan cadenas y se golpean la espalda con ellas, a veces hasta el punto que se les rompe la ropa y sus cuerpos se llenan de sangre. No me gusta ese ritual. No me parece sagrado, ni religioso, y muchos musulmanes opinan que está mal, ya que se considera *haram* o pecado desfigurar el cuerpo. Este año Kerbala va a estar especialmente llena de gente porque, además de los iraquíes, va a haber miles y miles de iraníes que, de alguna manera, han entrado en Iraq.

Ashoura, o el décimo día del Muharram, es dentro de un par de días y todos están realmente preocupados por lo que pueda pasar entonces. Docenas de edificios por todo Bagdad están cubiertos con telas negras. Es una visión deprimente y solemne. E estaba en la Universidad de Bagdad hace unos días y dice que alguien colgó telas negras de todos los edificios ahí, e incluso en los balcones de la facultad. Incluso había avisos ofreciendo clases de *Latmiya* y algunos de los chiítas más religiosos han dado órdenes a las cafeterías de las facultades de que no se permita que haya música. Lo único que pueden poner son *qirrayas* grabadas.

La situación eléctrica prácticamente se ha estabilizado en diez horas de electricidad al día. Todo da un poco de miedo ahora mismo y no puedo evitar desear estar sin electricidad durante el día y tenerla en cuanto oscurece. Ha habido una serie de asesinatos en las últimas dos semanas y algunos de ellos son sencillamente inexplicables... médicos, maestros, profesores, figuras religiosas... Bagdad está bastante deprimente y todas esas telas negras no ayudan mucho. *posted by river @ 2:19 AM*

Miércoles, 3 de marzo de 2004

TRAGEDIA EN ASHOURA...

Las explosiones en Kerbala y Kadhimiya han sido horribles. Oímos las de Kadhimiya desde la distancia. Hubo un par de ruidos sordos y no sabíamos qué había sido. Más tarde lo averiguamos en las noticias y, desde entonces, estamos todos horrorizados. Resulta tan difícil creer que esto haya ocurrido. Las imágenes en Al-Arabiya y en los otros canales eran terribles: trozos de cuerpos por todas partes, gente quemándose viva... ¿quién ha podido hacer eso? Todos nos lo hemos estado preguntando... ¿Quién tendría algo que ganar con esto?

Los dedos señalan en todas las direcciones. Todo el mundo ha estado temiendo que ésta sea la pajita metafórica que rompe los lomos de los camellos, sólo que no es una pajita... es más como una ancla de hierro que sencillamente es demasiado pesada de cargar. Afortunadamente, las reacciones han sido cuerdas, pero tristes. Los sunitas y los chiítas se están manteniendo unidos... ahora más que nunca. Es como si, de alguna manera, esta catástrofe hubiera hecho que todo el mundo se dé cuenta de que hay fuerzas externas que están intentando separarnos a todos y crear malestar o *fitna*. La gente se está negando a creer que esto lo hayan hecho iraquíes. Es imposible. Es inexcusable y no hay nada que lo justifique.

Estamos sumamente preocupados porque tenemos unos parientes que todos los años hacen un viaje a Kerbala. Viven en una zona en la que los teléfonos no funcionan, así que E y mi primo tuvieron que ir ahí y ver ellos mismos cómo estaban las cosas. Descubrimos que habían decidido no ir este año porque la situación era muy inestable. Ahora estoy preocupada por Salam; escribió en su blog que iba a ir a Kerbala esta año con su familia. Espero que esté bien.

Supongo que todos hemos estado esperando algún tipo de ataque o de disturbios o algo... Esta tragedia ha sido inesperada. A veces crees que ya has visto toda la violencia que puede haber —de todo tipo—, y que ya no hay nada que te pueda conmocionar. Esto ha sido una conmoción, y además dolorosa. Hoy ha sido el día oficial de luto por las víctimas que murieron en Kerbala y Kadhimiya. Las mezquitas han estado ofreciendo plegarias para ellas y los jeques de las mezquitas han condenado los bombardeos.

Antes de Ashoura, se hablaba mucho de una guerra civil. Hablábamos de ello como si tuviera que ver con un grupo de gente distinto, en otro país. Supongo que eso se debe a que ninguno de nosotros puede creer que alguien que conocemos sea capaz de tal violencia sin sentido. Después de la masacre, y después de ver las reacciones de sunitas y chiítas por igual, mi fe en la sensatez y la fuerza de los iraquíes se ha reafirmado. Ha sido como si una gran familia —con muchas y serias diferencias— se reuniera después de una terrible tragedia para consolarse y apoyarse unos a otros. *posted by river @ 10:10 PM*

362

SISTANI Y LA ZONA VERDE...

Hoy ha sido un desastre. Parecía como si nos hubieran prohibido ir a medio Bagdad. Intentábamos ir de un extremo al otro para visitar a un familiar, y mi primo tuvo que tomar rutas alternativas continuamente. Hay una enorme sección que está cortada para alojar a la «Zona Verde», que parece estar expandiéndose. A veces bromeamos diciendo que simplemente van a poner un enorme muro alrededor de Bagdad, van a echar a sus habitantes, y la van a llamar «Ciudad Verde». Es increíblemente molesto saber que partes de tu ciudad se han vuelto inaccesibles para poder alojar a un ejército de ocupación.

Otra parte estaba cortada porque había una especie de crisis que se estaba desarrollando dentro del Ministerio de Sanidad o en sus alrededores. Más tarde nos enteramos de que los antiguos empleados —algunos despedidos antes de la guerra y otros durante la ocupación— habían invadido el ministerio y estaban intentando entrar en la oficina del ministro. Exigían trabajo, y algunos canales incluso hablaron de una situación con rehenes. Lo único que sabemos es que había una inmensa muchedumbre enfurecida fuera del ministerio y tanques, coches y soldados furiosos enfrentándose a ella. Dicen que casi 1.300 empleados del Ministerio de Sanidad han sido despedidos desde el final de la guerra. Esto incluye a médicos, enfermeras, celadores de hospitales, etc.

Hoy el Consejo de Títeres iraquí estuvo intentando firmar el documento de Ley Fundamental, que es una especie de preludio a una constitución permanente. Quiero leerlo y ver de qué se trata. Lo tenían todo preparado en una elegante sala de conferencias: sillas grises cromadas en las que había etiquetas con los nombres, costosas plumas estilográficas preparadas para los miembros del CG, un podio, un grupo de niños pequeños preparados para cantar y una pequeña orquesta para tocar. Pero no firmaron el tan esperado documento. Algunos de los miembros chiítas del consejo se negaron a firmar porque, por lo visto, ha habido desacuerdos sobre la presidencia, los derechos de las mujeres, el federalismo y, en general, la constitución, si es que alguna vez deciden redactar una.

Al-Sistani parece estar dirigiendo la función junto con Bremer. No sé por qué no le montan directamente una oficina en la Zona Verde, eso facilitaría mucho las cosas a los miembros del CG. No tendrían que estar corriendo a Kerbala a rogar a Bremer su aprobación. Es increíble. Sistani es un clérigo respetable. Tiene millones de partidarios tanto dentro como fuera de Iraq... Pero, si te paras a pensar, es iraní. ¿Cómo es que un clérigo iraní está moldeando el futuro de Iraq?

Su opinión es importante en muchos sentidos, pero parece tener una especie de veto invisible dentro del Consejo. Lo único que tiene que hacer es murmurar desaprobación a los oídos de uno de sus partidarios e, inmediatamente, se convierte en disentimiento de sus partidarios. Es tan frustrante. ¡¿Cómo va Iraq a ser laico y, bueno, *iraquí*, si tenemos un clérigo de origen iraní que pone las condiciones y dicta las reglas?!

Podéis leer más sobre el lío constitucional en Juan Cole y en *Back to Iraq*.

Informed Comment, 6 de marzo de 2004, http://juancole.com

....

El viernes, cinco miembros chiítas del Consejo de Gobierno Interino se negaron súbitamente a firmar la Ley Fundamental que se había acordado con el resto del CGI el pasado lunes.

Se había organizado una gran ceremonia formal para la firma, a la que asistieron cientos de personas y la prensa, las cuales estuvieron esperando horas y horas mientras los cinco estaban ocultos con Ahmad Chalabi. Finalmente la Autoridad Provisional de la Coalición anunció que no ocurriría nada, y que todo el mundo se fuera a casa.

Toda la actuación fue muy bochornosa para la administración Bush, que había contado con promulgar la Ley Fundamental como preludio a encontrar la manera de entregar la soberanía a un gobierno iraquí de algún tipo el 30 de junio. Esa fecha límite parece cada vez más movediza...

Los temas contra los que los cinco se sublevaron eran: la presidencia, el federalismo, los derechos de la mujer y la constitución permanente. La Ley Fundamental había estipulado que habría un presidente y dos vicepresidentes. Decía que la constitución podía ser anulada si cualquiera de las tres provincias de Iraq se oponía a ella (una enmienda introducida por los cinco representantes kurdos). También retiraron su apoyo a una enmienda que reservaba el 25 por ciento de los asientos del parlamento a mujeres parlamentarias...

....

Bueno, parece ser que hablé demasiado pronto esta mañana cuando dije que la constitución iraquí interina sería firmada «dentro de un par de horas». Cinco clérigos chiítas se negaron a firmar la carta hoy, diciendo que el documento no otorgaba suficiente poder a los chiítas en un Iraq recién soberano.

Los líderes iraquíes dijeron que los chiítas querían presentar una enmienda que permitiría que una minoría de los votantes del país bloqueara la ejecución de una constitución permanente, la cual debe ser redactada el año que viene. Y los chiítas insisten en una expansión de la presidencia iraquí, la cual, por lo que dicen muchos, probablemente será ejercida por un chiíta.

Los miembros kurdos y sunitas del Consejo de Gobierno Iraquí criticaron duramente la decisión chiíta de no firmar acusándola de ser un intento de hacerse con el poder, y eso es lo que es. En lugar de un único presidente y dos vicepresidentes, tal como está descrito actualmente en la Ley Administrativa de Transición, que es como llaman a la constitución, los chiítas piden una presidencia colectiva de tres chiítas, un kurdo y un sunita. Según las palabras del Gran Ayatolá Sayyid Ali Husaini Sistani, los chiítas también quieren retirar las garantías que otorgarían a los kurdos un veto sobre la carta, sobre la cual deberán debatir el año que viene. El borrador de hoy permitirá que dos tercios de los votantes de tres provincias cualesquiera puedan vetar la carta permanente a través de un referéndum. Es una coincidencia significativa que los kurdos controlen tres provincias en el norte del país.

posted by river @ 11:53 PM

LA PRIMAVERA...

En estos días, las discusiones durante las comidas se centran principalmente en la Ley de Transición. Le pedí a un amigo que me la imprimiera y en los últimos dos días he estado ojeándola. Sólo vi una parte de la ceremonia porque se fue la electricidad a la mitad y no me molesté en ver un resumen más tarde.

Las palabras tienen buen aspecto sobre el papel, que es lo que suele ocurrir con las palabras. Algunas partes recuerdan melancólicamente a nuestra última constitución. Todas las discusiones sobre la Ley de Transición se centran en la legitimidad de este documento. Básicamente, un poder ocupante trajo a un grupo de exiliados, declaró que Iraq había sido «liberado», declaró anulada la constitución que hemos estado utilizando desde que se abolió la monarquía e instaló a un grupo de títeres como Consejo de Gobierno. ¿Se pueden considerar legítimas estas leyes?

Además, ¿cuán sinceros son esos títeres respecto a esta nueva Ley de Transición? Por ejemplo, hay una cláusula encantadora que dice: «Nadie puede ser arrestado o detenido ilegalmente, y nadie puede ser detenido a causa de sus creencias políticas o religiosas.» ¿Dejarán las tropas norteamericanas de hacer batidas y detenciones arbitrarias (que todavía son bastante habituales) a partir del 30 de junio? ¿O la Ley de Transición se aplica sólo a los iraquíes?

Un ejemplo de una detención arbitraria de la que nos enteramos el otro día es la de un hombre que fue arrestado en Tikrit. Hicieron una batida en su casa y reunieron a este hombre de veinticinco años, a sus dos hermanos y a su anciano tío. Recibieron el tratamiento habitual: una bolsa en la cabeza y las manos detrás de la espalda. Se los llevaron fuera de Tikrit y los tiraron en un lugar parecido a un granero, con las bolsas en sus cabezas, todavía atados. Durante tres días, los soldados los patearon y los insultaron. Entre patadas e insultos, un soldado fornido les gritaba preguntas y un intérprete las traducía: «¡¿Formáis parte de Al-Qaeda?!», «¡¿Conocéis a Osama bin Laden?!». Al tercer día, uno de los jóvenes hizo un trato con el que dedujo que era el «jefe», el hombre que daba las órdenes. Acordaron que uno de los soldados acompañaría al hombre hasta la ciudad y esperaría a que viniera con 300$ por detenido. El resto de los hombres serían liberados un par de días más tarde.

Y funcionó. Dos días más tarde, sus tres familiares llegaron a casa a pie después de haber sido dejados a un lado de la carretera. Básicamente, pagaron un rescate por su libertad. Ésta es sólo una de las muchas historias sobre la vida en el «Nuevo Iraq»; no me sorprende que Chalabi estuviera tan contento mientras firmaba el documento de la Ley de Transición. Actualmente, el país es como un banco que no está vigilado, especialmente para aquellos que tienen armas.

La actitud general hacia el documento es de un cierto cansancio. Los iraquíes están cansados de todo lo que es «de transición» y «temporal». Supongo que, después de casi un año de inestabilidad y luchas, simplemente anhelamos algo más definitivo y sustancial.

La primavera está en el aire, y eso significa tormentas de polvo y un sol suave para los iraquíes. Estamos disfrutando del tiempo porque antes del final de abril el verano estará en plena actividad y el calor llegará en oleadas casi palpables. Las mañanas son ligeramente frescas y antes del mediodía ya nos hemos quitado la chaqueta. Ya no necesitamos las «sopas» o estufas de queroseno en casa, lo cual es un alivio para E, que tenía asignada la tarea de llenarlas y asegurarse de que el tanque de queroseno del patio estuviera siempre lleno (el hombre del queroseno se ha convertido en un amigo muy querido).

Estos últimos días me han traído recuerdos del año pasado en estas mismas fechas. ¿Qué estábamos haciendo a principios de marzo? Estábamos preparándonos para la guerra... cavando pozos de agua, poniendo cinta adhesiva en las ventanas, almacenando velas, cerillas, queroseno, arroz, harina, vendas y medicinas... ¿y qué estamos haciendo ahora? Utilizando todo eso.

posted by river @ 11:02 PM

Viernes, 19 de marzo de 2004

EXPLOSIONES...

La explosión de hace dos días fue colosal. Nuestro barrio no está muy cerca de la zona que fue bombardeada, pero la oímos fuerte y claramente. Fue una de varias explosiones que hubo durante la semana pasada... pero fue la más fuerte. En cuanto ocurrió, E y yo intentamos adivinar de dónde venía el ruido. Se ha convertido en una especie de juego morboso.

Casi al instante, Al-Jazeera empezó a informar sobre la explosión y descubrimos que E tenía razón: había sido en Karrada (yo me equivoco sobre la dirección en el 90 por ciento de los casos y E me asegura machistamente que la mayoría de las mujeres tienen un sentido de la orientación bastante torcido). Pusieron la bomba en un hotel en medio de una zona residencial y las historias varían de una forma extraña. La gente de la zona dice que oyeron el silbido de un cohete y luego una explosión. Otros dicen que fue una explosión instantánea. Una cadena de noticias afirmó que se han extraído 32 cuerpos de los escombros... otra habló de 17, y la policía iraquí está diciendo que sólo se han encontrado 6 cadáveres. Las informaciones sobre las nacionalidades de los fallecidos también varían: la policía iraquí dice que todos los residentes del hotel eran iraquíes y los norteamericanos aseguran que había algunos estadounidenses y británicos entre los muertos. ¿A quién creer?

El sábado y el domingo pasados hubo manifestaciones en Bagdad. No se permitió el acceso de los alumnos a la Universidad de Bagdad porque los vigilantes de ésta (irónicamente, nombrados por los norteamericanos) no dejaban entrar a nadie. Forman parte de la pandilla de Sistani, y como los partidarios Sistani, han estado oponiéndose diligentemente al documento de la LAT firmado por el Consejo de Títeres, los vigilantes decidieron que la universidad estaría cerrada durante un par de días. Los alumnos tuvieron que ver cómo el decano de la Facultad de Ingeniería rogaba que lo dejaran entrar y se lo denegaban.

Me enteré de las manifestaciones porque se suponía que iba a tener una entrevista de trabajo el sábado y mis jefes potenciales me llamaron para posponerla hasta nuevo aviso porque sus vigilantes —ávidos admiradores de Sistani— habían decidido tomarse el día libre para asistir a la manifestación contra la LAT. Los partidarios de Sistani no estarían protestando contra el documento de la ley de transición si él no se lo hubiera indicado explícitamente.

En la Universidad de Mustansiryia (otra importante universidad en Bagdad) hay continuas protestas de los estudiantes porque el decano de la Facultad de Ciencias pidió que después del *arba'een* (el cuadragésimo día después de la muerte del imán Al-Hussein) los alumnos quitaran las banderas y las imágenes de Al-Sadr y Sistani. Los estudiantes chiítas más conservadores se ofendieron inmediatamente y decidieron que no asistirían a clase hasta que despidieran al decano. En venganza, los estudiantes sunitas decidieron que organizarían una *protesta* contra la huelga organizada por los alumnos chiítas...

También nos enteramos de que uno de los vicedecanos de la Facultad de Ingeniería de la Universidad de Bagdad fue asesinado recientemente. Es una noticia terrible y he estado pensando mucho en el tema últimamente. No sé por qué nadie se centra en este tema en las noticias. Es como si Iraq estuviera padeciendo una hemorragia intelectual. Están asesinando a profesores y científicos a diestro y siniestro, gente inteligente, decente, que es necesaria para el futuro de Iraq. Otros científicos han sido detenidos por los norteamericanos e interrogados sobre Al-Qaeda, ni más ni menos.

Las historias que cuentan cuando los dejan libres son increíbles. La mayoría de los científicos son profesores universitarios y han dedicado su vida a la enseñanza y a la investigación. Muchos son detenidos únicamente por estar especializados en determinado campo, como la herencia, por ejemplo. Un hombre al que dejaron libre recientemente habló de un interrogatorio ridículo que duró tres días y en el que participó la CIA y la policía militar. Le estuvieron enseñando una foto tras otra de su familia, confiscadas durante una batida, y señalando a sus dos hijos adolescentes y a sus amigos, le preguntaban: «¡¿No forman parte de Al-Qaeda?!»

Y esto no acaba con los científicos. Los médicos también están siendo asesinados por algún grupo misterioso. Esto empezó durante el verano y ha continuado desde entonces. Iraq tiene algunos de los mejores médicos de la región. Desde junio, nos hemos enterado de al menos quince asesinados a sangre fría. Las historias son parecidas: un coche se detiene frente a la clínica o la oficina, se baja un grupo de hombres vestidos de negro y dispara contra el médico, a veces delante de los pacientes y a veces completamente solo, después de horas. Un médico fue brutalmente asesinado a tiros en su casa, delante de su familia. Corría el rumor de que la Brigada de Badir (la milicia del CSRII dirigida por Al-Hakeem) tenía una lista de 72 médicos que debían ser asesinados por un motivo u otro. Incluía a médicos sunitas, chiítas y cristianos.

Todos los científicos, profesores y médicos que no han sido detenidos o asesinados parecen estar buscando una salida. Parece como si todas las personas con las que hablan mantuvieran los ojos abiertos para ver si encuentran una oportunidad para trabajar fuera del país. Esto me deprime. Cuando oigo a alguien decir que tiene intención de marcharse a Dubai o a Líbano o a Londres, me dan ganas de rogarle que se quede... una parte de mí quiere gritar: «¡Pero te necesitamos aquí! ¡Éste es tu lugar!» Otra parte de mí más racional sabe que algunos de ellos no tienen otra opción. Muchos han perdido sus trabajos y no saben cómo alimentar a sus familias. Otros simplemente no pueden soportar la preocupación constante por sus hijos o sus cónyuges. Muchas mujeres doctoras y científicas quieren marcharse porque para una mujer ya no es seguro trabajar como antes. Para algunas de ellas las opciones son convertirse en ama de casa o irse al extranjero en busca de seguridad para trabajar.

Cualquiera que sea el motivo, los cerebros se están yendo lentamente de Iraq. Éste ya no es un lugar para aprender, o estudiar, o trabajar... Es un lugar para contratistas ricos que quieren hacerse más ricos, para extremistas, ladrones (de todos los niveles y orígenes), y para las tropas...   *posted by river @ 10:22 AM*

Sábado, 20 de marzo de 2004

LA GUERRA CONTRA EL TERROR...

Hoy me siento irritable y furiosa. Hace exactamente un año que comenzó la guerra y parece que está siendo una pesada carga para todos.

El año pasado, en este día, comenzó la guerra durante la madrugada. Yo no estaba dormida... No había dormido desde el ultimátum de Bush un par de días antes. No porque tuviera miedo, sino porque no quería estar dormida cuando empezaran a lanzar las bombas. Las lágrimas comenzaron a caer con los primeros ruidos sordos. No soy muy propensa a las lágrimas, pero en ese momento, hoy hace un año, sentí esa tristeza ante el sonido de las bombas. Era un sentimiento que conocía porque, después de todo, no era la primera vez que Estados Unidos nos bombardeaba. No me parecía justo que fuera un sentimiento tan conocido.

Me parecía horrible que Bagdad estuviera siendo reducida a escombros. Con cada explosión, sabía que una parte muy importante de ella estaba en llamas. Fue terrible y no se lo deseo ni a mi peor enemigo. Ése fue el principio de la «liberación»... una liberación de la soberanía, de una especie de paz, de un cierto grado de dignidad. Hemos sido liberados de nuestros empleos, de nuestras calles y de la inviolabilidad de nuestras casas... a algunos de nosotros nos han liberado de miembros de nuestras familias y amigos.

Ya ha pasado un año y la electricidad es, en el mejor de los casos, intermitente; hay una constante escasez de combustible y las calles no son seguras. En las raras ocasiones en que caminamos por ellas, los rostros están ojerosos y arrugados por la preocupación... preocupación por los miembros de la familia que están detenidos, por las batidas de los norteamericanos a las casas, por las bocas hambrientas que hay que alimentar y por los miembros de la familia que hay que mantener a salvo de los secuestros, las violaciones y la muerte.

¿Y dónde estamos ahora, un año después de la guerra? Claro, tenemos antenas parabólicas y los más prósperos tienen teléfonos móviles... pero ¿dónde estamos *realmente*? ¿Dónde está la mayoría?

Estamos intentando luchar contra el extremismo, que parece estar encima de nosotros como una ola negra; a cada hora nos preguntamos cuánto tiempo tendrá que pasar antes de que algo parecido a la normalidad regrese a rastras a nuestras vidas; estamos esperando y rezando para que no haya una guerra civil...

Vemos con incredulidad cómo las tropas norteamericanas recorren las calles de nuestros pueblos y ciudades y entran violentamente en nuestras casas... Vemos con rabia cómo el absolutamente inútil Consejo de Títeres otorga contratos inmensos a los extranjeros y cada día se enriquece más; las mismas personas a las que les importaba tan poco su país que le rogaron a Bush y a sus compinches que libraran una guerra que iba a costar miles de vidas y que seguramente costará otros miles más.

Vemos con aire burlón cómo un clérigo iraní en el sur convierte a un país que solía ser laico en la peor pesadilla de Estados Unidos: una copia al carbón de Irán. Vemos cómo las mentiras se van desenmarañando lentamente ante el mundo: la farsa de las armas de destrucción masiva y la absurdidad de Al-Qaeda.

Y ¿dónde estamos ahora? Bueno, nuestras instalaciones gubernamentales han sido quemadas por una combinación de «liberadores» y «Luchadores Iraquíes Libres»; el 50 por ciento de la población activa está sin trabajo y hambrienta; el verano se acerca y nuestra situación eléctrica es una broma; las calles están sucias y rebosantes de aguas residuales; nuestras cárceles están más llenas que nunca de miles de personas inocentes; este último año hemos visto más explosiones, tanques, aviones de combate y tropas que en toda una década de guerra contra Irán; hacen batidas a nuestras casas y detienen nuestros coches en las calles para ser inspeccionados... matan a los periodistas «accidentalmente» y las semillas de una guerra civil están siendo plantadas por aquellos que la encuentran muy útil; los hospitales rebosan de pacientes pero carecen de prácticamente todo lo demás: equipamientos médicos, medicinas y médicos; y, mientras tanto, el petróleo fluye.

Pero hemos aprendido mucho. Hemos aprendido que el terrorismo no es en realidad el acto de crear terror. No es el acto de matar a personas inocentes y asustar a otras... No, veréis, eso se llama «liberación». No importa lo que quemes o a quién mates: si vistes de caqui, vas en un tanque, o en un Apache, o en un avión de combate, y lanzas misiles o bombas, entonces no eres un terrorista: eres un liberador.

La guerra al terror es una broma... Madrid fue una prueba de ello la semana pasada... Iraq es una prueba de ello todos los días.

Espero que haya alguien que se sienta más seguro porque nosotros, ciertamente, no.

posted by river @ 11:02 PM

Sábado, 27 de marzo de 2004

SISTANISTÁN...

El teléfono no ha funcionado estos últimos días. Esto es lo que hace de vez en cuando: desaparece tímidamente. Levantamos el auricular y en lugar de oír la línea sólo oímos una especie de extraño silencio acompañado de estática. Casi me vuelvo loca, porque no podía conectarme a internet. Pasé días ansiosamente inmóvil cerca del teléfono, levantándolo cada pocos minutos y diciendo: «¿Alooo? ¿Aloooooo?» E estuvo indagando y se enteró de que las líneas de toda la zona habían sido derribadas.

Ayer estuve en Karrada, una zona popular en el centro de Bagdad. Es un distrito comercial en el que puedes encontrar de todo, desde carnicerías hasta heladerías. Las tiendas están cerca unas de otras y es la zona ideal para buscar algo difícil de encontrar. Lo encontrarás en Karrada, tanto si se trata de una pulsera de oro, o de unas zapatillas peludas, o de la colección completa de las lecturas religiosas íntegras del finado Al-Hakeem en CD.

Mi tío está planeando un viaje a Jordania, así que tuvimos que comprarle unas maletas. Yo había estado al menos cuatro días esperando con ilusión esta salida de compras, que es lo que se tarda actualmente en conseguir el rutinario permiso familiar. Primero tengo que hacer una declaración de intenciones; tengo que decir a mis padres que pretendo salir y comprar algo. Luego tengo que especificar la zona en la que tengo intención de hacer la compra, después de lo cual hay que localizar a un familiar que sea hombre, que esté libre y que disponga de algo de tiempo para acompañarme en la aventura. El último paso es establecer la fecha y la hora y conseguir la autorización final de la familia.

Para aquellos de vosotros que os lo estéis preguntando, SÍ, me molesta muchísimo tener que pedir permiso a mis padres para salir de casa, a mi edad. Ésta es una tendencia que comenzó después de la guerra y no parece que vaya a menguar pronto. Me consuelo pensando que no es algo propio de mi familia, ni siquiera de mi género; todos los padres parecen estar haciéndolo últimamente... ¿Adónde vas? ¿A hacer qué? ¿Quién te va a acompañar? ¿A qué hora vas a volver? ¿Es absolutamente necesario?

Si E y yo llegamos media hora tarde, podemos esperar ver a nuestros padres fuera, en el camino de entrada, caminando nerviosos de aquí a allá, mirando a la calle de vez en cuando. En realidad no los culpo, con todos esos secuestros, explosiones y detenciones. Por otro lado, si uno de mis padres se retrasa, E y yo también acabamos en el camino de entrada, entornando los ojos para ver algo en la noche y murmurando entre dientes cosas sobre la gente que nunca llama para decir que se va a retrasar.

Karrada estaba atestada de personas que iban y venían. Las mujeres, por supuesto, eran una alarmante minoría. Antes Karrada solía estar llena de mujeres: madres, hijas y esposas, a veces solas y a veces arrastrando a un hombre aburrido. Cuando salimos del coche, la seguridad en mí misma y mi entusiasmo comenzaron a decaer. Yo era una de las pocas mujeres en la calle que no llevaba *hijab*, o algo para cubrir la cabeza. Una, dos, tres mujeres pasaron junto a mí con el *hijab* cubriéndoles el pelo... la cuarta había ido un paso más allá y llevaba puesta una *abbaya* o túnica negra.... Tiré suavemente de las mangas de mi camisa, cuyos puños estaban casi a la altura de mis codos. Se deslizaron una vez más hasta mis muñecas y de repente me sentí agradecida de haber decidido ponerme una camisa tejana de manga larga.

Caminamos unos pocos metros hasta la exposición de maletas en la acera. Casi todas eran nuevas, pero algunas estaban usadas y un poco gastadas en los bordes. Me pregunté si habían sido confiscadas a algún desafortunado iraquí que había llegado del extranjero mientras E y mi primo regateaban con el vendedor. Él les estaba mostrando una falsificación de una Samsonite y les juraba que era original. Para aquellos que nunca han ido de compras en Iraq, nada cuesta el primer precio que te dan. Si un hombre dice 10.000 dinares iraquíes, puedes retarlo al instante diciendo: «Te la compro por 7.000», y estar bastante seguro de que al final te la dará, refunfuñando un poco.

Estudié las calles y las tiendas que había a mi alrededor y esperé. La calle estaba repleta de coches, mayormente antiguos. Pocas personas se atreven a conducir vehículos decentes. El fluir del tráfico se detenía cada pocos minutos y en seguida comenzaba un coro de bocinas e insultos. Las cabezas salían de las ventanas de los coches y los ojos se esforzaban por ver qué podía estar reteniendo a la larga fila de automóviles que había delante.

Había algunas personas de aspecto extraño en la calle: cabezas cubiertas con turbantes, blancos y negros... mujeres cubiertas de la cabeza a los pies con una tela negra... hombres con barbas largas y *abbayas*. Empecé a recibir unas cuantas miradas críticas: ¿por qué esa chica no llevaba puesto un *hijab*? La persona racional en mí estaba haciéndose la misma pregunta: ¿por qué no lo llevas puesto? ¿Es demasiado pedir que te pongas algo en la cabeza cuando sales de casa? Todas las demás lo hacen... La mayoría de las mujeres que una conoce optan por cubrirse la cabeza para evitar esas miradas de desaprobación y esas palabras duras. Desde la guerra, incluso algunas mujeres cristianas han sido presionadas a ocultar el pelo, especialmente en el sur. Y la voz racional siguió y siguió... La voz testaruda —la que escribe el blog— intentó sofocar el sentido común diciendo: «Bla, bla, bla, bla, bla... no nos presionarán...»

Centré mi atención en las tiendas que había a mi alrededor, mirando fijamente lo que se exhibía en los escaparates. En muchos de ellos había carteles con la imagen del imán Hussein, Al-Sadr, algunos de los Hakeems y tantas imágenes de Sistani dentro y fuera de las tiendas que decidí que la zona debería cambiar su nombre por el de «Sistanistán».

Después de casi diez minutos eligiendo y negociando, E y mi primo se habían decidido por una maleta negra grande y otra más pequeña. E contó el dinero pacientemente mientras el vendedor juraba que le estaban robando al comprarle las maletas por una suma tan pequeña. Mi primo fue a abrir el maletero del coche y yo ayudé al hombre a meter las maletas en una gran bolsa de plástico. Antes de entrar en el coche para irnos a casa, E me preguntó si había algo más que yo quisiera comprar: ¿quería ver las tiendas? Una parte de mí *sí* quería echar una ojeada más a fondo, pero otra parte de mí estaba física y mentalmente exhausta con esa salida tan poco frecuente. Sólo quería llegar a la seguridad de nuestra casa, donde no tenía que sentirme como una especie de paria extraña.

Esta época del año es la que más se acerca a la primavera. Abril promete ser caluroso y pegajoso... Yo solía anhelar constantemente estar fuera, no sólo en la azotea o en el jardín, sino en la calle o en la acera, con gente yendo y viniendo a mi alrededor. Últimamente cada vez siento menos esa necesidad...   *posted by river @* 2:54 *PM*

RAED EN EL MEDIO...

Raed, de *Where is Raed?* (dear_raed.blogspot.com), ¡ha empezado su propio blog! Puedes echar una ojeada a los puntos de vista independientes de *Raed in the middle* (raedinthemiddle.blogspot.com)... *posted by river @ 3:08 PM*

Lunes, 29 de marzo de 2004

HISTORIAS DE ABU GHRAIB...

Ayer, exactamente a las cinco de la tarde, mi madre anunció repentinamente que íbamos a ir a visitar a una amiga suya que recientemente ha sido sometida a una operación poco importante. Esta amiga vive a dos calles de distancia, y en la cultura iraquí es obligatorio visitar a un amigo o familiar que esté enfermo o convaleciente. Intenté escapar de la llamada social con una serie de excusas trilladas, pero fue inútil; mi madre se mostró inflexible.

Salimos de casa alrededor de las 17.40 —yo con una caja de chocolates— y llegamos a casa de esta amiga en menos de cinco minutos. Después de los saludos iniciales y unas palabras de compasión y consuelo, entramos todos en la sala de estar. La estancia estaba casi oscura; habían cortado la electricidad y las cortinas estaban abiertas para dejar entrar unos rayos de sol que se iban apagando gradualmente. «La electricidad debería volver a las seis... —dijo la amiga de mi madre, excusándose—. Por eso no hemos encendido las lámparas de queroseno.»

Justo cuando empezábamos a acomodarnos, una figura que estaba sentada en el otro extremo de la sala se levantó apresurada. «¡¿Adónde vas?! —gritó la amiga de mi madre, Umm Hassen. Luego se volvió hacia nosotros e hizo una presentación apresurada—. Ésta es M, una amiga de la familia... Ha venido a ver a Abu Hassen...» Hice un esfuerzo para ver mejor, a través de la habitación oscurecida, la delgada figura, pero no pude distinguir sus rasgos. A duras penas pude oír su voz cuando dijo: «En serio, me tengo que ir... Está oscureciendo...» Umm Hassen negó con la cabeza y declaró firmemente: «No, tú te quedas. Abu Hassen te llevará a casa más tarde con el coche.»

La figura se sentó y a continuación hubo un silencio incómodo mientras Umm Hassen salía de la sala para traer el té de la cocina. Mi madre rompió el silencio: «¿Vives cerca de aquí?», preguntó a la figura. «En realidad, no... vivo fuera de Bagdad... en las afueras del sur, pero me alojo en casa de unos familiares que viven a unas pocas calles de aquí.» Escuché la voz cuidadosamente y pude adivinar que era una chica joven, de no más de veinte o veinticinco años... probablemente menos.

Justo cuando Umm Hassen entró en la habitación con la bandeja del té, las luces de la casa volvieron a la vida parpadeando y todas murmuramos una oración de agradecimiento. En cuanto mis ojos se adaptaron a las deslumbrantes luces amarillas, me volví para ver mejor a la invitada de Umm Hassen. Tenía razón: era joven. No podía tener más de veinte años. Llevaba un pañuelo negro colocado descuidadamente sobre el pelo castaño que asomaba por debajo. Agarraba con fuerza un bolso negro, y cuando volvieron las luces se encogió sobre sí misma en el otro extremo de la habitación.

«¿Por qué estás sentada ahí, tan lejos? —la reprendió Umm Hassen cariñosamente—. Ven, siéntate aquí.» Hizo un gesto con la cabeza indicando una gran butaca cerca de nuestro sofá. La chica se levantó y noté por primera vez lo delgada que era su figura; la larga falda y la camisa colgaban sobre su fino cuerpo como si pertenecieran a otra persona. Ella se instaló rígidamente en la gran silla y consiguió parecer todavía más menuda y más joven.

«¿Cuántos años tienes?», le preguntó mi madre amablemente. «Diecinueve», fue la respuesta. «¿Y estás estudiando? ¿A qué universidad vas?» La chica se sonrojó intensamente mientras explicaba que estaba estudiando literatura árabe pero que había pospuesto el año porque... «Porque fue detenida por los norteamericanos —terminó la frase Umm Hassen, furiosa, moviendo la cabeza de lado a lado—. Ha venido a ver a Abu Hassen porque su madre y sus tres hermanos todavía están en prisión.»

Abu Hassen es un abogado que desde que acabó la guerra lleva muy pocos casos. En una ocasión, explicó que el actual sistema legal iraquí era como una jungla sin reglas, con cientos de leones y miles de hienas. Nadie tenía la seguridad de qué leyes eran aplicables y cuáles no lo eran; no se podía hacer nada con unos jueces y una policía corruptos, y era inútil llevar casos penales porque, si ganabas, la familia del asesino/ladrón/ saqueador te llevaría sin lugar a dudas a la tumba... o el propio delincuente podía hacerlo personalmente cuando saliera unas pocas semanas más tarde.

Este caso era una excepción. M era hija de un amigo fallecido y había acudido a Abu Hassen porque no conocía a ninguna otra persona que estuviera dispuesta a implicarse.

En una fría noche de noviembre, M, su madre y sus cuatro hermanos estaban durmiendo cuando, de repente, la puerta se vino abajo en las primeras horas de la madrugada. La escena que vino a continuación fue de caos y confusión... chillidos, gritos, insultos, empujones y tirones. Reunieron a la familia en la sala de estar y los cuatro hijos —uno de ellos de sólo quince años— fueron llevados a rastras con una bolsa en la cabeza. La madre y la hija fueron interrogadas. «¿Quién era el hombre de la foto que colgaba de la pared?» Era el padre de M, que había muerto seis años atrás de una apoplejía. «Estáis mintiendo —les dijeron—, ¿acaso no formaba parte de una célula secreta clandestina de la resistencia?» A esas alturas, la madre de M ya estaba histérica: era su marido muerto y ¿por qué se estaban llevando a sus hijos? ¿Qué habían hecho? «Están apoyando la resistencia», fue la respuesta que llegó a través del intérprete.

«¿Cómo van a estar apoyando la resistencia?», quiso saber su madre. «Ustedes están aportando grandes sumas de dinero a los terroristas», explicó el intérprete. Las tropas habían recibido un soplo anónimo que decía que la familia de M estaba dando fondos para apoyar los ataques a los soldados.

Era inútil tratar de explicar que la familia no tenía «fondos»; desde que dos de sus hijos habían perdido sus empleos en una fábrica que había cerrado después de la guerra, la familia había estado viviendo del poco dinero que recibían de una *kushuk* o pequeña tienda en la que vendían cigarrillos, galletas y golosinas a la gente del barrio. ¡Apenas ganaban lo suficiente para cubrir los gastos de comida! No les importó nada. También se llevaron a la madre y a la hija, con las cabezas cubiertas con bolsas.

Umm Hassen había estado contando la historia hasta ese momento. M se limitaba a asentir con la cabeza y a escuchar con atención, como si se tratara de la historia de otra persona. A partir de ese momento, continuó ella... M y su madre habían sido llevadas al aeropuerto para ser interrogadas. M recordaba haber estado en una habitación, con una bolsa en la cabeza, y unas luces potentes encima. Dijo que pudo ver las siluetas de unas figuras a través de unos pequeños agujeros en la bolsa. La obligaron a ponerse de rodillas en la sala de interrogatorios, mientras pateaban y golpeaban a su madre en el suelo.

Las manos de M temblaban mientras sostenía la taza de té que Umm Hassen le había dado. Su rostro estaba muy pálido mientras hablaba: «Oí a mi madre rogarles que, por favor, me dejasen ir y que no me hiciesen daño... Les dijo que haría cualquier cosa, cualquier cosa, si me dejaban ir.» Después de un par de horas de maltratos generales, la madre y la hija fueron separadas, cada una de ellas arrojada a una habitación distinta para ser interrogada. A M la interrogaron acerca de todo lo relacionado con la vida familiar: quién iba a visitarlos, con quién se relacionaban y en qué circunstancias había muerto su padre. Horas más tarde, madre e hija fueron llevadas a la infame prisión de Agu Ghraib, que alberga a miles de delincuentes e inocentes por igual.

En Abu Ghraib fueron separadas y M sospechaba que su madre había sido llevada a otra prisión fuera de Bagdad. Un par de terribles meses más tarde —después de haber presenciado varias palizas y la violación de un prisionero hombre por parte de uno de los carceleros, a mediados de enero M fue liberada repentinamente y llevada a casa de su tío, donde encontró a su hermano menor esperándola. Su tío, a través de unos abogados y algunos contactos, había conseguido sacar a M y a su hermano de quince años de dos cárceles distintas. M también se enteró de que su madre todavía estaba en Abu Ghraib, pero no estaban seguros de qué les había ocurrido a sus tres hermanos.

M y su tío se enteraron más tarde de que un vecino había hecho una acusación falsa contra su familia. El hijo de veinte años de ese vecino todavía estaba resentido por una pelea que había tenido varios años atrás con uno de los hermanos de M. Lo único que tuvo que hacer fue contactar con cierto traductor que trabajaba para las tropas y dar la dirección de M. Fue así de fácil.

M y su tío contactaron con Abu Hassen porque es un viejo amigo de la familia y estaba dispuesto a hacer el trabajo sin cobrar. Desde entonces, han intentado liberar a sus hermanos y a su madre. Me puse furiosa: ¿por qué no se ponen en contacto con la prensa? ¡¿Por qué no se ponen en contacto con la Cruz Roja?! ¡¿A qué esperan?! La chica negó con la cabeza tristemente y dijo que se *habían* puesto en contacto con la Cruz Roja, pero eran sólo un caso entre miles y miles; tardarían una eternidad en llegar a ellos. En cuanto a la prensa, ¿es que yo estaba loca? ¡¿Cómo iba a ponerse en contacto con la prensa y arriesgarse a despertar la ira de las autoridades estadounidenses mientras su madre y sus hermanos todavía estaban en prisión?! Había prisioneros que habían sido condenados hasta a quince años de cárcel por «actuar contra la coalición»... No podía arriesgarse a eso. Simplemente tendrían que tener paciencia y rezar mucho.

Al llegar al final de su historia, M estaba llorando en silencio mientras mi madre y Umm Hassen le secaban las lágrimas apresuradamente. Lo único que yo podía hacer era repetir: «Lo siento... de verdad lo siento...», y muchas otras palabras inútiles. Ella sacudía la cabeza y rechazaba mis palabras de compasión: «Está bien, en serio, yo soy una de las afortunadas... Lo único que me hicieron fue pegarme.»   *posted by river @ 11:35 PM*

De abril a septiembre de 2004

Antes de principios de abril, el asedio de EE. UU. a Faluya deja unos 500 iraquíes y 36 estadounidenses muertos. La oposición a la ocupación estadounidense crece rápidamente como consecuencia de Faluya. Las milicias chiítas locales toman el control de Najaf y Kut. El 9 de abril, 200.000 musulmanes, en su mayoría chiítas, se congregan en la mezquita sunita de Bagdad en protesta contra EE. UU. Los norteamericanos responden anunciando su intención de «matar o capturar» a Moqtada Al-Sadr, cuya popularidad crece continuamente mientras él se enfrenta a los estadounidenses. Dos miembros del Consejo de Gobierno iraquí renuncian como protesta contra la invasión estadounidense de Faluya, y el 11 de abril EE. UU. ordena un alto el fuego para que puedan tener lugar unas conversaciones. Pensando en las elecciones presidenciales que se celebrarán en EE. UU. en noviembre, la administración Bush predice el éxito. «Nuestros militares están... actuando brillantemente. Verán, la transición de las cámaras de tortura y las salas de violación y las fosas comunes y el miedo a la autoridad es una transición difícil. Y ellos están realizando la buena labor de mantener a ese país estabilizado mientras se desarrolla el proceso político», dice el presidente en Iowa el 15 de abril. Cuatro días más tarde, Bush emplea un tono un poco distinto en Pennsylvania: «Nos estamos enfrentando a los partidarios de un clérigo forajido, a residuos del régimen de Saddam que todavía están resentidos por no tener la posición para dirigir las cámaras de tortura y las salas de violación —dice—. Fracasarán porque no representan a la gran mayoría de los iraquíes que no quieren sustituir a un tirano con otro. Fracasarán porque la voluntad de nuestra coalición es fuerte. Fracasarán porque América dirige una coalición con el mejor ejército de hombres y mujeres del mundo.»

Bush dice que enviará más tropas a mediados de abril y nombra a John Negroponte embajador en Iraq para que reemplace a Bremer en la embajada de EE. UU. a partir del 30 de junio. La captura de rehenes es un método cada vez más frecuente en la guerra de la guerrilla. Tres japoneses han sido tomados rehenes y luego liberados; más tarde, un rehén italiano es asesinado. Entretanto, hay un ataque con mortero a una cárcel de Bagdad, que causa 22 muertos. Una bomba estalla en Basora y mata a 68 personas. Entre los muertos hay unos niños que iban en un autobús escolar. Se producen más combates en Faluya. Los insurgentes atacan la industria petrolera de Iraq y hay un ataque a las principales instalaciones petroleras del país. Hacia finales de mes, EE. UU. cambia de rumbo una vez más y decide que, después de todo, los trabajadores baazistas y los miembros del ejército de Saddam a los que despidió al ocupar el país no son tan malos, y comienza a contratarlos otra vez. Los comandantes en Bagdad insisten en que hay un tratado de paz en Faluya, pero mientras están en conversaciones, EE. UU. ataca la ciudad con bombas de 500 libras.

Con EE. UU. enfrentándose a una insurgencia cada vez mayor, perdiendo el control de gran parte del Iraq central, sale a la luz el escándalo de Abu Ghraib. La prisión había sido una famosa cárcel de torturas bajo el régimen de Saddam, y ahora aparecen fotos que muestran a los GI estadounidenses torturando a prisioneros iraquíes.

A finales de mes, las fuerzas de EE. UU. se preparan para retirarse de Faluya, dejándola en manos de las nuevas fuerzas de seguridad iraquíes, lideradas por un antiguo general de Saddam. Ahora se calcula que las fuerzas de la coalición han matado al menos a seiscientas personas en Faluya, y las organizaciones de ayuda dicen que la forma en que los civiles están siendo tratados viola potencialmente la convención de Ginebra. Además del fuego indiscriminado y el elevado número de civiles muertos, la preocupación más extendida está provocada por la prohibición a los civiles de abandonar Faluya para buscar refugio en otra parte.

En mayo los combates continúan mientras el escándalo de Abu Ghraib se despliega con más fotos e historias escritas por Seymour Hersh en *The New Yorker* y por otros periodistas. El senador John Warner, el presidente republicano del Comité de Servicios Armados del Senado, celebra vistas en un esfuerzo para llegar al fondo del escándalo. Prácticamente de inmediato, la investigación pierde fuerza y empieza a parecerse a un evento de relaciones públicas para Warner y otros miembros del comité. Tanto los miembros del Congreso como los oficiales de alto rango del Pentágono se ayudan mutuamente en un intento de hacer que el escándalo no aparezca en las noticias o que, como mínimo, se limite a un puñado de soldados.

«No soy abogado. Mi impresión es que las acusaciones hasta el momento han sido de malos tratos, lo cual, creo, es técnicamente distinto de la tortura», dice el secretario de Defensa Donald Rumsfeld en una sesión informativa del Resumen Operativo del Pentágono el 4 de mayo.

El Pentágono lleva a cabo una complicada corte marcial para un soldado en Bagdad que es poco más que una sesión fotográfica para demostrar que el ejército tiene serias intenciones de esclarecer el escándalo de la prisión. Un día más tarde, en una entrevista con Al-Arabiya, Bush explica: «Es muy importante que la gente, vuestros oyentes, entiendan que en nuestro país, cuando un problema de esta magnitud es llevado a nuestra atención, nosotros actuamos, y actuamos de una forma en la que los líderes están dispuestos a comentarlo en los medios de comunicación. Y actuamos de una manera en la que, usted sabe, nuestro Congreso hace preguntas directas al mando... Iraq ha sido una situación única porque Saddam Hussein había desafiado continuamente al mundo y había amenazado a sus vecinos, había utilizado armas de destrucción masiva, tenía vínculos con los terroristas, tenía cámaras de tortura.»

Mientras Abu Ghraib sigue siendo un tema de interés periodístico, Nick Berg es decapitado y su espeluznante rostro llena los medios de comunicación. Las decapitaciones de rehenes se convierten en una nueva forma de hacer la guerra. Más adelante hay noticias de que el teniente general Ricardo S. Sánchez, comandante general de la Comandancia Central autorizó personalmente el uso de perros de la policía para intimidar a los prisioneros en Abu Ghraib, y finalmente es retirado de la comandancia. El secretario de Defensa, Rumsfeld, visita a las tropas para subirles la moral. Hersh encuentra el origen de las torturas de Abu

Ghraib en la expansión de un programa especial autorizado personalmente por Rumsfeld. El mes acaba con la policía haciendo una batida a la oficina de Ahmed Chalabi, que en el pasado había sido el elegido por EE. UU. para gobernar Iraq, pero que ahora se ha esfumado. El ejército de EE. UU. respalda a la policía iraquí.

Antes de que llegue junio, EE. UU. está haciendo horas extras para conseguir el control suficiente del país como para poder permitir que se celebren elecciones, tal como se prometió. A estas alturas, Iraq ha surgido como el tema central de la campaña presidencial de EE. UU. Llegado este punto, ya no se trata de si la democracia en Iraq tendrá éxito. Debe tener éxito, o al menos debe parecer que lo tiene.

Ayad Allawi, un antiguo secuaz de la CIA, es el elegido para convertirse en el primer ministro interino de Iraq. Inmediatamente es colocado en el centro de la atención pública cuando dos personas le cuentan a un periodista australiano que vieron cómo él llevaba a cabo personalmente ejecuciones sumarias de prisioneros a los que colocaban en fila contra una pared. A medida que se acerca la fecha límite para la transferencia de poder a un nuevo gobierno interino iraquí, los insurgentes atacan en repetidas ocasiones, y matan civiles, políticos iraquíes y civiles extranjeros que viven y trabajan en el país. El 28 de junio, dos días antes de la fecha límite del 30 de junio, los ocupantes le entregan la «soberanía» a Iraq.

La insurgencia continúa. Ahora los periodistas y los civiles extranjeros están directamente en la línea de fuego. Varios son secuestrados, tomados como rehenes, intercambiados por diferentes grupos y amenazados con la decapitación. A principios de julio, el Comité de Inteligencia del Senado culpa a George Tenet y a la CIA de ser la principal fuente de información errónea sobre las armas de destrucción masiva utilizada por la administración Bush. El escándalo de Abu Ghraib vuelve a emerger brevemente con un informe del Pentágono en el que se admiten al menos 94 casos confirmados de muerte de detenidos, ataques sexuales y físicos y otros abusos bajo la dirección de EE. UU. en Iraq y Afganistán. A finales de julio un atentado suicida con coche bomba mata a 68 personas en el centro de Baquba. La bomba estaba dirigida al centro de reclutamiento de la policía. Los insurgentes y la policía se enfrentan en Bagdad con el resultado de más muertes. Las fuerzas de EE. UU. atacan Najaf a principios de agosto, y matan a 300 miembros de las milicias. EE. UU. está luchando contra el Ejército Mahdi, los soldados que apoyan a Al-Sadr. El 12 de agosto la lucha se intensifica, aviones de combate de EE. UU. bombardean a los combatientes en Kut y hay 68 muertos. La violencia estalla en los distritos chiítas en Bagdad y Basora. En Najaf, EE. UU. acordona la mezquita más sagrada y el antiguo cementerio. No es hasta el día 27, después de casi tres semanas de combates, que el ayatolá Al-Sistani consigue que Al-Sadr y las fuerzas de EE. UU. en Iraq lleguen a un acuerdo de paz. El 29 de agosto, un reportero de *The Observer* (GB) describe las condiciones en que quedó Najaf después del sitio: «Zonas enteras de la ciudad están ahora en ruinas; muchísimos civiles han muerto y decenas de miles de personas se han marchado de sus casas, o las han perdido. Los hoteles y restaurantes que sirven al negocio de los peregrinos son moles hechas pedazos, las carreteras están llenas de pertrechos de guerra y una gran parte del famoso cementerio ha sido reducida a escombros.»

Mientras tanto, los campos de petróleo iraquíes, de los cuales depende la economía del país, son el objetivo de la insurgencia, y muchos tienen que ser cerrados.

JAMES RIDGEWAY

Domingo, 4 de abril de 2004

DISTURBIOS, CONTEMPLAR LAS ESTRELLAS
Y COROS DE GRILLOS...

Ha habido manifestaciones de los partidarios de Al-Sadr en Bagdad y en Najaf. En Bagdad se congregaron en millares cerca de la Zona Verde y el hotel Sheraton; una enorme multitud enfurecida, mayormente vestida de negro. En Najaf, estaban justo delante del campamento de las tropas españolas. Los soldados dispararon contra los manifestantes en Najaf y dicen que hay, por lo menos, catorce muertos y docenas de heridos... Un amigo iraquí que está en Diwaniya me estaba contando que tuvieron que evacuar el edificio de la APC en Najaf porque estaba siendo atacado. Dice que los chiítas están hablando de *yihad*.

Quiero dejar muy claro ahora mismo que *no* soy partidaria de Al-Sadr. No me gustan los clérigos que quieren convertir Iraq en el próximo Irán, o Arabia Saudita, o Kuwait... pero me pone muy, muy furiosa ver que estas manifestaciones son recibidas con balas y tanques por parte de las tropas. ¿Por qué autorizas las manifestaciones si vas a disparar a la gente? Los manifestantes estaban desarmados, pero furiosos; el periódico de Al-Sadr fue cerrado recientemente por Bremer y compañía, y dicen que su segundo ha sido detenido por los españoles en el sur (aunque las tropas españolas lo niegan). Sus partidarios están indignados y, creedme, tiene un buen número de partidarios. El padre de Al-Sadr era prácticamente venerado por algunos chiítas y, por lo visto, él ha heredado su respeto.

Hoy Bremer también ha anunciado que ahora tenemos un «Ministerio de Defensa» oficial. La ironía de la situación no pasó desapercibida para los iraquíes: el jefe de la ocupación anunciando un «Ministerio de Defensa». ¿Para defendernos de qué? ¿De la ocupación? Ja, ja... ¿o quizá para vigilar las fronteras e impedir que entren extranjeros no bienvenidos con fusiles y tanques? O quizá el Ministerio de Defensa debería estar más preocupado por los extremistas que están llegando de países vecinos y haciéndose con el control (pero no: Bremer se enfrenta a ellos en el Consejo de Títeres)... Un Ministerio de Defensa tiene tantas cosas que hacer.

También hay una nueva Mukhaberat u «Organización de Inteligencia Nacional Iraquí» (o algo parecido). La ironía es que, aunque el nombre es nuevo y el jefe es Ali Abd Ul Ameer Allawi (un familiar del presidente del Consejo de Títeres Ayad Allawi), algunas de las caras de la nueva Mukhaberat prometen ser las mismas de la antigua. Han estado contactando con los antiguos miembros de la Mukhaberat iraquí durante meses y prometiéndoles empleos lucrativos si deciden unirse a la nueva Inteligencia Iraquí (que esperemos que sea mejor que la inteligencia estadounidense; odiaría que tuviéramos que invadir un país basándonos en pretextos falsos).

Últimamente está haciendo buen tiempo (con excepción de un poco de polvo de vez en cuando). Los anocheceres en los que no hay electricidad los pasamos fuera, en el pequeño jardín. Sacamos unas sillas y una pequeña mesa de plástico y nos sentamos mirando al cielo, que muchas noches está maravillosamente despejado. E está pensando en empezar un proyecto de «contar estrellas». Va a asignar una parte del cielo a cada miembro de la familia y hará que cuente el número de estrellas que hay en la parcela astral que le ha sido asignada. Estoy pensando en empezar un «coro de grillos» con algunos insectos de seis patas ubicados debajo de un rosal seco...

Dentro de unos días tendré que subir a lavar la azotea o *sattih*. El año pasado solíamos dormir en la azotea en las noches calurosas en las que no había electricidad. Colocábamos nuestros colchones delgados sobre el suelo limpio y mojábamos las sábanas para cubrirnos con ellas. No está demasiado mal, hasta alrededor de las 6 de la mañana, cuando el sol se eleva en el cielo y las moscas descienden sobre las personas dormidas como... bueno, como moscas.

Las últimas dos semanas han sido un poco deprimentes para la mayoría de la gente. Sabéis que a veces uno recuerda el año anterior y piensa: «¿Qué estaba haciendo el año pasado, este mismo día?» Bueno, últimamente hemos estado jugando a eso continuamente. ¿Qué estaba haciendo el año pasado, en este preciso instante? Estaba oyendo las sirenas, oyendo los aviones y las bombas que caían. Ahora simplemente oímos las explosiones; no es lo mismo.

Tampoco he estado durmiendo muy bien que digamos. Últimamente he tenido sueños inquietantes... Sueño que me quedo atrapada bajo escombros o que siento que la tierra se estremece bajo mis pies mientras las ventanas vibran retumbando amenazadoramente. Sé que esto tiene que ver con el hecho de que todos los días revivimos un poco la guerra: en la televisión, en la radio, en internet. Estoy viendo algunas de las imágenes por primera vez porque el año pasado, durante la guerra, no teníamos electricidad, y es realmente doloroso. Me cuesta creer que hayamos pasado por todo eso...

posted by river @ 9:35 PM

Miércoles, 7 de abril de 2004

TETERAS...

Ahora parece que estamos reviviendo casi literalmente los primeros días de la ocupación... Anoche desperté con el ruido de explosiones y disparos y durante un terrible instante creí que alguien me había hecho retroceder todo un año y que tendríamos que revivirlo una y otra vez...

No hemos llevado a las niñas al colegio en tres días. El ambiente está cargado y anteayer Bagdad estuvo silenciosa y vacía, casi... como la calma antes de la tormenta. Hay combates callejeros en la zona de A'adhamiya en Bagdad: la resistencia y los norteamericanos están combatiendo en las calles y la ciudad de Al-Sadr ha sido bombardeada por las tropas. Dicen que han muerto docenas de personas y que otras tantas están heridas. Las están trayendo a los hospitales del centro de la ciudad.

Faluya ha estado desconectada del resto de Iraq durante tres días. Es terrible. Han estado bombardeándola continuamente y hay docenas de muertos. Ayer dijeron que el único hospital que estaba funcionando en la ciudad fue bombardeado por los norteamericanos y que no tienen a dónde llevar a los heridos, excepto una pequeña clínica que puede albergar hasta diez pacientes a la vez. Hay más de cien heridos y personas que se están muriendo y no hay dónde enterrar a los muertos porque los norteamericanos controlan la zona alrededor del único cementerio de Faluya. Los cuerpos se están empezando a descomponer con el calor de abril. Las tropas no permiten que nadie salga de Faluya y tampoco dejan entrar a nadie; la gente va a empezar a pasar hambre en cuestión de días porque la mayoría de los productos frescos son traídos de fuera de la cuidad. Llevamos tres días intentando llamar a un amigo que vive ahí y no conseguimos ponernos en contacto con él.

Se supone que ésta es una «venganza» por lo que pasó la semana pasada con los contratistas norteamericanos, si es que realmente eran contratistas. Fueran lo que fueran, fue horrible y estuvo mal... Lo siento por sus familias. ¿Me sorprendió? Difícilmente. Ésta es una ocupación y sólo espero que, en el futuro, a aquellos de vosotros que fuisteis tan ingenuos como para creer a Chalabi y a la administración Bush cuando dijeron que las tropas serían «recibidas con flores y caramelos» Dios os conceda sabiduría.

Esto es una locura. Se supone que es un castigo por la violencia, pero sólo va a tener como consecuencia un mayor derramamiento de sangre por ambas partes... La gente está indignada en todas partes: sunitas y chiítas por igual. Este continuo bombardeo sólo va a conseguir que las cosas empeoren para todos. ¿Por qué creen los norteamericanos que a la gente en Bagdad, o en el sur, o en el norte, no le va a importar lo que ocurre en Faluya o en Ramadi o en Nassriyah o en Najaf? ¿Los norteamericanos de Nueva York pasarían por alto unos bombardeos y una matanza en California?

Y ahora la gente de Moqtada Al-Sadr también está combatiendo en partes de Bagdad y en el sur. Si la situación no fuera tan aterradora, casi sería divertido ver a Al-Hakeem y a Bahr Ul Iloom describir a Al-Sadr como un «extremista» y una «amenaza». Moqtada Al-Sadr no es ni mejor ni peor que varios de los extremistas que tenemos sentados en el Consejo de Gobierno. Está tan dispuesto a congraciarse con Bremer como Al-Hakeem y Bahr Ul Iloom. La única diferencia es que a él no se le dio la oportunidad, de modo que ahora es un revolucionario. Por lo visto, alguien no le entregó a Bremer el memorándum que explicaba que, cuando complaces a un extremista, tienes que complacer a todos los demás. Oír a Abdul Asís Al-Hakeem y a Bahr Ul Iloom declarar que Al-Sadr es una amenaza para la seguridad y la estabilidad provoca visiones de la tetera...

Entonces Bremer hace una aparición en la tele y dice que las milicias armadas *no* formarán parte del Nuevo Iraq... ¿Dónde ha estado esa declaración durante los últimos doce meses mientras la Brigada de Badir ha causado estragos en todo el país? ¡¿Por qué no resuelven el problema de las milicias armadas de Al-Sadr haciendo que se unan a la policía y al ejército, como los Bayshmarga y la Brigada de Badir?! Las milicias de Al-Sadr no son una novedad. Nadie las molestaba mientras ellas se dedicaban a aterrorizar a los civiles en el sur. Usaban insignias, llevaban Kalashnikovs y se paseaban por las calles libremente... Ahora que se han convertido en una amenaza para la «Coalición», entonces, de repente, son «terroristas» y «agitadores».

Ahora hay una orden de detención que lleva su nombre, aunque el ministro de Justicia salió en la tele declarando que no sabía nada de la orden de detención, etc. Básicamente dijo que se lavaba las manos ante cualquier acción contra Moqtada Al-Sadr. No me malinterpretéis: me encantaría ver a Moqtada entre rejas, pero eso sólo provocaría más caos y furia. Es demasiado tarde para eso... Él ha estado cultivando el apoyo popular durante mucho tiempo. Ahora es como un concurso entre los clérigos chiítas importantes. La gente está descontenta, especialmente en el sur. Los clérigos a los que no se les tuvo en cuenta debidamente y no se les dio un puesto en el Consejo de Gobierno ahora buscan la influencia y el apoyo en el pueblo. Puedes ser un buen clérigo y llevarte bien con Bremer (pero tienes a un montón de gente descontenta que *no* te va a apoyar) o puedes ser un clérigo revoltoso y congregar a las masas...

Esto vuelve a ser como los primeros días de la ocupación... Es una pesadilla y todo el mundo está tenso. Mi primo y su familia se quedarán con nosotros unos días porque su mujer odia esta sola en casa con las niñas. Es un alivio tenerlos con nosotros. Todos nos quedamos sentados, pegados al televisor, cambiando de Al-Jazeera a Al-Arabiya, a la CNN, a la BBC y a la LBC, intentando averiguar lo que ha estado ocurriendo. Los canales de noticias extranjeros no muestran casi nada. Interrumpen los deslumbrantes reportajes sobre partidos de fútbol y mascotas familiares con un par de minutos de secuencias sobre Iraq que muestran las mismas caras corriendo en un frenesí de bombas y tiroteos, y luego hablan de

«Al-Sadr, el clérigo agitador», sin mencionar los ataques llevados a cabo por las tropas en Ramadi, Faluya, Nass-riyah, Bagdad, Koufa, etc.

En los últimos tres días, las tropas han matado a más de 150 iraquíes en todo Iraq, y es desesperante. A veces me siento como un animal enjaulado, hay tanta frustración y rabia. Las únicas personas que todavía están entusiasmadas con la «liberación» son los iraquíes vinculados al Consejo de Gobierno y a los Títeres, e incluso ellos se están impacientando con este desastre.

Ayer, nuestro ministro de Asuntos Exteriores, Hoshyar Zibari, apareció en una entrevista con un periodista británico, excusando a Tony Blair y alabándolo por la guerra. En un momento dado alguien le preguntó sobre la situación actual en Iraq y él musitó algo, diciendo que había «problemas» pero que no eran gran cosa porque Iraq estaba «estable»... ¿En qué Iraq vive?

Mientras escribo esto, todas las mezquitas, sunitas y chiítas por igual, están llamando a la *yihad*...
posted by river @ 3:44 PM

Viernes, 9 de abril de 2004

EL DÍA DE LA OCUPACIÓN: 9 DE ABRIL DE 2003

En los últimos días he estado haciendo grandes esfuerzos para evitar viajar por los caminos del recuerdo. Cambio de canal cada vez que muestran imágenes de Bagdad en llamas, apago la radio cuando empiezan a hablar de los primeros días de la ocupación y salgo silenciosamente de la habitación cuando los miembros de mi familia comienzan a decir: «Te acuerdas...» No, no *quiero* acordarme de algunos de los peores días de mi vida. Ojalá hubiera una manera de borrar selectivamente ciertos recuerdos, como hace uno con los archivos del ordenador... pero es imposible.

Hoy estoy dejando a mi mente vagar hasta el pasado abril con bastante libertad. Concretamente, hasta el 9 de abril de 2003, el día que nuestro querido Consejo de Títeres ha escogido para que represente nuestro «Día Nacional»... el día en que la ocupación no se convirtió en una posibilidad, sino en una clara realidad.

El día empezó con intensos bombardeos. Recuerdo que me desperté a las 5 de la mañana con una enorme explosión. El pelo prácticamente se me puso de punta. Estábamos todos durmiendo en la sala de estar porque las cortinas son pesadas y ofrecen una cierta de seguridad contra los cristales rotos. E saltó instantáneamente y corrió a asegurarse de que el Kalashnikov estaba debidamente cargado y yo intenté cubrir mejor a las hijas de mi primo con la gruesa manta. Ya hacía calor, pero las mantas protegían a las niñas de los cristales. La hija mayor, afortunadamente, seguía estando profundamente dormida, perdida en un sueño o en una pesadilla. La menor estaba acostada en la penumbra, con los ojos muy abiertos. Noté que estaba intentando leer la expresión de mi rostro en busca de algo que la tranquilizara un poco... Sonreí forzadamente: «Vuelve a dormir...»

Después de unas cuantas explosiones colosales más, todos supimos que dormir no serviría de nada. Era demasiado temprano para desayunar y, de todos modos, nadie estaba de humor. Mi madre y yo nos levantamos para ir a ver las bolsas que teníamos llenas junto a la puerta. Habíamos preparado esas bolsas durante los primeros días de la guerra... Contenían un poco de ropa resistente, botellas de agua, documentos importantes (como partidas de nacimiento y documentos de identificación) y algo de dinero. Debían quedarse junto a la puerta por si el techo se venía abajo o los tanques estadounidenses se abrían paso por el barrio. En cualquiera de los dos casos, teníamos instrucciones específicas de correr hasta la puerta y sacar las bolsas. «No esperéis a nadie; simplemente corred y llevaos las bolsas...», fueron las órdenes.

Nuestra zona fue una de las más volátiles. Había helicópteros sobrevolando encima de nosotros, aviones de combate y explosiones. Una zona justo al otro lado de la calle principal había sido invadida por los tanques y pudimos oír los disparos y los tanques durante toda la noche. Mi madre estaba de pie frente a la ventana, insegura, intentando ver la calle. ¿Se suponía que debíamos evacuar? ¿Se suponía que debíamos quedarnos en casa y esperar? ¿Qué iba a ocurrir? E y mi primo se ofrecieron voluntarios para preguntar a los vecinos cuáles eran sus planes.

Regresaron cinco minutos más tarde. E estaba pálido y mi primo estaba ceñudo. Todos en nuestra calle estaban en el mismo dilema: ¿qué había que hacer? E dijo que, aunque había algunos hombres en las calles en nuestra zona inmediata, el resto de Bagdad parecía estar prácticamente vacío. Negociamos salir de casa y dirigirnos a casa de mi tío en el otro lado de la ciudad, pero mi primo dijo que eso sería imposible: los caminos estaban bloqueados, los puentes estaban cortados por los tanques norteamericanos, e incluso si teníamos la suerte de llegar cerca de la zona de mi tío, nos arriesgábamos a que dispararan contra nosotros desde un tanque o un helicóptero. No, nos quedaríamos esperando en casa.

Para entonces, la mujer de mi primo ya estaba completamente despierta. Estaba sentada entre sus dos hijas y las abrazaba con fuerza. Llevaba casi una semana sin hablar con sus padres... No había teléfonos para contactar con ellos y no había manera de llegar a la zona en que vivían. Llegado este momento crucial, ella estaba absolutamente aterrada... Estaba segura de que estarían todos muertos o agonizando, y lo único que parecía mantenerla en funcionamiento era la presencia de sus dos hijas pequeñas.

En ese momento, mi mente estaba paralizada. Lo único que era capaz de hacer era reaccionar a las explosiones; encogerme de miedo cuando había una particularmente fuerte y, automáticamente, rezar una breve oración de agradecimiento cuando otra era más lejana. De vez en cuando, mi cerebro se despejaba lo suficiente para hacer alguna tarea sin pensar, como llenar ollas de agua o doblar las sábanas, pero por lo demás estaba paralizada.

Era casi el mediodía cuando las explosiones se calmaron un poco y me arriesgué a salir fuera un momento. Los aviones iban y venían libremente y, junto con el sonido de los disparos lejanos, eran lo único que rompía el horripilante silencio. Unos minutos más tarde, mi madre vino a hacerme compañía fuera y se quedó junto a mí bajo un pequeño olivo.

«En caso de que tengamos que irnos, quiero asegurarme de que sabes algunas cosas...», dijo, y yo asentí vagamente, estudiando a un avión particularmente inquietante al que llamábamos «insecto» o «bicho» porque hacía el ruido de un mosquito al volar. Más adelante nos

407

enteramos de que era un avión «de reconocimiento» que examinaba ciertas zonas en busca de tropas de la resistencia o iraquíes.

«Los documentos en la bolsa contienen los papeles de la casa, del coche...» Yo estaba sobre aviso. Me volví hacia mi madre y le pregunté: «Pero ¿por qué me estás diciendo eso? Ya sabes que lo sé. Preparamos las bolsas juntas... y, de todos modos, *tú* lo sabes todo...» Ella asintió, pero añadió: «Bueno, sólo quiero asegurarme... por si pasa algo... por si...»

«¿Quieres decir, si nos separamos por algún motivo?», acabé rápidamente. «Sí, si nos separamos... bien. Tienes que saber dónde está todo y lo que es...» A esas alturas, yo ya estaba luchando con fuerza contra las lágrimas. Tragué saliva con dificultad y me concentré con más intensidad en los aviones. Me pregunté cuántos padres e hijos mantendrían esa misma conversación ese día. Ella siguió hablando durante unos minutos y pareció introducir una nueva y terrible posibilidad en la que yo no me había atrevido a pensar en todo ese tiempo: en la vida después de la muerte. No en la vida eterna después de la muerte —eso no era nada nuevo—, sino en la posibilidad de *nuestra* vida, la mía y la de E, después de *su* muerte.

Durante la guerra, la posibilidad de la muerte era una constante. Había momentos en los que estaba segura de que estaríamos todos muertos en cuestión de segundos, especialmente durante el horrible período de «conmoción y asombro». Pero siempre di por hecho que moriríamos todos juntos, como una familia. O sobreviviríamos juntos, o moriríamos juntos... siempre había sido así de simple. Me negaba a pensar en esta nueva posibilidad.

Mientras estábamos ahí sentadas, ella hablando y yo retrayéndome cada vez más en la pesadilla de las palabras, hubo una explosión colosal que hizo vibrar las ventanas e incluso pareció sacudir los robustos árboles del pequeño jardín. Me levanté de un salto, aliviada al oír ese ruido por primera vez en mi vida... Era el fin de esa conversación morbosa, y lo único que se me ocurrió pensar fue: «Salvada por la bomba.»

Pasamos el resto del día escuchando la radio de pilas e intentando averiguar lo que estaba ocurriendo a nuestro alrededor. Oímos historias de los vecinos sobre una masacre en A'adhamiya: los norteamericanos estaban disparando a diestro y siniestro, había muertes y saqueos en el sur... Las calles no eran seguras y las únicas personas que se arriesgaban a salir eran las que buscaban refugio en otras zonas, o los saqueadores que empezaban a lanzarse sobre las casas, los colegios, las universidades, los museos y los edificios del gobierno y a las instituciones como un grupo de buitres sobre el cadáver de un león recién muerto.

El día se desvaneció en la noche... el día más largo de mi vida. El día en que sentimos que la lucha en Bagdad había terminado, y el miedo a la guerra no es nada comparado con el nuevo miedo al que nos enfrentábamos ahora. Fue el día en que vi el primer tanque estadounidense arrastrándose grotescamente por las calles de Bagdad, por un barrio residencial.

Y eso fue el 9 de abril para mí y para millones de otras personas. Hay miles de personas que no fueron tan afortunadas: perdieron a sus seres queridos el 9 de abril... muertos por los fusiles y los tanques y los Apaches... Y el actual Consejo de Gobierno quiere que recordemos el 9 de abril con cariño y lo llamemos nuestro «Día Na-

cional»... un día de victoria... pero ¿la victoria de quién?
¿Y la nación de quién?   *posted by river @ 4:28 PM*

9 de abril de 2004

Hoy, el día que los Títeres iraquíes consideran el «Día Nacional», señalará el día de la «Masacre de Faluya»... Muy recientemente, Bremer ha declarado una tregua y un alto el fuego en Faluya, y ha declarado que los bombardeos cesarán, pero mientras escribo esto los bombardeos continúan. Hay más de trescientos muertos en Faluya y están enterrándolos en el campo de fútbol de la ciudad porque no permiten que nadie se acerque al cementerio. Los cuerpos se están descomponiendo con el calor y la gente se esfuerza en enterrarlos en cuanto llegan. El campo de fútbol que antes soportaba los pies juveniles que corrían sobre él y a los seguidores que gritaban con entusiasmo, ahora se ha convertido en una fosa común en la que hay hombres, mujeres y niños.

La gente de Faluya ha intentado sacar a las mujeres y los niños de la ciudad durante las últimas 48 horas, pero los norteamericanos han cerrado todas las carreteras de salida y están disparando contra los refugiados y bombardeándolos continuamente... Estamos viendo la televisión y estamos llorando. El hospital rebosa de víctimas... personas que han perdido los brazos y las piernas... personas que han perdido a sus seres queridos. No hay suficientes medicinas y vendas... ¡¿Qué están haciendo los norteamericanos?! Esto es un castigo colectivo... ¿Es ésta la solución al caos en el que estamos viviendo? ¿Ésta es la parte de la campaña llamada «corazones y mentes»?

Un convoy con alimentos, medicación, sangre y médicos salió hacia Faluya ayer, con la esperanza de poder entrar y ayudar a la gente que está ahí. Algunas personas de nuestro barrio están reuniendo bolsas de harina y arroz para llevar a la ciudad. E y yo revolvimos la casa de arriba abajo y encontramos un gran saco de harina, un par de bolsas más pequeñas de arroz, unos pocos kilos de lentejas y garbanzos secos, etc. Realmente esperábamos que los camiones pudieran entrar para ayudar a la gente que está en la ciudad. Desgraciadamente, acabo de hablar con un médico iraquí y me ha dicho que le han negado la entrada a todo el convoy... Parece que ahora están intentando sacar a las mujeres y a los niños, o al menos a los que están muy enfermos y heridos.

El sur no está mucho mejor... las víctimas mortales aumentan y hay saqueos y caos. Hay una ira casi palpable en Bagdad. Las caras están ceñudas y tristes a la vez, y hay un sentimiento de impotencia que no se puede describir con palabras. Es como estar retenido bajo el agua y luchando por llegar a la inalcanzable superficie, viendo toda esta destrucción y devastación.

La plaza Firdaws, el lugar en el que echaron abajo la estatua, está cerrada porque los norteamericanos temen a las multitudes enfurecidas y las manifestaciones... pero no importa, porque la gente está quedándose en sus casas. Los niños no han ido a la escuela en varios días e incluso las universidades están vacías. La situación en Bagdad parece muy inestable y los hombres del barrio están hablando de volver a montar la vigilancia de la zona, como en los primeros días de la ocupación.

¿Dónde está el inútil Consejo de Gobierno? ¡¿Por qué nadie condena las matanzas del sur y de Faluya?! ¿¿¿Por qué no sientan al tarado de Bremer y le dicen que esto está mal, mal, mal??? Si alguno de ellos fuera la mitad de un hombre, o incluso la mitad de un ser humano, amenazaría con renunciar a su puesto si no hay un alto el fuego inmediato... La gente está furiosa. Esta última situación demuestra que no son iraquíes, no están aquí para el bienestar del pueblo iraquí.

Las cadenas de noticias estadounidenses y europeas no muestran a los iraquíes que se están muriendo... no muestran a las mujeres y niños vendados y sangrantes, a la madre que busca alguna señal de su hijo en medio de un charco de sangre y brazos y piernas desmembrados... No te muestran los hospitales llenos de personas muertas y agonizantes, porque no quieren herir los sentimientos de los norteamericanos... pero la gente *debería* verlo. Deberíais ver el precio de vuestra guerra y vuestra ocupación; es injusto que los estadounidenses estén librando una guerra a miles de kilómetros de su casa. Reciben a sus muertos en unos ataúdes bonitos y limpios, envueltos en una bandera, y nosotros tenemos que recoger y levantar a nuestros muertos del suelo, con la esperanza de que la metralla y las balas norteamericanas hayan dejado lo suficiente para poder hacer una identificación definitiva...

Ha transcurrido un año y Bush ha logrado lo que quería; este día pasará a la historia y a la memoria de todos los iraquíes como uno de los días más sangrientos que ha habido jamás... *posted by river @ 4:32 PM*

UNO DE ESOS PAÍSES...

Hemos empezado a dormir en la sala de estar otra vez. Colgamos las cortinas gruesas anteayer, y E y yo volvimos a poner cinta adhesiva en las ventanas que dan al jardín. Esta vez les hice utilizar cinta transparente para que no nos estropearan la vista con largas tiras de cinta marrón. Dormimos en la sala porque es la habitación más segura de la casa y la única en la que cabe toda la familia cómodamente.

Los preparativos para dormir empiezan a eso de las 10 de la noche en los días que tenemos electricidad, y un poco más temprano en las noches oscuras. E y yo tenemos que arrastrar los colchones, las mantas y las almohadas y distribuirlos creativamente en el suelo para que todos estemos lo más lejos posible de las ventanas, sin estar amontonados.

Bagdad está tranquila y relativamente silenciosa si no cuentas las frecuentes explosiones. En realidad, cuando no oímos explosiones nos empezamos a preocupar. Sé que suena extraño, pero es así; ¿sabes cuando ves a alguien con un rifle o una pistola, apuntando a algo, listo para disparar? Te encoges y te tensas mientras esperas el disparo y estás todo el rato pensando: «Ya llega, ya llega...» Así es como se siente uno en una mañana sin explosiones. De algún modo, sencillamente *sabes* que va a haber explosiones... es sólo cuestión de tiempo. Oírlas es un alivio y cuando han ocurrido puedes relajarte y esperar que sean las últimas del día.

Las situaciones de los rehenes son un desastre. Veo la televisión y me parece estar viendo otro país. Lo único que se me ocurre es: «Nos hemos convertido en uno de *esos* países...» Ya sabéis, esos en los que cogen rehenes a diario y los gobiernos advierten a sus ciudadanos que no deben visitar el país ni entrar en él. Es especialmente triste porque, incluso durante esos largos años del bloqueo y entre guerras y bombardeos, nunca hubo ningún ataque a extranjeros. Los iraquíes son personas hospitalarias, amigables, que siempre solían tratar a los extranjeros con especial cuidado... Ahora todo el mundo es tratado como un potencial enemigo.

El caso de los rehenes japoneses es especialmente triste; lo siento muchísimo, específicamente por sus familias y sus amigos, y por el pueblo japonés en general. Continuamente oímos informaciones contradictorias sobre su situación. Esta mañana oí que los secuestradores acordaron liberarlos, pero otra persona me dijo que era sólo un rumor... Es tan difícil saber la verdad. Me rompe el corazón verlos en la televisión; ojalá se pudiera hacer algo. ¿Retirará el gobierno japonés sus tropas? No es probable... para ellos, tres personas no tienen importancia. Espero que salgan vivos de ésta y espero que no guarden rencor a los iraquíes. Hay hostilidad contra Japón por el hecho de que han enviado soldados... Japón se convirtió en uno de «ellos» cuando decidió enviar tropas y éstas son las consecuencias. Lo siento tanto... a pesar del hecho de que docenas de iraquíes son secuestrados y asesinados a diario, realmente lo siento.

Dicen que unos 600 iraquíes han muerto en Faluya: 120 niños y 200 mujeres... Es una atrocidad y horriblemente triste. Han dejado entrar a uno o dos convoyes y el resto han tenido que dar media vuelta. Los refugiados de la zona están llegando a Bagdad y es horrible verlos. Mujeres y niños con los rostros cubiertos de lágrimas, generalmente vestidos de negro, llevando fardos de ropa y botellas de agua. Las mezquitas están reuniendo comida y ropa para ellos... Hoy, un tanque estadounidense ha disparado contra una de las áreas de almacenamiento para las cosas de los refugiados en A'adhamiya y la escena es caótica... alimentos, medicamentos, vendas, mantas, etc., todo esparcido.

El sur está un poco más tranquilo por el *Arba'een* del imán Hussein, que durará un par de días... Nadie sabe qué pasará después. *posted by river* @ 5:56 PM

Miércoles, 14 de abril de 2004

LOS MEDIOS DE COMUNICACIÓN Y FALUYA...

Ha habido muchas críticas sobre la forma en que Al-Arabiya y Al-Jazeera han estado cubriendo los disturbios y los combates en Faluya y en el sur esta última semana. Un portavoz estadounidense del ejército estaba quejándose de la «difusión del antiamericanismo» en cadenas como las mencionadas arriba.

En realidad, ambas cadenas hicieron un trabajo fantástico cubriendo los ataques a Faluya y a las provincias del sur. Al-Jazeera tuvo a su reportero literalmente metido en medio del caos, y no me refiero a estar metido al estilo poco convincente de los periodistas occidentales que había al principio de la guerra (ya sabéis, metidos en la Zona Verde y metidos en Kuwait, etc.). Ahmed Mansur, creo que era su nombre, estaba realmente ahí, en medio de los bombardeos, gritando para que se lo oyera por encima de los F-16 y los helicópteros que estaban bombardeando casas y edificios. Nos hizo recordar los días de «conmoción y asombro»...

Sé que a la APC le molesta muchísimo que se muestren los cuerpos de los iraquíes muertos en televisión. Les encantaría que Al-Jazeera y Al-Arabiya siguieran el ejemplo de Al-Hurra y mostraran interminables entrevistas a los iraquíes de antes de la ocupación que viven en el extranjero y hablan en un árabe afectado. Esas entrevistas, por supuesto, son intercaladas con documentales traducidos sobre las muchas maravillas de... Hollywood. Y aunque yo, personalmente, estoy muy interesada en los interiores de cuero del nuevo Audi, no podía desconectar de Al-Jazeera y Al-Arabiya cuando más de setecientos iraquíes estaban siendo asesinados.

¿Puedo hacer algunas sugerencias para reducir los sentimientos de antiamericanismo? Detened los castigos colectivos. Cuando Mark Kimmett balbucea en una conferencia de prensa hablando de «armas de precisión» y «objetivos militares» en Faluya, ¿a quién quiere engañar? Faluya es una pequeña ciudad compuesta de casas bajas, sencillas, pequeñas tiendas y mezquitas. ¿Está dando a entender que los seiscientos civiles que murieron durante los bombardeos y los miles de heridos y mutilados eran todos «insurgentes»? ¿Es que ahora las casas, las tiendas y las mezquitas son objetivos militares?

Lo que intento decir es que no necesitamos que las cadenas de noticias hagan que nos sintamos furiosos o frustrados. Basta con hablar con uno de los refugiados de Faluya que se están abriendo camino a tientas en Bagdad; ver sus rostros llenos de lágrimas, los ojos vidriosos por alguna conmoción. Sólo en nuestro barrio hay al menos cuatro familias de Faluya que han venido a quedarse con familiares y amigos en Bagdad. Las historias que cuentan son terribles y desagradables, y cuesta creer que hayan pasado por todo eso.

Creo que las cadenas occidentales de noticias son demasiado blandas. Muestran una versión de la guerra al estilo Hollywood: soldados fuertes en uniforme, iraquíes hostiles siendo capturados y obligados a enfrentarse a la «justicia», y al pavo de la Casa Blanca posando con el pavo de Acción de Gracias... lo cual está bien. Pero ¿qué pasa con la destrucción que llega con la guerra y la ocupación? ¿Y la muerte? No me estoy refiriendo simplemente a imágenes de iraquíes muertos esparcidos por todas partes, sino también de norteamericanos muertos. La gente *tendría* que ver esas imágenes. ¿Por qué no se pueden mostrar iraquíes y soldados estadounidenses muertos en Iraq, pero sí está bien mostrar la catástrofe del 11 de septiembre una y otra vez? Ojalá todas las personas que me escriben apoyando la guerra, protegidas detrás de sus ordenadores, seguras en su mente estrecha y sus puntos de vista fijos, pudieran venir y experimentar la guerra en vivo. Ojalá pudieran pasar sólo 24 horas en Bagdad hoy y oír a Mark Kimmet hablar de la muerte de setecientos «insurgentes», como si fuera un día de orgullo para los norteamericanos en todas partes...

Aun así, cuando oigo hablar de «antiamericanismo» me pongo furiosa. ¿Por qué Estados Unidos se identifica con su ejército y su gobierno? ¿Por qué ser anti Bush y antiocupación tiene que significar que una persona es antiamericana? Vemos películas norteamericanas, escuchamos de todo, desde Britney Spears hasta Nirvana, y llamamos «Pepsi» a todas las bebidas marrones con gas.

Odio la política exterior estadounidense y su constante intervención en la región... Odio los tanques estadounidenses en Bagdad y a sus soldados en nuestras calles y ocasionalmente en nuestras casas... ¿Por qué tiene eso que significar que odio Estados Unidos y a los norteamericanos? ¿Acaso los tanques, las tropas y la violencia son la única cara de Estados Unidos? Si «Estados Unidos» es el Pentágono, el Departamento de Defensa y Condi, entonces sí, odio a Estados Unidos.

posted by river @ 8:10 PM

Viernes, 23 de abril de 2004

SIMPLEMENTE NO LO PUEDO EXPLICAR...

No he escrito en la última semana porque sencillamente no he tenido ganas. A veces encuentro que es como hacer los deberes y realmente acabo sintiéndome culpable cuando no escribo. Evito mirar al ordenador porque a veces parece como si me devolviera la mirada reprendiéndome, preguntándose por qué no he estado escribiendo en mi blog o, al menos, mirando mis e-mails. La verdad es que están pasando tantas cosas a nuestro alrededor que ni siquiera puedo empezar a resumirlas en un blog más pequeño. La situación actual en el sur y la supuesta tregua en Faluya me tienen preocupada y enfadada a la vez. No hay nada que pueda describir el sentimiento que hay actualmente en el ambiente... es como esa canción de Morrissey:

Ahora mi corazón está lleno,
Ahora mi corazón está lleno,
Y simplemente no lo puedo explicar,
De modo que ni siquiera lo voy a intentar.

Hay una especie de tregua en Faluya, pero el problema es que todavía oímos que están matando gente en ambos bandos y que algunas zonas de la ciudad están siendo bombardeadas. Los refugiados todavía están en Bagdad y en las ciudades colindantes. Nos hemos enterado de que, durante un par de días, las tropas estuvieron dejando entrar a unas ochenta familias al día; ahora esa cifra parece haber bajado a quince. Los refugiados parecen ansiosos por regresar a sus casas y muchos de ellos han dejado a miembros de sus familias en la ciudad.

La situación en el sur, especialmente en Karbala, también es preocupante. Hay historias de enfrentamientos entre las tropas y las milicias de Al-Sadr. También ha habido explosiones en Basora y en Bagdad, pero rara vez aparecen en las noticias. Los iraquíes ya se han habituado a ello, como ocurre con las tormentas de polvo, los apagones y los mosquitos. Se ha convertido en parte de la vida y uno simplemente tiene que encontrar la manera de vivir con ello, de la misma manera que uno encuentra la manera de evitar los obstáculos en las calles y los muros de hormigón que cada vez son más altos.

Últimamente hay una especie de calor bochornoso, pesado. No es el calor seco habitual iraquí al que estamos acostumbrados. Es más bien un calor húmedo, pegajoso. La situación eléctrica sigue siendo bastante mala en muchas zonas. Tenemos un horario de tres horas de electricidad y luego tres de oscuridad. Aunque durante los meses frescos del invierno esto era soportable, los infernales meses de verano prometen ser una tortura.

Creo que escribiré un poco más mañana... Sólo quería deciros a todos los que os preocupáis que estoy bien: estoy viva y, definitivamente, tengo más cosas que decir.
posted by river @ 10:10 PM

Lunes, 26 de abril de 2004

DE CHALABI, BANDERAS E HIMNOS

Hay dos tipos de tensión distintos. Está la tensión física de subir y bajar cuarenta cubos de agua por la escalera para llenar el tanque de agua vacío en la azotea (después del cuarto o quinto cubo puedes ver, literalmente, cómo tus músculos tiemblan bajo tu piel, y sin el cubo de agua sientes como si tus brazos no pesaran, como si fueran casi inexistentes). Luego está la tensión mental... Eso es cuando esos cuarenta cubos de agua están vaciándose en tu cabeza y hay una enorme corriente de pensamientos y emociones que amenazan con abrumarte. Creo que todas las personas que conozco sufren de tensión mental. Puedes verlo en sus ojos y oírlo en las voces tensas que amenazan con romperse por la carga de la emoción. Todos estamos observando las cosas detenidamente y, al mismo tiempo, intentando concentrarnos en llevar una vida normal. La situación en el sur parece estar deteriorándose y cada día oímos hablar de nuevas muertes. Los combates han vuelto a comenzar en Faluya y no sé muy bien qué ha ocurrido con el alto el fuego. Es difícil saber qué está ocurriendo. Hay una sensación de agotamiento colectivo en el ambiente.

He estado leyendo artículos que dicen que Chalabi está a punto de marcharse (ojalá). No me puedo creer que Washington haya tardado tanto en llegar a la conclusión de que es completamente inútil. ¿Es que alguien creyó realmente que iba a ser recibido como el líder de una nueva era? Hemos estado observándolo detenidamente durante las últimas semanas, intentando ver qué haría o diría durante los ataques a Faluya y todos esos combates en el sur. Fue un momento crucial... Estábamos esperando alguna reacción por parte de los Títeres; cualquier reacción. Unas palabras de condena... alguna solidaridad con los iraquíes que están siendo asesinados y que se están quedando sin casa. Y hubo un extraño silencio. Uno de ellos amenazó con renunciar, pero eso fue únicamente después de que los iraquíes indignados mostraron su inclinación a comérselos vivos si no hacían algo respecto a la situación...

Sólo últimamente ha salido Chalabi de debajo de su piedra (con la habitual corbata hortera) para gritar que Lakhadhar Il Braheimi, un representante especial de la ONU enviado por Kofi para estudiar la posibilidad de unas elecciones, está total y absolutamente prejuiciado en contra de los chiítas. De manera que parece que ahora Chalabi se considera un campeón de los chiítas de todas partes de Iraq. Lo divertido de esto es que, por lo visto, nadie le ha dicho a Chalabi que se ha convertido en la broma de la comunidad chiíta. Nosotros (los sunitas y los chiítas) bromeamos unos con otros con cosas como: «Entonces... el chiíta del momento es Chalabi, ¿eh?» Y la frase suele ser recibida con un grito indignado y una comparación de este hombre del momento con... Britney Spears, por ejemplo.

Cuando da sus discursos en televisión me lo quedo mirando y me encojo ante la idea de que alguien pueda haber pensado realmente que él representa a alguna parte de la sociedad iraquí. Me cuesta creer que se suponía que él debía ser el encargado de dirigirse a los intelectuales y laicistas iraquíes. Él es la broma de mal gusto de Bush y compañía, enviado junto con los soldados y los tanques para promocionar la democracia, como unas de esas muñecas de plástico hinchables con las que los adolescentes practican el baile antes de la fiesta de graduación.

Hoy también he oído que los Títeres están cambiando la bandera. No se parece en nada a la anterior, y aunque al principio me enfadé y me disgusté, después me di cuenta de que no haría ninguna diferencia. Los Títeres son ilegítimos; por tanto, su constitución no es válida y es hueca, y su bandera es sólo suya. Es tan representativa de Iraq como ellos mismos; bien podría tener la etiqueta de «Made in America» cosida a su borde interior. Puede ser su bandera, y cada vez que la veamos veremos la imagen de Chalabi y otros contra su pálido fondo blanco.

Mi amiga de correo electrónico y compañera S. A. iraquí en Estados Unidos dijo en su mejor e-mail: «Estoy segura de que estamos todos sumamente emocionados por la extrema trascendencia de la adopción de un nuevo trozo de tela de colores chillones por parte del absolutamente ilegítimo Consejo de Títeres de Iraq. Claro que el diseño del nuevo trapo nacional fue aprobado por el autodeclarado experto en la lucha contra el terrorismo, el siempre exquisitamente vestido virrey de Iraq, Paul Bremer, quien es conocido por combinar unas carísimas botas militares hechas a mano con trajes de sastre y corbatas de seda de modisto.

»La siguiente gran noticia será el juramento de fidelidad al llamado trapo nacional y al imperio que representa. El autor norteamericano de dicho juramento todavía no ha sido anunciado.»

Para el próximo himno nacional, sugiero a Chalabi, Allawi, Hakeem y Talabani en una hortera versión iraquí de *Lady Marmalade*.   *posted by river @ 11:37 PM*

Viernes, 30 de abril de 2004

ESAS FOTOGRAFÍAS...

Las fotografías son horribles. Sentí una multitud de cosas cuando las vi... La más destacada fue un sentimiento de furia, por supuesto. Tuve un increíble deseo de romper algo, como si eso pudiera mejorar las cosa o calmar la rabia y la humillación. Llevamos un tiempo oyendo historias terribles sobre la prisión de Abu Ghraib en Bagdad, pero de alguna manera esas fotografías dicen más de lo que podrían decir las palabras.

«Conmoción, indignación por fotos de prisión», cnn.com, 1 de mayo de 2004, http://www.cnn.com/2004/WORLD/meast/04/30/iraq.photos/

Las fotografías que muestran el aparente maltrato de prisioneros iraquíes por parte de las tropas estadounidenses y las tropas británicas han sido recibidas con conmoción e indignación en el mundo entero...

Las imágenes de los presuntos malos tratos por parte de los soldados de EE. UU., que fueron emitidas por primera vez en EE. UU. el miércoles en el programa «60 Minutes II» de la CBS, aparecieron el viernes en las cadenas de televisión árabes...

El ejército de EE. UU. dijo que seis soldados norteamericanos han sido acusados de maltratar a los reclusos de la prisión de Abu Ghraib, la que fuera infame bajo el régimen de Saddam Hussein...

La CBS dijo tener docenas de imágenes que supuestamente muestran una serie de malos tratos.

Algunas de las imágenes publicadas en el sitio web de un periódico londinense con base en Inglaterra muestran a prisioneros desnudos encapuchados. En una de ellas, un soldado hombre y una soldado mujer sonríen mientras posan con los prisioneros.

Una fotografía muestra lo que parece ser un prisionero iraquí de pie sobre una caja, con la cabeza cubierta y unos cables adheridos a sus manos...

Ver a esos hombres desnudos, indefensos, encapuchados, fue como recibir una bofetada en la cara con una mano helada. Sentí vergüenza al verlos; fue como ver algo que no debía estar viendo y lo único que se me ocurrió fue: «Quizá conozca a alguno de esos hombres sin rostro...» Quizá me haya cruzado con él en la calle, o haya trabajado con él. Quizá le haya comprado comida o haya asistido a alguna conferencia que dio en la universidad... Cualquiera de ellos podría ser un profesor, un empleado de una gasolinera o un ingeniero... Cualquiera de ellos podría ser un padre o un abuelo... Todos y cada uno de ellos son hijos y posiblemente hermanos.

Y la gente se pregunta por lo que pasó en Faluya hace unas semanas, cuando esos norteamericanos fueron asesinados y arrastrados por las calles...

De lo único que habla todo el mundo es de esas imágenes... esas imágenes terribles. Hay tanta rabia y frustración. Sé que voy a recibir docenas de e-mails diciendo que este es un «incidente aislado» y que están «avergonzados por quien haya hecho eso», pero ¿acaso importa? ¿Y qué pasa con esas personas en Abu Ghraib? ¿Qué pasa con sus familias y las vidas que han sido dañadas para siempre por la experiencia en Abu Ghraib? Adivino los mensajes que voy a recibir, esos que dicen: «Pero eso también ocurría durante el gobierno de Saddam...» Como si, de alguna manera, eso hiciera que lo que ocurre ahora estuviera bien... como si lo que ocurrió en el pasado debiera hacer que cualquier fosa común, detención y tortura fuera ahora sólo una inconveniencia menor. No dejo de pensar en M y en que fue realmente «afortunada». ¿Y sabéis qué? No oiréis ni la mitad de las atrocidades e historias porque los iraquíes son un pueblo orgulloso, indignado, y los abusos sexuales no son un tema del que la gente quiera hablar. Las atrocidades de Abu Ghraib y otros lugares serán ocultadas y enterradas bajo toda la otra basura que la ocupación trajo consigo...

Es más que deprimente y humillante... me hierve la sangre al pensar en lo que puede estar ocurriendo a las mujeres prisioneras. Ver a esos soldados sonrientes con los prisioneros iraquíes es horrible. Espero que les hagan sufrir... De alguna manera sé que no serán castigados. En el mejor de los casos los echarán del ejército y los harán volver a casa y reunirse con sus familias y con los amigotes que brindarán por las fotos y por la forma en que «lo mejor de América» ha tratado a esos «estúpidos terroristas iraquíes». Esa horrible excusa de ser humano. La general de brigada Janis Karpinski escribirá un libro contando que su padre abusó sexualmente de ella cuando era niña y que su madre murió a causa de la bebida, y que por eso ella hizo lo que hizo en Abu Ghraib. Me pone enferma.

¿Dónde está el Consejo de Gobierno? ¿Dónde se está escondiendo ahora?

Quiero que se haga algo al respecto y quiero que se haga públicamente. Quiero que esos soldados horribles que fueron responsables de esto sean castigados y humillados públicamente. Quiero que sus hijos y los hijos de sus hijos carguen con la historia de lo que se hizo durante mucho tiempo, mientras esos prisioneros lleven sobre sus espaldas la humillación y el sufrimiento de lo que se les hizo y mientras el recuerdo de esas imágenes permanezca en los corazones y las mentes de los iraquíes...
posted by river @ 11:03 PM

Viernes, 7 de mayo de 2004

SIMPLEMENTE VÁYANSE

La gente está hirviendo de furia; las fotos de Abu Ghraib y los británicos en Basrah están por todas partes. En cada periódico que levantas hay imágenes de alguna de las atrocidades norteamericanas o británicas. Es como una pesadilla que ha cobrado vida.

Todos sabíamos lo que estaba ocurriendo en Abu Ghraib y en otros lugares... ver las fotografías simple-

426

mente ha hecho que, de alguna manera, todo sea más real y tangible. Políticos norteamericanos y británicos tienen la audacia de aparecer en televisión con palabras como: «Es cierto que las personas que están en Abu Ghraib son criminales, pero...» Todo el mundo aquí en Iraq sabe que hay miles de personas inocentes detenidas. Algunas de ellas simplemente estaban en el lugar equivocado en el momento equivocado, mientras que otras fueron detenidas «bajo sospecha». En el nuevo Iraq, eres «culpable hasta que se demuestre tu inocencia por algún milagro de Dios».

La gente está tan furiosa. Las reacciones no se pueden explicar; incluso los iraquíes proocupación se han quedado en silencio ante este último horror. No puedo explicar cómo se siente la gente, ni siquiera cómo me siento yo personalmente. De alguna manera, las imágenes de iraquíes muertos son más fáciles de soportar que este grotesco espectáculo de las técnicas militares estadounidenses. La gente preferiría estar muerta antes de permitir que abusen sexualmente de ella y ser degradada por los animales que dirigen la prisión de Abu Ghraib.

Hubo un tiempo en el que la gente aquí sentía lástima de las tropas. Sin importar la actitud que uno tuviera frente a la ocupación, había momentos de compasión por los soldados, independientemente de su nacionalidad. Los veíamos sufrir bajo el sol iraquí, obviamente deseando estar en algún otro lugar y, de alguna manera, esa vulnerabilidad los hacía menos monstruosos y más humanos. Ese tiempo ya ha pasado. Ahora la gente mira a los soldados y ve las imágenes de Abu Ghraib... y ardemos de vergüenza y rabia y frustración por no poder hacer nada. Ahora que el mundo sabe ha habido torturas desde el principio, ¿finalmente la gente entenderá lo que ocurrió en Faluya?

Estoy evitando internet porque parece que las imágenes están en todos los sitios que visito. Me siento dividida entre desear que no estén ahí y sentir que, de algún modo, es importante que el mundo entero las vea. Supongo que lo que me molesta más es que los niños pueden verlas. ¿Cómo le explicas a un niño la cara de un soldado norteamericano sonriendo impúdicamente ante unos cuerpos desnudos, sin rostro? ¿Cómo le explicas las mentes enfermas, retorcidas? ¿Cómo le explicas a un niño de siete años lo que está ocurriendo?

Ha habido manifestaciones en Bagdad y en otros lugares. Hubo una gran manifestación fuera de la propia prisión de Abu Ghraib. Las familias de algunos de los reclusos de la prisión estuvieron ahí protestando por las detenciones y las atrocidades... con los rostros llenos de lágrimas y las frentes arrugadas por la ansiedad. Cada una de esas personas se estaba preguntando si sus seres queridos habrían sufrido tras esos muros ese infierno que hace que Guantánamo parezca un balneario.

Y mientras tanto, Bush da sus repulsivos discursos. Hace una aparición en los canales de televisión árabes con aspecto tímido e intentando parecer sincero, murmurando que este «incidente» no era representativo del pueblo norteamericano, ni siquiera del ejército, independientemente del hecho de que ha estado ocurriendo desde hace tanto tiempo. Pide a los iraquíes que no dejen que esas imágenes se reflejen en su actitud hacia el pueblo estadounidense... y sin embargo, cuando los cuerpos fueron arrastrados por las calles de Faluya, las tropas norteamericanas se dedicaron a castigar a toda la ciudad.

Él afirma que «es una mancha en el honor de nuestro país» («Bush pide disculpas, llama "mancha" en la nación a los malos tratos», *Washington Post*, 7 de mayo de 2004, http://www.washingtonpost.com/ac2/ wpdyn ?pagename=article&contentld=A6866-2004May 6&notFound=true)... No lo creo. La mancha en el honor de tu país, querido Bush, fue la que había en el infame vestido azul que salió en los titulares cuando Clinton estaba en la Casa Blanca... Esto no es un «mancha», es una catástrofe. Tu credibilidad desapareció en el momento en que entraste en Iraq y no encontraste las armas de destrucción masiva... Tu reputación nunca existió.

Entonces, ¿las atrocidades que se están cometiendo en Abu Ghraib realmente no son características del ejército de EE. UU.? ¿Y las atrocidades cometidas por los norteamericanos en Guantánamo? ¿Y en Afganistán? No me voy a molestar en mencionar el sórdido pasado; centrémonos en el presente. Parece que la tortura y la humillación son técnicas habituales utilizadas en los países bendecidos con la presencia norteamericana. La excusa más patética que he oído hasta ahora fue que a las tropas estadounidenses no les habían enseñado los fundamentos de los derechos humanos mencionados en la Convención de Ginebra... Es verdad: la moral, los valores y las compasión deben enseñarse.

No dejo de pensar en la indignación universal cuando el gobierno anterior mostró imágenes de los prisioneros de guerra norteamericanos en televisión, con aspecto asustado, sin saber cuál sería su destino. Recuerdo las protestas de los ciudadanos norteamericanos, afirmando que los iraquíes eran unos animales por mostrar a «lo mejor de América» completamente vestidos e ilesos. Entonces, ¿en qué convierte esto a los norteamericanos ahora?

Oímos hablar de todo eso... Desde el principio mismo de la ocupación oímos historias de prisioneros a los que se los obligaba a estar de rodillas durante horas... a los que se les impedía dormir durante días seguidos echándoles agua fría o pateándolos o abofeteándolos... de las infames «habitaciones rojas» en las que se dejaba a los prisioneros durante períodos de tiempo prolongados... de las violaciones, degradaciones y las torturas emocionales y físicas... Y hubo momentos en los que realmente quise creer que lo que estaba oyendo era exagerado. Ahora me doy cuenta de que sólo era un pequeño fragmento de la verdad. Nada va a hacer que esto «mejore». Nada.

Mientras ocurre todo esto, ¿dónde está el Consejo de Gobierno? ¿Bajo qué piedra se están escondiendo los Títeres? ¿Por qué nadie está condenando esto? ¿Qué tiene que decir Bremer sobre sí mismo y sobre los norteamericanos? ¿Por qué este silencio intolerable?

No entiendo la «conmoción» que los estadounidenses dicen sentir al ver las horripilantes imágenes. Habéis visto a las tropas echar abajo puertas y aterrorizar a mujeres y niños... insultar, gritar, empujar, tirar y arrojar a la gente al suelo poniendo una bota sobre su cabeza. Habéis visto a los soldados disparar a los civiles a sangre fría. Los habéis visto bombardear ciudades y pueblos. Los habéis visto quemar coches y a seres humanos usando tanques y helicópteros. ¿Esta última debacle es tan chocante o espantosa?

El número de muertes en el sur también ha aumentado. Los norteamericanos y los británicos están diciendo que son «insurgentes» y personas que forman parte de las milicias de Al-Sadr, pero la gente de Najaf dice que matan civiles inocentes todos los días. Hoy las tropas han entrado en Najaf y ha habido enfrentamientos en las calles. Esto va a provocar un alboroto porque Najaf está considerada una ciudad santa y es especialmente valiosa para los chiítas del mundo entero. La situación actual en el sur hace que uno se pregunte ¿quién va a establecer ahora una zona de vuelos prohibidos sobre áreas como Faluya y Najaf para «proteger» a la gente en estos momentos?

A veces recibo e-mails en los que me piden que proponga soluciones o haga sugerencias. Bien. La lección de hoy: no violes, no tortures, no mates y vete mientras puedas, mientras todavía parezca que tienes elección... ¿Caos? ¿Guerra civil? ¿Derramamiento de sangre? Correremos el riesgo; simplemente llevaos a vuestros Títeres, vuestros tanques, vuestras armas inteligentes, vuestros políticos estúpidos, vuestras promesas vacías, a vuestros violadores, vuestros torturadores sádicos, y marchaos.

posted by river @ 1:49 PM

Sábado, 15 de mayo de 2004

LOS ÚLTIMOS DÍAS...

Ese vídeo de Nick Berg es más que horrible. No he podido verlo entero. Me pongo enferma del estómago y me cuesta creer que haya podido ocurrir. Su familia debe de estar destrozada y ni siquiera puedo imaginar cómo se habrá sentido. Con todo lo que está ocurriendo —primero Abu Ghraib y ahora esto—, no he tenido ganas de escribir.

431

Ansar Al Islam es un grupo fundamentalista —mayormente kurdo— con base en el norte de Iraq. Se han hecho famosos recientemente y eligieron la región autónoma kurda como su «hogar», con pleno conocimiento de la CIA, que tenía más control de la región que el antiguo régimen. Desde el principio de la guerra, han sido responsables de diversas explosiones y ataques, o eso dicen. La decapitación no tiene nada que ver con el islam. Todavía espero —aunque irracionalmente— que todo esto haya sido algún tipo de montaje grotesco.

Sentí náuseas cuando vi el vídeo por primera vez en un canal de noticias y me quedé petrificada, viendo la pantalla y rezando para que no lo mostraran íntegro porque, por alguna razón, no podía dejar de mirar. Me siento terriblemente mal. ¿Me chocó? ¿Me sorprendió? Apenas. Hemos estado esperando esto desde que aparecieron las primeras imágenes de las torturas a los prisioneros de Iraq. Hay tal furia en muchas personas que da miedo. Hay una cierta ansia y necesidad de venganza que las débiles disculpas de Bush y las visitas sorpresa de Rumsfeld no van a apaciguar.

Creo que la decapitación fue el método de «ejecución» elegido porque el grupo quería conmocionar a los norteamericanos y a los occidentales de la peor manera posible. Los torturadores de Abu Ghraib y otras cárceles eligieron la degradación sexual porque sabían que nada puede herir y horrorizar más a los iraquíes y a los musulmanes que esos actos horribles y sádicos. Para los iraquíes, la muerte es infinitamente mejor que ser violados o que abusen sexualmente de ellos. Hay cosas peores que la muerte misma, y esas fotografías las mostraban.

Los extranjeros en Iraq están teniendo mucho, mucho cuidado, y con mucha razón. Muchas de las empresas han sacado del país a su personal y están pidiendo a los trabajadores y contratistas que se quedan que sean sumamente cuidadosos y tan discretos como puedan.

La suposición de que el propio Al-Zarqawi ha realizado la decapitación me parece demasiado inverosímil. Así que, por lo visto, ahora los jefes del terrorismo internacional son Osama bin Laden, Aimen Al-Dhawahiri y Abu Mussa' ab Al-Zarqawi. He aquí algo para pensar: Osama es de Arabia Saudita, Al-Dhawahiri es egipcio y Al-Zarqawi es jordano. ¿Qué países de la región son los mejores aliados de EE. UU.? Veamos... ¿habéis adivinado que son Arabia Saudita, Jordania y Egipto? ¡Fantástico! Habéis ganado un viaje a... ¡Faluya! (Y, no, no cuenta que le deis a Arabia Saudita un pequeño golpe en las muñecas y un codazo a Egipto en las costillas; seguís siendo sus compinches.)

Hoy liberaron a más de trescientos prisioneros mientras el sádico y desalmado de Rumsfeld estaba en la ciudad. Por lo visto, liberar a trescientos prisioneros entre los miles que hay actualmente detenidos se supone que tiene que apaciguar a los iraquíes, como la débil semidisculpa de Bush al rey Abdalá de Jordania. ¿Qué es el rey Abdalá para nosotros? ¿Qué importa si Bush se pone de rodillas y le ruega su perdón? Por Dios, ¿qué representa él para el pueblo iraquí?

Karbala y Najaf en el sur son zonas de guerra. Hay combatientes chiítas en las calles y los tanques y los helicópteros norteamericanos están bombardeando ciertas áreas. Hoy han bombardeado el cementerio más antiguo de Najaf (y uno de los más sagrados en Iraq). Esto ha provocado un alboroto y actualmente Al-Sadr está llamando a la gente a unirse a él en el sur. Estamos viendo otra oleada de refugiados a Bagdad... esta vez de la región del sur. Están usando las mismas tácticas que utilizaron en Faluya con la «insurgencia». Entonces, ¿por qué en 1991 fue una *intifada*, o levantamiento popular, y ahora, de repente, es una insurgencia? La gente que combate en las calles de Najaf y Karbala no son guerreros entrenados ni tampoco miembros del antiguo régimen... Son simplemente personas que están cansadas de promesas vacías y garantías huecas.

Hay rumores de que la Brigada de Badir ha estado combatiendo junto con los norteamericanos contra el grupo de Sadr y eso no augura nada bueno para el CSRII. Los Títeres y los portavoces del grupo lo han negado, pero la gente siente que los Hakeems y los líderes de Al-Da'awa están ansiosos por ver a Moqtada y compañía aplastados lo antes posible.

Los exámenes de fin de año han empezado en la mayoría de los colegios. Las administraciones escolares están haciendo lo humanamente posible para que se acaben cuanto antes. Ya hace un calor insoportable, hay mucho polvo y el calor aumenta a medida que el verano avanza. Los exámenes del año pasado se hicieron en junio y julio, y los niños se desmayaban en las escuelas sin electricidad por el calor estival. Esperamos evitar eso este año.

Todos estamos donando dinero a la escuela de la zona para que puedan mantenerse conectados al generador de electricidad local durante el día mientras los niños se examinan. Puedes verlos en las calles y atrapados detrás de las ventanas de los coches, sofocados y decaídos. Todos estamos rezando para que puedan acabar el año sin que ocurra nada drástico (bueno, relativamente drástico).

Últimamente en Bagdad el aire parece estar viciado y estancado. Hay decepción y agotamiento y una cierta resignación a la rabia y al miedo que parecen haberse instalado en las últimas semanas.   *posted by river @ 12:19 AM*

Sábado, 22 de mayo de 2004

EN KINT TEDRI...

¿Te acuerdas de tu primera caja de lápices de colores? Probablemente no. Bueno, ¿recuerdas tu primera caja de lápices de colores DE VERDAD? Ya sabes, no los ocho colores tontos, sino la primera caja GRANDE de lápices de colores con cuatro impresionantes hileras de colores y seis tonos distintos de marrón que jamás ibas a necesitar. Bueno, ¿recuerdas ese color misterioso —siena tostado— que nunca era lo bastante marrón para los árboles y tampoco era realmente naranja para las flores? Ése era el color de la corbata que llevaba Chalabi ayer mientras ofrecía una fenomenal entrevista postbombardeo en Al-Arabiya.

Estaba sentado con una actitud suficiente y arrogante, vistiendo un traje gris con una corbata que sólo se podría describir como «siena tostado». Mientras duró la entrevista, una sonrisita tonta jugueteaba en sus finos labios y sus ojos estaban encendidos con una mezcla de indignación e impaciencia ante las preguntas.

Siempre disfruto de una buena entrevista a Chalabi. Sus respuestas a las preguntas son siempre tan absolutamente antagónicas con la opinión pública iraquí que toda la situación crea un espectáculo delicioso, como el de un chihuahua envalentonado en medio de una docena de bulldogs. Hubo varios momentos divertidos durante la entrevista. Él no dejaba de mover los brazos e hizo varios movimientos enérgicos con las manos para enfatizar algunos puntos clave. Éstas son algunas cosas interesantes que noté sobre la entrevista: repentinamente, Chalabi usaba la palabra «ocupación». En las últimas entrevistas, jamás habría utilizado la palabra «ocupación». Solía insistir en llamar «coalición» al ejército invasor y compañía, y todo el fiasco era calificado persistentemente como una «liberación» por él y sus compinches.

Hizo varios comentarios insípidos sobre la batida y sobre el hecho de que estaba disgustado con Bremer y con el resto. Mi comentario favorito es «¡Me he ganado el premio! Me he ganado el premio de la nacionalidad iraquí...», seguido de una gran sonrisa (con varios huecos entre los dientes). El premio al que se refería con tanto orgullo era la desaprobación de la CIA y la «ocupación». Por lo visto, cree que ahora que la APC lo ha puesto en la lista negra, será rodeado por los cariñosos brazos del público iraquí. Resulta casi agotador ver su infinito optimismo. Al mismo tiempo, es asombroso ver su «giro radical» respecto de su popularidad entre los norteamericanos. Hace unos meses, el valor que le otorgaba la administración Bush era el logro personal del que estaba más orgulloso, jamás dejaba de hacer ostentación de sus conexiones norteamericanas.

Claro que, después de enterarnos de la batida, se nos han ocurrido varias cosas. Lo primero que pensé fue: «Bueno, ya era hora...» Luego, cuando empezamos a asimilar la noticia, cada vez tenía menos sentido. Chalabi era el perrito faldero de Estados Unidos, ¿por qué, de repente, era inadecuado por el nuevo Iraq? Fue condenado en Jordania hace varios años y todo el mundo sabe que es un estafador y un pésimo político... Además, estoy convencida de que la administración Bush tenía pleno conocimiento de que Chalabi era muy impopular en Iraq. No es sólo un títere: es un mercenario. Respaldó las sanciones que mataron a cientos de miles de iraquíes y dejaron lisiado al propio país. Apoyó la guerra y la ocupación vehementemente y fabricó mentiras sobre las armas y amenazas para llevar más lejos sus argumentos. Es un criminal, y además pésimo.

Al final, Estados Unidos tenía que saber que Chalabi era prácticamente inútil. ¿Por qué ese repentino cambio de opinión respecto al Mercenario # 1? La gente dice que es una estratagema para ayudarle a aumentar su popularidad, pero me cuesta creerlo. ¿Es posible que las personas que toman las decisiones, que actualmente están analizando la situación de Iraq, sean tan ridículamente optimistas? ¿O es posible que hayan estado tan equivocadas en el pasado? Estamos diciendo en árabe: «*En kint tedri, fe tilk musseeba... in kint la tedri, fa il musseebatu a'adham*», que quiere decir: «Si lo sabíais, entonces es una catástrofe... y si no lo sabíais, entonces la catástrofe es mayor.»

Entretanto, hace un par de días mataron a cuarenta personas en Iraq occidental mientras celebraban una boda: un helicóptero estadounidense disparó contra los civiles y mató a mujeres y niños. Por lo visto, los invitados a la boda estaban disparando Kalashnikovs al aire. A estas alturas, los norteamericanos ya deberían saber que disparar Kalashnikovs al aire es una forma de celebración y, teniendo en cuenta el hecho de que la fiesta tenía lugar lejos de cualquier pueblo o ciudad importante, los tiros eran prácticamente inofensivos. Nadie hizo nada respecto a los disparos que se hicieron cuando Saddam fue capturado, a pesar de que Bagdad fue casi una tormenta de disparos durante varias horas. Eso estuvo bien; eso fue «aceptable» e incluso divertido para las «autoridades». Pero ahora me doy cuenta de que docenas de mujeres y niños y unos hombres celebrando una boda pueden ser una «amenaza». Tiene mucho sentido.

Anoche, una declaración escrita del Pentágono decía: «Nuestro informe es que esto no era la celebración de una boda, sino que eran fuerzas anticoalición que dispararon primero...» («Masacre en celebración de boda», *The Guardian Unlimited*, 20 de mayo de 2004, http://www.guardian.co.uk/Iraq/Story/0,2763,1220750,00.html).

No. Por supuesto que no, no puede haber sido la celebración de una boda. Era una célula de la resistencia formada por mujeres y niños (obviamente, ¡una de ellas llevaba un vestido de novia!). No era la fiesta de una boda, del mismo modo que las mezquitas no son mezquitas y los hospitales nunca son hospitales cuando los bombardean. Unas mujeres y niños en una celebración no son civiles. Los «contratistas» que viajaban con el ejército estadounidense para torturar y matar iraquíes SON civiles. El personal de la CIA está formado por «civiles», y las personas que planearon y ejecutaron la guerra son todas civiles. Nosotros no somos civiles; somos insurgentes, criminales y potenciales daños colaterales. Consultad www.mykeru. com para leer algunos comentarios sobre todo este incidente sádico que os darán que pensar.

Mykeru.com, 21 de mayo de 2004, http://www.mykeru.com/ weekly/2004_0516_0522.html#052104

....

Aparecen nuevos detalles sobre la masacre en la boda en Ramadi que establecen un intervalo de tiempo entre las celebraciones de la boda y el ataque estadounidense. Según los informes de periódicos no aprobados por los medios de comunicación corporativos de Estados Unidos por ser demasiado ingenuos y no apoyar suficientemente el programa como para poder informar, como el Globe *y* Mail*:*

Los asistentes a la celebración de la boda dicen que empezaron a preocuparse cuando oyeron aviones sobrevolando la zona a eso de las 9 de la noche. Dos horas más tarde, con los jets todavía encima de ellos, le dijeron al grupo musical que dejara de tocar y se fueron todos a dormir.

El ataque estadounidense llegó casi seis horas más tarde. Puedes leer los relatos de este baño de sangre tú mismo. Creo que no tengo que argumentar por qué hacer volar por los aires a mujeres y niños porque unos lunáticos, fuertemente armados, están a cargo del asilo es algo malo. Eso lo deberíamos saber en este país, pero el sentido parece haberse perdido en medio de problemas realmente apremiantes, como los escándalos de la votación de American Idol (a diferencia de los verdaderos escándalos en las votaciones que llevaron al poder al idiota que reside en la Casa Blanca) y, por supuesto, Martha Stewart (y, extrañamente, no Ken Lay). No hay quien lo entienda.

En conclusión, algunos consejos para Chalabi: eres un mercenario que se compra y se vende... Ya es hora de que vuelvas a salir al mercado y esperes que pujen por ti.

Prepara el coche, haz que el maletero sea lo más cómodo posible y dirígete a la frontera. *posted by river @* *5:16 PM*

DE VUELTA EN IRAQ...

Chris Albritton está de vuelta en Iraq; visita su web. Fíjate en su relato sobre la debacle de Chalabi.

Back to Iraq, 20 de mayo de 2004, http://www.back-to-iraq. com/archives/000768. php

....

A estas alturas, muchos de vosotros ya os habréis enterado de la batida en la casa de Ahmed Chalabi y en dos oficinas del CNI en Bagdad a aproximadamente las 9.30, hora local. Se confiscaron algunas pruebas y armas, dijeron los oficiales superiores de la Coalición, y «varias» personas fueron arrestadas. No hubo resistencia, dijeron los oficiales, pero las secuencias filmadas después de la batida mostraban que el lugar había sido destrozado.

La versión oficial es que éste fue un procedimiento de la policía iraquí, con órdenes de busca y captura emitidas por un juez iraquí después de que el jefe de la APC, Paul Bremer, remitió una acusación hace diez meses al Juzgado Central de lo Penal de Iraq. Los cargos incluyen fraude, secuestro y «asuntos relacionados». (No me extenderé sobre eso...)

De manera de que si alguna vez ha habido alguna duda de que Chalabi es ahora persona non grata para los estadounidenses, hoy debería desaparecer cualquier confusión.

Primero fue la información falsa sobre las armas de destrucción masiva que proporcionó a Estados Unidos. Luego fue la desastrosa idea que le dio a Bremer de disolver el ejército iraquí. Después fue su incautación de decenas de miles de registros de la era Saddam. Está implicado en docenas de pequeños contratos sucios, y una investigación corrupta para «Petróleo por alimentos» —¡Chalabi escogió a dedo a los auditores!— podría haber provocado finalmente que Estados Unidos corte los hilos de su marioneta /maestro titiritero...

---

posted by river @ 5:23 PM

Martes, 1 de junio de 2004

LA AZOTEA...

Calor. Hace calor, calor, calor, calor.

El tiempo es casi sofocante ahora. El aire está pesado y seco por el calor. Hacia el mediodía ya hace demasiado calor para salir fuera. Por cada par de horas de electricidad, tenemos cuatro horas sin ella en nuestra zona y en varias zonas más. El problema ahora es que los generadores en muchos lugares están empezando a estropearse por el uso constante y la mala calidad del combustible. Es un gran problema y promete crecer a medida que el verano progrese.

Me he pasado los últimos dos días rumiando sobre la situación política y... limpiando la azotea. Aunque las dos actividades son muy distintas, tienen una cosa en común: tanto la azotea como la situación política están hechas un desastre.

La azotea de una casa iraquí es un lugar sagrado. Se le dedica tanta planificación como a prácticamente cualquier otra cosa. Los tejados son planos y a menudo están rodeados de una pared baja en la cual uno puede apoyarse y contemplar la ciudad. Durante el último año se ha formado una especie de vínculo especial entre el típico iraquí, o la típica iraquí, y la azotea de su casa. Subimos corriendo a la azotea para ver de dónde viene el humo después de una explosión; nos reunimos en ella para ver a los helicópteros volar por encima de nosotros; nos arrastramos de mala gana hasta la azotea para llenar los tanques cuando baja el nivel del agua; ponemos la ropa a secar en tendederos extendidos de cualquier manera de un lado al otro; dormimos en la azotea en las noches interminables en las que no hay electricidad.

Esto último, lo de dormir en la azotea, era una tradición de la que mis padres hablaban con cariño. Solían contarnos historias interminables sobre cómo, de niños, sacaban los colchones y las camas bajas a la azotea para dormir. Entonces no había aire acondicionado... a veces ni siquiera ventiladores de techo. La gente tenía que contentarse con el aire caliente y los vigorosos mosquitos de Bagdad. Ahora mis padres están reviviendo sus recuerdos de la infancia como nunca antes lo habían hecho, porque hemos retrocedido unos buenos cincuenta años. Es imposible dormir dentro de la casa mientras no hay electricidad. La oscuridad y el calor descienden sobre ti como un pesado manto negro y súbitamente los mosquitos corren hacia cualquier trozo de piel expuesto.

Así que, hace unos días, Riverbend y E fueron enviados a la azotea para hacer un poco de limpieza.

Acordamos comenzar el proceso de limpieza al anochecer, media hora después de que el duro sol comenzó su viaje hacia el oeste. Me encontré con E arriba, él sosteniendo un cubo de agua tibia y yo armada con una escoba y una mopa. Al examinar el suelo vimos que estaba hecha un desastre. Había polvo por todas partes. Hemos tenido varias tormentas de polvo en estas últimas semanas y al parecer todas las partículas de polvo que estaban dando vueltas por Bagdad se pusieron de acuerdo para reunirse en nuestra azotea.

Hicieron falta casi dos horas, seiscientos estornudos y unos quince cubos de agua... pero finalmente el suelo está preparado para que durmamos en él. Dentro de una hora, sacaremos a rastras nuestros colchones y nuestras almohadas. Se suponía que teníamos que estar ahí fuera, dormidos, hace un par de horas, pero la electricidad regresó repentinamente y me niego a dejar el ordenador.

El nuevo grupo de gobierno es bastante interesante. Algunos de los ministros son de dentro del país (no son exiliados) y el resto son de fuera y están afiliados a distintos partidos políticos. Esto, naturalmente, determinará el tipo de empleados que habrá en los distintos ministerios. Actualmente, no puedes conseguir un trabajo sin la adecuada *tazkiyeh* o carta de recomendación de alguien que conoce a alguien que conoce a otra persona que tiene un amigo que tiene un familiar que... bueno, ya me entendéis.

Mañana comentaré toda la situación... y esta vez quiero decir mañana. Últimamente no he tenido ganas de escribir en el blog. El calor ha sido pesado y opresivo y me siento poco dispuesta a pasar las pocas horas de electricidad con la vista clavada en el monitor.

posted by river @ 10:54 PM

Viernes, 18 de junio de 2004

EXCUSAS, EXCUSAS...

Últimamente no tengo ni tiempo ni ganas de escribir en el blog. Está haciendo un tiempo infernal, en un sentido bastante literal. El calor empieza demasiado temprano por la mañana con un sol abrasador que parece estar injustamente cerca de esta parte de la tierra. Uno creería que, cuando el sol ya se ha puesto, el tiempo tendría que ser drásticamente más fresco. Ése no es el caso en Bagdad. Después de que el sol se pone, las aceras y las calles calientes emanan oleadas de calor durante varias horas, como si suspiraran aliviadas.

La electricidad ha estado particularmente mal en estas dos semanas en muchas zonas. Por cada cuatro horas sin luz, tenemos dos horas con ella. Y aunque deberíamos estar aprovechando esas dos horas para hacer cosas como lavar la ropa, encender la bomba de agua y escribir en el blog, acabamos sentándonos delante del aire acondicionado para tener un par de horas de dicha, dejando las otras cosas para más tarde y haciendo promesas vacías a nadie en particular.

La escuela ha terminado para la mayoría de los niños, tanto la escuela primaria como la secundaria. Por lo general, todo el mundo se queda simplemente en casa. Es un gran alivio tanto para los padres como para los maestros. Hubo una época en la que, según muchos padres agotados, cuando los niños se iban al colegio era el mejor momento del día... Ahora significa más ansiedad y preocupación. Aunque tenerlos prácticamente atrapados en casa es un poco molesto para todos los implicados, también es un alivio.

El nuevo gobierno no es muy distinto del antiguo Consejo de Gobierno. De hecho, algunos son los mismos Títeres. Es divertido ver a nuestro Hamid Karazai —Ghazi Ajeel Al-Yawer— intentando establecerse. Para muchos iraquíes es una situación un poco difícil y posiblemente para los extranjeros también lo sea. Ahí lo tenéis, vuestro árabe típico, la piel oscura, el pelo oscuro y el *dishdasha* tradicional, con un *iggall* en la cabeza e interpretando bastante bien el papel de jeque tribal.

Sin embargo, más allá de esos detalles menores, sigue siendo un ex miembro del Consejo de Gobierno y en realidad ha sido elegido por los Títeres, supuestamente por encima de la preferencia estadounidense: Adnan Al-Pachichi (quien afirma inexorablemente que en estos momentos él *no* es el preferido de los norteamericanos). Toda esta farsa resulta cómica. Ha quedado bastante claro, desde el principio, que los Títeres no respiran a menos que Bremer les pida de una forma muy explícita que inspiren y espiren. Por lo que yo sé, los Títeres no cobran vida repentinamente y adquieren una conciencia a menos que una hada madrina y Pepito Grillo participen en ello.

Supuestamente, Al-Yawer es uno de los jefes de una de las mayores tribus de la región: Al-Shummar. Esta tribu se extiende por partes de Iraq, Siria y Arabia Saudita. Son mayormente sunitas, pero tienen varios clanes chiítas. Durante y después de la guerra, fueron responsables principalmente de las fronteras del norte y del oeste. Son terratenientes, agricultores y, ocasionalmente, contrabandistas de todo tipo de cosas, desde ovejas hasta personas, armas...

Ahora bien, Yawer es nuestro Karzai. Muestra todos los signos externos del estereotipo de árabe (sólo le falta el camello) y, sin embargo, parece apoyar a Bremer y compañía prácticamente en todas las decisiones. Claro que, de vez en cuando, concede alguna entrevista en la que dice que no está de acuerdo con esta o aquella decisión, pero en la primera reunión importante a la que asistió, pidió que las fuerzas de la OTAN entraran en el país, como si no fuera suficiente con los norteamericanos, los italianos, los británicos y el resto. También hay rumores de que está casado con una cierta señora que es amiga personal, y partidaria inflexible, de Ahmad Chalabi... Todavía estoy investigando el tema.

Debo admitir que su imagen me molesta. Me vienen imágenes de emires corruptos del Golfo, pozos de petróleo y negocios turbios.

Iyad Allawi es, sin duda, el chico de Estados Unidos y Gran Bretaña. Ha estado en la nómina de la CIA durante bastante tiempo y creo que a nadie le ha sorprendido especialmente que lo nombraran primer ministro. El gabinete ministerial es una mezcla interesante de iraquíes exiliados, iraquíes kurdos que estaban en la región del norte y unos pocos iraquíes que realmente estaban viviendo en Iraq. De esos once, se sabe que uno o dos son bastante competentes. El resto son desconocidos o, en términos generales, son infames.

Varios de los miembros del nuevo gobierno tienen más de una nacionalidad. Pero no me malinterpretéis:

no tengo nada contra la gente que tiene dos o tres nacionalidades, o las que fuere. Sin embargo, sí tengo algo contra el hecho de que personas con doble nacionalidad formen parte del gobierno. Me pregunto cuántos norteamericanos estarían de acuerdo con tener un senador o un ministro, por ejemplo, con pasaporte francés o alemán además del estadounidense.

Aunque no tengo las cifras exactas, puedo asegurarle al mundo que hay *por lo menos* veinte millones de iraquíes, dentro y fuera de Iraq, que tienen una sola nacionalidad. Incluso puedo ir más lejos y asegurar al mundo que la mayoría de esos iraquíes con una sola nacionalidad realmente han vivido la mayor parte de su vida dentro de Iraq. Por muy extrañas que puedan parecer las estadísticas, creo que entre esos millones de iraquíes podrían haber encontrado 37 personas competentes. Claro que posiblemente no tendrían alianzas con la CIA, cuentas bancarias en Suiza, milicias armadas o empresas multimillonarias en Arabia Saudita...

Mi ministro favorito es, de lejos, el ministro de Defensa, Sha'alan Hazim. Según el periódico estadounidense *Al-Sabah*, el señor Sha'alan Hazim «obtuvo un título de postgrado en administración de empresas en Gran Bretaña antes de regresar a Iraq para dirigir un banco kuwaití. Tras ser obligado a abandonar Iraq por el antiguo régimen, el señor Sha'alan se convirtió en director de una empresa de bienes inmuebles en Londres hasta que regresó a Iraq el pasado junio. Desde entonces ha trabajado como gobernador de Qadisiya».

Bueno, esto es muy divertido. Debo de haberme perdido algo. Si alguien tiene alguna información sobre *cómo* es que el señor Sha'alan Hazim está cualificado para ser ministro de Defensa, por favor, que me la envíe.

En un momento en el que necesitamos unas fronteras seguras y un ejército fuerte, le han dado el empleo a nuestro nuevo ministro de Defensa porque él... ¿qué? ¿Jugaba con soldaditos cuando era pequeño? ¿Leyó seis veces *Guerra y Paz* de Tolstói? ¿Fue campeón regional del juego Comandos?

Más allá de la incierta situación política, he pasado los últimos días ayudando a un familiar a arreglar las cosas para poder irse al extranjero. Es una situación deprimente. El primo de mi madre va a alquilar su casa, vender su coche y marcharse con sus tres niños a Amman, donde espera poder encontrar trabajo. Es un profesor universitario que ya ha tenido suficiente de la situación actual. Dice que está cansado de estar cada minuto del día preocupándose por su familia y por la cambiante situación política y por la crisis de la seguridad. Ésta es una historia corriente en estos días. Parece que todo el que puede está intentando salir antes del 30 de junio. El verano pasado la gente que no había estado en Iraq desde hacía años clamaba por visitar la patria querida que había sido «liberada» (después de lo cual clamaban por salir de su patria querida). Este verano es al revés.

Las fronteras sirias y jordanas están llenas. Un amigo al que hicieron regresar desde la frontera jordana dijo que sólo estaban dejando pasar veinte coches por día... La gente tenía que esperar en la frontera varios días seguidos y se arriesgaba a ser rechazada según el capricho del guardia de fronteras. La gente está sencillamente cansada de esperar a que haya normalidad y seguridad. Ya ha sido bastante difícil durante el año... Este verano promete ser particularmente largo.   *posted by river @ 9:06 PM*

Raed, de *Raed in the Middle* (raedinthemiddle.blogs-pot.com) ha creado un sitio fantástico: *Iraqi Civilian War Casualties* (civilians.info/iraq). Fijaos en los «terro-ristas» y los «daños colaterales» muertos y heridos du-rante la guerra. Estoy segura de que muchos de los par-tidarios de la «Guerra al terror» se sentirán sumamente orgullosos.

Iraqi War Casualties, http://civilians.info/iraq

....

Fui el director de campo de la primera (y quizá la única) en-cuesta puerta a puerta sobre las víctimas mortales civiles. Marla Ruzika era mi socia norteamericana, recogedora de fondos y directora general de CIVIC. Desgraciadamente, ella no ha tenido oportunidad de publicar los resultados finales hasta ahora.

Decidí publicar mi copia de los resultados finales de las víctimas mortales civiles iraquíes en Bagdad y en el sur de Iraq el día 9 de este mes por respeto al gran esfuerzo de los 150 voluntarios que trabajaron conmigo y que pasaron se-manas de duro trabajo bajo el fuerte sol del verano, por res-peto a Majid, mi hermano, que dedicó semanas a organizar el proceso de introducción de datos, y por respeto a las al-mas inocentes de aquellos que murieron a causa de unas decisiones políticas irresponsables.

Dos mil muertos, cuatro mil heridos.

---

posted by river @ 9:15 PM

Sábado, 31 de julio de 2004

YA ESTAMOS AQUÍ...

La insuperable combinación de calor y asuntos familiares me ha impedido escribir en el blog y me siento terriblemente culpable. De hecho, he empezado a evitar el ordenador, que parece mirarme con reprobación cada vez que paso delante de él.

El calor es insoportable. Comienza muy temprano por la mañana y continúa hasta muy entrada la noche. Lo lógico sería que cuando se pusiera el sol refrescara de una forma apreciable, pero ése no es el caso en Bagdad. Cuando el sol se pone, los edificios y las calles dejan de absorber calor y, en lugar de eso, empiezan a emanarlo. Si te colocas a unos centímetros de una pared de estuco o de ladrillo, puedes sentir las oleadas de calor que te llegan desde cualquier grieta y hendidura.

La electricidad ha estado funcionando bastante mal. Algunos días tenemos la suerte de recibir doce horas —tres horas de electricidad por cada tres horas sin ella, pero casi siempre son cuatro horas sin luz y dos horas con ella. Hace un par de semanas, hubo un día en el que nuestra zona sólo tuvo una hora de electricidad y 23 horas sin corriente. El tiempo infernal hizo que todos salieran a sus jardines al ponerse el sol, intentando mantenerse frescos.

Por cierto, una de las mayores creaciones del hombre es, definitivamente, la nevera. He adquirido la costumbre de entrar corriendo en la cocina cada vez que alguien muestra deseos de tomar una bebida fresca. Me proporciona una gran excusa para colocarme delante

450

de la nevera durante un par de minutos y dejar que el aire refrigerado fresco —aunque ligeramente oloroso— me rodee. Cuando tenemos un poco de electricidad del generador, dejamos encendida la nevera. De noche, no sólo nos proporciona aire fresco, y agua fría, sino que también ofrece una luz amarilla pálida que es como un rayo de esperanza en la cocina en penumbra...

Los asuntos familiares incluyen la muerte de una tía mayor. Poco después de la guerra tuvo una apoplejía y desde entonces fue empeorando. La combinación de una seguridad deficiente, la falta de las facilidades sanitarias necesarias, el estrés y la tensión generalizados finalmente tuvo sus consecuencias. Hemos estado bastante ocupados con el proceso del funeral, que en Iraq puede ser extenso y alargarse. El fallecido es enterrado después de los adecuados rituales de preparación, que no deberían llevar más de un día. Los primeros problemas a los que nos enfrentamos ocurrieron en el cementerio. Al visitar el camposanto, mis tíos descubrieron que la parcela familiar que habían comprado años atrás había sido ocupada recientemente por unos extraños que no habían podido encontrar otro lugar en el atiborrado cementerio. El guardián de los terrenos se disculpó con efusión, pero dijo que este año, sólo en ese cementerio, estaban trayendo una media de casi cien cuerpos al mes, ¿dónde se suponía que debía enterrar los cuerpos?

Tras algunas negociaciones, les dijeron a mis tíos que utilizaran unos espacios vacíos que estaban en los límites exteriores del cementerio y mi tía fue enterrada ahí con resignación. Inmediatamente después comenzó el ritual de luto de siete días en casa de la tía fallecida. Durante siete días —desde la mañana hasta la noche—, amigos, familiares y vecinos vienen a dar el pésame y a llorar al muerto.

Esto se llama una *fatiha* o velatorio. Otro velatorio se celebra simultáneamente en la mezquita local y a él asisten los hombres; dura sólo tres días. Fijar las fechas para el velatorio en la mezquita fue otro problema porque últimamente se están reservando muchas mezquitas para tal fin.

Últimamente las condolencias de vecinos y amigos llegan en forma de: «Era demasiado joven para morir así, pero tenéis que dar gracias a Dios: es una muerte mejor que la mayoría de las que hay actualmente...» Y aunque la muerte en general todavía se considera desafortunada, es preferible morir de una apoplejía o de causas naturales que morir, por ejemplo, por un coche bomba, un disparo, una decapitación o por la tortura...

En cuanto a la seguridad, la situación ha mejorado y ha empeorado al mismo tiempo. Las calles están un poco más seguras porque se pueden ver policías en las zonas más concurridas, e incluso en algunas zonas residenciales. No hay suficientes para mantener la seguridad, pero el simple hecho de ver un policía es un poco tranquilizador. Al mismo tiempo, los secuestros se han multiplicado. Ahora son una epidemia. Por lo visto, todo el mundo conoce a alguien que ha sido secuestrado. Algunas personas son secuestradas por un rescate, mientras que otras son secuestradas por motivos religiosos o políticos. El secuestro de extranjeros va en aumento. La gente que entra y sale de Siria y Jordania cuenta historias de que su convoy, o su autocar, o su coche privado, fue detenido en medio de la carretera por unos hombres con la cara cubierta que les revisaron los pasaportes y los documentos. En caso de que encontraran algo sospechoso (como un pasaporte británico o estadounidense) todo el asunto dejaría de ser un «control» o *tafteesh* para convertirse en un secuestro.

Recibo e-mails de docenas de personas quejándose de los secuestros de extranjeros. Continuamente leo frases como: «Pero esas personas están ahí para ayudaros, son trabajadores de ayuda humanitaria...», o «Pero la prensa está ahí por una buena causa...», etc. Lo que la gente en el extranjero no parece entender es que ahora mismo todo está confuso. Con frecuencia, al ver a un extranjero, no hay manera de saber quién es quién. El tipo rubio con gafas de sol y chaleco beige que camina por la calle podría ser un reportero o alguien que trabaja para un grupo humanitario, pero también podría ser la «seguridad» de una de esas empresas privadas de mercenarios de las que tanto oímos hablar.

¿Hay compasión por los secuestrados? Sí la hay. Odiamos ver su expresión de miedo en televisión. Odiamos pensar en el hecho de que tienen familias y amigos que están preocupados por ellos en países lejanos y se preguntan cómo diablos van a acabar ese infierno que es ahora Iraq... Pero por cada extranjero secuestrado hay, probablemente, diez iraquíes secuestrados, y aunque nosotros tenemos que estar aquí porque éste es nuestro hogar, ése no es el caso de los conductores de camiones, el personal de seguridad y los contratistas extranjeros. La compasión tiene sus límites en el calor veraniego de Iraq. Docenas de iraquíes mueren a diario en lugares como Faluya y Najaf y todo el mundo guarda silencio misteriosamente; muere un británico, un norteamericano o un paquistaní y el mundo se alborota; esto está empezando a cansarnos.

Políticamente, las cosas parecen estar moviéndose lentamente. Quizá sea por el calor. Todo el mundo está esperando el próximo Congreso Nacional sobre el que tanto se está debatiendo. El problemas es que parece que van a presentarse los mismos partidos: CSRII, Da'a-wa, CNI, UPK, etc. Por lo visto hay un interesante movimiento de resistencia política que se está creando en contra de ellos. Muchos de los partidos que no participaron en la APC y el Consejo de Gobierno actualmente están intentando organizarse colectivamente.

En las calles circula el rumor de que los e-mails, el acceso a internet y las llamadas telefónicas están siendo vigilados de cerca. De hecho, hemos oído un par de historias sobre gente que ha sido detenida debido al contenido de sus e-mails. Pensar en ello es desalentador y dice mucho de nuestro actual estatus de «liberados», y por favor, no os molestéis en enviarme una copia del Patriot Act... Este último año he tenido la sensación de que todo el mundo estaba bajo sospecha por algo.

posted by river @ 8:53 PM

Sábado, 7 de agosto de 2004

ENFRENTAMIENTOS E IGLESIAS...

Más de trescientos muertos en cuestión de días en Najaf y en la ciudad de Al-Sadr. Por supuesto, los están llamando a todos «insurgentes». La mujer que apareció en la tele envuelta en una *abbaya*, tirada en medio de la calle, debe de haber sido una insurgente también. Varias explosiones han sacudido Bagdad hoy; a algunos empleados del gobierno les han dicho que no vayan a trabajar mañana.

¿Así que esto forma parte del esfuerzo de reconstrucción prometido a los chiítas en el sur del país? Najaf está considerada la ciudad más santa de Iraq. Es visitada por chiítas del mundo entero y, sin embargo, en los últimos dos días ha visto una lluvia de bombas y proyectiles de ni más ni menos que los «salvadores» de los chiítas oprimidos: los estadounidenses. ¿Entonces esto también es el «Triángulo sunita»? Es un *déjà vu*: cadáveres en las calles, gente llorando a sus muertos y moribundos, y edificios en llamas. Las imágenes pasan velozmente por la pantalla de la televisión y vuelve a ser Faluya otra vez. Dentro de veinte años, ¿a quién culparán de las fosas comunes que se están cavando hoy?

Otra vez, estamos esperando que haya algún tipo de condena. Yo, personalmente, nunca tuve fe en el gobierno sustituto, elegido por los norteamericanos, que actualmente finge estar en el poder, pero por alguna razón sigo pensando que cualquier día, en cualquier momento, uno de los Títeres (Allawi, por ejemplo) hará una aparición en televisión y condenará todas las matanzas. Uno de ellos se pondrá delante de las cámaras y anunciará que presenta su renuncia o, como mínimo, su absoluto disgusto ante los bombardeos, ante el hecho de que estén quemando y matando a cientos de iraquíes, y que exigirá que esto se acabe... Es una esperanza absurda, lo sé.

Entonces, ¿dónde está la constitución interina cuando uno la necesita? La inviolabilidad de las residencias privadas todavía está siendo violada... la gente todavía está siendo arrestada ilegalmente... las ciudades se están bombardeando. Y además, en realidad no hay nada en la constitución que diga que el ejército estadounidense *no puede* bombardear y quemar.

Sistani ha volado convenientemente a Londres. Su «enfermedad» no podía llegar en mejor momento, incluso si Powell y compañía lo hubiesen elegido personalmente. Mientras todo el mundo esperaba que Sistani denunciara los bombardeos y las matanzas de sus compañeros chiítas en Najaf y en otras partes, él ha caído víctima de algún virus y ha tenido que ser trasladado a Londres para una revisión médica. Así puede seguir guardando silencio sobre la situación. Los chiítas de todas partes están decepcionados ante este silencio. Están esperando algún tipo de *fatwa* o denuncia, pero no llegará mientras Sistani esté siendo mimado por las enfermeras inglesas.

Uno de los canales de noticias mostró imágenes de Sistani cuando entraba cojeando en un avión privado, rodeado de su habitual rebaño de admiradores y partidarios. No estoy muy segura, pero juraría que Bahr Ul Iloom estaba con él. E dijo que uno de los admiradores era en realidad Chalabi, pero era difícil de ver, porque parece ser que el cámara estaba bastante lejos.

La idea de que Sistani pudiera estar gravemente enfermo hace que todos estemos un poco intranquilos. Si decidiera morir y dejarnos ahora, probablemente eso significaría una lucha por el poder entre los clérigos chiítas del sur. Juan Cole tiene mucho más que decir sobre el tema.

Informed Comment, 7 de agosto de 2004, http://www.juancole.com

....

Antes de entrar en detalle, ésta es mi lectura de lo que está ocurriendo en Najaf: la tregua entre el Ejército Mahdi y las fuerzas de EE. UU./Iraq se rompió porque tenían ideas distintas sobre lo que la tregua implicaba. El gobernador nom-

brado por EE. UU., Adnan Al-Zurufi, había exigido que el Ejército Mahdi se desarmara y/o abandonara Najaf. Por otro lado, Moqtada Al-Sadr interpretó que la tregua implicaba limitar las actividades de sus milicias a ciertas áreas de la ciudad y que éstas evitaran choques con la policía y las tropas de EE. UU.

En las últimas semanas, el Ejército Mahdi se ha instalado cómodamente en el enorme cementerio de Najaf, cuyas criptas y muros les proporcionan una excelente protección, y ha estado guardando ahí sus armas...

Uno de los problemas de un ataque total al Ejército Mahdi es que podría poner en peligro la vida del Gran Ayatolá Ali Sistani, o encontrar resistencia. Por tanto, se lo llevaron misteriosamente de Najaf con el pretexto de que tenía problemas cardíacos. Pero hoy Al-Zaman informa de que Sistani hizo escala en Beirut de camino a Londres, donde se reunió con el líder chiíta moderado Nabih Berri, del partido AMAL, que es el portavoz del Parlamento libanés. A continuación Sistani se marchó a Londres, pero no está en el hospital y no lo estará al menos durante una semana. Esta historia sencillamente no cuadra con la versión de que está tan enfermo que tuvo que ser trasladado en avión a Londres para un tratamiento cardíaco de emergencia. No habría sido fácil para Al-Zurufi y los norteamericanos convencer a Sistani de que se marchara, pero es posible que le hayan informado de sus planes de librar una guerra total en Najaf y le hayan dicho que no podían protegerlo. Esto no le habría dejado otra opción que marcharse. Si uno lo piensa, es imposible que haya ido de Najaf a Beirut y Londres sin la ayuda militar de EE. UU., aunque voló en un avión privado desde el aeropuerto de Bagdad.

Al-Hayat informa de que el motivo de la marcha de Sistani en esta coyuntura fue para retirarse de la escena de los combates y levantar su manto de autoridad del movimiento sadrista. Se dijo que la distancia que lo separaba de Muqtada, siempre sustancial, se había agrandado aún más en las últimas semanas. Al-Hayat sospecha que si Sistani ha dejado de intentar proteger a Muqtada, eso podría significar que la decisión de acabar con él ha sido tomada...

La semana pasada se colocaron bombas en iglesias, todo el mundo se enteró de esto. Todos nos quedamos horrorizados. Durante décadas —no, siglos— las iglesias y las mezquitas han mantenido una buena relación en Iraq. Celebramos la Navidad y la Pascua con nuestros amigos cristianos y ellos celebran Eids con nosotros. Jamás nos calificamos como «cristianos» y «musulmanes»... Nunca ha importado realmente. Éramos vecinos y amigos y respetábamos las costumbres y las fiestas de los unos y de los otros. Tenemos muchas creencias distintas —algunas de ellas fundamentales—, pero eso nunca ha importado.

Me entristece pensar que los cristianos ya no se sienten seguros. Sé que todos nos sentimos inseguros ahora mismo, pero siempre ha habido una sensación de seguridad entre las diferentes religiones. Muchos iraquíes han entrado en las iglesias para asistir a bodas, bautizos y funerales. Los cristianos han estado sufriendo desde el final de la guerra. Algunos de ellos están siendo expulsados de sus casas en el sur e incluso en algunas zonas de Bagdad y en el norte. A otros se los está presionando para que se vistan de una determinada manera, o dejen de asistir a misa, etc. Muchos de ellos están pensando en marcharse al extranjero, y eso sería una gran pérdida. Tenemos cirujanos, profesores, artistas y músicos cristianos que son famosos. Siempre ha sido una cualidad iraquí en la región: somos conocidos por llevarnos todos tan bien.

Estoy convencida de que la gente que puso esos explosivos es gente que está intentando dar la peor imagen posible del islam. Esto no tiene nada que ver con el islam, del mismo modo que esta guerra y esta ocupación no tienen nada que ver con el cristianismo y con Jesús, por mucho que Bush intente fingir que sí. Eso es parte del problema: muchas personas sienten que esta guerra y la situación actual es una especie de cruzada. El «islam» es el nuevo comunismo. Es la nueva guerra fría para hacer que los norteamericanos se asusten y se armen hasta los dientes y ataquen a otras naciones para «defenderse». Ésa es la mejor manera de establecer «alertas de terror» y asustar a la gente para que esté en contra de los árabes en general y de los musulmanes en particular... del mismo modo que esta guerra está ayudando a provocar la rabia y el odio hacia los occidentales en general y los norteamericanos en particular. Una persona que ha perdido a uno de sus padres, de sus hijos, o su hogar por esta guerra y esta ocupación se lo tomará de una forma muy personal y probablemente deseará venganza, sin importar si son musulmanes o cristianos.

Siempre me ha encantado pasar por delante de las iglesias. Me da la sensación momentánea de que todo debe estar bien en el mundo para que puedan estar preciosas y brillando bajo el sol de Bagdad, no muy lejos de la mezquita local. Su elegante simplicidad contrasta con los complejos diseños de nuestras mezquitas.

Hay una iglesia preciosa en nuestra zona. Es alta, sólida y gris. Es muy funcional y sencilla, una estructura rectangular con un techo puntiagudo, coronado con una cruz simple o *saleeb*, unas puertas de madera sencillas y un pequeño jardín: es exactamente como los dibujos que haría vuestra sobrina de siete años o vuestra hija de la iglesia de vuestra localidad. Esta sencillez contrasta maravillosamente con los vitrales de las ventanas. Las ventanas tienen al menos treinta colores distintos. Siempre me las quedo mirando cuando pasamos por ahí, preguntándome por la gran cantidad de formas y colores que arrojarán sobre la gente que está dentro. Actualmente duele pasar por delante de ellas, porque sé que muchas de las personas que solían visitarla se han marchado; se han ido a Siria, Jordania, Canadá... con el corazón roto y con amargura. *posted by river @ 10:57 PM*

Miércoles, 15 de septiembre de 2004

FARENHEIT 9/11

Agosto es un mes infernal. El calor es increíble. Nadie recuerda que haya hecho tanto calor en Bagdad jamás; creo que hemos batido un nuevo récord en algún momento a mediados de agosto.

En los últimos días, Bagdad ha estado resonando con las explosiones. Hace unos días nos despertaron varias explosiones fuertes. Ese ruido se ha vuelto demasiado habitual. Es como el calor, las moscas, los armazones de los edificios, las calles destrozadas y las paredes que surgen de la nada por toda la ciudad... Todo esto se ha convertido en parte de la vida. Hace unos tres días estábamos durmiendo en la azotea, pero yo había vuelto a entrar en casa dando tumbos a eso de las 5 de la mañana cuando regresó la electricidad y me quedé dormida bajo la fresca brisa del aire acondicionado cuando sonaron las explosiones.

Estaba intentando inútilmente agarrarme a los últimos fragmentos de un sueño que se desvanecía y volverme a dormir cuando varias explosiones más vinieron a continuación. Al llegar abajo, encontré a E haciendo zapping por los canales de noticias, intentando averiguar qué estaba pasando. «No son lo suficientemente rápidos —dijo moviendo la cabeza disgustado—. No vamos a saber lo que está pasando hasta el mediodía.»

Pero las noticias comenzaron a llegar mucho antes. Había enfrentamientos entre iraquíes armados y estadounidenses en la calle Haifa: un Hummer quemado, una multitud celebrándolo, misiles de helicópteros, un periodista muerto, docenas de iraquíes heridos y varios muertos. En la carretera que lleva al aeropuerto ha habido un poco de acción en estos últimos días, más ataques a las tropas y también algunos ataques a la guardia iraquí. La gente en las zonas que rodean el aeropuerto dice que nadie pudo dormir en toda la noche.

Las zonas fuera de Bagdad no están mucho mejor. En el sur todavía hay combates entre las milicias de Sadr y las tropas. Áreas del norte del Bagdad están siendo bombardeadas y atacadas a diario. Ramadi fue atacada recientemente y dicen que no están permitiendo que los heridos salgan de la cuidad. Tel Affar en el norte del país está sitiada y siguen bombardeando Faluya.

En Bagdad estamos todos sencillamente cansados. Nos hemos convertido en uno de esos lugares sobre los que uno lee en las noticias y menea la cabeza, pensando: «¿Adónde iremos a parar?» Secuestros. Bombardeos. Milicias armadas. Extremistas. Drogas. Bandas. Robos. Sólo tienes que pedirlo y probablemente podremos contarte varias historias interesantes.

Entonces, ¿cómo pasé mi 11/9? Vi la película de Michael Moore, *Fahrenheit 9/11*. Tengo una versión pirata en CD desde principios de agosto (mil disculpas a Michael Moore, pero aquí no tenemos otra forma de verla...). La copia ha estado guardada en un cajón con un montón de otros CD. Uno de mis primos la trajo un día y dijo que, aunque era brillante, también era bastante deprimente y dolorosa a la vez. La he estado evitando porque, francamente, no soporto ver a Bush cinco minutos seguidos, y no estaba segura de si podría soportarlo casi dos horas.

Hace tres días la saqué mientras la casa estaba relativamente silenciosa, sin primos, sin hijas de primos, los padres ocupados viendo alguna cosa y E dormido delante del aire acondicionado durante las siguientes tres horas.

El CD se veía sorprendentemente nítido. Creía que estaría un poco borroso y con mala calidad de sonido, pero estaba bien. Alguien había hecho la copia dentro de un cine. Me di cuenta porque de fondo se oyó sonar un teléfono móvil un par de veces y había una persona enervante sentada delante que se levantaba continuamente para acomodarse en su asiento.

La película me atrapó desde el primer minuto hasta el último. Hubo momentos, mientras la miraba, en los que a duras penas pude respirar. No hubo nada que me sorprendiera, nada que me chocara. Todo ese asunto de la familia Bush y sus amigos saudíes no era nada nuevo. Lo que me impactó fue lo otro: ver las reacciones de los norteamericanos a la guerra, ver las entrevistas a las tropas en Iraq, ver a esa madre norteamericana antes y después de haber perdido a su hijo en Iraq.

Ah, esa madre. Cómo me hizo enfadar al principio. No podía soportar verla en la pantalla, convenciendo al mundo de que entrar en el ejército era lo ideal, perfectamente feliz de que su hija y su hijo estuvieran «sirviendo» a Estados Unidos, no, en realidad sirviendo al mundo, al enrolarse. La odié todavía más cuando mostraron a las víctimas iraquíes, los edificios incendiándose, las explosiones, los cadáveres, los muertos y los moribundos. Quise odiarla durante toda la película porque ella encarnaba la arrogancia y la ignorancia de las personas que apoyaron la guerra.

No puedo explicar los sentimientos que tuve hacia ella. Me daba lástima porque, por lo visto, no sabía muy bien adónde enviaba a sus hijos. Me enfadé con ella porque en realidad no quería saber adónde enviaba a sus hijos. Al final, todos esos sentimientos se desmoronaron cuando ella leyó la última carta de su hijo muerto. Empecé a sentir una compasión que en realidad no quería sentir y, mientras ella caminaba por las calles de Washington, mirando a los que protestaban y llorando, me di cuenta de que los norteamericanos que la rodeaban jamás comprenderían su angustia. La ironía de la situación es que el único lugar en el mundo en el que podría encontrar empatía sería Iraq. Nosotros entendemos. Nosotros sabemos lo que es perder a la familia y los amigos en la guerra; nosotros sabemos que sus últimos minutos no fueron de paz... que probablemente murieron sedientos y sufriendo... que no estaban rodeados de sus seres queridos mientras tomaban su último aliento.

Cuando ella preguntaba por qué le habían quitado a su hijo y dijo que él había sido una buena persona... ¿Por qué le había tenido que ocurrir a él? Yo no dejaba de preguntarme si alguna vez se había parado a pensar en las víctimas iraquíes y si alguna vez se le había ocurrido que quizá los padres iraquíes tienen los mismos pensamientos mientras intentan sacar a sus hijos de debajo de los escombros de sus casas caídas en Faluya, o mientras intentan detener la sangre que sale a borbotones de un agujero abierto en el pecho de un niño en Karbala.

Las secuencias de los bombardeos de Iraq y las víctimas fueron más dolorosas de lo que me esperaba. Nosotros lo vivimos, pero verlo en la pantalla sigue siendo un tormento. Creía que, de alguna manera, este año y medio me había hecho un poco más dura cuando se trataba de ver cómo Iraq era destrozado por las bombas y cómo las tropas extranjeras destruyen el país, pero la herida sigue estando tan abierta como siempre. Ver esas escenas fue como hurgar en una herida con un palito afilado, dolió.

En general, la película fue... ¿cuál es la palabra correcta? ¿Estupenda? ¿Asombrosa? ¿Fantástica? No. Me puso furiosa, me entristeció y lloré más de lo que me gustaría admitir... pero fue brillante. Las palabras usadas para narrar eran simples e iban al grano. Ojalá todo el mundo pudiera verla. Sé que voy a recibir docenas de e-mails de norteamericanos furiosos diciéndome que tal y tal afirmación era exagerada, etc. Pero en realidad no me importa. Lo que importa es el mensaje subyacente de la película: Las cosas no están mejor ahora que en 2001 para los norteamericanos, y ciertamente no están mejor para los iraquíes.

Hace tres años, Iraq no era una amenaza para Estados Unidos. Hoy lo es. Desde marzo de 2003, más de mil estadounidenses han muerto dentro de Iraq... y la cifra está aumentando. Dentro de veinte años, al mirar atrás, ¿cómo creen los norteamericanos que los iraquíes recordarán esta ocupación?

Tres años después del 11/9, me pregunto continuamente: ¿se sienten más seguros los norteamericanos? Cuando aquello ocurrió, hubo una especie de lástima y comprensión; nosotros hemos pasado por lo mismo. Los estadounidenses a duras penas podían creer lo que había ocurrido, pero el gobierno de EE. UU. provoca ese tipo de sufrimiento en otras naciones todos los años... De repente, la guerra ya no estaba a miles de kilómetros de distancia; estaba en casa.

¿Cómo nos sentimos al respecto este año? Un poco cansados.

Nosotros tenemos un 11/9 todos los meses. Todos y cada uno de los iraquíes que mueren por una bala, un misil, una granada, bajo tortura o accidentalmente, todos tienen familias y amigos y personas a quienes les importan. El número de iraquíes muertos desde marzo de 2003 es, hasta ahora, al menos ocho veces mayor que el número de personas que murieron en el World Trade Center. Ellos también tuvieron sus últimas palabras y sus últimos pensamientos mientras sus propios mundos se derrumbaban a su alrededor. He asistido a más velatorios y funerales este último año que en toda mi vida. El proceso de llorar una muerte y las palabras vacías de consuelo se han vuelto demasiado familiares y automáticos.

11 de septiembre... él estaba ahí sentado, leyendo el periódico. Al alargar la mano para coger la taza que tenía delante para sorber un poco de té, pudo oír vagamente el sonido de un avión volando arriba. Era un día luminoso y fresco, y él tenía muchas cosas que hacer...

pero, de repente, el mundo se oscureció; una colosal explosión y luego unos huesos rotos bajo el peso del hormigón y el hierro... los gritos surgían a su alrededor... hombres, mujeres y niños... fragmentos de vidrio buscando la piel sensible, desprotegida... Él pensó en su familia e intentó levantarse, pero algo en su interior estaba roto... había un calor que subía y un nauseabundo olor a carne quemada mezclado con el humo y el polvo... y, de repente, la oscuridad.

¿11/9/01? ¿Nueva York? ¿World Trade Center?
No.
11/9/04. Faluya. Un hogar iraquí.   *posted by river* *@ 2:49 PM*

Referencias

Alexander, Justin. «Iraqi wannabe: Justin Alexander's blog.» www.justinalexander.net. Copyright © 2003 de Justin Alexander. Con autorización del autor.

The Carpenters. *We've only just begun*. Copyright © 1970. Con autorización de Hal Leonard Corporation.

Chandrasekaran, Rajiv. Extracto de «A gift from God renews a village». *The Washington Post*, 22 de octubre de 2003. Copyright © 2003, *The Washington Post*. Reproducido con autorización.

Constable, Pamela. Extracto de «Women in Iraq decry decision to curb rights». *The Washington Post*, 16 de enero de 2003. Copyright © 2004, *The Washington Post*. Reproducido con autorización.

Cox, Anthony. *Weapons of mass destruction. Error page*. Copyright © 2003 de Anthony Cox. Con autorización del autor.

Gorenfeld, John. Extracto de gorenfeld.net. Copyright © 2003 de John Gorenfeld. Con autorización del autor.

Hanley, Charles J. *Iraqi scientists: lied about nuke weapons*. The Associated Press. Copyright © 2005 de The Associated Press. Todos los derechos reservados. Distribuido por Valeo IP con autorización de The Associated Press.

Institute for Southern Studies. *Halliburton: not just the oil*. Copyright © del Institute for Southern Studies (www.southernstudies.org). Con autorización del Institute of Southern Studies.

Khadduri, Imad. Extracto de *Iraq's nuclear mirage*, Spring Head Publishers. Copyright © 2003 de Imad Khadduri. Con autorización del autor.

O'Conaill, Brian. Extracto de suzerainty.blogspot.com. Copyright © 2003 de Brian O'Conaill. Con autorización del autor.

Pearce, Sean. Extractos de turningtables.blogspot.com. Copyright © 2003 de Sean Pearce. Con autorización del autor.

Salam Pax. Extractos de dear_raed.blogspot.com. Copyright © 2003 de Salam Pax. Con autorización del autor.

«Shock, outrage over prison photos», extractos de CNN.com, 1 de mayo de 2004. Copyright © 2004 de CNN. Reproducido con autorización.

Tierney, John. «Iraqi family ties complicate American efforts for change», *The New York Times*. Copyright © 2003 de The New York Times Co. Reproducido con autorización.

Wayne, Leslie. «Arabs in U.S. raising money to back Bush», *The New York Times*. Copyright © 2003 de The New York Times Co. Reproducido con autorización.

Whitaker, Brian. «Friends of the family», *The Guardian*. Copyright Guardian Newspapers Limited 2003, con autorización del editor.

Impreso en Litografía Rosés, S. A.
Progrés, 54-60. Polígono La Post
Gavá (Barcelona)

booket